Der Major und die Schuldigen

Und 7 weitere spannende Blaulicht-Krimis

Das Neue Berlin

ISBN 978-3-360-01917-2

Neue Grünstraße 18, 10179 Berlin
Einbandgestaltung: Hou-Wing Chang
Einbandillustration: Lothar Wulsch
Satz: Pinkuin Satz und Datentechnik, Berlin
Druck und Bindung: CPI Moravia Books GmbH

Die Bücher des Verlags Das Neue Berlin
erscheinen in der Eulenspiegel Verlagsgruppe.

www.das-neue-berlin.de

Inhalt

Vorbemerkung

Die acht Kriminalgeschichten dieses Buches führen in eine vergangene Zeit und ein nicht mehr existierendes Land. Sie wurden für die von 1958 bis 1990 erscheinende »Blaulicht-Reihe« geschrieben, die lange Zeit die einzige Krimi-Reihe der DDR war. Rund 57 Millionen Exemplare gingen über den Ladentisch.

Der Krimi-Hunger der Leser war kaum zu stillen. Begehrt waren nicht nur die Klassiker der Kriminalliteratur und die – verglichen mit dem heutigen Krimi-Angebot – wenigen Veröffentlichungen internationaler Autoren. Die »Bibliographie der Kriminalliteratur der DDR von 1949 bis 1990« (herausgegeben von Reinhard Hillich und Wolfgang Mittmann) verzeichnet fast 650 Autoren mit rund 1900 Krimititeln.

In der Mehrzahl dieser Erzählungen und Romane fand der Leser sein Lebensumfeld wieder, agierten Figuren, die seinen Alltag teilten. Selten tauchen abgrundschlechte Schurken auf. Die Regel ist der aus der Bahn geratene Normalbürger. Manchmal, besonders in frühen Krimis, wurden dessen kriminelle Abwege nach einfachen Mustern erklärt; das einfachste war der Einfluß des »Klassenfeindes«, der falsche Ideale – bürgerliches Besitzstreben oder Prestigedenken etwa – in die neue Gesellschaft hineintrug. Manchmal kommt auch moralische Entrüstung über jene zum Ausdruck, die sich in der »sozialistischen Menschengemeinschaft« nicht den Normen und Gesetzen entsprechend verhielten.

Denn Krimis sollten nicht nur der Unterhaltung dienen: ein bißchen Erziehung – das abschreckende Beispiel! – war ebenso gewünscht wie die realistische, aber unbedingt von Sympathie getragene Darstellung der Polizeiarbeit. Gleichzeitig fällt der genaue Blick der Autoren für soziale Hintergründe auf, auch für die Kluft zwischen gesellschaftlichem Anspruch und Realität, und es findet sich mancher kritische Reflex auf ungelöste oder auch unlösbare Konflikte, die zwischen dem Einzelnen und der Gemeinschaft bestanden. »Krimiwürdig« waren nicht nur Mord und Totschlag, sondern auch Kleindelikte. Auch dem will diese

Sammlung Rechnung tragen. Zwar bleiben wir den Lesern den sprichwörtlichen Karnickeldiebstahl schuldig, doch ob Kleindelikt oder Mord, die Genossen von der Kripo setzen auf Köpfchen, nicht auf gezückte Waffen, und ermitteln mit Akribie zwischen Kap Arkona und Fichtelberg.

ERWIN KOHN

Der Geldmarder

Belebender Geldstoß

Hoppla! Mit Gepolter stolperte ein großer Kerl in den Schalterraum der Sozialversicherung.

Auch einer, der nicht lesen kann, dachte die blonde Helga Kappner und schaute sich den Mann, der das große Schild »Vorsicht Stufe« übersehen hatte, näher an. Breite eckige Schultern. Und nicht aus Watte, meinte Helga abschätzend. Ein athletischer Typ. Trotz der Vermummung in einen nicht mehr ganz neuen Mantel war die derbe, muskulöse Gestalt erkennbar. Das blasse glatte Gesicht mit der schwarzen Hornbrille wollte nicht recht dazu passen. Die linke Hand spielte nervös umher, und die rechte rutschte mit schneller Bewegung in die Brusttasche, während der Mann hastig an die Barriere trat, hinter der Helga Kappner saß, Schalterabfertigerin bei der VAB – der Versicherungsanstalt Berlin.

Über das grüne Linoleum der Barrierenplatte, die quer durch den Raum lief, schob der Mann Papiere und Ausweise.

»Ich möchte Geburtenbeihilfe für Zwillinge abholen.«

»Darf man gratulieren, sind Sie der Vater?«

»Nein, ich bin der Schwager der Mutter, die Vollmacht liegt dabei.«

Er wollte erklären, daß die junge Mutter bei ihren Eltern in Velten entbunden habe und auch der Vater zur Zeit nicht in Berlin sei. Doch Helga Kappner hatte nur einen kurzen Blick auf die Vollmacht mit dem Namen Gräbener geworfen und sich den anderen Papieren zugewandt. Da schwieg er.

Er hatte alles mitgebracht, das Antragsformular, fertig ausgestellt, die Geburtsbescheinigungen, den Sozialversicherungsausweis des Vaters, die Familienversichertenkarte, die Vollmacht der Mutter, sogar polizeilich beglaubigt. Die Zwillinge Jürgen und Thomas waren schon das fünfte und sechste Kind der Familie Glöckner. Auf dem Antragsformular fand sich neben den Namen und Geburtsdaten der anderen Kinder Registernummer, Siegel und Unterschrift des Standesamtes. So fragte Helga gar nicht erst nach dem Familienstammbuch.

Vier Kinder? Da müßte ja eine Auszahlkarte für laufende Unterstützung vorhanden sein, überlegte Helga und wollte schon an die Kartei gehen. Doch dann sah sie, daß ein Kind im Alter von elf Monaten verstorben war, und blieb sitzen. Bei drei lebenden Kindern gab es noch keine monatliche Zuwendung und auch keine Unterlagen in der Zahlstelle.

Untätig und unruhig wartend, schaute der Mann vor dem Schalter das blonde Mädchen an. Klein, grazil, fehlte ihr die Zappeligkeit, die solche Persönchen oft haben. Ihre bedachtsame Art paßte gut zu der Genauigkeit, die der Dienst von ihr verlangte. Doch darüber dachte der kribbelige Antragsteller nicht nach, er blickte auf ein Schildchen, das Helga an ihrem Arbeitsplatz aufgebaut hatte.

»Auch ich habe den Stockholmer Appell unterschrieben, weil ich das Leben liebe und unseren Kindern eine glückliche Zukunft wünsche. Helfen Sie, die Pariser Kriegsverträge zu zerreißen!«* las der Mann.

»Firlefanz«, murmelte er, trat von einem Fuß auf den anderen und dachte: Hätt ich man erst das Geld.

Der nüchterne Raum mit den kahlen Wänden bedrückte ihn. Das harte Tacken der elektrischen Uhr erinnerte ihn an das Klikken der eisenbeschlagenen Stiefel auf dem Steinboden des Kasernenkorridors, über den der Spieß stakste, während die Kriegsfreiwilligen mit Gewehr in Vorhalte die Knie beugten.

Hätt ich man erst das Geld, dachte er wieder, während Helga Kappner gewohnheitsgemäß auf den großen Umsteckkalender blickte, bevor sie das Datum eintrug: 11. November 1955.

Da sind unsere gelben Ölwände mit den Tuschzeichnungen von der chinesischen Delegation doch schöner, überlegte der Wartende.

Helga Kappner wandte sich ihm zu und erklärte: »Für jedes Kind bekommen Sie fünfzig Mark Wäschegeld und fünfhundert Mark staatliche Beihilfe, also zusammen eintausendeinhundert Mark.«*

* Anmerkungen Seite 333

Als er den Auszahlschein in den Händen hielt, war die nervöse Hast von dem bisher so stillen Manne abgefallen.

»Das gibt einen famosen Tauftrunk«, sprudelte er hervor.

»Aber das soll für Kinderwagen, Wäsche und Sparbuch sein, Herr Gräbener. Bedenken Sie, Zwillinge. Die werden noch allerhand kosten.«

»Meinen Sie?« entgegnete er, und Helga wußte nicht, was sie von dem spöttischen Blick halten sollte.

In der rechten Ecke des Raumes saß mit einem krausen, rostroten Haarschopf, jung und stark, Rosa Bilberg, die diese kleine Zahlstelle im Norden Berlins leitete und gleichzeitig die Kasse führte. Mit ihrem derben Gesicht, den muskulösen Armen und großen Händen thronte sie am Kassenschalter, als wollte sie die Versicherungsgelder vor einer ganzen Räuberbande behüten.

Sorgfältig pinselte der Mann, der den braunen Hut keck nach hinten geschoben hatte, den Namen Hans Gräbener auf den Auszahlschein. Er ließ sich Zeit, und es ging ein bißchen holprig, als wollte er die Unterschrift malen, erst die Schlußbogen rutschten mit schnellem Schwung aus den Fingern. Sich aufrichtend schob er Rosa Bilberg den Auszahlschein hin. Sie verlangte den Personalausweis und notierte die Nummer. Dann schaute er den Händen zu, die mit schnellen Bewegungen die Geldscheine hinblätterten.

Geschickter und flinker fast als das Mädchen hinter dem Tisch zählte der Empfänger den Betrag nach. Könnte ein Kollege sein, dachte die Kassiererin, oder ein Kellner: Die schlanken Hände, die jetzt den Geldstoß schichteten, verrieten, daß sie keine harte Arbeit gewöhnt waren. Ein breiter Siegelring mit grünem Stein ließ den darunteresteckenden Ehering fast verschwinden.

Mitte dreißig wird er sein, dachte Rosa.

Das Geld schien Hans Gräbener zu beleben. Als er die Tür zur Zahlstelle geschlossen hatte und federnd die Steinstufen hinabsprang, pfiff er: »Die Mädchen in der Normandie ...«

Wer trinkt das Bier?

Die S-Bahn brachte diesen Hans in einer halben Stunde von Pankow nach Köpenick, wo er wieder eine Zahlstelle der Sozialversicherung betrat, noch einmal in die Brusttasche griff und zu dem schmalgesichtigen, grauhaarigen Mann, der hier hinter dem Schalter saß, ebenfalls sagte: »Ich möchte Geburtenbeihilfe für Zwillinge abholen.«

Hier klang seine Stimme schon fester, und er hatte keinen Blick für die bunten Gardinen, die das Schaufenster dieses ehemaligen Bäckerladens abdeckten und dem Raum etwas von seiner Kargheit nahmen. Er betastete seinen Mantel, wo die dicke Brieftasche steckte, und lächelte vor sich hin.

»Es klappt, es klappt«, frohlockte er, als er die zweiten Tausend in die Tasche stopfte. Ihm schien, als hätte er das Geheimnis des »Tischlein-deck-dich« gelüftet. Er begann, wieder an Märchen zu glauben.

In einem der vornehm ausgestatteten Geschäfte der Dimitroffstraße* drehte und bewunderte er sich vor einem Spiegel mit dem hellgrauen Ledermantel, für den er sich entschied, nachdem er mehrere andere anprobiert hatte.

Dann fiel ihm ein, daß seine Frau sich manchmal umwandte, wenn eine andere im Pelz an ihnen vorüberging, und er kaufte nach Augenmaß einen nicht zu teuren Pelzmantel.

Im nächsten Laden bestellte er einen Fernsehapparat, und in einem Spielwarengeschäft ließ er sich ein paar große bunte Gummitiere einpacken. Mit all den Paketen wie ein verfrühter Weihnachtsmann behängt, murmelte er: »Die Familie wäre versorgt.«

An einem weißgescheuerten Tisch in der Gaststätte »Frankfurter Tor« studierte er die Weinkarte. Er liebte einen guten Tropfen. Aber ein Blick in seine lappige Brieftasche belehrte ihn, daß es nicht mehr reichte. Er bestellte ein Bier.

Als der Kellner gegangen war und er sich mit einem kräftigen Schluck erfrischt hatte, blickte er sich um. Die Nachbartische waren leer. Er fühlte sich unbeobachtet. Langsam stieg ein Grinsen in sein Gesicht. Er legte den Personalausweis, den er vorgezeigt hatte, auf den Tisch, zog einen zweiten aus der Gesäßtasche und legte ihn daneben. In beiden klebte sein Bild.

»Hans Gräbener« las er im linken, »Ewald Buschinger« stand im rechten.

»Hans Gräbener hat das Bier bestellt, Ewald Buschinger wird's trinken«, sagte er sich. Er grinste wieder: »Mich gibt's zweimal.

Hans Gräbener hat das Geld geholt, Ewald Buschinger weiß von nichts.«

Er klappte den Ausweis mit dem Namen Gräbener zu und steckte ihn weg.

»So. Der biedere Buchhalter Buschinger trinkt sein Bier und geht.«

Den Einfall, die gerade gekauften Sachen bis Weihnachten zu verbergen, schob er gleich wieder beiseite. Sechs Wochen warten, das war nichts für ihn.

So bieder war der Buchhalter nun wieder nicht, daß mit dem Ausweis auch seine Gedanken in ein dunkles Versteck versunken wären. Er fühlte sich als großer Stratege nach diesen Blitzsiegen. Die Möglichkeit von Niederlagen fand keinen Platz in seinem Gehirn.

Die S-Bahn trug Buschinger nach Norden. Die Züge des S-Bahnringes kreuzten auf jeder Fahrt zweimal die Grenze zwischen beiden Teilen Berlins. Auf dem Westberliner Umsteigebahnhof Gesundbrunnen stiefelte der Buchhalter durch den langen Tunnel, der die Bahnsteige vom Ring und von der Nord-Süd-Bahn verband. Nur flüchtig streifte sein Blick die bunten Plakate der Westkinos. Er war bepackt, und er hatte kein Geld mehr in der Tasche. Er wollte eilig nach Hause, nach Birkenwerder.

Auf dem Bahnhof Hohen Neuendorf schaute eine Frau in der grauen Uniform des AZKW* in den Wagen des Zuges, der gerade aus dem Westsektor gekommen war. Sie sah die vielen Pakete und fragte Buschinger nach deren Inhalt und Herkunft.

Er antwortete entrüstet: »Glauben Sie, ich schlepp mein Geld in den Westen? Das ist alles ehrlich in der HO* gekauft.« Und er zog den Kassenzettel aus der Tasche.

Vor seinem Häuschen, einer vergrößerten Laube, holte er den Ledermantel aus dem Karton und zog ihn an. Die andren Pakete stellte er hinter den Vorbau, dann klingelte er und weidete sich an dem überraschten Blick seiner Frau. Als Agnes auch noch die andren Kartons entdeckte und ausgepackt hatte, wußte sie sich nicht mehr zu halten vor Freude. Den Pelzmantel noch auf den Schultern, setzte sie sich auf Ewalds Schoß und küßte ihn auf Mund, Augen und Nase.

»Wieso ist bei uns der Wohlstand ausgebrochen? Wo hast du so viel Geld her?«

O je! Daran hatte Ewald noch gar nicht gedacht, daß er eine Erklärung brauchte. Und er konnte seiner Frau doch nicht sagen, welchen Dreh er da gefunden hatte …

Nein, nein! Sie sollte aus allem rausbleiben. Hier, vor seiner Frau, ihren Zärtlichkeiten, ihrer reinen Freude, beschlich ihn zum ersten Mal so etwas wie ein Schuldgefühl. Er sagte zunächst gar nichts. Er saß ganz still da und ließ Agnes gewähren, doch ihr Streicheln und ihre Küsse bereiteten ihm keine Freude mehr. Erst nach einer Weile gelang es ihm, seine Unsicherheit zu bezwingen und in den Spott zu fliehen.

Er sagte: »Der volkseigene Buchhalter hat Weihnachten vorfristig erfüllt.«

Ein Licht bei Nacht

Der Abschnittsbevollmächtigte*, Oberwachtmeister Walter Horn, stutzte. Er stand vor der Zahlstelle der Sozialversicherung und sah, daß drinnen Licht brannte. Es war halb zwölf Uhr nachts:

Ich hab die Rosa doch vorhin aus dem Kino kommen und nach Hause gehen sehen, fiel ihm ein.

Er wußte, seine Nachbarin Rosa Bilberg leitete die Zahlstelle.

Walter Horn versuchte, durch die Scheiben zu blicken, aber die weißen Vorhänge ließen keinen Spalt offen. Geräusche waren nicht zu vernehmen. Die Außentür und die Tür im Hausflur waren verschlossen. Er klopfte, niemand meldete sich.

Was jetzt? Habe ich einen Fehler gemacht, überlegte der schmächtige Abschnittsbevollmächtigte. Vielleicht hätte ich nicht klopfen sollen. Haben sie über Nacht Geld in der Zahlstelle? Soll ich einen Funkwagen rufen? Aber vielleicht hat Rosa einfach vergessen, das Licht auszuknipsen. Einbrecher machen keine Festbeleuchtung.

Er ging ein bißchen abseits und wartete. Nichts rührte sich. Schließlich setzte er sich in Bewegung, um bei Rosa nachzufragen. Sie wohnte nur drei Querstraßen weiter.

Rosa hatte schon im Bett gelegen.

»Die Schlüssel hat meine Kollegin, ich mußte nachmittags zu einer Sitzung. Aber ich habe einen Reserveschlüssel hier.«

Sie zog schnell den Trainingsanzug über, den sie, passionierte

Ruderin, sonst nur auf dem Bootsgelände trug, ergriff die Handtasche, holte den Schlüssel und sprang hinter Walter Horn die Treppe hinab.

Das Licht brannte noch, als sie an der Zahlstelle ankamen. Rosa schloß auf. Hinter der Barriere hockte eine Mädchengestalt auf einem Stuhl, den Kopf auf der Tischplatte.

»Das ist ja Helga!« rief Rosa.

Und Walter Horn, der mit ein paar Schritten am Tisch war, stellte fest: »Sie schläft.«

Wachgerüttelt, blickte Helga Kappner die späten Besucher erstaunt an: »Was wollt ihr denn hier?«

Rosa schüttelte den Kopf, als hätte sie eine Dusche bekommen: »Ist das etwa dein Schlafzimmer?«

Helga gähnte. Das Feuer im Ofen war ausgegangen; sie fror. »Laß mich in Ruhe, ich hab Ärger genug.«

Sie trank einen Schluck von dem kalten Kaffee, der auf dem Tisch stand und verzog das Gesicht.

Walter Horn mischte sich nicht ein. Offensichtlich war dies eine innere Angelegenheit. Er lehnte sich an den grünen Eisenschrank, dessen Türen offenstanden.

Helga war noch ganz verdattert. Sie hatte einen schlechten Abend hinter sich. Es begann nachmittags, als sie plötzlich feststellte, daß in ihren Unterlagen ein Fehler stecken mußte. Bei ihr war noch nie etwas vorgekommen, und bei all diesen Papieren ging es um Geld. Zu Hause saß sie einsilbig am Abendbrottisch, grübelte, wo der Fehler stecken könnte, fand keine Ruhe.

Ihr Freund Günther kam, wollte mit ihr tanzen gehen, sie hatten sich verabredet, doch Helga entschloß sich, Rosa aufzusuchen. Es hatte einen richtigen kleinen Krach mit Günther gegeben.

Noch in der Straßenbahn schluckte sie an dem Ärger. Wenn er Brigadeversammlung* oder FDJ-Sitzung* im Betrieb hat, darf ich mich ruhig langweilen, aber daß ich keine Lust zum Tanzen habe, wenn mir so eine ungeklärte Sache anhängt, geht nicht in sein Gehirn. Soll er brummen, ich bin nicht sein Schoßhündchen.

Nachdem sie vergeblich an Rosas Wohnungstür geklingelt hatte, ging sie ins Büro und begann, nach dem Fehler zu suchen.

Rosa wußte von all dem nichts. Sie sah nur die fahrige Kollegin, die jetzt, den Schlaf aus den Augen reibend, sagte: »Gut, daß du da bist, du kannst mir gleich mal die Kassenbelege vom 11. November rausgeben.«

Rosa schüttelte sich wieder. Noch eine Dusche. Ihre Augen wurden enger. Ist das Naivität oder Unverschämtheit? Sie fuhr Helga an: »Wie kommst du dazu, dich nachts ins Büro zu schleichen? Ist das der Dank, daß ich dir den Schlüssel anvertraut habe? Was machst du hier überhaupt?«

Helga mußte ein paarmal schlucken, um die Tränen zu unterdrücken. Sie sagte eine Weile gar nichts. Oberwachtmeister Horn trat zu ihr an den Tisch.

Schließlich erklärte Helga: »Irgend etwas stimmt hier nicht. Ich muß einen Fehler gemacht haben. Wir hatten doch damals diese Zwillingsgeburt ...«

»Ja, dieser große Kerl, der so flink zählen konnte«, erinnerte sich Rosa.

Zwillingsgeburten gibt es nicht alle Tage. Doch etwas bleibt im Gedächtnis hängen.

»Die Zwillingsmutter holte kein Stillgeld ab«, fuhr Helga fort, »ich dachte, die Frau weiß vielleicht nicht, daß es so was gibt, und schrieb ihr eine Postkarte. Aber die kam zurück: ›Empfänger unbekannt‹; nicht ›verzogen‹ oder so, sondern ›unbekannt‹. Sollte ich den Fall abheften? – Ich kenne die Frau nicht. Aber sie soll zu ihrem Recht kommen. Sicher kann sie das Geld gut gebrauchen. Ich wollte sie ausfindig machen. Ich versuchte, den Arbeitgeber ihres Mannes anzurufen, doch der hat kein Telefon. Ein Frisör. Auf dem Nachhauseweg ging ich hin. Ich dachte, gleich hast du die Adresse, morgen schreibst du 'ne Karte, und dann läuft die Sache. Aber da stellte sich 'raus, daß ein Mann mit solchem Namen nie bei diesem Frisör beschäftigt war. Also stimmt hier irgend etwas nicht. Darum bin ich hier. Ich habe mir alle Unterlagen vorgenommen, habe aus der Kartei alle Fälle vom 11. herausgesucht, dem Freitag, an dem der Gräbener hier war, dann auch die von Donnerstag und Montag. Vielleicht hast du zwei Fälle durcheinandergebracht, sagte ich mir, vielleicht sind dadurch Adressen und Arbeitgeber vertauscht worden. Wenn ich das rausfinde, ist alles klar. Ich hab versucht, mich an jeden Fall zu erinnern. Aber je mehr ich gegrübelt habe, um so weniger wußte ich. Auf den Mann mit der schwarzen Hornbrille, der die Geburtenbeihilfe abgeholt hat, kann ich mich noch genau besinnen, aber sonst weiß ich gar nichts mehr. Ich bin ganz konfus. Was hab ich bloß falsch gemacht?«

»Vielleicht haben Sie alles richtig gemacht«, sagte jetzt Oberwachtmeister Horn, »bloß der Mann, der das Geld kassiert hat, ist ein Betrüger.«

»Na, ich bitte Sie!« fuhr Helga herum, »Betrüger! Mit Geburten, mit Säuglingen, mit solchen kleinen Würmern soll einer Betrug machen?«

Helga war ganz entrüstet. Sie schaute den Oberwachtmeister an. Dann fragte sie: »Wieso ist denn eigentlich Polizei hier?«

Walter Horn lachte: »Wir wollten Ihren Schlaf bewachen.«

Rosa Bilberg hatte aus ihren Kassenunterlagen die Auszahlscheine herausgesucht, aber die gaben auch keinen Aufschluß.

Helga wollte dem Volkspolizisten beweisen, daß kein Betrug vorliegen kann.

»Bitte, alle Dokumente sind da. Sogar mehr Stempel und Bescheinigungen als nötig.«

Sie legte ein Papier nach dem anderen auf den Tisch.

»Hier die Geburtsbescheinigungen vom Standesamt ... übrigens Standesamt ... Da könnten wir auch noch mal nachfragen.«

»Für heute ist jedenfalls erst mal Schluß«, sagte Rosa, »jetzt machen wir den Laden zu und gehen nach Hause.«

Als Helga, die in Weißensee wohnte, sich an der Straßenbahnhaltestelle verabschiedete, sagte sie: »Und wenn das ein Betrüger war ..., wieso bin ich ihm dann auf den Leim gekrochen?«

Geburt und Tod – ein Federstrich

Ewald Buschinger zog den Ledermantel aus und hängte ihn in das schmale Spind, das er mit seinem Buchhalterkollegen Hans Grabe teilte. Seit Weihnachten trug Ewald den Ledermantel auch auf dem Weg ins Büro.

Als Agnes am Morgen nach dem überraschenden Kauf gefragt hatte: »Warum ziehst du denn den alten Lappen wieder an?«, hatte er gemurmelt: »Den Ledermantel laß ich mir erst mal für sonntags.« In Wirklichkeit wollte er bei seinen Kollegen nicht auffallen. Da hätte er wieder Erklärungen nötig gehabt.

Wegen des weiten Weges von Birkenwerder bis zum VEB* Berlin-Maschinen in Köpenick hatte Buschinger das Privileg, zehn Minuten später zu kommen, was er mit pedantischer Pünktlichkeit einhielt.

So saßen die drei Kollegen, mit denen er den Raum teilte, schon über ihre Arbeit gebeugt. Vormittags herrschte eine besondere Stille, weil jeder bestrebt war, bis zur Mittagsmeldung möglichst viel zu schaffen.

Seit drei Monaten wurde nach einem Termin- und Zeitplan gearbeitet, den die Buchhalter selbst entwickelt hatten und durch den das gesamte Abrechnungsverfahren vereinfacht, den Brigadieren und Werkstattschreibern eine Menge Arbeit erspart wurde und alle Bilanzierungsfristen vorverlegt werden konnten. Als die Versprechungen der Buchhalter nach einem Monat in der Praxis bestätigt waren, hatte der Parteisekretär hereingeschaut und ihnen ein Dankeschön gesagt.

Während Buchhalter Buschinger an Hans Grabes Platz vorbeiging, um an seinen Schreibtisch zu kommen, schaute er auf die gebeugten Rücken seiner Kollegen und dachte: Ihr müden Buchhalterseelen! Wie sie dasitzen und pinseln, eingesperrt in ihre Biederkeit. Ich könnte euch lehren zu leben, ihr stupiden Federfuchser.

Verächtlich schob er den Stapel Belege, den er buchen sollte, beiseite. Die Arbeit widerte ihn heute an.

Ewald schaute aus dem Fenster, sah die rote Mauer und die kahlen Bäume dahinter. Sooft er die Fabrikmauer von seinem Arbeitsplatz aus betrachtete, erinnerte sie ihn an die Kasernenhofmauer. Hinter der war dem kriegsfreiwilligen Rekruten die Lust am Soldatsein schnell und gründlich vergangen. Er dankte heute noch Gott, daß ihm mit Hilfe eines reichen Onkels der Sprung in die Verwaltungslaufbahn gelang, so daß er schließlich als Zahlmeister und Befehlshaber eines Verpflegungslagers seine große Zeit hatte.

»Speck und Schnaps machen Geschichte«, pflegte er damals zu sagen, denn er hatte mit Hilfe dieser Reichtümer, die zwar nicht ihm gehörten, mit denen er aber – soweit es sich machen ließ – nach Belieben verfuhr, schon in manches Schicksal eingegriffen. Ihm ging der Krieg zu schnell vorbei.

Jetzt dachte er weniger an jene Zeit. Etwas anderes beschäftigte ihn. Er glaubte, wieder ein Zipfelchen geheimnisvoller Macht in der Hand zu halten. Er trommelte mit den Fingerspitzen auf die Schreibtischplatte, schob die Belege mit dem linken Ellbogen noch ein bißchen weiter weg, ließ seine Augen zu den arbeitenden Kollegen hinüberwandern und setzte den Gedankenmonolog fort: Eingesperrt in eure Biederheit ... Ich könnte jedem von euch hundert Mark hinknallen, aber nicht eine Zigarette bekommt ihr von mir ...

Dann fiel ihm ein, daß seine Brieftasche wieder einmal leer war. Ich muß einen neuen Zug machen, überlegte er, wenn ich mich beeile, schinde ich heute ein paar Stunden raus. Er zog den Stapel Belege heran, stürzte sich in die Arbeit und verzichtete auf die Mittagspause.

Um zwei Uhr nachmittags schrieb er die letzte Zahl, erhob sich ächzend und ging durch die Glastür ins Zimmer des Hauptbuchhalters.

»Kollege Specht, ich habe wieder so Gleichgewichtsstörungen, ich kann kaum noch auf dem Stuhl sitzen. Die Belege sind fertig. Aber was Neues kann ich nicht anfangen.«

»Na, Kollege Buschinger, Sie machen sich auch noch für den Betrieb kaputt. Machen Sie Schluß für heute. Ich werde einen Wagen besorgen, der Sie zum Arzt bringt.«

»Nein, nein, um Gottes willen, keine Umstände meinethalben, ich helf mir schon allein.«

Unsicheren Schrittes ging er zur Tür. Vor dem Werktor aber hastete er über die Straße und sprang auf den anfahrenden Bus.

Buschinger lief durch ein paar Straßen, schaute sich Firmenschilder an, blätterte in einer Fernsprechzelle im Telefonbuch, machte sich Notizen. Dann fuhr er nach Hause.

Agnes war auf einen Sprung zur Nachbarin oder zum Konsum* gegangen. Die Zwillinge krabbelten im Laufgitter herum. Sie quiekten fröhlich, als Ewald ihnen in den Haaren herumwuschelte. Sie konnten kaum »Papa« sagen, doch Ewald hockte sich vor das Laufgitter und hielt ihnen eine Ansprache.

»Ich bin euch so dankbar, ihr Goldeselchen, daß ihr geboren seid. Als ich das Geld für euch holte, da merkte ich erst, wie leicht das geht. Ihr habt mir den Schlüssel zu einem großen Schatz geliefert.«

Als er das Zimmer verlassen wollte, fiel sein Blick auf das Bild seines Vaters. Er zupfte an dem schwarzen Flor, stipste mit dem Mittelfinger auf das Glas, sagte: »Und dir bin ich dankbar, daß du gestorben bist. Hast mir noch einen Silberberg aufgeschlossen. Auch der Tod ist nicht umsonst. Sterbegeld gibt's ...«

Nach dem Abendessen ging Ewald über den Hof in den Schuppen, angelte in der Finsternis nach der Glühbirne und drehte sie fest, so daß das Licht aufflammte. Er hakte die Schuppentür von innen zu. Zwischen Schachteln und Kisten mit Nägeln, Schrauben und Werkzeug zog er einen weißen Schuhkarton hervor und stülpte den Inhalt auf einen alten Küchentisch. Erschreckt fuhr er zurück, als zwischen dem Krempel, der aus dem Kasten purzelte, eine Maus hervorsprang. Ehe er sich besonnen hatte, war sie zwischen dem Gerümpel verschwunden. Ewald warf ein halbes Brikett hinterher. Dann setzte er sich an den Tisch und wühlte in seinen Schätzen herum.

Ein paar Dutzend Stempel, mehrere Füllfederhalter, Kugelschreiber und Kopierstifte, Tintenfläschchen, Stempelkissen und andere Büroutensilien lagen vor ihm. Aus einer anderen Schachtel holte er Formulare und Schreibpapier hervor.

Seiner Brieftasche entnahm er einen Vordruckantrag auf Gewährung einer einmaligen staatlichen Beihilfe für kinderreiche Familien ... Dieses Blatt hatte er sich nachmittags in einer Zahlstelle aushändigen lassen, ein zweites in einer anderen. Er schaute auf das leere Blatt, dann in die Luft. Er sah die spinnwebenverhängte Decke, der Modergeruch stieg ihm in die Nase. Ihm fiel auf, daß irgend etwas in den Stapel leerer Einweckgläser gefallen war und ein paar zerschlagen hatte, doch dann zerrann das alles wieder in seinem Bewußtsein, er begann Namen zu murmeln.

»Wegner, Behrendt, Baumann ..., ja, Baumann sollen sie heißen.«

Er stippte eine Feder in die Tinte und trug mit verstellter Handschrift den Namen ein.

Vorname? Elisabeth.

Als Zahl der Geburten setzte er ohne Zögern, wie etwas oft Geübtes, eine 6 ein.

Dann nahm er sich einen Zettel, notierte sechs Vornamen, schrieb hinter jeden ein Geburtsdatum, hin und wieder nachrechnend und überlegend, damit der richtige Zeitabstand gewahrt blieb und alles recht natürlich erschien.

Die beiden letzten Namen erhielten das Datum von vorgestern, 22. Januar 1956. Sonntagskinder.

Den dritten Namen strich er wieder durch und setzte dafür »weibliche Totgeburt« ein.

Er hatte sich genau erkundigt, bevor er das erste Mal losgezogen war, er hatte sich nicht umsonst ein Mädchen aus einer VAB-Stelle als Freundin angelacht, ihr gegenüber behauptet, Sozialbevollmächtigter in seinem Betrieb zu sein. Er hatte den Interessierten nicht zu spielen brauchen, hatte dem geduldigen Mädchen Frage auf Frage gestellt, bis es ihm schließlich die Magistratsverordnung vom 13. Oktober 1950 in die Hand gedrückt hatte.

Er wußte, daß vom 4. lebenden Kind an eine laufende Unterstützung gezahlt wurde, also eine Auszahlungskarte vorliegen mußte, während vorher keine Unterlagen in der Zahlstelle vorhanden waren. Er wußte aber auch, daß erst von der fünften Geburt an der Höchstbetrag von fünfhundert Mark gezahlt wurde, und mit weniger gab er sich nicht zufrieden. So ließ er stets eins der ersten vier Kinder frühzeitig sterben und verdoppelte den Betrag, der ihm in die Tasche fließen sollte, indem er Zwillingsgeburten in die Formulare schrieb.

Ewald nahm aus seinem Vorrat, den er in der Zahlstelle seiner Freundin in einem unbeobachteten Augenblick gestohlen hatte, einen Versicherungsausweis. Er wechselte Tinte und Feder.

»So, jetzt sollen die Kinder auch einen Vater haben ...«

Ihm fiel die verkehrte Reihenfolge auf: »Ich zaubere erst die Kinder hervor, und dann erblickt der Vater das Licht der Welt ... alles geht, wie ich es will.«

Er füllte den Versicherungsausweis aus. Namen und Daten holte er im ständigen Selbstgespräch aus seiner Phantasie. Als Arbeitgeber verwendete er je nach dem willkürlich angenommenen Beruf des Zwillingsvaters Firmennamen von Bäckern, Frisören, Tischlern, die in dem betreffenden Ortsteil tatsächlich ansässig waren. Eine Kollektion solcher Stempel hatte sich schon angesammelt.

»So, jetzt lassen wir noch einen alten Mann sterben.«

Beim Tode seines Vaters hatte er das Sterbegeld in Empfang genommen, die Formalitäten und die Zahlungsweise kennengelernt und von da an schon manchen Sterbefall fingiert.

Auch jetzt erfand er einen zweiundsechzigjährigen Gärtner, stellte Rechnungen über Bestattungskosten aus, stempelte und quittierte sie.

Er legte die Dokumente des Verstorbenen neben die Zwillinge und betrachtete sein Werk wohlgefällig. Er streckte sich.

»Jetzt bin ich Vater geworden und habe einen Onkel verloren ...«

Das Gerümpel, das ihn umgab, erschien ihm wie die geheimnisvolle Gerätschaft einer Zaubergruft.

»Ich schnipse mit den Fingern, ein paar Federstriche und ein Mensch ist geboren. Und er braucht keine Windeln und kennt keine Schmerzen und kostet kein Geld. Noch ein paar Federstriche – ein Ungeborener ist gestorben. Er braucht keinen Sarg, und keiner weint. Ich bin das Schicksal. Geburt und Tod, die machen mich reich ... Geborene, Gestorbene – es zahlt sich aus ... Geld, Geld. Und die Dokumente sind echt ... so gut wie, jedenfalls ...«

Er verwandte viel Sorgfalt auf die Fälschungen. Nach Vorlagen, die er sich beschafft hatte, und nach selbstangefertigten Zeichnungen hatte er sich in kleinen Buden, teils in Westberlin, Formulare drucken und Stempel anfertigen lassen. Die offiziellen und verfänglichen Stempel und Siegel hatte er in Einzelteilen mit harmlosen Ergänzungen bestellt, das Überflüssige weggeschnitten und die Teile zusammengesetzt. Er hatte schwarze, blaue, rote und grüne, fette und trockene Stempelkissen in seiner Sammlung, verschiedene Tinten und Federn ... Als er jetzt darangehen wollte, die noch fehlenden Bescheinigungen und Vollmachten auszufüllen, fiel ihm ein, daß der Versicherungsangestellte beim letzten Mal den Schein hin- und hergedreht und gefragt hatte: »Hat das die Kindesmutter selbst geschrieben?«

Ewald hatte sich in vielerlei Schriftarten geübt, doch er war vorsichtig. Er brauchte noch mehr Unterschiede ... Aber wie? – Seine Frau mußte mit einspringen ... ja, das war die Lösung, Agnes mußte ran. Schließlich hatte sie den Pelz bekommen ..., sie trank mit von dem Sekt ..., soll sie auch helfen.

Ewald steckte sich einen Füllhalter ein, räumte die Sachen weg und ging ins Haus.

»Was soll das?« fragte Agnes mißtrauisch. Sie war nicht bereit, etwas zu tun, was sie nicht begriff.

Aber Ewald hatte schon so viel Lust am Lügen, daß er auch Agnes gegenüber keine Hemmungen mehr zeigte.

»Schau mal, ich helfe einem bekannten, einem alten Kriegskameraden, der jetzt in Westberlin, in Charlottenburg, einen kleinen Baubetrieb hat. Ich unterstütze ihn ein bißchen bei der Buchführung, bei der Steuer, der Lohnbuchhaltung und so. Na, und da kommen alle möglichen Sachen vor, weil die Leute doch nicht so Bescheid wissen. Das geht alles vollkommen in Ordnung.«

Agnes ließ sich beschwatzen. Ewald nannte den Namen seines Kriegskameraden, erzählte gemeinsame Erlebnisse, erwähnte die Straße, in der das Büro lag ... Es klang alles so echt. Und warum sollte sie ihrem fleißigen Manne nicht helfen?

In schöner Eintracht gingen Ewald und Agnes an diesem Abend zu Bett.

Das doppelte Netz

Wie sie so nebeneinander saßen, schienen sie ein ungleiches Geschwisterpaar zu sein, der Unterleutnant der VP Horst Sorgenfeldt und die VAB-Angestellte Helga Kappner. Sie waren beide Anfang Zwanzig, hatten das gleiche Blond und die gleichen spitzen Nasen, aber sonst stimmte nichts überein. Die zierliche Helga sah neben der hochaufgeschossenen Sprinterfigur wie ein Schulkind aus; sie war bedächtig, er lebhaft; sie hatte die Tasse Kaffee schon leer, während er kaum genippt hatte.

Die beiden, die da nebeneinander saßen, waren weder ein Geschwister- noch ein Liebespaar. Sie steckten die Köpfe zusammen, nicht um Streiche auszuhecken, sondern um Formulare zu betrachten.

Helga Kappner hatte sich doch überzeugen müssen, daß da irgendein gewissenloser Betrüger mit der Geburt von Zwillingen Geld ergaunerte. Sie erinnerte sich der Nacht, in der sie den Fehler in ihren Unterlagen gesucht hatte. Am anderen Morgen war die Revisionsabteilung benachrichtigt worden.

»Erfahrungsgemäß«, sagte Leutnant Kellhus, »versucht es ein Betrüger, der einen solchen Aufwand in eine Sache steckt, nicht nur einmal, und erfahrungsgemäß wendet er immer dieselbe Methode an.«

Horst Sorgenfeldt fragte: »Werden alle Sachbearbeiter über das nichtabgeholte Stillgeld stolpern?«

»Nein, die wenigsten.«

»Wieso?«

Rosa erklärte: »Normalerweise heften wir einen solchen Fall einfach ab. Es kann ja sein, daß die Frau überhaupt nicht gestillt hat. Da gibt es viele Gründe. Und dann denken die meisten, wer Geld zu bekommen hat, wird sich schon melden. Daß Helga diese Sache so hartnäckig verfolgte, ist ein Fall von außergewöhnlicher Gewissenhaftigkeit.«

Die Revisionsabteilung der Sozialversicherung übernahm es, in sämtlichen Zahlungsstellen überprüfen zu lassen, ob irgendwelche Zahlungen an einen Hans Gräbener vorgenommen wurden und ordnete an, alle entsprechenden Unterlagen sofort an die Einsatzgruppe der Kriminalpolizei zu geben.

Die zentrale Leitung sollte alle Zahlstellen anweisen, falls ein Geldabheber mit dem Namen Hans Gräbener und der vom Auszahlschein bekannten Ausweisnummer auftauchte, sofort die nächste Volkspolizeidienststelle* zu benachrichtigen.

»Aber wenn dieser Betrüger ein Angestellter der Sozialversicherung ist, wird er dadurch doch gewarnt«, wandte Helga Kappner ein.

»Wieso meinen Sie, daß er bei der Sozialversicherung arbeitet?«

Helga erläuterte, warum er von vier Kindern eins als verstorben angegeben hatte, und wies durch weitere Einzelheiten nach, daß der Betrüger die innere Abwicklung solcher Fälle genau kennen müsse.

Der Unterleutnant nickte zustimmend.

»Der Ausweis des Abhebers hat eine Berliner Seriennummer. Ein Hans Gräbener ist aber in Berlin nicht gemeldet. Folglich ist der Ausweis gefälscht. Außer einer sehr allgemeinen Personenbeschreibung haben wir keine Hinweise, wer diesen Ausweis benutzt. Wir müssen den Täter also ausfindig machen, wo er unter dem Namen Gräbener auftritt. Auch um weiteren Schaden zu vermeiden, ist es erforderlich, die Zahlstellen zu informieren. Aber wir können den Kreis der Unterrichteten beschränken, wenn Sie eine vertrauliche Nachricht herausgeben, die nur die Zahlstellenleiter und die Kassierer erhalten.«

Kurz nach ihrer Rückkehr ins Präsidium hatten Leutnant Kellhus und Unterleutnant Sorgenfeldt festgestellt, daß die auf dem Auszahlschein und der Vollmacht vermerkte Nummer zu einem Personalausweis gehörte, der an einen Hans Grabe ausgegeben und am 18. August 1955 als verloren gemeldet wurde. Sie verglichen die Änderungen gegenüber den Originalangaben: Aus Grabe wurde Gräbener, der Vorname blieb unverändert, bei der Adresse wurde lediglich aus der Hausnummer 4 eine 47 gemacht.

Werner Kellhus schob die Papiere zusammen und drückte sie Horst Sorgenfeldt in die Hand: »Also, Fernschreiben an die Inspektionen mit allen Einzelheiten, sie sollen besonders auf die geänderten Stellen achten. Bei Festnahme sofort Mitteilung an uns.«

Der lange Horst reckte sich wie nach einer ermüdenden Sitzung und sagte: »Die Falle ist gestellt, ein doppeltes Netz ...«

Der Schein trügt – und wird prämiert

Heute morgen blieben im VEB Berlin-Maschinen die Journale und Kontoblätter unberührt. Die Direktion hatte die Mitarbeiter der Verwaltung zu einer Arbeitsbesprechung gerufen. Der Plan und einige Umstellungen in der Arbeitsorganisation und Geschäftsverteilung waren besprochen worden, von vielen mit Zustimmung, von anderen mit krampfhaft unterdrücktem Gähnen, von dritten mit Skepsis angehört.

Der Werkleiter sprach noch immer.

»... freue ich mich, unserem bewährten Buchhalter Ewald Buschinger eine Prämie von hundert Mark überreichen zu können ...«

Die Köpfe drehten sich. Buschinger wußte nicht, ob er aufstehen oder sitzenbleiben sollte und fummelte an seiner schwarzen Hornbrille herum.

»... der Kollege Buschinger hat uns erst vor drei Wochen ein neuartiges Sicherungssystem gegen Quittungsfälschungen vorgeschlagen, das zunächst abwegig und überflüssig erschien, aber wir haben Ende voriger Woche auf diese Weise die Unredlichkeit eines Einkäufers aufgedeckt, der sich durch einen raffinierten Trick siebzig Mark ergaunern wollte. Wir danken dem Kollegen

Buschinger, der durch seine Initiative das Volkseigentum, auf dem unsere gesellschaftliche Entwicklung basiert, vor Schaden bewahrt hat ...«

Jetzt ging Ewald Buschinger nach vorn und nahm mit einer linkischen Verbeugung die Prämie in Empfang. Hauptbuchhalter Specht hatte die Arme auf dem Tisch verschränkt und schaute Buschinger an. Er erinnerte sich, wie eifrig ihm Buschinger damals auseinandergesetzt hatte, welche Betrügereien möglich sind.

»... Es braucht sich nur einer von einer Firma einen leeren Quittungsblock zu beschaffen oder einen einfachen Stempel anfertigen zu lassen ...«

Der Hauptbuchhalter hatte damals erstaunt den Kopf geschüttelt: »Sie haben eine Phantasie ...«

Buschinger drängte jetzt zwischen den anderen aus dem Speisesaal hinaus. Die Gratulationen hörte er nur mit halbem Ohr. Er dachte, wenn die wüßten ... Hundert Mark! Auch schon was! Ja, mich solltet ihr kennenlernen. Ich müßte bei der Versicherung sein, ich hätte mich längst erwischt. Aber die erwischen mich nie ...

Die Mühlen mahlen

»Die Falle ist gestellt, ein doppeltes Netz ...«, hatte Unterleutnant Sorgenfeldt gemeint, und Leutnant Kellhus entgegnete: »Die Falle ist gestellt, aber unsere Arbeit ist damit noch nicht beendet. Wer garantiert uns denn, daß er tatsächlich in unser Netz geht? Vielleicht hat er aufgehört. Oder einen neuen Dreh gefunden. Die Falle ist gestellt. Aber wir legen die Hände nicht in den Schoß. Wir müssen den Burschen aufspüren. Morgen früh werde ich mal nachschauen, was mit diesem Grabe los ist, der angeblich den Ausweis verloren hat, wo er jetzt wohnt, wo er arbeitet, wie er lebt, wie sein Ausweis abhanden gekommen ist ... Und du kannst noch mal mit den Versicherungsleuten reden. Frage die Kaderabteilung*, ob's Hinweise auf einen möglichen Täter gibt. Stelle fest, welche Fälschungsmaterialien dieser Herr Unbekannt brauchte und wo er sie beschafft haben könnte.«

Mit einem Seufzer quittierte Unterleutnant Sorgenfeldt die Aussicht auf die zermürbende Kleinarbeit. Er kannte das. Jede

Kleinigkeit wird durchforscht. Jedem unbedeutenden Hinweis wird nachgegangen. Und das meiste sind taube Nüsse. Tagelange Arbeit ohne Ergebnis.

Horst Sorgenfeldt sehnte sich manchmal in seine Stanzerei zurück. Alle paar Sekunden spuckt die Maschine ein neues Stück aus. Du kannst hinzeigen: »Hier, das habe ich gemacht. Hier steht es aufgestapelt ... Und gestern war's genausoviel ...«

Doch die Resignation hielt nie lange an. Der Ärger über eine Spur, die im Sande verlaufen war, weckte die Entschlossenheit, den Unbekannten nun erst recht zu fassen. Dann erschien ihm jede Spur, die überprüft und damit ausgeschaltet war, als eine engere Einkreisung des Täters, und dann dünkte ihm keine Mühe vergebens. Und er fand, daß Majakowskis Verse vom Dichten auch auf die Arbeit des Kriminalisten zutreffen:

»Dichten
ist dasselbe wie Radium gewinnen,
Arbeit: ein Jahr,
Ausbeute: ein Gramm.
Man verbraucht,
um ein einziges Wort zu ersinnen,
Tausende Tonnen
Schutt oder Schlamm.«

Dennoch wagte er nie zu behaupten, Kriminalistik habe etwas mit dem Dichten gemeinsam. Er hatte diesen Satz nur ein einziges Mal ausgesprochen und sogleich zur Antwort erhalten: »Aha, was ihr nicht 'rausbekommt, reimt ihr euch einfach zusammen.«

Nein, sie fabulierten nicht. Sie gingen nüchternen Tatsachen nach. Horst Sorgenfeldt machte sich am nächsten Morgen wieder über die Papiere her, und Werner Kellhus fragte wenig später den Pförtner im VEB Berlin-Maschinen, wo er den Kaderleiter finden könne.

»Woll'n Sie bei uns anfangen?« forschte der und musterte über seine Brillenränder hinweg den zivilen Leutnant.

Als Kellhus meinte: »Ich dachte, hier wäre noch ein Nachtwächterposten frei«, handelte er sich einen Anschnauzer ein und wurde über den Betriebsschutz aufgeklärt.

Adolf Holzman, der Kaderleiter, war ein lebhafter und hilfsbereiter Genosse. Durch die jahrelange Schufterei vor dem Krieg als Maschinenschlosser ging er etwas krumm. Er drückte Werner Kellhus in einen Sessel und lehnte sich an seinen peinlich aufgeräumten dunkelpolierten Schreibtisch.

VEB Berlin-Maschinen ist kein Sechsmannbetrieb, und doch brauchte Adolf Holzmann die Akten nicht aufzuschlagen, um über den Buchhalter Grabe und dessen Arbeitskollegen Auskunft geben zu können.

Hans Grabe hatte seinerzeit den Ausweis vermißt, als er nach Feierabend im Elektroladen gegenüber dem Fabriktor etwas kaufen wollte. Er war sofort zurückgekommen, hatte aber vergeblich gesucht. Der Ausweis war aus der Manteltasche verschwunden. Ob Grabe ihn im Werk oder außerhalb verloren hatte und wann das geschehen war, konnte er nicht angeben. Der Buchhalter Grabe wurde von Holzmann als stiller, etwas verschlossener Mensch geschildert, der seine Freizeit mit Züchtungsversuchen in seinem Schrebergarten verbringt. Er arbeitete mit drei anderen Buchhaltern in einem Raum, schien aber mit keinem von ihnen enger befreundet.

Auch von Grabes Arbeitskollegen waren Adolf Holzmann weder finanzielle Schwierigkeiten bekannt, noch war bei einem von ihnen ein besonderer Aufwand aufgefallen:

Ewald Buschinger, einer dieser Zimmergenossen, wurde als außerordentlich korrekt, fleißig, ehrgeizig und aufgeschlossen geschildert.

»Unser tüchtigster Mann in der Buchhaltung. Wenn Specht auf Lehrgang geht, soll er den Hauptbuchhalter vertreten.«

Kellhus schaute die Personalakten der Buchhalter durch und meinte beim Abschied zu Holzmann, sie würden sich bald wiedersehen.

Der Vogel ist ausgeflogen

Nanu, wir haben doch gar keine Bekannten, die ein Auto besitzen, dachte Agnes Buschinger und spähte zwischen den Esperagus- und Grünlilientöpfen hindurch auf den blauen EMW* vor ihrem Haus. Schon wurde die Wagentür aufgestoßen und zwei ihr völlig unbekannte Männer stiegen aus. Ein dritter, der Kraftfahrer, blieb im Wagen sitzen.

Als es klopfte, war Agnes schon an der Tür. Die beiden gaben ihr die Hand, murmelten Namen, die sie nicht recht verstand.

Die Besucher nahmen Platz. Der Kleinere fragte: »Wie geht es Herrn Buschinger?«

»Meinem Mann? Ja wieso? Ist ihm was passiert?«

Agnes blickte verständnislos und beunruhigt von einem zum andern.

Doch jetzt war es an den beiden Fremden, sich zu wundern.

»Na, wir denken, er liegt krank zu Hause. Er hat doch heute morgen angerufen. Ach, entschuldigen Sie, dies ist Kollege Holzmann, der Kaderleiter, und ich bin der Hauptbuchhalter. Ja, wir müssen zu einer Konferenz nach Güstrow, und da wir sowieso durch Birkenwerder fahren und ihr Mann in letzter Zeit oft krank war und nun heute wieder – da dachten wir, wir schaun mal rein. Wo ist ihr Mann denn jetzt? Zum Arzt?«

»Ja, ja, er ist noch nicht zurück«, stotterte Agnes. Sie wußte nicht, wie ihr geschah und atmete auf, als das Motorgebrumm sich in der Märzluft verlor.

Sie ging zu den Zwillingen hinein, die sich an den Haaren hatten und quiekten, als sei ein Eber in einen Ferkelstall eingebrochen.

Auf der Schwelle fiel ihr plötzlich ein, daß die Männer beim Abschied gesagt hatten, sie wollten auf der Rückfahrt noch mal vorbeikommen. Da hatte sie für das Geschrei ihrer Kinder kein Ohr mehr und sank auf einen Stuhl.

Wo ist Ewald? grübelte sie, wo ist er? Er muß her. Der wird jetzt wohl schon am Tag zu dieser Westberliner Firma gefahren sein, für die ich ihm die Papiere schreiben mußte. Ich muß hin, ich muß ihn holen, bevor sie zurückkommen. Wie hieß das gleich? Ewald hat's mir doch genau erzählt. Röder, ja richtig, Röder, Witzlebenstraße in Charlottenburg.

Sie erhob sich entschlossen.

Aber wo laß ich die Kinder? Mutter muß sie nehmen. Hastig zog sie die Zwillinge an, steckte sie in den Wagen und eilte zur nahegelegenen Wohnung der Mutter.

Sie klingelte einmal, klingelte zweimal, niemand meldete sich. Mutter ist ja heute nach Berlin reingefahren, erinnerte sie sich plötzlich. Gerade heute!

Agnes schob die Kinder vor sich her, und Tränen liefen ihr übers Gesicht.

»Um Gottes willen, Frau Buschinger, was ist denn geschehen?« Eine Bekannte sprach die verstörte Agnes an.

»Mein Mann ..., ich muß ...« Agnes brachte keinen ganzen Satz heraus.

»Ein Unglück?« fragte die Frau ängstlich, doch Agnes schüttelte den Kopf, erklärte, sie müsse sofort zu ihm, und deutete hilflos auf die Kinder.

»Na, in solch einem Falle muß man doch helfen«, sagte die Frau, »wenn Sie niemanden haben, lassen Sie die Kleinen einfach bei mir.«

Die Frau beugte sich über den Wagen.

Agnes drückte die Hilfsbereite, mit der sie nicht einmal näher befreundet war, dankbar an sich und eilte zum Bahnhof.

Inzwischen strich Ewald durch die Straßen der kleinen Stadt Arnhausen. Wieder einmal wollte er sich die Beihilfe für eine angebliche Zwillingsgeburt aneignen. Die Berliner Zahlstellen hatte er abgegrast und verlegte nun sein Tätigkeitsfeld in kleinere Städte. Pedantisch, wie er war, bereitete er jeden Coup sorgfältig vor. Zu kassieren gedachte er heute noch nicht. Dies war erst die Erkundungsreise.

Er ging systematisch zu Werke. Aus einem Telefonbuch schrieb er sich die Adressen der zwei Zahlstellen ab, ging an ihnen vorbei, und in einem günstigen Moment, wenn etwas regerer Betrieb war, spähte er in die Schalterräume.

In seinem Notizbuch erhielt die Zahlstelle Krollstraße ein Kreuz. Dann prägte er sich Straßennamen ein und notierte sie, sobald er sich unbeobachtet glaubte. Als auch das erledigt war, betrachtete er einige Zeit das Firmenschild der Bäckerei Althof. Im Bahnhofsrestaurant ließ er sich das Fernsprechbuch geben und nickte befriedigt, als er die Bäckerei nicht fand. Sie sollte die angebliche Arbeitsstelle des Zwillingsvaters sein, die er in den Sozialversicherungsausweis eintragen und einstempeln mußte, und er wollte sich vergewissern, daß die Bäckerei telefonisch nicht erreichbar war, falls es der Zahlstelle plötzlich einfallen sollte, nachzufragen.

Buschinger gab das Fernsprechbuch zurück, ging wieder zur Bäckerei, betrat den Laden, ließ sich ein Kuchenpaket einpacken und verlangte eine Quittung. Er warf einen Blick auf den Zettel und reichte ihn über den Glasaufsatz zurück.

»Würden Sie mir bitte noch einen Stempel draufdrücken?«

Warum nicht? Die Bäckersfrau langte ins Regal, klappte mit der Spitze des Mittelfingers das Stempelkissen auf und drückte den Firmenstempel auf die Quittung.

Später, nach Berlin zurückgekehrt, bestellte Ewald in einer kleinen Bude einen Stempel für die Bäckerei Althof in Arnhausen, nach dem Muster, das er vorlegte. Eilauftrag natürlich.

Agnes war weniger erfolgreich. Sie lief die Witzlebenstraße nun schon zum viertenmal rauf und runter. Von einer Baufirma Röder keine Spur.

Zweifelnd überlegte sie: Habe ich mich geirrt? Doch Ewald hatte Namen und Adresse auch später mehrmals genannt, wenn er sehr spät nach Hause gekommen war. Ein Irrtum war ausgeschlossen.

Sie studierte die Namenstafeln in den Treppenhäusern, fragte in Geschäften, erkundigte sich bei Frauen, die vor den Haustüren tratschten, niemand kannte eine Baufirma Röder.

Er hat mich belogen, er hat mich belogen, ging es Agnes durch den Sinn. Niedergeschlagen, betäubt fuhr sie nach Hause. Was soll daraus noch werden? Wo verbringt er seine Zeit? Steckt eine andere dahinter?

Sie holte die Zwillinge ab, ohne der Frau eine rechte Erklärung zu geben, gerade noch ein Dankeschön stammelnd. Sie saß untätig in der Stube, starrte vor sich hin, wartete auf den Schritt ihres Mannes, fürchtete das Bremsen eines Autos …

Die Zeit verging. Sie brachte die Zwillinge zu Bett. Die Männer aus Ewalds Betrieb kamen nicht wieder.

Wo ist Ewald? Die Frage bohrte.

Sie erkannte den Schritt nicht, als er kam. Er roch nach Bier.

»Ewald, wo warst du?«

Er hatte nur ein breites Lachen als Antwort und schob sie beiseite. Aber sie ließ sich nicht beiseite schieben. Sie riß ihn herum und hielt ihn fest.

»Du warst nicht zur Arbeit, und diese Firma Röder in Charlottenburg gibt es auch nicht.«

»Gibt's nicht? Na gut. Ist doch egal. Gib mir was zu essen.«

Agnes war verblüfft, daß Ewald so gleichgültig blieb. Jeder andere hätte aufgehorcht und erstaunt gefragt, woher sie diese Nachrichten hatte, aber Ewald wischte alles, die Anschuldigungen, ihre Erregung und, fast schien ihr, auch sie selbst mit einer Handbewegung beiseite. Das empörte sie.

»Ewald, wo warst du?«

Sie wiederholte die Frage, leiser, aber mit einer Entschlossenheit in den Augen, die ihm neu war.

Verwirrt wischte er sich übers Gesicht, faßte sie um die Schulter und sagte: »Ich will dir ja alles erzählen, aber laß mich doch erst mal reinkommen und mach mir 'n Happen zu essen.«

Agnes ließ von ihm ab.

Während sie in die Küche ging, schlurfte er in den Schuppen.

Dann kam er mit Tinte und Papier. Sie sollte wieder was schreiben. Doch sie wollte erst die Erklärung.

»Hör endlich auf mit der Fragerei«, rief er ungeduldig, »schreib!«

»Ewald, was verlangst du von mir! Was treibst du eigentlich? Du belügst mich doch.«

»Wann wird dieses Weib aufhören zu lamentieren?«

Agnes erstarrte. War das ihr Mann? So hatte Ewald noch nie mit ihr gesprochen. Wohin ist er geraten?

Und plötzlich überkamen sie all die unausgesprochenen, undeutlich empfundenen Sorgen der letzten Wochen. Wo verbrachte ihr Mann die vielen Abende? Sie hatte geglaubt, in Charlottenburg, über den Büchern jenes Röder. Aber wo war er wirklich?

Und all die hundert Kleinigkeiten jagten ihr durch den Kopf, Szenen hektischer Lustigkeit, dann jenes »Ruhe, verdammt noch mal!« mit dem er die Zwillinge anfuhr, daß sie vor Schreck laut weinten. Ja, er hätte die Kinder sogar geschlagen, wenn sie nicht mit einem »Prügele mich doch« dazwischengetreten wäre. Sie spürte: Er hat sich verrannt, er entgleitet uns, ich muß ihn zurückgewinnen. Und da sie an den Kindern erprobt hatte, daß sie am meisten erreichte, wenn sie freundlich war, würgte sie ihren Schmerz und ihren Zorn hinunter und setzte sich neben ihren Mann.

Doch je sanfter sie auf ihn einredete, um so wütender wurde er und tat, was er nicht wollte: enthüllte der Ahnungslosen, daß er sich durch Betrug bereicherte.

Das gab ihr einen Schock. Ein Verbrecher, dachte sie, wie ungeheuerlich. Aber gleich kam das Echo, bitter, schmerzhaft: Er ist doch mein Mann.

Sie starrte ihn an, sah, wie er, ohne sie zu beachten, die Brote hinunterschlang, die sie ihm hingestellt hatte.

Damals, im zweiten Nachkriegswinter, wir waren jung verheiratet und zum ersten Mal gemeinsam verreist, da hat er mich in dem kalten Hotelzimmer bis unters Kinn zugedeckt, die Brote mit dem selbstgekochten Sirup aus dem Koffer geholt und mich gefüttert.

Der gleiche Mann.

Tränen liefen ihr über das Gesicht; sie merkte es nicht; er sah sie nicht an. Er kann doch anders sein, dachte sie und flehte: »Ewald, mach Schluß damit.«

»Hast Angst, ja? Möchtest kneifen? Du hast doch den Sekt auch ganz gern geschlürft.«

»Ohne Sekt waren wir glücklicher.«

»Ach, wie pathetisch – arm, aber glücklich!«

»Wir waren nicht arm. Du hast deinen Beruf.«

»Ja, den Beruf! Buchhalter Buschinger, halten zu Gnaden! Was? Vergiß nicht, ich war schon mal raus aus dem Dreck, war schon mal obenauf, hab ein Verpflegungslager gehabt im Krieg. Weißt du, was das heißt? Vor meinen fetten Krippen haben sie gestanden, die Herren Offiziere. Aus der Hand haben sie mir gefressen. Und hier mache ich den Buckel krumm.«

»Machst den Buckel krumm? Vor wem denn? Bist doch die Gehaltsstufen raufgeklettert, hast Prämien gekriegt, bist angesehen.«

»Ach, angesehen, Geld will ich haben. Wer Geld hatte, ist ein großer Mann. Wer Geld hat, kann sich alles leisten. Ich habe Blut geleckt, ich will Geld. Da pfeif ich auf deine Sentimentalitäten.«

War sie von diesem Menschen wirklich einmal geliebt worden? Und was war Liebenswertes an ihm geblieben?

An fremden Gut vergriffen hatte er sich! Ihr Mann, ein Betrüger! Dabei hatte sie in Ewalds Beruf, Buchhalter, eine beruhigende Garantie für Ehrlichkeit gesehen. Um so tiefer ihre Enttäuschung.

Die gelegentliche Grenzgängerei ihres Mannes nach Feierabend hatte Agnes nicht als unehrlich empfunden. Dazu waren wohl ihre Gedanken noch zu eingesperrt in dem engen Kreis von Kochtopf und Kinderwagen. Und an die Nachbarschaft von Westberlin hatte sie sich gewöhnt wie an etwas Alltägliches. Sie glaubte, Ewald helfe einem Freund, und das wäre ja doch nichts Schlechtes.

Aber was sie jetzt erfahren hatte, ließ sie fast zusammenbrechen. Sie mußte Ewald zwingen, umzukehren.

Ewald aber wurde ungeduldig. Er fauchte: »Laß jetzt endlich den Quatsch. Schreib, was ich dir sage.«

»Nein, nein, Betrügereien mache ich nicht mehr mit.«

»Oho! Den Pelzmantel schleppst du, aber die reine Unschuld möchtest du sein, was? Du sitzt ja mit drin, hast ja mitgemacht.«

Sie möchte sich die Ohren zuhalten, aber es war schon in ihrem Kopf: Er hat mich mit hineingezogen; meine Hände sind schmutzig. Wo hatte ich meine Augen, wo hatte ich meinen Verstand? Bin ich verloren? Wie gemein er ist.

Sie zerriß das Papier: »Nein! Nein!«

Der Jammer seiner Frau rührte ihn nicht.

»Das sag ich dir: wenn sie mich erwischen, weil du Sperenzien machst, dann gehst du ins Loch. Dann pack ich aus, dann wirst du für mich büßen.«

Agnes hielt es nicht mehr aus, sie lief hinaus, holte den Pelzmantel, warf ihn ihrem Mann vor die Füße, holte die neuen Kleider, warf sie dazu; riß die Zwillinge aus den Betten, stopfte sie in den Wagen und fuhr mit ihnen hinaus in die Nacht. Da war eine Zuflucht: die Mutter.

Anhaltspunke

»Das wächst sich aus zum großen Fisch«, rief Unterleutnant Sorgenfeldt noch von der Schwelle her. Er sprudelte die Neuigkeiten heraus: »Zehn Fälle von gefälschten Zwillingsgeburten sind schon heraus und außerdem was Neues: Gräbener hat auch Sterbegelder kassiert. Der hat Klapperstorch und Sensenmann gleichzeitig gespielt. Immer andre Namen, aber stets das gleiche Standesamt. Standesamt Velten. Der hat möglicherweise was mit diesem Standesamt zu tun oder von dort einen Siegel erwischt. Außerdem muß er einen ganzen Stapel Versicherungsausweise haben. Ich laß schon überprüfen, wo welche abhanden gekommen sind.«

Horst Sorgenfeldt hatte während des Erzählens seine Kollegtasche auf dem Schreibtisch von Leutnant Kellhus entleert und breitete die Unterlagen der neuen Fälle aus.

»Es handelt sich offensichtlich um einen vielseitigen Fälscher.«

Er erläuterte ein schiefes V am VP-Siegel und andere Details.

»Der Betrüger benutzt alle möglichen Formulare und Bescheinigungen. Entweder hat er Zugang zu echten, oder er läßt sie sich irgendwo nachdrucken. Familienstammbücher hat er jedenfalls nicht. Dafür tippt er mit Schreibmaschine die Registriernummern und eine Beglaubigung des Standesamtes auf die Anträge. Es wurden nach flüchtiger Durchsicht mindestens drei verschiedene Schreibmaschinen benutzt.«

»Gut«, sagte Leutnant Kellhus, »jetzt ist Zeit, eine Vergleichreihe anzufertigen. Die Einzelheiten aller Fälle nebeneinandergestellt, dann haben wir schon einige exakte Grundlagen.«

»Fehlt nur noch der Täter.«

»Eben«, meinte Kellhus, »und den greifen wir uns auch noch. Wir haben jetzt die gefälschten Dokumente, du fährst morgen mal zu diesem Standesamt, und wir werden außerdem sehen, ob der Personalausweis uns weiterhilft. Grabe trug ihn in der Manteltasche. Er kann ihn verloren haben, jemand kann den Ausweis in der Straßenbahn gestohlen haben. Möglich, daß Grabe mit der Sache gar nichts zu tun hat, aber er kann den Ausweis auch unterschlagen haben. Er hat früher mal bei der Versicherung gearbeitet. Er weiß Bescheid ... Wir werden uns heute abend mal seinen Arbeitsplatz ansehen.«

Blumen ohne Abnehmer

Wie der Zufall manchmal spielt. Gerda Hell, Versicherungsangestellte in Arnhausen, saß abends oft bei ihren Nachbarn, dem Kreisredakteur der Heimatzeitung, vor dem Fernsehschirm. Heute erzählte sie, daß in ihrer Verwaltungsstelle die Beihilfe für eine Zwillingsgeburt ausgezahlt wurde. Der auf interessante Neuigkeiten versessene Journalist spitzte die Ohren und stellte Fragen. Zwillinge hatte es in Arnhausen schon seit 27 Jahren nicht gegeben. Zwar war die Geburt nicht hier in der Stadt, sondern beim

Standesamt von Velten registriert, wo die Mutter zu Besuch weilte, aber immerhin: die Mutter war Bürgerin von Arnhausen!

So las Bürgermeister Wald am übernächsten Morgen unter den ›Nachrichten aus Stadt und Kreis‹ die interessante Neuigkeit. Eine Bürgerin seiner Stadt Mutter von Zwillingen! Er rief zuerst den Kreisredakteur, dann die Sozialversicherung an und erkundigte sich. Die Mutter ist in Velten, aber das Geld wurde vor drei Tagen abgeholt.

Also wird der Vater da sein, überlegte der Bürgermeister.

»Wie ist die Adresse? Und wo arbeitet der Vater?«

Bürgermeister Wald ließ einen großen Blumenstrauß und eine Flasche Sekt besorgen, dann setzte er sich ins Auto.

»Zur Bäckerei Althof.«

Er ging durch die Toreinfahrt in die hinten gelegene Backstube. Der Bürgermeister mit Blumenstrauß? Die Arbeit blieb liegen, Gesellen und Lehrlinge starrten zur Tür.

»Wo ist Herr Kraech?«

»Wer?«

... arbeitet hier nicht? Das muß ein Mißverständnis sein. Ist vielleicht in seiner Wohnung, dachte der Bürgermeister.

»Zur Zündgasse 4.«

In der Zündgasse flogen die Fenster auf. Der Bürgermeister mit Blumen. Das Haus Nummer 4 war wie seine Nachbarn schmalbrüstig und hutzlig. Drei Familien bewohnten es. Ein Kraech war nicht darunter.

Die Hand mit dem Strauß sank langsam herab, so daß die Blumen kopf standen. Der Silberhals der Sektflasche glitzerte in der Sonne. Die Frauen, die aus den Fenstern hingen und die, die hinter den Gardinen standen, rätselten, was dies zu bedeuten hatte – und der Bürgermeister hätte es ihnen nicht einmal sagen können.

Wer sucht, der findet

Das ist doch der Freche von gestern, der da mit dem Langen ankommt, dachte der Pförtner und wunderte sich, daß der Kaderleiter die beiden am Tor erwartete. Holzmann hatte die Schlüssel für die Buchhaltung schon in der Tasche.

»Schlechte Luft«, sagte Unterleutnant Sorgenfeldt, als sie in das Arbeitszimmer der Buchhalter im dritten Stock traten. Mit vier Schritten stand er am gardinenlosen Fenster, schaute auf die rote Mauer und die Bäume im hellgrünen Frühlingskleid, drehte sich aber, ohne das Fenster zu öffnen, wieder dem Raum zu. Leutnant Kellhus musterte das Zimmer von der Tür aus.

Mit Ölfarbe gestrichene gelbe Wände. Einige chinesische Tuschzeichnungen verwischten den nüchternen Eindruck. An der Innenseite der Tür klebte ein veraltetes Plakat, oben rechts war ein Stück eingerissen und hing herunter. Links standen ein paar schmale Spinde, an der Querwand offene Regale mit Aktenordnern, gegenüber zwei breite Holzschränke. Vier Schreibtische, zwei zu zwei zusammengestellt, füllten die Mitte des Raumes, am Fenster und an der Querseite eines Tisches stand je ein Schreibmaschinentisch mit Langwagenmaschine, auf einem einfachen Holztisch in der rechten Ecke guckte zwischen Karteikästen und Papierstößen eine Rechenmaschine hervor. Die Stühle an den Tischen, auf manchen ein Kissen, ein paar Papierkörbe, ein Telefon auf einem Schwenkarm, schwarze Schreibtischlampen, hinten rechts ein weißes Porzellanbecken mit Wasserhahn, auf dem Fensterbrett zwei Grünpflanzen und ein Topf zum Kaffeekochen …

Der Kaderleiter schaute die schweigsamen Genossen an und fragte: »Wonach suchen Sie hier eigentlich?«

»Das wissen wir selbst noch nicht genau«, antwortete Leutnant Kellhus. – Der Kaderleiter sagte nichts, bezweifelte die Auskunft aber.

Und doch hatte der Leutnant die Wahrheit gesprochen.

Kellhus ließ sich Grabes Arbeitsplatz zeigen, setzte sich an den Schreibtisch, zog die Federschale heran, betrachtete die Stempel, die in einem runden Ständer hingen, und wandte sich den auf dem Tisch liegenden Papieren zu.

»Ui«, rief Horst Sorgenfeldt plötzlich in die Stille. Er kam von den Regalen, legte zwei Blätter vor Kellhus. ›Bescheinigung‹ war auf einem aufgedruckt, ›Mitteilung‹ auf dem anderen.

»Bißchen neutral, aber genau solche Blätter finden sich in den Unterlagen.«

»Sehen Sie, das war's, was wir suchten«, sagte Werner Kellhus lächelnd zu Holzmann, der nichts verstand.

Die Kriminalisten deckten nun die Schreibmaschinen auf,

tippten mehrere Zeilen, legten die Bogen auf den Tisch, ein paar Schriftstücke, die Sorgenfeldt seiner Kollegmappe entnahm, daneben.

»Haben Sie zufällig eine Lupe eingesteckt?« Verschmitzt blinzelte Kellhus dem Kaderleiter zu.

Doch der lachte nicht. Offensichtlich war jemand aus seinem Betrieb in eine dunkle Angelegenheit verwickelt. Grabe? Oder ein anderer? Holzmann kratzte seinen kahlen Schädel. Wenn da was faul ist, wieso habe ich nichts gemerkt? Und Specht nicht? Verläßliche Burschen, haben wir gedacht. Und nun? Sind wir einem Blender aufgesessen? Die was zu verbergen haben, tarnen sich. Und wir haben die Maske nicht erkannt. Man kann nie wachsam genug sein.

»Wenn Sie hier fertig sind, Genossen, sollten wir doch noch zu mir rübergehen und einiges besprechen«, sagte er.

Die beiden hatten inzwischen – mit der Sicherheit, die der flüchtige Vergleich zuließ – festgestellt, daß die Schreibmaschinen für die Fälschungen benutzt worden waren.

Sie verständigten sich kurz. Es lagen Gründe vor, Grabe noch heute abend aufzusuchen: Sein Ausweis wurde benutzt, er hatte früher bei der Versicherung gearbeitet, Papier und Schreibmaschinen aus seinem Büroraum sind bei den Fälschungen verwendet worden.

Doch sie entschlossen sich, noch einen Tag zu warten. Sie steckten die Schriftmuster der Schreibmaschinen ein, entnahmen in Holzmanns Büro aus Grabes Personalakte den handgeschriebenen Lebenslauf und eine spätere Eingabe, um den Experten auch Handschriftproben geben zu können. Dann verabredeten sie, daß Sorgenfeldt am nächsten Morgen neue Informationen bei der Versicherung einzieht und anschließend zu Holzmann fährt. Der Kaderleiter sollte Grabe zu sich rufen, und Sorgenfeldt sollte Grabe von dort zur Vernehmung ins Präsidium bringen.

Schlechter Morgen? Guter Morgen?

Der Fahrer holte Unterleutnant Sorgenfeldt um halb sieben ab. Der Unterleutnant hatte sich um sieben mit dem Revisor der Sozialversicherung verabredet, um zu hören ob die Revisoren am

Vortage Neues gebracht hatten, danach wollte er zum Standesamt Velten fahren. Aber das war nach den Entdeckungen des Vorabends nicht mehr so wichtig.

Außerdem hatte die Vergleichreihe ergeben, daß der Fälscher die Gepflogenheiten der Sozialversicherung besser kennen mußte, als die der Standesämter. Das hatte auch Helga Kappner bestätigt, die von Kellhus geholt worden war, um ihr fachmännisches Urteil über die gefälschten Dokumente und einige Ergebnisse der Vergleichreihe abzugeben.

So konnte die Fahrt nach Velten aufgeschoben werden. Die Vernehmung Grabes war wichtiger. Um drei Viertel acht, als die Angestellten in den Hof von Berlin-Maschinen strömten, war Horst Sorgenfeldt auch schon da. Der Pförtner wollte den Wagen nicht reinfahren lassen, erst vor dem Dienstausweis machte er eine Verbeugung.

Als Ewald Buschinger mit der üblichen Zehnminutenverspätung auf das Hauptgebäude zuschritt, kam ihm Grabe in Begleitung eines Unbekannten entgegen. Buschinger stutzte. Grabe hatte so einen merkwürdig abwesenden Blick, war an seinem Kollegen ohne »Guten Morgen« vorbeigegangen. Buschinger schaute den beiden nach, sah, wie sie in ein Auto stiegen und davonfuhren.

Was hat das zu bedeuten? Der stets neugierige Buschinger schlenderte zum Pförtner zurück, zeigte mit dem Daumen hinter dem Wagen her und fragte wie beiläufig: »Wer war'n das?«

»Das weeßte nich?« meinte der Alte, guckte sich um und sagte: »Kripo.«

Oben fragte Buschinger: »Wo ist denn Grabe?«

»Beim Kaderleiter«, antwortete einer.

Schöner Kaderleiter, dachte Buschinger. Warum so geheimnisvoll? Was haben die vor? Gilt das mir? Hat die Agnes, das Aas, mich verpfiffen? Aber wieso holen sie den Grabe? Ich habe seinen Ausweis. Der weiß doch nicht, wer ihm den gemopst hat. Aber wenn die Polizei erst mal dran ist ... Ich muß weg. 's gibt ja noch 'ne ›freie‹ Welt.

Er meldete sich beim Hauptbuchhalter ›zum Röntgen‹ ab und verduftete. Am liebsten wäre er gleich nach Westberlin gefahren, aber er wollte nicht wie ein Bettler kommen, er wollte wenigstens etwas hinblättern können. Für den Anfang, wie er sich sagte. Und er stieg Ostkreuz um. Er hatte Papiere für Königs Wusterhausen vorbereitet. Das Geld wollte er noch mitnehmen.

Das große Netz

Die Tür zum Dienstzimmer von Leutnant Kellhus sprang auf: »Ich habe eine tolle Neuigkeit.«
Ah, großer Auftritt, dachte Werner Kellhus, den die ungestüme Art, in der Horst Sorgenfeldt seine Entdeckungen anzubringen pflegte, immer belustigte. Aber er spielte heute nicht beifallsfreudiges Publikum, er sagte leichthin: »Ich weiß.«

Horst schluckte. Aber so schnell ließ er sich nicht verblüffen: »Na, da bin ich aber gespannt, was du Gedankenleser gerochen hast.

»Unser großer Fisch kassiert auch in der Republik, nicht bloß in Berlin.«

»Tatsächlich. Woher weißt du das?«

Leutnant Kellhus reichte seinem Genossen ein Fernschreiben: »Arnhausen fragt nach einem Hans Gräbener.«

»Und die Sozialversicherung hatte mit einigen Bezirksrevisoren diese Betrugsmethode besprochen, und die haben auf Anhieb drei Fälle in verschiedenen Städten festgestellt.«

»Also sofort Fahndung an sämtliche Bezirke durchgeben, und die Versicherung soll ebenfalls sofort alle Zahlstellen in sämtlichen Städten unterrichten. Am besten über unser Fernschreibnetz.«

»Aber wir haben Grabe draußen sitzen. Wenn er der Täter ist, können wir uns das sparen.«

»Und wenn er Komplizen hat? Oder wenn er's doch nicht ist? Es muß einer sein, der die Möglichkeit hat, 'rumzureisen. Hat die ein Buchhalter? Normalerweise nicht. Hau die Fernschreiben raus, ich fange inzwischen mit Grabe an.«

Der Held im leichten Wind

Ewald Buschinger zeigte bei der Grenzkontrolle in Eichwalde seinen Ausweis vor. Den von Grabe, mit dem er das Geld abheben wollte, hatte er in der Gesäßtasche stecken. Verstohlen musterte er das Gesicht des Uniformierten, der den Ausweis jedoch schon wieder zurückgab.

An der S-Bahn-Endstation Königs Wusterhausen verließ Buschinger als letzter das Abteil. Er zögerte. Er fühlte sich unwohl. Schleppenden Schrittes trottete er zur Zahlstelle, ging an der Tür vorbei, drehte um – ging wieder vorbei. In einer Wirtschaft ließ er sich einen doppelten Kognak geben. Dann eine Bockwurst. Ein Bier.

Er lachte sich selber aus, aber davon verging die Angst nicht. Er wäre-am liebsten zurückgefahren, aber die Papiere knisterten in seiner Tasche. Er wollte das Geld mitnehmen. Dieses noch.

Und vielleicht ist mit Grabe ganz was anderes, hinter mir müssen sie noch lange nicht her sein.

Diesmal öffnete er die Tür zur Zahlstelle. Das Mädchen am Schalter nahm die Papiere, sagte: »Oh, Zwillinge«, entdeckte die Vollmacht und fragte nach dem Personalausweis. Beklommen reichte Ewald den auf Gräbener lautenden Ausweis hin. Das Mädchen schaute hinein, nickte, gab ihn zurück und begann mit den nötigen Eintragungen.

Ewald ging zwei Schritte nach rechts an den runden Tisch und ließ sich auf einen Stuhl sinken.

War er's oder war er's nicht?

Die Vernehmung verlief im Kreis.

Groß und schlank, blasses, ausdrucksloses Gesicht, randlose Brille, ein brauner Anzug, an der Unterkante der Ärmel, an den Ellbogen und Taschen schon recht abgewetzt, saß Hans Grabe steif auf der Vorderkante des Stuhles und antwortete leise und schüchtern auf die Fragen, eher zu wenig als zu viel sagend.

Der Ausweis war abhanden gekommen, mehr wußte er nicht. Mit der Sozialversicherung hatte er nichts mehr zu tun, seit er dort aufgehört hatte zu arbeiten. Das war vor sechs Jahren. Er gab zu, Papier aus dem Büro mit nach Hause genommen zu haben, »als Schmierpapier oder so, das hat jeder schon mal getan«. Über die Gepflogenheiten bei Auszahlung von Geburtenbeihilfen und Sterbegeldern machte er fehlerhafte Angaben. Bewußt? Oder weil er tatsächlich nicht informiert war? Mit den vorgelegten Anträgen und Vollmachten wollte er nichts zu tun haben. Er leugnete entschieden, das geschrieben zu haben. Auch die Handschriften kannte er nicht:

Bei aller Hin- und Herfragerei kamen sie zu keinem anderen Ergebnis.

Horst Sorgenfeldt, der seit einiger Zeit zurückgekommen war, holte die neuen Unterlagen aus seiner Mappe.

»Wo waren Sie am 21. Februar?«

»Wann? Abends? Das ist so lange her ...?«

»Tagsüber.«

»Tagsüber? Na, im Büro.«

»Und am 5. März?«

»Ebenfalls.«

»Gibt es in ihrem Betrieb ein Anwesenheitsbuch?«

»Ja, freilich.«

Leutnant Kellhus nickte Horst zu, und der verließ den Raum. Grabe hatte in seinem ganzen Leben noch nichts mit der Polizei oder den Gerichten zu tun gehabt. Er war mächtig erschrocken gewesen, als man ihn ins Präsidium geholt hatte. Jetzt war die erste Verwirrung verflogen. Er sagte: »Ich weiß nicht, welcher Schweinerei Sie auf der Spur sind, aber was ich tun kann, will ich tun, um Ihnen zu helfen.«

Kellhus sagte: »Reden wir von Ihren Arbeitskollegen. Ist Ihnen bei einem aufgefallen, daß er besonders viel Geld ausgibt?«

Grabe erzählte, was er von den Lebensverhältnissen seiner Kollegen wußte, doch er wußte nicht viel, und ihm war nichts aufgefallen.

Inzwischen studierte Unterleutnant Sorgenfeldt im VEB Berlin-Maschinen das Anwesenheitsbuch. Sie hatten schlechte Erfahrungen mit Anwesenheitslisten gemacht. Die wurden bei Angestellten oft so nachlässig geführt, daß die Angaben wertlos waren. Hier aber hielt Horst Sorgenfeldt ein Musterexemplar in der Hand, und er sparte nicht mit Lob.

Vier Daten hatte Horst, an denen in verschiedenen Städten der Republik auf den Namen Gräbener Geld abgeholt worden war. An diesen Tagen konnte der Abholer nicht an seinem Arbeitsplatz gewesen sein. Aber hinter Grabes Namen stand in allen vier Tagesspalten ein Kreuz.

Horst Sorgenfeldt notierte jetzt, wer an den betreffenden Tagen gefehlt hatte. Er bekam ein Dutzend Namen zusammen. Aber nur einer war jedesmal dabei: Ewald Buschinger. Gleicher Arbeitsraum wie Grabe, hatte also ebenfalls Zugang zu dem Papier und zu den Schreibmaschinen.

Der Unterleutnant schrieb sich alle Fehltage Buschingers auf. Inzwischen rief Holzmann in der Buchhaltung an. Doch Buschinger hatte das Werk um halb neun verlassen.

Gut, daß die Fahndung läuft, dachte Sorgenfeldt. Aber sie läuft auf Gräbener, fiel ihm dann ein. Er besorgte sich schnell noch Handschriftproben Buschingers und fuhr ins Präsidium zurück.

Dort hatte Kellhus gerade das Gutachten des Schriftsachverständigen vor sich liegen: Grabe kam nicht als Urheber der Handschriften bei den Fälschungen in Frage.

Leeres Nest

Die Gartentür war abgesperrt, das Haus verschlossen.

Was nutzte ihnen das Schriftstück zur Wohnungsdurchsuchung und der Haftbefehl?

»Frau Buschinger wohnt jetzt bei ihrer Mutter, unten am Wald«, sagte eine Vorüberkommende und beschrieb ihnen den Weg.

Leutnant Kellhus blieb im Haus, Sorgenfeldt fuhr mit dem Wagen, Frau Buschinger holen.

Die schrie auf, als sie das Wort Kriminalpolizei hörte und brach in heftiges Schluchzen aus. Unterleutnant Sorgenfeldt brauchte eine Viertelstunde, um sie zu beruhigen. Kellhus glaubte schon, Horst hätte auch dort ein leeres Nest angetroffen.

Die zierliche Agnes schloß zitternd das Haus auf. Trotz ihrer Aufregung und Angst nötigte sie ihre Hausfrauenehre angesichts der tollen Unordnung in der Wohnung zu der Erklärung: »Ich bin mit den Kindern schon acht Tage von meinem Mann weg, seit ich weiß, was er treibt.«

Damit hatte Leutnant Kellhus schon, ohne auch nur ein Wort gesagt zu haben, die Einleitung zur ersten Vernehmung.

Agnes erzählte unter vielen Tränen, mit Pausen, aber bereitwillig, alles, was sie wußte. Überraschendes war nicht darunter.

Sie fanden eine Reiseschreibmaschine.

»Das wäre das dritte Exemplar.«

Aber sonst war in der Wohnung nichts zu entdecken.

»Im Schuppen«, sagte Agnes, die still weinend, klein und verloren in einem Sessel hockte.

Leutnant Kellhus klappte den Schuhkarton auf.

»Die Fälscherwerkstatt.«

Sie zählten 63 Stempel und Stempelteile.

Aber wo der Mann war, der dies alles benutzt hatte, vermochte Agnes auch nicht zu sagen.

Kellhus drückte Horst den Haftbefehl in die Hand: »Genosse Unterleutnant, Sie bleiben hier und warten auf Buschinger. Und wir«, er faßte Agnes leicht an den Arm, »wir fahren jetzt erst mal zur Dienststelle.«

Ergeben nickte Agnes und ging hinaus, ohne sich umzuschauen.

Am Ärmel gezupft

Ewald Buschinger nahm den Auszahlschein in Empfang und ging zur Kasse, wo gerade ein altes Mütterchen das Krankengeld für ihre Tochter nachzählte.

Buschinger stellte sich hinter die alte Frau und preßte den Auszahlschein, als sei es die Hand der Geliebten. Sein Herz schlug schnell und unregelmäßig. Gleich würde er das Geld in Händen halten. Er überlegte, wo er sich in Westberlin melden sollte.

In der Zahlstelle war jetzt lebhafter Betrieb. Immerzu kamen und gingen Leute. Ein Volkspolizist betrat den Schalterraum, drückte sich an der Schlange vorbei und reichte dem Mädchen hinter der Barriere ein Schreiben.

Die junge Angestellte legte das Blatt beiseite, sie wollte erst die wartenden Leute abfertigen. Als sie die Hand zurückzog, fiel ihr Blick noch einmal auf das Schreiben. Sie sah den Namen, stutzte, drückte sich vom Stuhl hoch und zupfte den Volkspolizisten, der sich schon abgewandt hatte, am Ärmel. Sie deutete mit dem Daumen zur Kasse.

»Dort, der Große, das ist Gräbener.« Buschinger steckte gerade die Brieftasche mit den Geldscheinen ein. Als er sich umdrehte, stand direkt vor ihm ein Volkspolizist. Fassungslos starrte er den Uniformierten an.

Er trottete mit dem Oberwachtmeister mit, wie ein getretener Hund.

Sein Konto: Das Geld für vierundvierzig Zwillinge und zweiundzwanzig Verstorbene. Buschinger hatte die Rechnung ohne den Richter gemacht.

Das wurde jetzt nachgeholt.

HORST GIRRA

Brennpunkt Autowolf

Es war zweiundzwanzig Uhr fünfundvierzig.

Hauptmann Bahr war Offizier vom Dienst. Er saß in seinem Zimmer im Präsidium der Volkspolizei und studierte – zum wievielten Male wohl schon? – die Akte »Autowolf«. Er suchte nach Fehlern oder Unterlassungen, die ihm oder seinem Mitarbeiter Leutnant Bening vielleicht unterlaufen waren. Er fand keine. Alle notwendigen Maßnahmen waren getroffen.

Umfassend war das Netz der Fahndung nach den entwendeten Gegenständen. Es handelte sich ausschließlich um Tonbandgeräte, Autosuper*, Fotoapparate und ähnliche Dinge. Die Kriminalpolizei hatte Handzettel drucken lassen und die genauen Bezeichnungen der Geräte und ihre technischen Daten an alle Inhaber von Reparaturwerkstätten, Kommissions- und Gebrauchtwarenhändler verteilt. Trotzdem kein Erfolg. Keine Spur vom Autowolf, der fast jede Nacht Kraftfahrzeuge aufbrach, von den Parkplätzen entführte und an entlegenen Stellen ausraubte. Der Schaden wurde immer größer, die Bevölkerung immer unruhiger.

Hauptmann Bahr sah auf die Uhr: Eigentlich könnte man sich ein Weilchen hinlegen. Wer weiß, was die Nacht noch bringen würde. Er klappte die Akte zu und stand auf: Das lange Sitzen hatte ihn lahm gemacht. Vielleicht sollte er lieber ein bißchen frische Luft schnappen? Einmal ums Haus herum war ein Spaziergang von einer Viertelstunde. Im Operativstab mußte er Bescheid sagen, daß er bald zurück sein würde.

Er schloß den Schreibtisch ab und löschte das Licht der Tischlampe. Da leuchtete das rote Lämpchen der Weitsprechanlage auf. Nichts Gutes ahnend, drückte Bahr die Taste herab und meldete sich. »Offizier vom Dienst, Hauptmann Bahr!«

»Hier Funkleitstelle, Oberleutnant Sydow. Kommen Sie, Genosse Hauptmann, der Autowolf ist wieder am Werk.«

Bahr war nicht sonderlich erstaunt. Eigentlich hatte er damit gerechnet. Nur, daß die Meldung gerade jetzt kam ...

Wenig später sprang Bahr die Treppen vom sechsten zum ersten Stock hinab. Noch keine drei Minuten waren vergangen, als er die Tür zur Kabine der Funkleitstelle aufriß und in den Raum stürmte. Die Funkanlage übermittelte gerade eine neue Meldung: »Toni fünfundachtzig für Leitstelle. – Verfolgter beigefarbener Skoda fährt in nördlicher Richtung mit einhundertzehn Kilometern stündlich. Mesenicher Weg passiert. Unterstützende Streifenwagen waren noch nicht am Ort. Setze Verfolgung fort. Abstand etwa zweihundertfünfzig Meter.«

Oberleutnant Sydow sah zum erleuchteten Lageplan hin und rief ins Mikrophon: »Toni neunundreißig für Leitstelle. – Kommen.«

»Toni neunundreißig hört.«

»Verlassen Sie Standort und versuchen Sie, südlich auf Marzahner Chaussee fahrend, dem flüchtenden PKW den Weg abzuschneiden.«

»Habe verstanden.«

Sydow stieß hörbar den Atem aus. Es klang wie ein Seufzer. Mit einem Taschentuch wischte er sich über die Stirn.

Endlich kam Bahr zu Wort: »Was ist los?«

»Ihr spezieller Freund treibt sich wieder herum.«

»Das habe ich mitbekommen. Wo war's?«

»Alte Gegend. Unweit des Ostbahnhofs. Toni fünfundachtzig jagt ihn seit einer halben Stunde quer durch Lichtenberg. Der Junge fährt ja wie der Teufel. Wir glaubten ihn schon zu haben und riegelten die Gegend um den Magerviehhof ab, aber er kam durch. Unsere Wagen waren nicht schnell genug zur Stelle.«

»Besteht Aussicht, ihn noch zu erwischen?«

»Die letzte Hoffnung ist, daß Toni neunundreißig vor ihm den Dompfaffenweg erreicht, da könnte er nach rechts ausbrechen.«

»Was hat Toni fünfundreißig denn so schnell auf seine Spur geführt?«

»Der Eigentümer des Skoda kam dazu, als der Autowolf einsteigen wollte. Er erhielt einen Kinnhaken. Nachdem er sich vom ersten Schreck erholt hatte, alarmierte er uns.«

Bahr wurde nachdenklich. »Das ist so gut wie ein Raub. Schon darauf kann er sich zehn Jahre einhandeln. Unser Autowolf qualifiziert sich. Dazu dreiundzwanzig Diebstähle. Wo mag er das Diebesgut lassen? Bei den Mengen, die er klaut, ist klar, daß sie nicht für den Hausgebrauch bestimmt sind.«

»Sicherlich hat er einen Abnehmer.«

»Vermutlich, zumal er nur technische Dinge nimmt. Kleidungsstücke, Koffer, Hand- und Aktentaschen läßt er unberührt, wenn nicht gerade Bargeld ’rausguckt.«

»Erstaunlich, wie leichtsinnig die Leute mit ihrem Zeug umgehen. In meinem Wagen bleibt nichts liegen, was andere interessieren kann.«

»Das sagen Sie. Andere sind bequemer und nehmen lieber die Versicherung in Anspruch.«

»Wenn’s nach mir ginge, bekämen sie keinen Pfennig.«

Ein leises Schnarren in der Funkapparatur kündete eine neue Meldung an.

»Toni fünfundachtzig für Leitstelle. – Verfolgter PKW im Dompfaffenweg verlassen aufgefunden. Vom Fahrer fehlt jede Spur. Setzen Suche nach ihm fort.«

Sydow bog das Mikrophon zurecht: »Toni neununddreißig, sechsunddreißig und dreiundneunzig. Unterstützen Sie Suche nach verdächtiger Person im Raum Pekrunstraße, Dompfaffenweg. Vierlandenstraße und Geißen-Weide. Bilden Sie Fußstreifen.«

Bahr überlegte. »Wo ist eigentlich der Niedergeschlagene geblieben? Wurde er schwer verletzt?«

»Nein. Toni fünfundachtzig nahm ihn auf.«

»Fragen Sie an, ob aus dem Wagen etwas entwendet wurde.« Sydow stellte die Verbindung her. Wenig später kam die Antwort: »Aus dem Fahrzeug wurde ein Transistorengerät ›Sternchen‹* gestohlen!«

»Fragen Sie, ob der Geschädigte die Nummer des Gerätes kennt.«

Der Eigentümer kannte sie nicht. Er schlug vor, telefonisch in seiner Wohnung nachzufragen. Dort befände sich die Rechnung. Außerdem bat er, seine Angehörigen zu verständigen. Er werde bald nach Hause kommen. Bahr entledigte sich dieses Auftrages und war kurze Zeit später im Besitz der gewünschten Fabrikationsnummer. Er meldete sie der Fahndungskartei.

Nach einer weiteren Stunde fragten die Funkstreifen an, ob sie die Suche nach dem Autowolf abbrechen könnten. Es bestünde keinerlei Aussicht auf Erfolg.

Sydow sah Bahr an. Der nickte. Der Oberleutnant gab den Entschluß durch.

»Also wieder nichts.« Obwohl Bahr auf diesen Ausgang der Aktion gefaßt war, klang Enttäuschung in seiner Stimme mit. »Ich lege mich ein Weilchen aufs Ohr. Sie wissen, wo ich zu finden bin.«

Das erleuchtete Zifferblatt an der Stirnwand der Funkleitstelle zeigte an, daß seit zehn Minuten der neue Tag angebrochen war.

Es war gegen fünf Uhr, als Hauptmann Bahr den Kopf von der Platte seines Schreibtisches hob. Er sah sich im Raum um, als sei er fremd hier. Erst langsam kam ihm zum Bewußtsein, daß er wieder mal eine Nacht im Dienstzimmer verbracht hatte. Er rieb sich den Schlaf aus den Augen und stand auf. Ein paar Kniebeugen ließen das Blut schneller durch die Adern fließen. Die Übungen machten die Gelenke beweglicher.

Er trat ans Fenster und zog die Vorgänge zurück. Nachdem er beide Flügel weit geöffnet hatte, sog er tief die kühle Morgenluft ein. Aus dem Häusermeer unter ihm kroch die Sonne als feuerroter Ball. Es sah aus, als wollte sie die Dächer in Brand stecken.

Häuser, dachte Bahr, unzählige Häuser. In ihnen Menschen mit Wünschen und Sorgen, Freude und Leid, mit Hoffnungen und Enttäuschungen.

Bahr sah hinunter auf die Straßen. Sie lagen noch verlassen da. Nur langsam erwachte die Großstadt zu neuem Leben. Aus einer Tür trat ein Mann. Er hatte eine Aktentasche unterm Arm und strebte dem Alexanderplatz zu. Am Zeitungskiosk drehte er sich noch einmal um und winkte. Aus einem Fenster im dritten Stock winkte eine Frau zurück. Der geht arbeiten, dachte Bahr. Seine Gedanken kehrten zu dem Mann zurück, der ihn und Leutnant Bening nun schon seit Wochen in Atem hielt. Vermutlich fällt es ihm gar nicht ein, jetzt aufzustehen und wie Millionen andere zur Arbeit zu gehen.

Bahr schritt zur Wasserleitung. Die letzten Reste der Müdigkeit mußten vertrieben werden. Wenig später summte auch der elektrische Rasierapparat.

Es war eine verrückte Nacht, überlegte Hauptmann Bahr, während der Scherkopf die Stoppeln abfraß.

Eine Stunde nachdem er sich angezogen auf das Bett gelegt hatte, das dem Offizier vom Dienst für Ruhestunden zur Verfügung stand, schrillte das Telefon erneut. Oberleutnant Sydow rief den Hauptmann wieder zur Funkleitstelle.

»Ich glaube, Sie werden heute mit Ihrem Autowolf ein Stück weiterkommen«, rief ihm Sydow entgegen, als er den Raum betrat.

Zunächst abwartend, horchte Bahr schließlich doch auf.

In der Binzstraße in Pankow war gegen null Uhr fünfzehn ein junges Mädchen, Marlies Wegener, von einem Motorrad angefahren und verletzt worden. An der Unfallstelle fand man das Transistorengerät, das der Autowolf zwei Stunden zuvor aus dem Skoda entwendet hatte. Toni 93 hatte es sichergestellt und Sydow übergeben.

»Fingerspuren?« fragte Bahr.

»Sind gesichert. Das Auswertungsergebnis liegt noch nicht vor.«

Bahr stellt das Sternchen an. Es spielte. Es war das erste Stück aus der Beute des Autowolf, das in die Hände der Volkspolizei gelangt war.

»Was heißt eigentlich an der Unfallstelle gefunden?«

»Es lag auf der Straße, nachdem der Unfall passiert war.«

»Neben dem Mädel?«

»Ja, sicherlich.«

»Und wer war außer dieser Marlies am Unfall beteiligt?«

»Auf jeden Fall der Motorradfahrer. Er ist getürmt.«

»Sieh an, ganz wie der Autowolf ... Der Fund des Sternchens läßt zwei Möglichkeiten zu. Entweder ist der Fahrer der Autowolf, oder der Autowolf ...«

»... ist das Mädchen?« setzte Sydow fort. »Nein, das halte ich nicht für wahrscheinlich. Denken Sie nur an den Kinnhaken, den der Skoda-Besitzer einstecken mußte. Der war nicht von zarter Mädchenhand.«

»Aber Marlies könnte mit dem Autoknacker unter einer Dekke stecken!«

»Auch das halte ich nicht für möglich. Wäre es so, bliebe unverständlich, weshalb Marlies das Sternchen nicht an sich genommen hat. Dann wäre niemand auf den Gedanken gekommen, den Unfall mit dem Autowolf in Verbindung zu bringen. Schließlich war der Unfall in Pankow und der Wagen wurde in Marzahn gefunden.«

»Das ist allerdings richtig.«

»Aber es gibt noch eine andere Spur, Genosse Hauptmann. In einer Seitenstraße der Schönhauser Allee wurde ein beschädigtes Motorrad gefunden. Alles deutet darauf hin, daß es sich hierbei um das Unfallkrad* handelt.«

»Das sagen Sie jetzt erst? Wie ist das Kennzeichen?«

Kurze Zeit danach wußte Bahr, daß das Motorrad einem Gerhard Pörtner gehörte, der in der Nähe des Luxemburgplatzes* wohnte. Aus der Kriminalregistratur war zu ersehen, daß Pörtner wegen Einbruchdiebstahls vorbestraft war. Allerdings lag das schon fünf Jahre zurück. Er war damals zu zehn Monaten Gefängnis verurteilt worden.

Anschließend war Bahr ins Krankenhaus Pankow gefahren. Dort lag Marlies mit einem Oberschenkelbruch. Das Ergebnis der ersten Befragung war mager. Bahr hatte nur erfahren können, daß Marlies den Motorradfahrer nicht kannte, ihn aber beschreiben könne. Er habe ihr helfen wollen, behauptete marlies. Geflohen sei er erst, nachdem er Schritte hörte, die näher kamen. Das Sternchen habe sie nie gesehen, versicherte Marlies.

Als Bahr vom Krankenhaus zurückgekommen war, hatte er sich an seinen Schreibtisch gesetzt und alles noch einmal durchdacht. Immer wieder waren seine Gedanken zu dem Sternchen und dem beschädigt aufgefundenen Krad zurückgekehrt. Diese beiden Sachen bildeten eine Einheit. Über sie mußte man an Autowolf herankommen.

Bahr war mit seiner Toilette fertig. Er blickte zum Tisch. Dort stand das bewußte Sternchen als Zeuge eines mitternächtlichen Gesprächs mit Sydow. Er schaltete es an. Flotte Frühmusik erklang aus dem kleinen Apparat. Der Ansager meldete sich und teilte mit, es sei soeben fünf Uhr dreißig geworden. Es wird Zeit, daß Bening kommt, dachte Bahr. Um halb sechs sollte er hier sein.

Nach einiger Zeit hörte man Schritte auf dem Korridor. Die Tür öffnete sich einen Spalt, und Leutnant Bening steckte zunächst nur seinen Kopf hindurch. Wie immer fiel ihm eine Locke in die Stirn. Kleine Grübchen am Kinn gaben dem Gesicht einen verschmitzten Ausdruck.

»Guten Morgen, Genosse Hauptmann. Störe ich?«

Bahr blickte auf die Uhr und sagte: »Mahlzeit! Ich hoffe, der Herr haben gut geschlafen.«

»Dank der gütigen Nachfrage.« Bening trat ein und füllte mit seiner Gestalt fast den ganzen Türrahmen aus. »Ich wäre dir sehr verbunden, ließest du mich wissen, was dich bewog, zu nächtlicher Stunde meinen Schlummer stören zu lassen?«

Bahr lachte. Sein Versuch, ein strenges Gesicht aufzusetzen, war gescheitert. »Ich möchte dich eines erhebenden Momentes teilhaftig werden lassen.«

»Wieso? Startet von unserm Dach 'ne Mondrakete?«

»Nicht so unbescheiden, Genosse Leutnant. Wir wollen nur jemand eine Morgenvisite machen.«

Punkt sechs Uhr standen Bahr und Bening vor Pörtners Wohnung. Sie klingelten mehrmals. Es meldete sich niemand.

»Nicht zu Hause«, stellte Bening fest. »Ob ich's mal mit Klopfen probiere?«

»Laß das besser mich machen. Bei dir ist man nicht sicher, ob die Tür einstürzt.«

Bening trat zur Seite. Bahr klopfte anhaltend und laut. Nichts rührte sich. Erst nach einiger Zeit meldete sich eine verschlafene Stimme.

»Wer ist da?«

»Kriminalpolizei.«

Die Tür wurde geöffnet. Ein untersetzter Mann von etwa achtundzwanzig Jahren sah die Ruhestörer böse an. Über den Schlafanzug hatte er einen Bademantel geworfen. Das Haar hing ihm wirr ins Gesicht.

»Kriminalpolizei?« wiederholte er und gab die Tür frei, nachdem Bahr sich ausgewiesen hatte. »Haben Sie sich nicht in der Adresse geirrt?«

Bahr stieg ein Geruch in die Nase, den man landläufig »Fahne« nennt. »Ich glaube kaum.«

»In der Uhrzeit bestimmt«, brummte Pörtner. »Vier Stunden später wären Sie mir angenehmer.«

Bahr betrat ein Zimmer und sah sich um. Die Fenster waren verhangen. Schwaches Dämmerlicht ließ undeutlich eine gewisse Unordnung erkennen.

»Ich halte was von ehrlichen Menschen, Herr Pörtner. Wenn

Sie so weitermachen, werden wir uns gut verstehen. Können Sie mal die Vorhänge wegziehen?«

Pörtner ging zum Fenster. Es wurde hell.

»Oh, Sie haben Besuch?«

Auf der Couch, der einzigen Schlafgelegenheit, lag eine junge Frau, die Bettdecke bis zum Hals hochgezogen.

»Allerdings. Aber den habe ich eingeladen.« Pörtners Stimme klang gereizt. »Doch deshalb kommen Sie wohl nicht?«

»Ich nehme an, die Dame ist über achtzehn.« Bahr zog einen Stuhl heran und ließ sich darauf nieder. Dabei beobachtete er Pörtner. Es war eine Taktik, sich in solchen Situationen Zeit zu lassen. Schon oft hatte er die Feststellung gemacht, daß Personen, die er um diese frühen Morgenstunden zu besuchen gezwungen war, selbst verrieten, ob sie den Grund seines Kommens ahnten.

In Pörtners Augen flackerte Unruhe. »Wollen Sie mir nicht endlich sagen, weshalb Sie gekommen sind?«

»Können Sie es sich nicht denken?«

»Ich bin morgens um sechs noch nicht zum Rätseln aufgelegt.« Pörtner setzte sich auf die Kante der Couch. Mißtrauisch beobachtete er Bening, der ungeniert im Zimmer auf und ab ging, in alle Ecken sah und vor einem Tonbandgerät stehen blieb.

»Nun schön.« Bahr begann auf sein Ziel loszusteuern. »Sind Sie der Eigentümer des Krades eins X dreiundachtzig-fünfundsechzig?«

»Ja, sicher. – Was ist damit?«

»Wie ist es zu dem Unfall gekommen?«

»Was für ein Unfall?«

Die Antwort kam für Bahrs Begriffe ein wenig zu schnell. Aber man konnte sich irren. »Wo waren Sie heute nacht? – Sagen wir gegen Mitternacht und kurz danach.«

Pörtner überlegte, bevor er antwortete. »In der Sansibar.«

»Sansibar?«

Zum erstenmal ließ sich die Frau vernehmen. »In der Andreasstraße.«

»So, so!« Bahr wandte sich ihr zu. »Ich darf wohl annehmen, in Ihrer Begleitung?«

»Ich arbeite dort als Barfrau.«

»Haben Sie diese Nacht auch gearbeitet?«

»Ja, natürlich.«

»Ah, danke!« Bahr nickte ihr zu. Kann diese Frau etwas mit der Sache zu tun haben? überlegte er. Direkt kaum, wenn sie zur Zeit des Unfalles auf ihrem Platz sein mußte.

»Sagen Sie, Herr Pörtner, wann kamen Sie zur Bar? Wann gingen Sie fort?«

Pörtner antwortete, ohne zu überlegen: »Gekommen bin ich gegen halb zwölf. Wann wir gingen, weiß ich nicht. Ich war blau.«

»Können Sie es uns sagen, Fräulein ...«

»... Altmann! Ich mußte noch abrechnen. Es kann so gegen fünf gewesen sein.«

»Dann sind Sie ja noch nicht lange hier. Fuhren Sie mit dem Krad?«

»Nein!« sagte Pörtner im Ton der Entrüstung. »Mit 'ner Taxe!«

Fräulein Altmann fügte hinzu: »Er konnte nicht fahren. Er war doch betrunken.«

»Sie hatten Ihr Krad also mit«, stellte Bahr fest. »Ist das nicht ein bißchen ungewöhnlich? – Mit 'nem Krad einen Barbesuch?«

»Eigentlich nicht. Es ist ein Beiwagenkrad. Ich hole Evelyn oft damit ab.«

»Und irren Sie sich nicht? – Kam er vielleicht doch etwas später hin, Fräulein Evelyn? So gegen halb eins?«

»Nein«, sagte Evelyn schnell. »Ich sah auf die Uhr. Eigentlich wollte Gerhard schon gegen zehn kommen. Ich wunderte mich, daß es so spät wurde. Es war genau fünf Minuten nach halb zwölf.«

Die Art, wie sie das sagte, verriet, daß sie arglos war.

»Also eineinhalb Stunden später. Wurden Sie aufgehalten?«

»Ich war zu Hause und las ein Buch. Zehn Uhr war mir zu früh. Evelyn konnte ja doch nicht früher weg.«

»Zwischendurch verließen Sie die Bar nicht?«

»Nicht, daß ich wüßte.« Pörtner sah seine Freundin an. Sie bestätigte es.

»Nun gut.« Bahr wechselte das Thema. »Sie können mir bestimmt sagen, wo Ihr Krad jetzt steht?«

»Auf dem Parkplatz vor der Sansibar«, antwortete Pörtner ohne Zögern.

»Sie haben es einfach stehengelassen?«

»Das ist nicht das erstemal. Wenn ich getrunken habe, fahre ich nie. Ich hole es dann immer am nächsten Vormittag ab.«

»Trotzdem irren Sie, Herr Pörtner. Ihr Krad steht bei uns. Mit ihm wurde heute nacht ein Unfall verursacht. Der Fahrer ist geflohen.«

»Aber das ist doch nicht möglich. – Soll ich vielleicht der geflüchtete Fahrer sein?« fragte Pörtner erregt.

»Sie verstehen, daß wir mit allem rechnen müssen. Waren Sie um null Uhr fünfzehn in der Binzstraße in Pankow?« Bahrs Ton war plötzlich ungewöhnlich scharf.

»Nein.«

»Wie erklären Sie sich, daß ihre Maschine erst nach Pankow und dann zur Schönhauser Allee kam, wo ein Funkwagen sie fand?«

»Keine Ahnung, Herr Hauptmann. Ist sie kaputt?«

»Sie ist beschädigt.«

»So eine Schweinerei!«

Das klang ehrlich.

Pörtners Antworten waren im Laufe der Befragung sicherer geworden. Klangen sie anfangs noch unbeholfen, fast einsilbig, waren sie jetzt flüssiger. Bahr konnte sich auch dem Argument nicht verschließen, das Pörtner jetzt vorbrachte.

»Wenn Sie mich schon für fähig halten, eine Fahrerflucht zu begehen, halten Sie mich auch für so dumm, die Maschine einfach am Straßenrand abzustellen?«

»Was hätten Sie denn gemacht?«

»Auf keinen Fall hätte ich sie auf der Straße stehenlassen. Von da mußte sie runter, und wenn ich sie in den Keller geschleppt hätte. – Sie sehen doch«, setzte er hinzu, »was dabei rauskommt. Wäre die Maschine nicht gefunden worden, stünden Sie jetzt nicht hier.«

»Wer Ihnen das Krad gestohlen haben könnte, wissen Sie wohl nicht?«

»Wie sollte ich, Herr Hauptmann? Ich saß doch in der Bar. Ist bei dem Unfall jemand verletzt worden?«

»Ein Mädchen. Es liegt im Pankower Krankenhaus.«

»Es tut mir leid.«

Bahr sah zu Bening. Der hob die Schultern und ließ sie wieder fallen. Sein Rundgang im Zimmer hatte nichts Wesentliches erbracht. Bahr stand auf und reichte Pörtner und Evelyn die Hand.

»Offensichtlich haben wir uns geirrt, Herr Pörtner. Nichts für ungut.«

»Aber ich bitte Sie, meine Herren.«

Bahr war schon an der Tür, als er sich noch einmal umdrehte. »Ich habe ganz vergessen: Ich muß Ihre Aussage zu Protokoll nehmen. Können Sie um zehn im Polizeipräsidium sein?«

»Das wird sich machen lassen.«

Im Wagen fragte Bening seinen Vorgesetzten: »Warum hast du ihm sein Alibi so ohne weiteres abgenommen?«

»Du meinst die Zeit von zweiundzwanzig Uhr bis dreiundzwanzig Uhr dreißig? Es ist witzlos, nach etwas zu forschen, das weder jemand bestätigen noch wiederlegen kann. Du gehst um zehn aus der Wohnung, ohne daß deine Mitmenschen etwas merken, läßt aber das Licht brennen und kommst Viertel zwölf unbemerkt wieder. Wer will dir nachweisen, daß du in dieser Zeit nicht gelesen hast?«

»Also du bist der Meinung, daß Pörtner doch mit der Sache zu tun haben kann.«

»Was heißt doch? Bis jetzt ist alles offen.«

Punkt zehn Uhr klopfte es an Bahrs Zimmertür. Nach Aufforderung trat Pörtner ein. Er war mit einem eleganten, hellgrauen Sommeranzug bekleidet. Vor Bahr stand ein völlig veränderter Pörtner. Sein Äußeres strahlte Gepflegtheit aus. Sein Benehmen war zuvorkommend, für Bahrs Begriffe beinahe zu höflich.

Bald war das Protokoll aufgesetzt und unterschrieben.

Überraschend bat Bahr Pörtner, mit zum Krankenhaus Pankow zu kommen. Er wollte ihn der verletzten Marlies Wegner gegenüberstellen.

Im Krankenhaus öffnete Bahr die Tür zu Marlies' Krankenzimmer. Sie betraten einen hellen, sonnigen Raum, in dem die Verunglückte allein lag. Bahr, der Pörtner den Vortritt gelassen hatte, glaubte über Marlies' Gesicht eine leichte Röte huschen zu sehen. Nach der Begrüßung holte er zwei Stühle ans Bett und forderte Pörtner zum Sitzen auf. Der setzte sich nur auf die vordere Kante des Stuhls. Seinem Gesicht war keine Erregung anzumerken.

Die Schwester hatte Marlies den nochmaligen Besuch der Kriminalpolizei angekündigt. Marlies erwartete Bahr mit großen Augen. Ihr rechtes Bein war an einen Streckverband gefesselt. Sie machte jedoch einen frischen Eindruck.

Ein hübsches Mädel, dachte Bahr. Ist dir heute nacht gar nicht so aufgefallen.

»Ich hoffe«, begann er die Unterhaltung, »Sie haben sich von dem Schreck erholt und fühlen sich, soweit es die Umstände erlauben, wohl?«

»Danke, es geht«, sagte Marlies und zeigte auf ihr Bein. »Aber ich werde ein ganzes Weilchen hier bleiben müssen.«

»Es hätte schlimmer ausgehen können.«

»Mir reicht's auch so. Es soll wenigstens sechs Wochen dauern, bis ich wieder laufen kann.«

Wie nebenbei stellte Bahr die entscheidende Frage: »Kennen Sie diesen Herrn?«

Marlies warf einen verständnislosen Blick auf Pörtner und antwortete: »Nein. Der Herr ist mir unbekannt.«

»Ihm gehört das Krad, von dem Sie angefahren wurden.«

Marlies lächelte verlegen. »Es ist aber nicht der Mann, der drauf saß. Der war größer, schlanker und jünger. Er sah ganz anders aus.«

Pörtner atmete erleichtert auf. »Gott sei Dank. Es ist ein unangenehmes Gefühl, das Mißtrauen der Kriminalpolizei im Nacken zu spüren. Ich darf jetzt gehen?«

»Bitte, Herr Pörtner.«

Pörtner verabschiedete sich von Bahr und Marlies, der er gute Genesung wünschte. Als er die Tür hinter sich geschlossen hatte, fragte Bahr noch einmal eindringlich: »Sie haben sich nicht geirrt, Fräulein Marlies? Es war dunkel und Sie hatten Schmerzen. Da sieht manches anders aus.«

»Nein! Dieser Man war's nicht.«

»Schildern Sie mir doch bitte noch einmal den Unfall.«

Marlies versuchte, sich im Bett aufzusetzen. Mit einem Wehlaut sank sie ins Kissen zurück. Es dauerte eine Weile, bis sie sprach: »Eigentlich habe ich schon alles gesagt. Ich wollte die Binzstraße überqueren, um zu dem Haus zu kommen, in dem ich wohne. Als ich auf der Mitte der Fahrbahn war, sah ich ein Krad kommen. Ich blieb stehen, um es vorbei zu lassen. Aber der Fahrer hielt mit der Maschine direkt auf mich zu. Ich sprang zurück, aber nicht weit genug. Da machte das Krad einen Schlenker.«

»Wie soll ich das verstehen?«

»Der Fahrer riß kurz vor mir den Lenker herum. Durch den Beiwagen erhielt ich einen Stoß und fiel um. Beinahe glaubte ich, er wollte nur mit mir anbändeln.«

»Sie sagten heute nacht, die Maschine wäre umgekippt?«

»Ja, sie lag etwa zehn Meter von mir entfernt. Der Beiwagen stand noch.«

»Woher kamen Sie?«

Marlies zögerte mit der Antwort. »Ich war im Kino.«

»Um diese Zeit?«

»Als ich 'rauskam, hatte ich Kopfschmerzen und ging ein Stück spazieren und sah Schaufenster an. Da wurde es so spät.«

»Waren Sie allein?«

»Ja.«

Wer Leutnant Bening hinter seinem Schreibtisch sitzen sah, traute ihm ohne weiteres zu, daß er nicht nur auf dem Sportplatz seinen Mann stand. Er war höchstens dreißig Jahre alt, groß und breitschultrig. Fleiß und Ausdauer und ein immer freundliches Wesen zeichneten den ehemaligen Dreher aus.

Jetzt versuchte er die Tatschen, die er über die letzte Nacht erfahren hatte, mit den Eindrücken des heutigen Morgenbesuches in Einklang zu bringen. In seine Überlegungen hinein klingelte das Telefon.

»Ja, bitte?« Aufmerksam lauschte er in den Apparat. »Natürlich komme ich sofort. Sagen Sie noch einmal die Adresse?« Benings Gesicht war gespannt, als er sich Notizen in ein Buch machte. »Ich bin gleich bei Ihnen.«

Eine Viertelstunde später betrat er Wendts Reparaturwerkstatt für Radio- und Fernsehgeräte in der Schönhauser Allee. Im Laden empfing ihn ein bleichgesichtiger junger Mann, der ihn zum Meister führte.

»Wie haben Sie die Entdeckung gemacht?« begann Bening seine Fragen.

»Durch die Fahndungszettel«, antwortete Meister Wendt. »Ich denke, ich sehe nicht recht, als ich mir das Tonbandgerät angukke. Ich nehme die List und richtig, die Nummer steht drauf.«

Auch Bening verglich die Ziffern. Das Tonbandgerät, das vor ihm auf dem Werkstattisch stand, entstammte der Beute des Autowolf.

»Wann ist dieses Gerät abgegeben worden?«

»Heute morgen. Gleich nachdem wir aufgemacht hatten. Wissen Sie, das war so: Ich habe den Hartwig, den jungen Mann, zur Annahme und Ausgabe der Reparaturen vorn im Laden. Heute morgen gehe ich mal nachsehen, das mache ich selten, da sehe ich einen Kunden. Auf dem Tisch steht das Gerät. Ich frage Hartwig, was damit ist. Er sagt: ›Sollen wir reparieren und, wenn wir wollen verkaufen. Der Kunde will fünfhundert Mark dafür haben.‹ Ich gucke mir den Apparat an, es ist ein ›Smaragd‹.* Gott, denke ich, einen Smaragd für fünfhundert Mark, läßt sich hören. Der Mann sieht wohl, daß ich nicht abgeneigt bin, und will das Geld haben. ›Nee, nee‹, sage ich. ›Erst muß ich das Ding los sein, dann können Sie Ihr Geld kriegen.‹ Er war einverstanden. Morgen nachmittag um fünf will er seine Piepen abholen, vorausgesetzt, daß ich bis dahin einen Käufer gefunden habe.«

»Haben Sie denn nicht gleich nachgesehen, ob das Gerät im Fahndungsblatt steht?«

»Ich habe nicht daran gedacht.«

»Kann ich den jungen Mann mal sprechen?«

»Natürlich.« Wendt ging zur Werkstattür und rief in den Laden: »Schließen Sie mal'n Moment ab, Hartwig, und kommen Sie her.«

Gleich darauf trat der Angeredete in die Werkstatt.

Es schien Bening, als sei das bleiche Gesicht Hartwigs noch fahler geworden. Seine Bewegungen waren nervös, die Hände zitterten.

Was manche Leute doch für 'ne Angst vor der Kriminalpolizei haben, dachte Bening belustigt.

»Erzählen Sie mir doch bitte einmal«, sagte er, »wie der Mann reinkam und was er sagte.«

Hartwig schluckte und suchte nach Worten: »Na, er kam 'rein, sagte guten Tag und stellte das Ding auf den Tisch. Erst war nur von der Reparatur die Rede. Vom Verkauf sprach er, als ich das Gerät über den Ladentisch heben wollte. Da sagte er, er wolle sich ein neues kaufen, eins das leichter ist.«

»Und weiter?«

»Er fragte, ob wir es nicht nehmen wollten. Wir würden es doch eher los. Er wolle nur die Hälfte des üblichen Preises.«

»Ja, und in diesem Moment kam ich dazu«, schaltete sich Wendt ein.

»Haben Sie sich wenigstens die Personaldaten zeigen lassen?«

Wendt griff in die Brieftasche und kramte einen Zettel heraus. »Selbstverständlich, Kollege Hartwig hat das gemacht.«

»Sie selbst haben sich den Ausweis nicht angesehen?« Bening nahm den Zettel.

»Ich habe zu meinen Angestellten Vertrauen!«

Bening las.

»Vielleicht haben Sie, Herr Hartwig, sich das Bild genau angesehen?« fragte er ohne aufzusehen. »Stimmt es mit dem Gesicht des Mannes überein?«

»Ja«, sagte Hartwig und zitterte wieder.

Auf dem Zettel stand der Name: Jörg Soltau, Berlin-Pankow, Binzstraße 67.

Bening fuhr unmittelbar von Wendts Werkstatt zur Binzstraße. Im Haus Nummer 67 suchte er mehrere Mieter auf und ließ sich erzählen, was sie von Jörg Soltau wußten.

Jörg wohnte bei seiner Mutter. Der Vater war im Krieg gefallen. Die Familie kannte man hier seit Jahrzehnten. Jörg war als fleißig und arbeitsam bekannt, trieb sich nicht umher und stand abends nicht vor den Haustüren herum. Es gab kaum ältere Leute im Hause, denen er nicht schon Kohlen aus dem Keller geholt und schwere Einkaufstaschen abgenommen hatte, wenn er gerade die Treppe heraufkam. Ein vorbildlicher junger Mann von dreiundzwanzig Jahren.

Eigentlich war das ein ganz anderes Bild, als Bening es sich von dem Kunden gemacht hatte, der bei Wendt das Tonbandgerät loswerden wollte. Aber er besaß seine Erfahrungen. Oft trog der Schein.

Bening scheute die Mühe nicht und stieg die fünf Treppen zu Soltaus Wohnung hoch. Als er sein Ziel erreicht hatte, klopfte er. Die Tür wurde einen Spalt geöffnet.

»Frau Soltau?« fragte Bening.

»Sie wünschen?«

»Ich komme von der Wohnungsverwaltung.«

Die Tür wurde geschlossen, und von innen hörte man das Geräusch der Sicherheitskette, die abgenommen wurde.

Bening stand einer älteren Frau gegenüber.

Er stellte sich vor: »Bening. Darf ich eintreten?«

»Sie kommen gerade richtig.«

»Nanu?« Bening lachte. »Haben Sie etwa auf mich gewartet?«

»Über ein halbes Jahr. Solange ist die Meldung bestimmt schon weg.«

Um Himmels willen, dachte Bening, jetzt mußt du ausbaden, was die Kollegen von der Wohnungsverwaltung verbummelt haben. Er beschloß, sich nie wieder in Wohnungsangelegenheiten einzumischen. Laut sagte er: »Ich komme aber nicht wegen Ihrer Meldung. Bei mir geht's um vorbeugenden Brandschutz. Ofenbleche und so.«

»Die sind in Ordnung.«

»Na, wollen mal sehen. Vielleicht ist doch eins kaputt.«

»Kaputt ist vieles, aber nicht die Ofenbleche. Die Fenster schließen nicht, die Wasserleitung tropft, und dann sollten Sie mal kommen, wenn ich heize. Nicht einmal das Fenster können Sie sehen. So qualmt der Ofen.«

»Das ist nicht mein Ressort«, versuchte Bening sich zu retten:
»Ressort hin, Ressort her. Sehen Sie sich's doch wenigstens mal an.«

Bening blieb nichts weiter übrig.

»Ich werde mich darum kümmern«, versprach er und nahm sich vor, später den Leiter der Wohnungsverwaltung anzurufen.

»Sie sind der Fünfte im Laufe der Jahre, der was verspricht. Geholfen hat noch keiner.«

»Sie wissen doch, Frau Soltau«, Bening zuckte mit den Schultern und gab sich so, wie er es oft genug vom Verwalter seines Wohnhauses gesehen hatte, »die Handwerker ... Alles ist so schwierig. Wohnen Sie eigentlich allein hier?«

»Mit meinem Sohn und seinem Freund.«

Bening hatte das Gespräch endlich da, wo er es hinhaben wollte. »Was«, tat er erstaunt, »zwei Männer und die Wasserleitung tropft? Was ist den Ihr Sohn von Beruf?«

»Dreher in den Motorenwerken. Und der andere ist Autoschlosser.«

Bening schüttelte den Kopf. »Zwei Schlosser ...«

Frau Soltau war verlegen.

»Sie wissen doch, wie das ist. Die jungen Leute haben nie Zeit. Alles mögliche machen sie, nur nichts zu Hause.«

»Wie alt ist denn Ihr Sohn?«

»Dreiundzwanzig.«

Bening versuchte, die Schleusen mütterlicher Beredsamkeit noch weiter zu öffnen.

»Viel älter bin ich auch nicht. Aber die Wasserleitungen repariere ich selbst, und wenn's nottut, dichte ich auch die Fenster ab.«

Frau Soltau wurde versöhnlicher gestimmt.

»So schlimm ist er ja auch nicht, mein Jörg. Er arbeitet den ganzen Tag und abends auch noch. Er will sich nämlich ein Motorrad kaufen. Damit es schneller geht, verdient er sich etwas nebenbei.«

»So hat jeder seinen Tick.« Bening lachte. »Bei mir ist's auch die Technik, aber die muß Musik machen. Ich bastle Radios, Tonbandgeräte und dergleichen.«

»Das macht er außerdem. Das heißt, basteln tut er nicht. Aber so'n Tonbandgerät hatten wir auch schon mal hier. Musik haben Sie damit gemacht, als wenn 'ne Katze 'n Schwanz in die Tür geklemmt hat.« Frau Soltau schüttelte sich.

»Demnach interessiert sich Ihr Sohn auch für heiße Musik? Oh, darf ich mal sehen?« Auf dem Radioapparat war ihm plötzlich ein hübsches Gesicht aufgefallen. »Was ist denn das für eine junge Dame?«

»Ja, die Marlies Wegener.« Frau Soltau nahm das Bild in die Hand. Beinahe wäre sie meine Schwiegertochter geworden. Aber die Liebe ist vorbei. Ausgerechnet den Uwe Anders, 'nen Freund von Jörg, hat sie sich genommen.« Frau Soltau stellte das Bild wieder an seinen Platz und fügte hinzu: »Jetzt liegt sie im Krankenhaus. Heute nacht hatte sie einen Unfall.«

»Das tut mir leid.«

»Ein Motorrad hat sie angefahren.«

Bening hörte an der Korridortür Schlüssel klappern. Kurz darauf stand ein junger Mann auf der Schwelle des Zimmers. Er trug eine schwarze Kunstlederjacke und Niethosen, die nur bis zum Knöchel reichten. Sein volles, rundes Gesicht war leicht gerötet und hatte einen gemütlichen Ausdruck. Das Haar stand bürstenartig hoch.

»Du, Siggi?« fragte Freu Soltau erschrocken. »Wo kommst du den her? Arbeitest du heute nicht?«

»Ich hab's versucht, aber der Meister hat mich zum Arzt geschickt. Fuß verknackst. Heute und morgen Bettruhe.« Er machte ein Gesicht, als freue er sich darüber.

»Du machst ja Sachen. Wie kommst du denn dazu?«

»Umgeknickt. Ist halb so wichtig. Man kann wenigstens mal ausschlafen.«

»Das hast du allerdings nötig. Bist ja heute nacht spät genug gekommen. Ich habe lange wach gelegen und immer wieder gedacht: Wann kommt er bloß?« In ihrer Stimme lag ein mütterlicher Vorwurf.

»Aber Mutter Soltau«, schmeichelte Siggi. »Das Leben ist so kurz, und man ist so lange tot.«

»Mach' bloß, daß du wegkommst!«

Siggi wollte humpelnd das Zimmer verlassen, drehte sich aber in der Tür noch einmal um. »Darf ich Jörgs Kofferheule mit rübernehmen? Bei meiner ist der Saft alle.«

»Geh erst mal ins Bett. Ich bringe sie dir schon.«

Danach verschwand Siggi endgültig.

Bening beschloß, den Rückzug anzutreten. Er verabschiedete sich und atmete auf, als er auf der Treppe stand.

Es war fast zuviel, was er da auf einmal erfahren hatte.

Im Präsidium traf Leutnant Bening seinen Chef nicht mehr an. Auf dem Schreibtisch lag ein Zettel, auf dem Bahr mitteilte, er sei nach Hause gefahren, um einmal richtig auszuschlafen.

Bening lächelte. Wenn du wüßtest, was ich erfahren habe, dachte er, kämst du schleunigst wieder her und würdest noch einmal dreißig Stunden Dienst machen. Aber noch schaffe ich es allein. Ich werde dich später wecken.

Das Telefon klingelte. Vom Dezernat Kriminaltechnik wurde mitgeteilt, daß die Fingerspuren auf dem Sternchen unbrauchbar seien.

Bening begann mit der Überprüfung der im Laufe des Vormittags bekannt gewordenen Personen. Er suchte in allen verfügbaren Karteien und Unterlagen. Über Jörg Soltau und Marlies fand er nichts. Man konnte mit Sicherheit annehmen, daß sie noch nichts mit der Polizei zu tun hatten. Aber über Siggi sagte eine Karteikarte des Einwohnermeldeamtes aus, daß er erst vor fünf Wochen zu Soltau gezogen war. Bening stutzte. Laut Karte war Siggi vor sechs Wochen aus dem Gefängnis gekommen. Rasch besorgte er die Akte, die näheren Aufschluß darüber geben konnte. Er fand sie und glaubte seinen Augen nicht trauen zu können. Siggi hatte acht Monate im Gefängnis verbracht, weil er im vergangenen Jahr zwei PKW aufgebrochen und Fotoapparate entwendet hatte!

So, So! Siggi war in der Autowolfbranche nicht neu. Bening stoppte seine Gedanken. Er erinnerte sich Bahrs Grundsatz: Ein Bürger, der seine Strafe verbüßte, ist nicht verdächtiger als jemand, der mit der Volkspolizei und Staatsanwalt noch keine Bekanntschaft gemacht hat.

Und Bahr hatte recht. Die Blechnapftheorie gehörte einer längst vergangenen Zeit an.

Doch hier ging es um Feststellungen, die Siggi erneut belasteten: Die Diebereien, die gestern bis zu einem gemeinen Raub führten, begannen kurz nach Siggis Haftentlassung. Heute morgen humpelte er. Wo hatte er sich den Fuß »verknackst«? – Etwa am gleichen Ort, an dem sich Marlies das Bein gebrochen hatte? Vielleicht war nicht Soltau, sondern Siggi der Fahrer! War er auch der Autowolf? Wollte er mit dem Krad sich und die Beute in Sicherheit bringen? Und war Soltau sein Hehler, der die Sachen verkaufte?

Bening erinnerte sich des Dritten, der ebenfalls ein Freund Jörgs sein sollte. Er beschloß, zunächst die Unterlagen über ihn durchzusehen.

Auch Uwe Anders hatte noch nichts mit der Polizei zu tun. Eine Akte gab es über ihn nicht. Um so aufmerksamer wurde Bening beim Studium der Meldekarte. Anders war vor einem halben Jahr von Pankow in die Nähe des Ostbahnhofes gezogen. Er wohnte unmittelbar in dem Gebiet, das sich der Autowolf zum Startplatz seiner Verbrechen erkoren hatte. Die Sansibar, von deren Parkplatz Pörtners Krad entwendet worden war, lag keine fünf Minuten von seiner Wohnung entfernt.

Bening erhob sich und lief im Zimmer auf und ab. So konnte er seine Gedanken besser sammeln. Sein Blick fiel auf die Brennpunktkarte, auf der alle Ereignisorte gekennzeichnet waren, an denen der Autowolf sein Unwesen getrieben hatte.

Von einer plötzlichen Eingebung durchzuckt, trat er näher, steckte eine Nadel an die Stelle, an der Uwes Wohnhaus stand, und machte eine neue Entdeckung: Alle Orte, von denen aus der Autowolf die Wagen entführt hatte, lagen in unmittelbarer Nähe von Uwes Wohnung. Und noch mehr. Der Autowolf pflegte bei der Rückfahrt von seinen Raubzügen einen anderen Wagen zu benutzen, nachdem er den ausgeraubten irgendwo stehenließ. Auch die Orte, an denen er die für die Rückfahrt gestohlenen Wagen abgestellt hatte, waren auf der Karte vermerkt und bildeten zu Benings Überraschung einen Halbkreis, in dem Uwes Wohnung der Mittelpunkt war. Auch die Sansibar lag im Bereich dieses Halbkreises.

War das ein Zufall?

Bening dachte an den gestrigen Raub. Er war auf der Karte noch nicht vermerkt. Auf dem Schreibtisch lag die Spitzenmeldung der letzten Nacht. Nach der Verfolgungsjagd durch Toni 85 hatte der Autowolf den ausgeraubten Skoda in Marzahn stehen lassen. Das war dreiundzwanzig Uhr zehn. Kurze Zeit später war am Bahnhof Marzahn ein Wartburg entwendet worden, den man am Strausberger Platz wiederfand. Von dort bis zu Uwes Wohnung war es ein Katzensprung. Zur Sansibar auch, ging es Bening durch den Kopf.

Bening kehrte zum Schreibtisch zurück. Er betrachtete nachdenklich die Lichtbilder auf den Anträgen für die Personalausweise, die er zusammengetragen hatte. Kurz entschlossen suchte er die Lichtbildstelle auf und ließ von allen vier Fotografien Reproduktionen anfertigen.

Etwa zwanzig Minuten später saß er dem Kaderleiter des Autoreparaturwerkes gegenüber, in dem Siggi arbeitete. Er bat um nähere Informationen über Siggis Verhalten.

»Sie wissen, daß Siggi Herbst erst seit kurzem wieder bei uns beschäftigt ist?« fragte Kaderleiter Seifert seinen Besucher.

»Ja. Das ist der Grund, weshalb ich komme. Wie arbeitet er? Gibt es Schwierigkeiten?«

»Er ist ein zuverlässiger Arbeiter. Uns fiel die Entscheidung nicht schwer, als er nach der Haftentlassung um Wiedereinstellung bat.«

»Wie lange arbeitete er vorher hier?«

»Fast drei Jahre. Wir waren wie vor den Kopf geschlagen, als es plötzlich hieß, er habe zwei Einbrüche auf dem Kerbholz.«

»Man kann sich im Menschen irren.«

»Wir hätten das nie für möglich gehalten.«

»Ich hörte, er sei augenblicklich krank geschrieben?«

»Krank geschrieben?« Seifert griff zum Telefon.

Während der Kaderleiter mit jemandem sprach, der offenbar mit Sozialversicherungsfragen zu tun hatte, überlegte Bening die nächste Frage. Das Wort »Motorradunfall« drang an sein Ohr.

»Er hatte einen Kradunfall«, sagte Seifert, nachdem er den Hörer aufgelegt hatte. »Näheres weiß niemand.«

Also doch, dachte Bening. »Was ich noch fragen wollte ... Wissen Sie, mit wem Siggi Herbst verkehrt?«

»Er ist ständig mit dem Uwe Anders zusammen, das weiß ich. Die beiden waren schon befreundet, bevor Siggi ins Gefängnis mußte.«

»Ach, nee«, entfuhr es Bening, »Anders arbeitet auch hier?«

»Kennen Sie den etwa auch?«

Bening schränkte ein: »Kennen ist zuviel gesagt. Ich habe seinen Namen mehrmals im Zusammenhang mit Herbst gehört. Können Sie mir etwas Genaueres über ihn sagen?«

Der Kaderleiter zuckte die Schultern. »Er ist fleißig, pünktlich, umsichtig. Versteht sein Fach ...«

»Aber?«

»Ein leichtsinniger Vogel. Pumpt die Kollegen an, holt ständig Vorschuß. Hat eine Schwäche für Frauen und Motorräder. Zweimal haben wir ihn erwischt, als er reparierte Kräder übers Wochenende mit nach Hause nahm und Ausflüge machte.«

»Also ein nicht gerade günstiger Umgang für Herbst.«

»So absolut möchte ich es auch wieder nicht sagen. Als Siggi damals aus dem Gefängnis kam, erschien Uwe bei uns: ›Ihr redet doch immer von der Arbeit mit den Menschen. Nun beweist aber mal, daß ihr's ernst meint, und stellt Siggi wieder ein.‹«

Bening lachte: »Hierbei hat er begriffen, worum es geht.«

Der Kaderleiter hob die Schultern und ließ sie wieder fallen.

Bening bedankte sich und ging. Als er seinen Wagen bestieg, spielte er einen Augenblick mit dem Gedanken, Hauptmann Bahr in der Wohnung aufzusuchen, um ihm seine Entdeckungen und

Feststellungen mitzuteilen. Ein Blick auf die Uhr belehrte ihn jedoch, daß sein Vorgesetzter nach dem fast dreißigstündigen Arbeitstag noch nicht ausgeschlafen haben konnte. Er würde morgen mit ihm beraten, wie es weitergehen sollte. So beschloß er, vorläufig Feierabend zu machen, um abends die Sansibar aufzusuchen.

Dämmriges Licht und heiße Musik empfingen Leutnant Bening, als er gegen zweiundzwanzig Uhr die Bar betrat. Seine Augen mußten sich erst an die Dämmerung gewöhnen.

Die Aufmachung der Sansibar überraschte ihn. Wände und Decken waren Felsimitationen. In die Wände eingearbeitete Nischen wurden durch hohe Bambus- und Schilfgeflechte voneinander getrennt. In der Mitte der Stirnwand sprudelte aus einem Felsen eine Quelle, deren Wasser sich in ein indirekt beleuchtetes Bassin ergoß. Die Kapelle spielte unter dem aus Schilf geflochtenen Dach einer afrikanischen Hütte. Im Hintergrund deutete illuminierte Beleuchtung ein Feuer an.

Bening schlenderte durch den Raum und verschwand hinter einem Schilfvorhang, über dem auf einem Schild das Wort Sansibar stand. Erstaunt blieb Bening stehen. Am Ausschank saß Hauptmann Bahr und plauderte mit Evelyn Altmann, die er am Morgen in Pörtners Wohnung kennengelernt hatte. Bening schlich näher und stieß, angeregt durch die afrikanische Imitation, an Bahrs Ohr ein unartikulierten Laut aus. Bahr zuckte zusammen. Evelyn, die Bening hatte kommen sehen, lachte hinter der Theke.

»Weshalb erschrickt der weiße Polizeimann? Oh, oh, das ist nicht gut.«

»Wie kommst du denn hierher?« fragte Bahr verwundert.

»Die gleiche Frage wollte ich dir stellen. Ich denke, du pennst, und statt dessen flirtest du hier herum.«

Bening kletterte auf einen Hocker. »Darf ich Sie zu einem Gin-Fizz einladen, Fräulein Altmann?«

Als Evelyn sich abwandte, um Gläser auszuwaschen, sagte Bahr halblaut: »Ich denke, Leutnant Bening wird seine Aufgabe so rasch wie möglich erledigen und mir sofort Bericht erstatten. Statt dessen treibt er sich in Kneipen und Bars herum!«

Bening lachte. Als Evelyn drei Gläser auf den Tisch stellte, tat er so, als fiele ihm ein Stein vom Herzen.

»Ich glaubte schon, Sie trügen uns nach, daß wir Sie heute so zeitig aus dem Bett warfen.«

»Das können Sie mit Gin-Fizz sowieso nicht gut machen.« Evelyn goß ein.

»Womit denn?« Bening blickte sie vielversprechend an.

»Ich werd's mir überlegen.«

»Aber bitte nicht zu lange.«

»Wer flirtet nun hier?« fragte Bahr dazwischen.

Bening ließ sich nicht aus der Ruhe bringen. »Ich darf das. Aber du ...«, er zeigte auf den Ehering an Bahrs rechter Hand. »Außerdem verbinde ich das Nützliche mit dem Angenehmen.« Er sog kräftig an seinem Trinkhalm, griff in die Jackettasche und blätterte vor Evelyn die Bilder von Marlies, Jörg Soltau, Uwe Anders und Siggi Herbst auf den Tisch. Wie nebenbei fragte er: »Kennen Sie jemanden davon?«

Bahr, der Marlies' Bild erkannt hatte, fragte leise: »Was soll das?«

»Wirst du gleich hören!« gab Bening ebenso leise zurück.

Evelyn nahm die Bilder in die Hand und besah sie aufmerksam. »Alles Gäste der Bar.«

»Sieh an! Wann waren sie zuletzt hier?«

»Gestern abend. Die Drei saßen vorn am Tisch und der«, Evelyn zeigte auf Soltaus Bild, »kam gegen halb zwölf, trank hier einen Martini und verschwand wieder.«

Aha, dachte Bening. Gegen halb zwölf. Dreiundzwanzig Uhr zehn wurde der verlassene Skoda aufgefunden. Er fragte weiter: »Was wissen Sie von diesen Gästen?«

»Nicht viel. Das Mädel heißt Marlies und der hier Jörg.«

»Kommen die vier gemeinsam hierher?«

»Meist waren Marlies und Jörg allein. Ich glaube, das Mädel gehörte zu ihm. Jetzt kommt sie mit dem anderen. Sie haben sich wohl verkracht.«

Bening schob die Bilder zusammen und steckte sie ein. Bahr war mit wachsendem Staunen Benings Fragen und Evelyns Antworten gefolgt. Am meisten überraschte ihn, daß Marlies gestern hier gewesen sein sollte; hatte sie doch gesagt, sie sei allein ins Kino gegangen.

»Wissen Sie, wann die vier den Raum verlassen haben?« fragte Bening weiter.

Evelyn überlegte. »Ein bißchen viel verlangt bei dem Trubel. Aber warten Sie mal. – Es war in der zweiten Pause der Kapelle. So gegen Mitternacht. Der Soltau ging kurz vorher. – Hat das was mit dem Unfall zu tun?« fragte sie neugierig.

»Keineswegs«, beeilte sich Bening zu versichern. »Das ist 'ne andere Sache. Aber nun sagen Sie mir, was ich zu zahlen habe.«

Er hatte es plötzlich eilig. Auch Bahr rutschte von seinem Hokker.

»Sie wollen schon gehen?«

»Die Pflicht ruft.« Augenzwinkernd setzte Bening hinzu: »Außerdem ist heute mein Chef dabei. Nächstes Mal komme ich allein.«

Die Kriminalisten verabschiedeten sich. Sie fuhren zum Präsidium, wo Bahr sich eingehend die von Bening entdeckten Zusammenhänge erklären ließ. An Hand der Brennpunktkarte vergewisserte er sich, daß Benings Beobachtungen und Schlußfolgerungen nicht von der Hand zu weisen waren.

»Du meinst, daß dieser Jörg Soltau und seine Freunde der Autowolf sein könnten? Demnach eine Tätergruppe? Hm. Ich ging in die Bar, um noch einmal Evelyn auf den Zahn zu fühlen. Aber die Linie Pörtner scheint wirklich eine Sackgasse zu sein.«

»Ich möchte mit Sicherheit annehmen, daß die vier mit dem Autowolf zu tun haben. Auch die gestrige Verfolgungsjagt paßt in diese Annahme. Dreiundzwanzig Uhr zehn wurde der Skoda durch Toni fünfundachtzig verlassen aufgefunden. Der Wartburg, mit dem der Autowolf aller Wahrscheinlichkeit nach von Marzahn zurückfloh, wurde am Strausberger Platz abgestellt. Nach Evelyns Aussagen betrat Jörg Soltau gegen dreiundzwanzig Uhr dreißig die Bar. Das sind zwanzig Minuten, genau die Zeit, die ein guter Kraftfahrer braucht, um von Marzahn zur Sansibar zu kommen.«

»Es könnte so gewesen sein. Aber die anderen saßen lange vorher in der Bar.«

Bening zuckte mit den Schultern.

»Was weiß ich? – Vielleicht war Jörg gestern der Autowolf vom Dienst? Fest steht jedenfalls, daß das Sternchen, das in Marzahn aus dem Skoda genomen wurde, über die Zwischenstation Sansibar an den Unfallort in Pankow kam.«

»Für mich ist zunächst einmal klar, daß Marlies nicht angefahren wurde. Aber ob und wie sie mit dem Autowolf zusammenhängt ...«

»... das lassen wir sie am besten selbst erklären.«

Es war ein regnerischer Tag. Die Bäume vor dem Fenster des Krankenzimmers wurden vom Wind gezaust. Regentropfen rannen die Scheiben herab und machten sie blind.

Wieder saß Bahr neben Marlies' Bett. Er ließ ihr Zeit, seine Frage zu beantworten.

Bening stand am Fußende, aufs Gestell gelehnt, und betrachtete ihr Gesicht.

»Ich habe sie nicht angelogen, Herr Hauptmann.« Marlies' Stimme klang trotzig und brachte Bening in die Gegenwart zurück.

»Aber, Mädchen«, hörte er Bahr sagen, »es hat doch keinen Zweck. Sie wurden vorgestern in der Bar gesehen.«

»Man muß sich geirrt haben.«

»Sie vergessen, daß Sie dort gut bekannt sind.«

»Na und? – Ich kann doch bekannt sein, wo ich will.«

»Selbstverständlich dürfen Sie das. Aber Sie dürfen uns nicht länger an der Nase herumführen. Das nehmen wir übel.«

Bening erkannte, daß es mit Bahrs Geduld zu Ende ging. Er blinzelte ihm zu, was bedeuten sollte: Laß mich mal.

»Und was meinen Sie, was uns diese drei Gentlemen sagen, wenn wir sie nachher fragen?« Bening griff in die Tasche und legte die Bilder von Soltau, Anders und Siggi vor Marlies auf die Bettdecke.

Marlies zuckte zusammen. Ihr Blick irrte von den Bildern zu Bening und wieder zurück. Erschrocken stammelte sie: »Woher haben Sie die Bilder?«

»Ich will sie vergrößern und mir Autogramme geben lassen.«

Marlies' Hände krallten sich in das Bettzeug. Bening spürte, daß jetzt Gelegenheit war, ihren Widerstand zu brechen. Deshalb fragte er doppeldeutig: »Haben Sie nicht auch eine Vorliebe für flotte Motorradsportler?«

Marlies begann zu weinen. Tränen zogen nasse Bahnen zum Mund und tropften vom Kinn herab.

»Nicht doch«, sagte Bening betreten. Alles durfte ihm passieren, aber eine Frau konnte er nicht weinen sehen.

Er holte sein Taschentuch hervor und wischte Marlies die Tränen ab. Sein Eifer war so komisch, daß selbst sie unter Tränen lachen mußte.

»So sehen wir viel hübscher aus«, stellte er erleichtert fest und drückte ihr das Taschentuch in die Hand. »Also, wer fuhr die Maschine?«

»Uwe«, hauchte Marlies so leise, daß die Kriminalisten Mühe hatten, sie zu verstehen. »Siggi saß auf dem Sozius und ich im Beiwagen. Beim Wenden in der Binzstraße passierte es.«

»Und Jörg?«

»Der war nicht dabei. Uwe und Jörg sprechen nicht zusammen, weil ich ...« Sie brach ab. »Eine persönliche Sache.«

»Und wer hat das Sternchen verloren?«

»Ich.«

»Wer gab es Ihnen?«

»Siggi.«

»Dann brach Siggi also den Skoda auf?«

»Skoda? – Was für einen Skoda?« Marlies starrte Bening verständnislos an.

»Wir möchten wissen, wer den Kraftwagen aufgebrochen hat, aus dem das Sternchen gestohlen wurde.«

Marlies betrachtete Bening noch immer entgeistert. »Es war doch Siggis Apparat. Der ist ja nicht gestohlen!« protestierte sie, als sie den Sinn der Frage begriffen hatte.

Die Kriminalisten sahen sich an. Sollte Marlies nicht wissen, was ihre Freunde trieben? »Und warum wollten Sie das Gerät nicht kennen, als Hauptmann Bahr es Ihnen zeigte?« fragte Bening.

Marlies senkte den Kopf. »Ich hätte doch Uwe und Siggi verraten. In der Aufregung habe ich an den Apparat gar nicht mehr gedacht. Als Sie damit kamen, fiel's mir ein.«

Bening überlegte: Siggi hatte also das Sternchen als sein Eigentum ausgegeben und Marlies als blindes Werkzeug benutzt. Wie aber kam es in seinen Besitz? Er und Uwe saßen in der Sansibar, als der Autowolf gejagt und das Transistorengerät gestohlen wurde. Sicherlich hat Soltau es ihm übergeben.

»War Jörg vorgestern nacht in der Bar?«

Jetzt mußte sich erweisen, ob Marlies vom Autowolf wirklich nichts weiß.

»Ja, für einige Minuten.«

Wenn Marlies eingeweiht wäre, hätte sie nicht so bereitwillig geantwortet.

»Warum kam er so spät?«

Marlies zögerte einen Moment. Doch dann antwortete sie.

»Er wird wohl im Theater gewesen sein. Es war sein Anrechtstag. Früher gingen wir immer zusammen«, fügte sie ein wenig wehmütig hinzu, als bedauere sie, daß es jetzt anders war.

Bening lief im Krankenzimmer auf und ab.

Bahr schaltete sich ein. »Was ist Soltau für ein Mensch, Fräulein Marlies?«

Offensichtlich traf er mit dieser Frage eine wunde Stelle. Während Marlies ihm bei den letzten Antworten offen in die Augen gesehen hatte, senkte sie jetzt den Blick. In das blasse Gesicht ergoß sich flammende Röte.

Mit der Liebe ist es also noch nicht vorbei! dachte sich Bening.

»Ein sehr anständiger«, sagte Marlies leise.

»Weshalb blieben Sie dann nicht bei ihm?«

»Ich ... Es lag an Uwe. Ich möchte nicht darüber sprechen.«

»Ist Jörg ein Diebstahl zuzutrauen?« forschte Bahr weiter.

»Niemals!« Marlies sah ihm fest in die Augen.

»Wie erklären Sie sich, daß er gestern ein gestohlenes Tonbandgerät verkaufen wollte? Es wurde auf die gleiche Weise entwendet wie jenes Sternchen.«

»Das ist doch unmöglich!«

»Leider sind wir anderer Meinung. Er legte beim Verkauf seinen Personalausweis vor, aus dem nun mal Name und Adresse hervorgehen.«

»Seinen Personalausweis? Den konnte er gar nicht vorlegen.«

»Wieso?«

»Er ließ ihn in der Sansibar liegen. Die Evelyn kam zu mir und fragte, ob ich ihn mitnehmen wolle. Wie wir zueinander standen, Jörg und ich, lehnte ich's ab! Er hätte es als Annäherungsversuch aufgefaßt.«

»Dann ist der Ausweis also in der Sansibar geblieben?«

»Vielleicht hat Evelyn ihn Siggi mitgegeben. Sie wohnen doch zusammen. Siggi ging noch mal zu Evelyn an die Bar. Ich sah, wie er etwas einsteckte.«

»Genau wissen Sie es nicht?«

»Ich habe Siggi nicht danach gefragt.«

Wenn Siggi den Ausweis an sich nahm, schlußfolgerte Bening, ist die Sache ziemlich klar. Vielleicht ist Soltau genauso ahnungslos wie Marlies, und Siggi fischt unter seinen Freunden im trüben.

Er wandte sich an das Mädchen: »Fräulein Marlies, saß Siggi auch wie Sie und Uwe den ganzen Abend in der Sansibar? Ging er nicht vielleicht einmal weg?«

Marlies überlegte nicht lange: »Doch, Siggi ging für einige Minuten weg.«

Bening sah zu Bahr. Bahr zog die Augenbrauen hoch und runzelte bedeutsam die Stirn.

»Er holte aus Uwes Wohnung ein Buch. Uwe gab ihm die Schlüssel.«

»Wie lange dauerte das?«

Marlies überlegte, als wolle sie sich nachträglich vergegenwärtigen, wie lange sie mit Uwe allein gesessen hatte. »Vielleicht zwanzig Minuten ... Er kam kurz vor Jörg zurück.« Zwanzig Minuten, dachte Bening, viel zu kurz, um an der Verfolgung beteiligt gewesen zu sein. Aber lange genug, um das Sternchen zu übernehmen. Wer aber gab es ihm, wenn Soltau der Überbringer nicht sein konnte?

Alles war vorbereitet. Hauptmann Bahr und Leutnant Bening saßen in Wendts Werkstatt, um denjenigen in Empfang zu nehmen, der den Erlös aus dem Verkauf des Tonbandgerätes abholen wollte.

Auf der Straße hatten drei Kriminalisten Posten bezogen, um eventuelle Fluchtversuche zu verhindern.

Meister Wendt arbeitete an einem Radiogerät. Er schien am ruhigsten von allen.

Bening beobachtete Hartwig, der auf seinem Stuhl unruhig hin und her rutschte. Der Mann muß krank sein, dachte Bening. Dabei ist er noch so jung.

Bening sah auf die Uhr: siebzehn Uhr fünfzehn.

Der Autowolf scheint sich zu verspäten. Ob er überhaupt kommt? Natürlich kommt er, versuchte er sich zu beruhigen. Die Ladentür wurde geöffnet. Bening eilte, mit einem weißen Kittel bekleidet, nach vorn. Ein Kunde wollte einen reparierten Fernsehempfänger abholen. Bening fand das Gerät nach einigem Suchen und händigte es aus.

Siebzehn Uhr fünfundzwanzig.

Wer würde erscheinen? Soltau bestimmt nicht. Darüber waren sich Bening und Bahr klargeworden. Welcher Dieb wird seine Personalien vorlegen, wenn er die Beute veräußern will? Alles deutete auf Siggi hin. Wenn der jetzt käme ... Möglich auch, daß jemand auftauchen würde, den man noch gar nicht kannte. Zu dumm, daß Evelyn den ganzen Tag weder in ihrer Wohnung noch bei Pörtner anzutreffen war. Es ließ sich vorerst nicht ermitteln, was wirklich mit dem Ausweis geschehen war. Siebzehn Uhr dreißig!

Bening lehnte am Ladentisch. Er sah auf die Straße. In der Schaufensterscheibe spiegelte sich die Uhr, die an der hinteren Wand des Ladens hing.

Ticktack – Ticktack! Das Geräusch war bis hierher zu hören, als wollte es sagen: Sieh, wie die Zeit verstreicht. Die Zeiger aber krochen nur träge über das Zifferblatt.

Bening wollte gerade in die Werkstatt zurückgehen, als sich die Ladentür erneut öffnete. Er erschrak.

Soltau!

Bening erkannte ihn auf den ersten Blick. So zeigte ihn sein Lichtbild.

»Bitte, Sie wünschen?« fragte er und hatte Mühe, seine Erregung zu verbergen.

»Mein Name ist Soltau. Kann ich Herrn Wendt sprechen?«

»Worum handelt es sich?«

»Um diesen Brief.« Soltau überreichte Bening einen Umschlag, der mit Maschinenschrift beschrieben war. Briefmarke und Poststempel fehlten. Bening entnahm das inliegene Schreiben und las:

»Sehr geehrter Herr Soltau!
Für Sie liegen 500 Mark bereit. Bitte kommen Sie gegen 17.30 Uhr, um sich Ihr Geld abzuholen.

Hochachtungsvoll!
Erich Wendt«

Inzwischen waren auch Bahr, Wendt und Hartwig in den Laden gekommen. Bening reichte den Brief Wendt. Er konnte einen Anflug von Mißtrauen nicht unterdrücken.

Wendt starrte auf das Schreiben. Bahr las über seine Schulter mit. Bening beobachtete Jörg Soltau, dessen Augen ruhig von einem zum anderen gingen. Es war still im Raum. Selbst das Geräusch der Uhr erschien jetzt gedämpfter.

Wendt legte das Schreiben auf den Ladentisch.

»Ich habe den Brief nicht geschrieben. Das ist nicht meine Handschrift.«

Bahr nahm den Brief auf, überlas ihn noch einmal und steckte ihn mit einem vieldeutigen Gesichtsausdruck in die Tasche.

»Dann kann ich wohl wieder gehen«, sagte Soltau und drehte sich um.

Bening war um den Ladentisch gegangen und stellte sich zwischen Soltau und die Tür.

»Nicht so eilig, junger Mann.«

»Wieso? Was gibt es denn noch? Ich habe keine Zeit für solche Spiele.«

Bening sah, daß Hauptmann Bahr Wendt einige Schritte zurückzog, und hörte ihn leise fragen: »Er ist es also nicht?«

»Nein«, antwortete Wendt, Hartwig schüttelte den Kopf.

Sekundenlang erschien es Bening, als wäre sein Chef unschlüssig. Aber dann trat Bahr auf Soltau zu, hielt ihm die Marke hin und sagte: »Kriminalpolizei! Ich muß Sie bitten, mit zum Präsidium zu kommen.«

Soltau war bei dieser plötzlichen Eröffnung einen Schritt zurückgewichen. Sein Blick irrte zum Ausgang und schien die Entfernung zu messen. Doch da stand Bening und verdeckte mit seiner Gestalt die Ladentür.

»Soll das eine Verhaftung sein?« fragte Soltau erregt.

»Aber nein! Es gibt nur einige Fragen zu klären.«

Im Präsidium angekommen, gab Bahr einigen Mitarbeitern den Auftrag, auf schnellstem Wege Uwe Anders und Siggi Herbst herbeizuschaffen.

Als er mit Soltaus Vernehmung beginnen wollte, hielt ihm Bening einen Zettel hin. Bahr las: »Soll ich zu Evelyn gehen und in Erfahrung bringen, was mit dem Ausweis geschehen ist?«

Bahr überlegte einen Moment und blickte auf Soltau, der mißtrauisch das Verhalten der Kriminalisten beobachtete. »Ja«, sagte er. »Komm aber bald zurück.«

Bening verließ den Raum und Bahr setzte sich hinter den Schreibtisch, vor dem Jörg Soltau inzwischen Platz hatte.

»Darf ich erfahren«, begann Bahr, »wie Sie zu dem Tonbandgerät gekommen sind, das Sie verkaufen wollten?«

»Ich weiß von keinem Tonbandgerät und wollte auch keins verkaufen!«

»Sie meinen, Sie wollen nichts davon wissen?«

»Ich habe nie eins besessen.«

»Nun gut. Machen wir es anders. Wo waren Sie vorgestern abend?«

»Im Theater. Berliner Ensemble.«

»Was gab's?«

»Der aufhaltsame Aufstieg des Arturo Ui.«

»War's schön?«

»Interessant!«

»Ich ging nach Hause.«

»Wissen Sie, daß Ihre ehemalige Freundin in dieser Nacht einen Unfall hatte?«

»Ja.«

»Durch diesen Unfall geriet uns ein Transistorengerät in die Hände, das aus einem erbrochenen PKW gestohlen war, genau wie das Tonbandgerät bei Wendt. Es lag neben Ihrer ..., neben Fräulein Wegener.«

Soltau blickte Bahr ungläubig an. Fast schien es, als lächle er etwas spöttisch. »Sie glauben doch nicht im Ernst, daß Marlies die Einbrüche verübte?«

»Offen gestanden, nein! – Es könnte doch aber sein, daß Sie und Ihre Freunde die Hände im Spiel haben.«

Soltau hatte sich gefaßt. Nur hin und wieder bemerkte Bahr Zeichen innerer Erregung bei ihm. »Ich nehme an, Sie haben Gründe für diese Annahme?«

»Allerdings. Tonbandgerät und Sternchen waren gestohlen. Das Sternchen fiel Marlies ihrem eigenen Geständnis nach am Unfallort aus der Hand. Beim Verkauf des Tonbandgerätes wurde Ihr Personalausweis vorgelegt. Heute kamen Sie, um das Geld dafür abzuholen. – Reicht das?«

Soltau staunte: »Mein Ausweis?« Er griff in die Innentasche seines Jacketts. Als er die Hand wieder herauszog, war sie leer. »Das ist doch unmöglich?«

»Was ist unmöglich?«

In Soltaus Gesicht spiegelte sich wider, daß er für das Verschwinden des Ausweises und die damit zusammenhängenden Umstände eine Erklärung suchte.

War bis jetzt noch ein kleiner Zweifel in Bahr zurückgeblieben, nun wurde er beseitigt. Dieses Erschrecken war echt. Daran war nichts gespielt. Trotzdem fragte er hart: »Warum verschweigen Sie, daß sie nach der Theatervorstellung die Sansibar aufsuchten und dort gute Bekannte trafen?«

»Weil ...« Jörg brach den angefangenen Satz ab.

»Nun, weil was?« Bahr ließ ihm keine Zeit, eine Ausrede zu erfinden.

»Ich will es Ihnen sagen«, fuhr er fort, als Soltau stumm blieb. »Wir wissen, daß Marlies gar nicht angefahren wurde. Und weil Sie das auch wissen, schweigen Sie.«

Soltau senkte den Kopf. »Na?« fragte Bahr ermunternd.

»Ich ahnte es!«

»Was ahnten Sie?«

»Daß Uwe und Siggi mit Marlies losgefahren und auf die Nase gefallen waren.«

»Wie konnten Sie das ahnen?«

»Als ich die Bar verließ, war Marlies noch da. Ich bin auf dem schnellsten Weg mit der U-Bahn nach Hause gefahren. Im Zug war sie nicht. Der Unfall in der Binzstraße ereignete sich, ehe ich dort ankam. Ich sah noch den Krankenwagen, als die Trage hineingeschoben wurde. Erst am nächsten Tag erfuhr ich, daß es Marlies war. Ich bekam einen Schreck! Als ich dann noch hörte, daß auch Siggi einen Unfall hatte, wußte ich Bescheid.«

»Das ist doch kein Grund, die Anwesenheit in der Bar zu verschweigen.«

»Sollte ich gegen meine Freunde aussagen? Sie hätten doch bestimmt nach ihnen gefragt. Und Uwe hätte geglaubt, ich wollte mich rächen, wegen Marlies.«

»Dafür lassen Sie es lieber darauf ankommen, mit in die Einbruchsgeschichte gezogen zu werden?«

»Davon wußte ich ja gar nichts. Und außerdem glaube ich

nicht daran, daß Siggi und Uwe etwas damit zu tun haben. Besonders Siggi ist sei seiner Entlassung ganz anders geworden.«

»Na, dann sehen wir uns Siggi und Uwe einmal an.«

Bahr drückte auf einen Knopf. Ein Wachtmeister betrat das Zimmer.

»Sie sollen kommen!«

Wenig später standen Uwe und Siggi im Raum.

Siggi begriff sofort.

Aus Uwes Augen traf Jörg ein stiller Vorwurf.

»Kommen Sie nur näher, meine Herren«, sagte Bahr, der diese Blicke zu deuten wußte. »Vielleicht wäre es besser, wenn Jörg uns rechtzeitig etwas gesagt hätte. Leider hat er es nicht getan.«

Er wandte sich direkt an Siggi: »In diesem Falle wäre es Ihnen erspart geblieben, wieder vor der Kriminalpolizei zu stehen.«

Siggis Gesicht zuckte. Bahr hatte wieder einmal die empfindlichste Stelle getroffen.

Ehe Siggi etwas antworten konnte, klingelte das Telefon. Bahr nahm, über die Störung ärgerlich, den Hörer ab.

»Ja, bitte«, sagte er kurz. Sein Gesicht hellte ich auf. Er sah die drei Freunde, die vor ihm standen, der Reihe nach an.

»Das ist ja toll. Jetzt kann er uns nicht mehr entrinnen. – Bitte? Natürlich kannst du reinkommen.«

Er legte den Hörer auf die Gabel zurück. Kurz darauf trat Bening in den Raum.

»Ja, meine Herren und nun zu Ihnen«, begann Bahr ernst, als setze er zu einer langen Rede an. »Ich erwarte ehrliche Antworten. – Wer ist auf die Idee gekommen, das Krad für eine Spazierfahrt zu benutzen?«

»Ich!« Es war Uwe, der sich sofort bereit fand, zu gestehen.

»Wie kamen Sie darauf?«

Diese Antwort blieb Uwe schuldig.

»Sie wollten ein bißchen den Helden spielen, ja?« Da auch jetzt keine Antwort erfolgte, fuhr Bahr fort: »Na, bitte, beweisen Sie Ihren Mut. Hier ist er angebracht.«

Es dauerte eine gewisse Zeit, bis sich Uwe zu einem zweiten »Ja« durchringen konnte. Zögernd setzte er hinzu: »Es stimmt, ich wollte angeben.«

»Und Sie? Hatten Sie auch das Bedürfnis anzugeben?« Bahr blickte Siggi an.

»Siggi kann nichts dafür«, sagte Uwe schnell. »Er wollte ja gar nicht. Ich ging auf den Parkplatz und holte das Krad. Er weigerte sich zuerst, mitzufahren.«

»Aber dann setzte er sich doch drauf, und ihr seid losgegondelt. Spitze hundertzehn, nicht wahr?«

»Nicht ganz so. Siggi sagte, daß er sich das nicht leisten könnte, er stünde noch in Bewährung. Aber ich sagte, er sei feige.«

»Und da fuhr ich mit«, sagte Siggi leise.

»Vermutlich weil Marlies dabei war? Ihr wolltet ihr zeigen, was richtige Männer alles können.« Wieder entstand eine Pause, die Bahr abkürzte: »Das ist euch glänzend gelungen. Sechs Wochen Krankenhaus für Marlies, mindestens zehn bis zwölf Wochen Arbeitsausfall, Siggis Verstauchung gar nicht mitgerechnet. Ihr seid euch hoffentlich klar, daß der Staatsanwalt hier auch noch ein Wörtchen mitreden wird?«

Uwe und Siggi starrten betreten auf den Fußboden.

»Das Motorrad ist hinüber. Teures Vergnügen, so ein Ausflug!«

»Wir werden alles bezahlen, Herr Hauptmann.«

»Da wird euch nichts weiter übrigbleiben. Nebenbei bemerkt: Kennen Sie dieses Sternchen?« Bahr hielt Siggi das beschlagnahmte Gerät vor die Augen.

»Es ist das gleiche, das ich habe. Auch die Farbe stimmt überein«, sagte Siggi ohne zu zögern.

»Sie haben Ihr's zu Hause?«

»Ja.«

»Wie kann Marlies aber behaupten, daß dieses gestohlene Gerät Ihr Eigentum sei?«

Siggi wurde verlegen. »Marlies hat das vielleicht nicht richtig mitgekriegt. Als ich den Regenschutz vom Seitenwagen zurückschlug, sah ich das Sternchen liegen und stellte es an. Marlies dachte bestimmt, ich hab meins mitgebracht.«

»Also waren Sie's, der es beim Unfall verloren hat?«

»Ich habe es Marlies gegeben, sie wollte Musik hören.«

»Nun gut. Lassen Sie sich das alles eine Warnung sein. Es hätte schlimmer ausgehen können. Meinetwegen gehen Sie jetzt.«

Nachdem die drei das Zimmer verlassen hatten, sagte Bahr zu Bening: »Also Evelyn hat den Ausweis in ihre Handtasche gesteckt, und jetzt ist er verschwunden, sagst du? Das ist das Tüpfelchen auf dem I!«

Bahr drückte erneut auf den Klingelknopf am Schreibtisch. In Begleitung eines Wachtmeisters erschien Gerhard Pörtner. Bahr begrüßte ihn und lud ihn zum Sitzen ein.

»Der Unfall ist aufgeklärt, Herr Pörtner. Erst jetzt können wir mit Sicherheit sagen, daß Sie wirklich nichts damit zu tun haben. Sicher haben Sie die drei noch gesehen, die eben hinausgingen ...«

Pörtner lachte gezwungen. »Ich hab's Ihnen ja neulich schon gesagt.«

Bahr zeigte ein verbindliches Lächeln. »Leider genügt das nicht immer. Sie müssen nämlich wissen, wir Kriminalisten sind mißtrauisch von Beruf.«

»Das muß wohl so sein. – Kann ich jetzt meine Schadenersatzansprüche geltend machen.«

»Schadenersatz? Woher wissen Sie denn ... Ich sagte Ihnen doch gar nicht, daß diese drei auch ...«

Pörtner schluckte. »Na, ich habe mir gedacht, daß Sie es waren. Ich habe sie schon in der Sansibar gesehen. Es lag ja auf der Hand, daß es Gäste der Bar waren. Dort treibt sich leider allerlei Kroppzeug herum.«

»Ganz meiner Meinung. Herr Pörtner. Schade eigentlich. Die Bar hat eine wunderbare Aufmachung. Haben Sie am architektonischen Entwurf mitgewirkt?«

»Ich?«

Einen Augenblick überlegte Pörtner.

Dann sagte er: »Aber nein, wie kommen Sie darauf?«

»Weil auch Ihre Wohnung so geschmackvoll eingerichtet ist. Sicherlich war das alles sehr teuer.«

»Rund viertausend Mark.«

»Und die Uhr an Ihrem Handgelenk kostet mindestens auch ihre fünfhundert?«

Pörtner warf einen mißtrauischen Blick auf Bahr.

»Warum fragen Sie?«

»Ich frage mich, wie Sie das alles bezahlen konnten. Soviel verdienen Sie doch nicht. Soweit ich unterrichtet bin, sind Sie zur Zeit sogar ohne Arbeit. Und dann so eine Freundin, wie Fräulein Altmann, die dauernden Barbesuche und dann noch die übrigen Anschaffungen in so kurzer Zeit. Allerhand! Ich könnte mir das nicht leisten.«

Pörtner wurde unsicher. Langsam begriff er, worauf Bahr hinauswollte. »Was geht Sie das eigentlich an.« Er versuchte der Falle, in der er fast schon gefangen war, im letzten Moment auszuweichen.

Doch Bahr ging nicht auf seine Frage ein. »Ja, richtig, ein Sternchen besitzen Sie ja auch, nicht wahr? Hier ist es. Es rutschte neulich beim Unfall aus dem Krad.«

Pörtners Gesicht wurde weiß. »Das ist nicht mein Sternchen«, brachte er mühsam hervor.

»Eben!« schaltete sich Bening ein, »das ist ja das Schlimme. Es gehört Ihnen genausowenig, wie das Tonbandgerät, das Sie gestern bei Wendt anboten. Es gehört den Leuten, deren Wagen Sie aufbrachen und bestahlen.«

»Ich verbitte mir das.«

Bening beachtete auch diesen Einwurf nicht. »Das Sternchen«, fuhr er fort, »wurde im Seitenwagen Ihres Krades gefunden, wo Sie es vorgestern nacht nach der Verfolgung versteckten. Sie konnten ja nicht ahnen, daß Ihr Krad gestohlen werden würde. Sie wußten aber, daß das Sternchen uns auf Ihre Spur bringen konnte. Darum taten Sie alles, um den Verdacht auf einen Unschuldigen zu lenken. Sie nutzten den Umstand aus, daß Jörg Soltau seinen Personalausweis in der Sansibar liegenließ, und stahlen ihn Ihrer Freundin aus der Handtasche. Mit dem Ausweis boten Sie Wendt das Tonbandgerät an, das noch in Ihrer Wohnung stand und das man bei einer Durchsuchung hätte finden können. Anschließend sandten Sie Soltau den Brief und rechneten damit, daß er auf die fünfhundert Mark hereinfallen würde, die ja zu seiner Verfügung bereitlagen. Damit schlugen Sie zwei Fliegen mit einer Klappe: Das Tonbandgerät konnte nicht bei Ihnen gefunden werden, und der Verdacht war auf einen anderen gelenkt.«

Pörtner lachte verzweifelt auf: »Kein Wort davon ist wahr.« Er begann zu schwitzen.

Bening ging zur Tür und ließ Wendt und Hartwig herein.

Pörtner erstarrte.

»Er ist es«, sagte Wendt laut und vernehmlich.

Hartwig nickte nur mit dem Kopf. Er wagte nicht, Pörtner anzusehen.

»Du Schuft!« Pörtner ballte die Fäuste, als wolle er sich auf Hartwig stürzen.

Hartwigs Gesicht war eingefallen. Seine Hände zitterten mehr denn je. Jetzt war klar, weshalb.

Der junge Tag hatte den Schatten der Nacht aufgesogen. Heller Sonnenschein lag über den Dächern der großen Stadt. Man atmete nach dem gestrigen Regentag freier. Vögel durchkreuzten die Luft und ließen ihr fröhliches Zwitschern hören. Bening, der für die vergangene Nacht den Bereitschaftsdienst übernommen hatte, stand am Fenster seines Dienstzimmers. Der »Mont Klamott«*, früher ein riesiger Luftschutzbunker, nach dem Kriege gesprengt, mit Trümmern und Erdreich mehrfach vergrößert und jetzt schön bepflanzt, grüßte mit dem rotgoldenen Laub seiner Bäume herüber.

Es wird Herbst, dachte Bening. Das helle Sonnenlicht kann nicht darüber hinwegtäuschen, daß der Sommer zu Ende geht. Sein Blick streifte den wuchtigen Bau der Volksbühne am Luxemburgplatz. Dort wohnte Pörtner.

Sofort wurde ihm die vergangene Nacht gegenwärtig. Pörtner hatte ein umfassendes Geständnis abgelegt. Alles war so vor sich gegangen, wie man es vermutet und ihm vorgehalten hatte. Nur eins konnte die Kriminalpolizei vorher nicht wissen: Hartwig, der Gehilfe Wendts, war Pörtners Hehler. Ohne Wendts Wissen hatte er alle Geräte verkauft, die Pörtner stahl.

Gewohnheitsmäßig sah Bening auf die Uhr: Acht Uhr fünfzehn. Zeit zum Nachhausegehen! Er klappte die Akte »Autowolf« zu und verschloß sie im Schreibtisch. Schon an der Tür, blieb er noch einmal stehen, schlug sich mit der flachen Hand an die Stirn und ging lächelnd zurück zum Telefon. Er wählte die Nummer der Wohnungsverwaltung.

»Ja, Hier Bening. Guten Morgen, Genosse Krause. – Was heißt so früh? – Was ich will? Ich will wissen, wie weit Ihr mit dem Ofen in der Soltauschen Wohnung seid. – Ja, Binzstraße siebenundsechzig. Schon in Angriff genommen? Fabelhaft! Dann kann ich beruhigt schlafen gehen.«

Er legte den Hörer auf die Gabel zurück.

»Was man versprochen hat«, sagte er befriedigt, »muß man auch halten.«

WOLFGANG MITTMANN

Der Major und die Schuldigen

Dunkel und schweigend steht der Kiefernwald zu beiden Seiten der Strecke. Es ist Nacht; eine kalte, mondlose Dezembernacht. Über uns der dunkelblaue, fast schwarze Himmel mit unzähligen Sternen. Noch fehlt der Schnee, aber in wenigen Tagen haben wir Weihnachten.

Das Licht zweier Scheinwerfer ist auf ein Bündel konzentriert, das quer auf dem Gleiskörper liegt, und dieses Bündel war einmal ein Mensch. Ein Mensch, dessen Leben unter den Rädern eines Zuges endete.

Der Schotter klirrt unter unseren Füßen, als wir näher herantreten. Schweigend machen die anwesenden Männer Platz: ein Eisenbahner, uniformierte Transportpolizisten und mehrere Zivilisten. Sie haben die Mantelkragen hochgeklappt, trappeln vor Kälte mit den Füßen.

»Major Zander«, sage ich. »Wer leitet die Untersuchung?«

»Oberleutnant Wagner von der Abteilung K der Transportpolizei«, stellt sich ein älterer, hochgewachsener Zivilist vor.

»Die beiden anderen Herren sind Staatsanwalt Zeigner und Doktor Lamprecht.«

Die Männer deuten eine knappe Verbeugung an. Ich lüfte wortlos den Hut. Der Oberleutnant will sofort berichten, aber ich lehne freundlich ab: »Später, Genosse Wagner, später!«

Der Anblick eines vom Zug überfahrenen Menschen ist gräßlich. Das, was vor uns liegt, hat nicht mehr viel vom Aussehen eines Menschen. Zusammengeknüllt und zerrissen – ein furchtbarer Tod.

Neben mir steht Oberleutnant Gabriel. Ich blicke in sein verkniffenes Gesicht, sehe, wie er mit Daumen und Zeigefinger die randlose Brille hin und her rückt, und weiß, auch er wird diesen Anblick lange Zeit nicht vergessen können. Für ihn ist es der erste Fall dieser Art, denn Todesfälle auf Eisenbahngebiet werden normalerweise von den Kriminalisten der Transportpolizei untersucht.

»Und nun zu Ihrem Bericht, Genosse Wagner.«

»Gegen dreiundzwanzig Uhr vierzig erhielten wir über Streckenfernsprecher einen Anruf vom Lokführer des Güterzuges Dg 19303, der auf der Strecke Ködesin – Pegelow am Kilometer zweiundachtzig eine Leiche aufgefunden hat. Streckensperrung wurde um dreiundzwanzig Uhr fünfundvierzig veranlaßt, Einsatz einer Funkwagenstreife sowie Verständigung des Unfallarztes und der Staatsanwaltschaft gegen dreiundzwanzig Uhr fünfzig. Ein Uhr zehn bin ich am Ereignisort eingetroffen.

Obwohl der Oberleutnant sachlich und präzise berichtet, Zahlen und Fakten ohne zu stocken aus dem Gedächtnis aufsagt, muß ich ihn unterbrechen. »Langsam, langsam, Genosse Wagner. Diese Zahlen heben Sie sich für den schriftlichen Bericht auf. Mich interessiert Ihr allgemeiner Eindruck, Ihre Meinung, verstehen Sie?«

Der Oberleutnant lächelt flüchtig, ist durchaus nicht beleidigt. Eine Reaktion, die mich für ihn einnimmt. »Es handelt sich also um die Leiche einer Frau«, sagt er knapp.

»Besser gesagt, eines jungen Mädchens!« fällt ihm Dr. Lamprecht ins Wort. »Meines Erachtens etwa siebzehn bis achtzehn Jahre alt.«

»Wie lange ist sie tot?«

»Drei bis vier Stunden.«

»Und die Totenstarre?«

»Eisenbahnüberfahrung. Der Körper wurde mehrfach durchtrennt.«

»Anzeichen, die auf Gewaltanwendung schließen lassen?«

»Sie meinen, eine Mitwirkung fremder Personen am Tode des Mädchens?«

»Ja, genau.«

»Tja, wissen Sie«, meint Dr. Lamprecht bedächtig, »ich bin kein Gerichtsmediziner und kann mir kein endgültiges Urteil erlauben, um so mehr, als es da etwas sehr Merkwürdiges gibt. Aber bitte, sehen Sie doch selbst!«

Er beugt sich über die Tote und richtet den Strahl seiner Taschenlampe auf die rechte Hand des Mädchens. Es ist eine schmale, feingliedrige Hand, und auf dem Handrücken ist der blauunterlaufene Eindruck einer Bißspur deutlich sichtbar.

»Der Biß eines Menschen«, stellt Dr. Lamprecht fest. »Ihn zu deuten überlasse ich Ihrem Ermessen, Herr Major. Sie haben wohl da die größere Erfahrung.«

Ich nicke. »Danke, Herr Doktor. Die Totenscheine übergeben Sie bitte meinem Mitarbeiter!« – »Wissen wir, wer die Tote ist?« wende ich mich dann wieder an Oberleutnant Wagner.

»Nein. Ich habe alle Taschen durchsucht. Im Anorak steckte dieses Faltportemonnaie mit einigen Münzen – vier bis fünf Mark vielleicht.«

»Keine Ausweispapiere?«

»Nein, nichts.«

»Ein Abschiedsbrief?«

Wagner zuckt mit den Schultern. »Wir haben keinen gefunden.«

Das ist allerdings bedenklich, geht es mir durch den Kopf. Die Bißspur auf der Hand und das Fehlen jeglicher Papiere sind gewichtige Fakter., die den Verdacht eines Verbrechens durchaus rechtfertigen. Staatsanwalt Zeigner muß meine nachdenkliche Miene richtig gedeutet haben, denn er sagt: »Uns erschien der Fall natürlich auch äußerst merkwürdig. Deshalb habe ich empfohlen, die MUK* zu verständigen.«

Eine blaßgesichtige Sonne, die dem kalten Dezembermorgen nur wenig Licht zu geben vermag, ist über dem Waldrand emporgestiegen. Links und rechts des mit niedrigem, kahlem Strauchwerk bewachsenen Bahndammes dehnt sich der Kiefernwald. Das mattblinkende Schienenpaar ist noch immer für den Zugverkehr gesperrt. Dr. Bellmann, unser ständiger Mitarbeiter vom Gerichtsmedizinischen Institut, und seine Assistenten machen sich am Körper des toten Mädchens zu schaffen. Unsere Spezialisten vom Dezernat Kriminaltechnik kriechen geradezu über den Bahndamm. Jeder Schotterstein, jeder Strauch, sogar jeder vertrocknete Grashalm werden in Augenschein genommen, umgewendet und gegebenenfalls für die spätere Beweisführung sichergestellt.

Die Uhr vor mir ist ein solches Beweisstück. Eine kaum deformierte Damenarmbanduhr mit abgerissenem Lederarmband und zertrümmertem Glas. Die Zeiger sind auf sieben Uhr zwanzig oder, besser gesagt, auf neunzehn Uhr zwanzig stehen geblieben. Vermutlich der genaue Zeitpunkt des Todes. Die Kriminaltechniker haben sie unter dem Körper des toten Mädchens zwischen den spitzen Schottersteinen aufgefunden.

In unserem Büro auf Rädern, einer Spezialausführung des Barkas B1000, erwartet mich der Dienstvorsteher des Bahnhofes Ködesin. Er ist der Eisenbahner, den ich schon in der Nacht am Ereignisort gesehen habe. Gabriel nimmt die Personalien des Mannes zu Protokoll. »Haben Sie das Zugmeldebuch mitgebracht?« beginne ich.

»Bitte, Herr Major.« Er reicht mir die Kladde, tippt mit dem Finger auf die Eintragungen der letzten Spalten. Ich starre auf das Gewirr kaum lesbarer Zahlen und Abkürzungen, ärgere mich über die miserable Handschrift und werde nicht klüger.

»Das müssen Sie mir schon mal ein bißchen erläutern«, brumme ich und beginne meine Pfeife zu stopfen.

»Aus den Unterlagen geht hervor, daß in der Zeit von neunzehn Uhr bis dreiundzwanzig Uhr vierzig nur vier Züge die fragliche Strecke passiert haben. Um neunzehn Uhr fünf der Personenzug 809 von Ködesin nach Pegelow. Neunzehn Uhr zwanzig der Güterzug 19301 von Pegelow nach Ködesin. Um einundzwanzig Uhr zwölf der Personenzug 810 von Pegelow nach Ködesin und um dreiundzwanzig Uhr vierzig der Güterzug 19303 von Pegelow nach Ködesin.«

Ich reiße ein Zündholz an und setze den Tabak in Brand.

»Gerichtsmedizin und Kriminaltechnik stimmen dahingehend überein, daß das Mädchen kurz nach neunzehn Uhr von einem Zug der Fahrtrichtung Pegelow – Ködesin überfahren wurde.«

»Dann kann es sich nur um den Dg 19301 handeln«, schlußfolgert der Eisenbahner.

Ich nicke zustimmend. »Den endgültigen Beweis wird die Lokuntersuchung bringen.«

Ein grauer Wartburg-Kombi mit VP-Kennzeichen holpert über den Brandschutzstreifen, der zwischen Bahndamm und Kiefernwald liegt. Der Mann am Steuer spricht mit dem Absperrposten der Transportpolizei, der in meine Richtung weist und das Fahrzeug passieren läßt.

»Diensthundeführer Oberwachtmeister Brugsch auf Ihren Befehl zur Stelle!« meldet sich der junge Mann mit strammer Haltung.

»Danke, Genosse Oberwachtmeister.« Ich führe ihn ein paar Schritte über das Schotterbett. »Sie sehen, was hier los ist. Die

Tote ist unbekannt. Wir müssen erfahren, auf welchem Wege das Mädchen hierhergekommen ist. Ich hoffe, Ihr Hund kann uns da helfen.«

»Bis jetzt hat Arco noch jede Fährte aufgenommen!« antwortet der Oberwachtmeister selbstbewußt.

»Sehr schön. Dann beweisen Sie Ihr Können«, sage ich schmunzelnd. »Es gibt drei Möglichkeiten: Erstens, das Mädchen ist allein zum Bahndamm gekommen; zweitens, sie wurde von einer anderen Person hierhergebracht; und schließlich, sie ist aus einem Zug gestürzt.«

Der Oberwachtmeister ist meinen Überlegungen gefolgt. »Erstens würde bedeuten, daß Arco die Fährte des Mädchens aufnimmt, zweitens bedeutet eine fremde Fährte und drittens überhaupt keine. Ich habe verstanden, Genosse Major.«

Arco ist ein stämmiger, rostbrauner Rüde, der sich geduldig das Suchgeschirr umlegen läßt. Oberwachtmeister Brugsch tätschelt den Kopf des Tieres, spricht ein paar freundliche Worte, die mit gespitzten Ohren aufgenommen werden, und hält dem Hund dann einen Schuh des toten Mädchens unter die Nase. Arco nimmt Witterung, beginnt, von dem gedehnten »Suuuch!« seines Herrn angefeuert, auf dem Bahndamm herumzuschnüffeln. Der Hund läuft aufgeregt hin und her, winselt, dreht sich ein paarmal im Kreise und legt sich dann auf den Erdboden.

»Tut mir leid, nichts zu finden«, kommentiert Brugsch. Er führt den Hund auf die rechte Bahndammseite, läßt ihn erneut Witterung nehmen. Gehorsam senkt Arco die Nase zum Erdboden, und diesmal klappt es. Der rostbraune Rüde zerrt ungestüm am Suchgeschirr.

Ich rufe einen Wachtmeister mit tragbarem Sprechfunkgerät zu mir und beteilige mich selbst an der wilden Jagd, die mehrere hundert Meter am Bahndamm entlang und dann, im rechten Winkel vom Bahnkörper weg, in den Kiefernwald hineinführt.

Arco an der langen Suchleine, Oberwachtmeister Brugsch, der Wachtmeister mit dem Sprechfunkgerät und schließlich ich, so stürmen wir durch den Wald. Trockenes Gras und längst verblühtes Heidekraut rascheln unter unseren Füßen. Prasseldürre Äste brechen mit vernehmlichem Knacken.

Der schnelle Lauf bringt mich außer Puste. Hut und Wintermantel sind mir jetzt lästig. Ich muß eine Verschnaufpause einlegen. Für einen Mann von sechsundfünfzig Jahren ist diese Hatz freilich keine Freude – Du hättest ja auch Gabriel schikken können! Schelte ich mich in Gedanken und folge, langsamer werdend, den beiden Genossen, die inzwischen eine Chaussee erreicht haben und dort auf mich warten. Ich nehme den Hut ab und trockne mit dem Taschentuch Schweißband und Stirn.

»Weiter!«

»Suuuch!«

Arco macht sich wieder an die Fährtenarbeit. Eine Bushaltestelle am Straßenrand. Nicht auszudenken, wenn die Fährte hier zu Ende wäre, das Mädchen irgendwann mit irgendeinem Autobus von irgendwoher gekommen ist! Aber meine Befürchtungen erweisen sich als unbegründet. Arco zieht weiter, biegt in einen breiten Waldweg ein.

»Pegelow, Forstsiedlung, 2 km«, lese ich auf dem Wegweiser. Unter kahlen Buchenwipfeln stolpern wir über die gefrorenen Furchen des ausgefahrenen Weges. Nach zehn Minuten lichtet sich der Wald. Ziegel- und Strohdächer sind deutlich auszumachen. Wir stoßen auf ein großes Blockhaus und drei, vier Fachwerkbauten. Kleine, geduckte Wohnhäuser, die sich wie Küken einer Glucke um das hölzerne Forsthaus scharen.

Arco läuft zielstrebig auf einen winzigen Vorgarten zu, verharrt, bis Oberwachtmeister Brugsch die altersschwache Lattentür geöffnet hat, und legt sich dann auf die ausgetretenen Steinstufen vor der Haustür. Die Hatz ist zu Ende.

Ich nehme den Hut ab und fächle mir Luft ins Gesicht. »Na, dann vorwärts! Mal sehen, ob jemand zu Hause ist.«

Ich drücke die Türklinke nieder, stoße die Haustür auf. Lautlos schwingt die Tür nach innen.

Keine Antwort auf mein »Hallo?«. Der dunkle, mit Steinfliesen ausgelegte Flur wirkt beklemmend. Rechter Hand führt eine steile Treppe in das Dachgeschoß. Links zwei Türen, im Hintergrund eine dritte. Ich klopfe vergeblich, rüttle an den Klinken. Das Haus ist menschenleer.

Die Augen haben sich inzwischen an das Halbdunkel im Hausflur gewöhnt. Unter der Treppe finde ich ein Beil und daneben eine zur Hälfte geleerte Flasche Weinbrand. Oberwachtmeister Brugsch deutet auf eine der Türen. Da dunkle Holz weist mehrere tiefe Kerben auf.

»Spuren von Beilhieben! Das muß doch ein Verrückter gewesen sein, der hier die Tür eingedroschen hat!«

»Rufen Sie Oberleutnant Gabriel!« sage ich zu dem Wachtmeister mit dem Sprechfunkgerät. »Er soll sofort einen Kriminaltechniker schicken!«

Wir umkreisen das Haus, klopfen an alle Fenster und versuchen, durch die Scheiben zu spähen.

»Dor is keens tau Hus«, vernehme ich plötzlich eine Greisinnenstimme hinter mir. »Die sünd all inne Stadt. Tau Arweet sünd se.«

Eine alte Frau, auf einen Stock gestützt, mit dunklem Kopftuch und einem gehäkelten Umschlagtuch um die Schultern, steht am Zaun des Nachbargrundstücks.

»Wer wohnt in dem Haus?« frage ich und trete näher an den Zaun heran.

»Dor? Nu, die Pohlmann un ehr Döchting.«

»Wie sieht sie denn aus, diese Tochter? Ist sie wenigstens hübsch?«

Die Alte gibt ein meckerndes Lachen von sich. »Süh ok eens, de oll Gockel, wie he dor hinhürt. Graue Hoar in'n Schnurrbart un nach lütte Dierns gaffen. Klor is se hübsch. Mit sechzehn wier ick ok mal hübsch. Äwers so schlecht, wie die dor nicht!« Sie stößt den Stock auf die Erde. »Se sünd schlecht! Sünd all schlecht!«

»Wie heißt das Mädchen?«

»Verena.«

»So eine schwarzhaarige mit schmalem Gesichtchen?« frage ich. »Mit blauem Anorak und einer schwarzen Keilhose? Ist sie das?«

»Woll, woll, dat wahrd se sein. Äwers se sünd schlecht, alle sünd schlecht.«

»Wieso?«

»Liggt keen Segen öwerm Hus! Keen Wunner, wer dat Wort Gottes in'n Wind schlägt!«

Damit dreht sie sich um und humpelt zu ihrem Haus zurück.

Obwohl ich noch eine ganze Menge Fragen habe und sie mit einem fordernden »Hallo!« zurückzuhalten versuche, verschwindet die alte Frau hinter der Tür der schilfrohrgedeckten Kate.

»Sie sind alle schlecht«, wiederholte ich halblaut. Wieso sind alle schlecht? Warum liegt kein Segen über dem Haus? Ich kehre zum Beil und zu der zerkerbten Zimmertür zurück. Was haben diese Gegenstände zu bedeuten? Was hat sich hier abgespielt? Wer ist diese Familie Pohlmann?

Ich winke den Wachtmeister mit dem Sprechfunkgerät heran.

»Stellen Sie Verbindung zum Volkspolizei-Kreisamt her. Die Genossen sollen in der Kreismeldekartei* die Personalien der Familie Pohlmann heraussuchen! Ich gehe inzwischen zum Forsthaus.«

»Staatlicher Forstwirtschaftsbetrieb – Revierförsterei Pegelow« verkündet das weiße Schild am sauber instand gehaltenen Staketenzaun. Ich drücke auf den Klingelknopf, gehe durch den kleinen Vorgarten auf das Forsthaus zu. Ein geräumiges Blockhaus, Schilfrohrdach, mit gekreuzten, hölzernen Pferdeköpfen am Giebel, farbenfrohen Fensterläden und einem verwitterten Zwölfendergeweih über der Haustür. Ein blonder Riese in grüner Forstuniform tritt mir auf der Schwelle entgegen.

»Wollen wohl zu mir? Oberförster Reileck«, stellt er sich vor.

Ich zücke meinen Ausweis.

»Hm, Kriminalpolizei? Wüßte nicht, daß es in meinem Revier noch Wilddiebe gibt. Na, dann kommen Sie schon rein!«

Eine getäfelte Diele. Jagdrucksack und Feldstecher an der Flurgarderobe. Mehrere Gehörne zieren die Wände. Auch einige Geweihe sind dabei. Wenn ich auch nicht allzuviel vom edlen Weidwerk verstehe, so reichen meine vor Jahren bei der komplizierten Aufklärung eines Jagdunfalles erworbenen Kenntnisse doch aus, um Gehörn und Geweih zu unterscheiden.

Reileck dirigiert mich in sein Dienstzimmer. »Bitte!« sagt er und deutet auf einen Sessel. »Ganz schöne Kälte draußen, hm? Kaffee oder Grog?«

»Da sage ich nicht nein. Ein Kaffee wird mir guttun.«

Während Reileck in die Küche geht, habe ich Muße, den Raum zu mustern. Ein verschrammter Schreibtisch, über und über mit Papier bedeckt. Ein Rollschrank, ein mächtiger Waffenschrank. Dachs- und Sauschwarten bedecken den Fußboden. Aus der Ofenecke äugt mich ein Drahthaarrüde träge an, erhebt sich schließlich und trabt näher, um den ihm unbekannten Gast zu beschnüffeln.

Die Stimme des eintretenden Oberförsters treibt ihn in seine Ecke zurück. Reileck setzt sich Inter den Schreibtisch, schiebt mit einem Seufzer den »vermaledeiten Papierkram« weg und sucht nach seinem Tabaksbeutel. Eine Handlung, die mir durchaus sympathisch ist.

Ich beginne meine Mission zu erläutern. Der Oberförster hört mir aufmerksam zu, grient verschmitzt, als ich die kauzige Alte erwähne.

»Die alte Weixeln«, brummelt er. »Wohnt schon seit Menschengedenken in der Siedlung. Ihr Verblichener war Jagdaufseher beim seligen Grafen. Hat früher im Forsthaus gewohnt. Hockt jetzt in ihrer Kate, hadert mit den Menschen und betet zum lieben Gott.«

Obwohl Reileck hochdeutsch spricht, ist die norddeutsche Sprachfärbung in seiner Stimme nicht zu überhören. Ich höre es gern, dieses rollende R und das weiche L im Dialekt der Küstenbewohner.

Frau Reileck, eine herbe, aschblonde, gar nicht hübsch oder schön zu nennende, aber dennoch anziehend wirkende Frau in den vierziger Jahren, tritt ins Zimmer, begrüßt mich freundlich und serviert den Kaffee. Ich bekomme eine dünnwandige Porzellantasse, ihr Mann einen blau und weiß gemusterten Steinguttopf, der wahrlich nicht mehr als Tasse bezeichnet werden kann, dafür aber doppelt soviel Flüssigkeit faßt und sicher gerade darum Oberförster Reilecks Lieblingsgefäß zu sein scheint. Der Kaffee schmeckt ausgezeichnet. Ich würdige ihn gebührend und nehme dann unseren Gesprächsfaden wieder auf.

»Das kleine Haus gehört also der Familie Pohlmann?«

»Hmhm«, macht Reileck zwischen zwei Schlückchen. »Heißen Pohlmann, die Leute. Der Mann war mal Forstgehilfe bei mir, ist aber schon vor Jahren verstorben.«

»Wer gehört zur Familie?«

»Frau Pohlmann und ihre Tochter Verena – sechzehn Jahre. Eine zweite Tochter, Annegret – vierundzwanzig –, ist vor fünf oder sechs Jahren weggezogen. Mutter und Tochter waren sich nicht einig. Arbeitet jetzt im Pegelower Krankenhaus, die Annegret.«

»Und Verena?«

»Noch Schülerin. Zehnte Klasse, Oberschule Pegelow.«

»Ist Frau Pohlmann auch berufstätig?«

»Ja. Serviererin im Hafenrestaurant Rostock.«

»In Rostock?« wundere ich mich. »Das ist doch fast fünfzig Kilometer von hier entfernt.«

Reileck zuckt die Achseln. »Sie wird schon ihre Gründe haben.«

»Wie meinen Sie das?«

»Hm, wie das so ist. Gerade Pohlmann ist in den besten Jahren. Vielleicht sind's die Männer?«

»Ich verstehe. Und das Verhältnis von Frau Pohlmann zu Verena?«

Reileck tut einen langen Zug aus seiner Pfeife. »Ich kümmere mich ja wenig um anderer Leute Kram, aber die alte Weixeln würde sagen: ›Der Apfel fällt nicht weit vom Stamm!‹«

»Gibt es dafür Anhaltspunkte?«

»In letzter Zeit tauchte hier ab und zu ein Mann auf. Ich hab sie schon im Wald spazierengehen sehen.«

»Dann können Sie mir sicher Näheres über ihn erzählen.«

»Anfang Vierzig, mittelgroß. Ist bestimmt bei der Eisenbahn. Er trug nämlich mal eine Uniform.«

»Wissen Sie sonst noch etwas über den Mann?«

Reileck schüttelt den Kopf.

»Na schön. Wer wohnt noch in der Siedlung?«

»Hm, der alte Lehrer Mehnert mit seiner Frau. Rentner. Die SS hatte in den letzten Kriegstagen hinter dem Forsthaus einen Minengürtel gelegt. Ein Flüchtlingskind geriet in den Todesstreifen. Mehnert ging das Kind holen. Da ist es passiert. Das kleine Mädchen wurde gerettet, aber Mehnert ... Tja, Querschnittslähmung. Den Beruf mußte er aufgeben. Kann sich nur noch im Rollstuhl bewegen. – Dann gibt's noch die Familie Sachse«, fährt er fort, »junges Waldarbeiterehepaar mit einem Kleinkind. Die Frau ist deshalb zu Hause. Die alte Weixeln kennen Sie ja schon. Und die Frau Krüger, unser wandelndes Tageblatt. Hat 'ne verdammt spitze Zunge.«

Reileck nimmt einen gewaltigen Schluck aus der blau und weiß gemusterten Tasse. »Eine Frage, sind Sie überhaupt sicher, daß die Tote am Bahndamm die kleine Pohlmann ist?«

Zwanzig Minuten später stehen wir an der Eisenbahnstrecke. Dr. Bellmann hebt die Decke von der Bahre. Oberförster Reileck wirft nur einen kurzen Blick auf das Gesicht des toten Mädchens. »Ja, Verena Pohlmann«, sagt er leise, aber bestimmt.

»Kein Zweifel.« Er wendet sich ab.

Dr. Bellmann läßt die Decke wieder fallen.

»Danke, Herr Reileck. Wir hätten Ihnen diesen Anblick gern erspart. Aber Sie verstehen, es mußte sein. Eine solche Identifizierung ist Vorschrift.«

Ich geleite den Mann in der grünen Forstuniform zum Wagen zurück, verabschiede mich und warte, bis der Wartburg hinter der nächsten Waldecke verschwunden ist. Dann wende ich mich wieder dem Ereignisort zu.

Die Männer vom Bestattungsinstitut schieben den mit Zinkblech ausgeschlagenen Holzsarg in das dunkle Transportfahrzeug.

»Bringt sie zur Pathologie!« ordnet Dr. Bellmann an. »Ich seziere morgen früh.«

»Nun, wie schaut's aus?« wende ich mich an den Doktor.

»Tja, Zander, da ist noch alles drin. Unfall, Selbstmord oder sogar Mord. Meine bisherigen Feststellungen weichen von Doktor Lamprechts Meinung kaum ab. Übrigens hatte das Mädchen Alkohol getrunken.«

»Alkohol?«

»Der Geruch in der Mundhöhle ist unverkennbar. Menge und Art werden wir bei der Obduktion noch genauer feststellen.«

»Und die Bißwunde?«

»Stammt auf jeden Fall von einem Menschen. Ich habe zwar schon eine Vermutung, möchte mich aber vorerst nicht äußern. Womöglich irre ich mich und dränge Ihre Ermittlungen in eine falsche Richtung.«

Dr. Bellmann fuhrwerkt in seinen Taschen herum, beklopft kopfschüttelnd seine Kleidung. »Hat denn wenigstens mal jemand was zu rauchen für mich?« rückt er endlich mit seiner berüchtigten Frage raus. Und es klappt wieder einmal. Bereitwillig halten ihm die Umstehenden ihre Zigarettenschachteln hin. Wie oft hat Bellmann diesen Trick nun schon probiert. Dabei wette ich hundert gegen eins, daß er immer eine Reserveschachtel »Rodopi«* in seiner Tasche herumschleppt.

Hauptmann Röder, der verantwortliche Kriminaltechniker, tritt heran. »Wir sind fertig, Genosse Major!« meldet er.

»Etwas Besonderes gefunden?«

»Eigentlich nicht, bis auf diesen Knopf.«

Er hält mir einen goldenen Metallknopf in einem kleinen Zellophanbeutel entgegen. Es ist ein Knopf, wie er an Eisenbahneruniformen getragen wird!

»Wo kommt der her?«

»Wir haben ihn auf der Böschung in der Nähe der Toten gefunden«* sagt er. »Haben Sie vielleicht einen bestimmten Verdacht?«

»Ich weiß nicht«, sage ich zögernd. »Wahrscheinlich komme ich später noch mal auf den Knopf zurück.«

Oberleutnant Gabriel klettert aus unserem Barkas.

»Wagner hat sich gemeldet«, meint er. »Die Lok ist gefunden. Sie steht im Bahnbetriebswerk Ködesin. Ob wir sie uns ansehen wollen?«

»Einverstanden!« entscheide ich. »Hier sind wir ja ohnehin fertig. Die Strecke kann freigegeben werden. Fahren wir zum Bahnbetriebswerk.«

Gabriel verzieht das Gesicht. »Muß das gleich sein, Genosse Major?« In Gegenwart Dritter bemüht er sich immer um eine korrekte Anrede.

»Wieso, was ist?«

»Nehmen Sie's mir nicht übel, aber ich habe schrecklichen Hunger!«

In einem kleinen Restaurant am Rande der Kreisstadt nehmen wir unser Mittagessen ein. Das Geschirr ist abgeräumt, der Kaffee serviert. Ich habe mir eine Pfeife angesteckt und genieße die behagliche Wärme des Raumes. Gabriel rührt mit dem Löffel in seiner Kaffeetasse. »Dieses Bild heute nacht, der zerstückelte Körper – scheußlich!« sagt er.

»Ich werde das einfach nicht los. Was meinen Sie, Chef, haben wir es mit einem Unfall zu tun?«

»Unfall? Dann erkläre mir doch mal, was das Mädchen in der Dunkelheit im Wald und am Bahnkörper zu suchen hatte.

»Vielleicht wollte sie in die Stadt laufen und den Weg abkürzen.«

»Unfug!« brumme ich. »Du hast doch die Bushaltestelle gesehen. Ich habe mich mal für den Fahrplan interessiert. Um neunzehn Uhr zweiundzwanzig fährt ein Bus in die Stadt. Warum sollte sie da zu Fuß gehen?«

»Also tippen Sie auf Selbstmord?«

Ich nehme die Pfeife aus dem Mund, sage: »Tippen? Ich habe dir doch schon oft gesagt, du sollst dir diesen Krimi-Jargon nicht erst angewöhnen. Richtige Kriminalisten tippen nicht. Höchstens im Lotto, so wie du. Vorläufig habe ich noch gar keine endgültige Meinung. Das Mädchen ist tot. Sie heißt Verena Pohlmann, ist sechzehn Jahre alt. Daß sie auf eigenen Füßen zum Bahndamm kam, steht außer Zweifel. Das spricht sowohl für Unfall als auch Selbstmord.

Andererseits: Was bedeuten die Bißwunde an der Hand des Mädchens, die verschlossene Wohnung, das Beil, die demolierte Zimmertür, die halbe Flasche Schnaps und der Uniformknopf? Alles Fakten, die ich noch nicht einzuordnen weiß. Oder hast du eine plausible Erklärung?«

Gabriel reibt sich nachdenklich das Kinn. »Nehmen wir mal an, die Sache mit dem Eisenbahner stimmt«, kombiniert er. »Vielleicht hat er das Mädchen mit Alkohol betrunken gemacht, sie zum Bahndamm gelockt und dann auf das Gleis gelegt. Als Eisenbahner hat er den Streckenfahrplan genau im Kopf. Bestimmt hat es einen Kampf gegeben, der die Bißspur und den gefundenen Knopf erklärt.«

»Nicht schlecht«, sage ich. »Damit wären Bißwunde, Uniformknopf, Eisenbahner und Schnaps in einer Vision untergebracht. Aber das Motiv, Gabriel, das Motiv?«

»Na, das liegt doch auf der Hand, Chef. Ein Liebesverhältnis! Dem verheirateten Mann wird sie mit der Zeit lästig geworden sein. Vielleicht war sogar ein Kind unterwegs.«

Dieser Verdacht hat mich auch schon beschäftigt. Aber da ist immer noch das Beil, ist die zerhackte Zimmertür!

»Nein, nein«, sage ich, »das klingt mir alles zu glatt, zu vordergründig. Wir haben zwar einige Fakten, sind aber noch nicht in der Lage, sie in ihre richtigen Beziehungen einzuordnen. Hier paßt so vieles nicht zueinander. Und nun haben wir genug geschwatzt. Wir müssen zum Bahnbetriebswerk! – Herr Ober, bitte zahlen!«

Der Lokschuppen ist ein düsteres, halbkreisförmiges Gebilde, dessen Gleisanlagen strahlenförmig auf der vorgelagerten Drehscheibe zusammenlaufen. Es riecht nach Kohlenrauch, Wasserdampf und heißem Öl. An den schwarzglänzenden Bäuchen der Lokomotiven sind Schlosser beschäftigt. Hammerschläge dröhnen durch die Halle.

Ein Werkmeister und Oberleutnant Wagner erwarten uns neben einer Güterzuglok der Baureihe 52. Fotoapparat und Elektronenblitzer hat sich Wagner bereits über die Schulter gehängt. Zwischen den Schienen steigen wir einige Stufen hinab, laufen gebückt in einem zementierten Kanal, der sich unterhalb der Lokomotive befindet. Die Wände der Grube sind naß und ölverschmiert. Über uns ist das Summen des Dampfes in der tonnenschweren Maschine, das Knacken der Kesselrohre, das leise Singen eines Sicherheitsventiles und das langgezogene rhythmische Stampfen der Luftpumpe. Ein bißchen unheimlich ist mir schon. Schließlich habe ich noch nie eine Lok von unten gesehen.

Der Werkmeister läßt eine Handlampe aufblenden und richtet ihren Schein auf die wuchtigen Räder. Er zeigt auf helle Gewebeteilchen organischen Ursprungs. »Bitte, viel ist nicht mehr zu sehen!«

Am Schienenräumer finden sich noch Blutspritzer, am Bremsgestänge Stoffasern. Auch ohne Gutachten der Kriminaltechniker steht fest: Diese Fasern stammen von einem blauen Dederonanorak*.

»Fotografieren und sichern!« ordne ich an. »Was ist mit dem Lokpersonal?«

»Seit 'ner halben Stunde im Dienst. Es sitzt jetzt drüben in der Werkmeisterbude.«

»Wurden sie schon befragt?«

»Nein, noch nicht. Ich dachte, Sie wollen selbst mit den Leuten reden.«

Ich nicke, lasse Gabriel zu Wagners Unterstützung an der Lok zurück und mache mich auf den Weg zum Werkmeisterbüro.

Heizer und Lokführer sind jüngere Kollegen, bereits in Arbeitskleidung. Ich lehne mich gegen den wackligen Schreibtisch und mache mich mit den beiden bekannt. Der Lokführer ist auffallend blaß, fingert nervös eine Zigarette hervor und beginnt hastig zu rauchen.

»Sie müssen entschuldigen«, sagt er, als er meinen erstaunten Blick auffängt, »so etwas ist uns noch nie passiert. Zu wissen, daß man einen Menschen überfahren hat, das geht einem schon an die Nieren.«

»Wie lange sind Sie Lokführer?«

»Seit fünf Jahren. Davor war ich Heizer.«

»Macht Ihnen der Beruf Freude?«

Ich will ihn ablenken, beruhigen. Ein nervöser Zeuge ist meist auch ein unzuverlässiger Zeuge.

»Aber ja, sonst hätte ich mir doch längst etwas anderes gesucht.«

»Ihr Dienst ist wohl nicht sehr regelmäßig?«

»Kaum. Ein bißchen macht sich das schon bemerkbar im Familienleben. Manchmal muß ich früh um vier anfangen, dann ist wieder mal weit nach Mitternacht Dienstschluß. Richtet sich eben nach dem Fahrplan.«

»Und gestern?«

»Da hatten wir nachmittags Dienstbeginn. Punkt sechzehn Uhr.«

»Sie haben den Güterzug 19301 gefahren?«

Er drückt seine Zigarette im Aschenbecher aus, nickt bestätigend mit dem Kopf. »Den 19200 nach Rostock und den 19201 wieder zurück bis Ködesin.«

»Erinnern Sie sich an den Streckenabschnitt Pegelow – Ködesin?«

»In Pegelow hatten wir Durchfahrt. Der Streckenabschnitt kann mit sechzig Kilometern je Stunde befahren werden ...«

»Kilometer zweiundachtzig?«

»Das ist hinter der Kurve. Rechts und links Kiefernwald«, sagt er. »Die Strecke ist gut zu übersehen.«

»Dann müßten Sie etwas bemerkt haben.«

»Theoretisch vielleicht, aber in der Praxis sieht das anders aus. Kilometer zweiundachtzig wurde nach neunzehn Uhr durchfahren. Um diese Zeit war es stockfinster. Und die Lichter einer Lok sind nicht mit Autoscheinwerfern zu vergleichen. Die Reichweite beträgt höchstens fünfundzwanzig bis dreißig Meter. Vom Führerstand muß ich außerdem am Langkessel vorbeisehen. Dadurch ist die Sicht begrenzt. Vielleicht hätten wir etwas bemerkt, wenn jemand aufrecht im Gleis gestanden hätte.«

»Sie meinen also, die Person lag auf den Schienen, als sie überfahren wurde?«

»Unbedingt. Wir haben uns die Lok vorhin angesehen. An den Puffern und an der Pufferbohle ist nicht mal 'ne Wischspur zu finden. Also hat niemand im Gleis gestanden!«

Seine Logik ist überzeugend.

»Und sonst haben Sie nichts bemerkt? Kein Aufprall? Keinen Schrei oder etwas Ähnliches?«

Ein Lächeln geht über sein Gesicht, als er sagt: »Aber, Herr Major, unsere Lok ist hundertsechsundvierzig Tonnen schwer. Das ist, als wenn man mit einem Zwanzigtonner auf der Landstraße einen Hasen überrollt. Dazu die Fahrgeräusche, die bei einer Geschwindigkeit von sechzig Kilometern in der Stunde jeden Schrei übertönen. Nein, wir können nichts bemerkt haben!«

Natürlich, meine Frage war unüberlegt. Und eben das sollte einem Kriminalisten eigentlich nicht passieren!

»Cäsar sieben! Cäsar sieben! Für Cäsar eins bitte kommen!« tönt es aus dem Lautsprecher der Sprechfunkanlage. Ich nehme den Hörer auf. »Hier Cäsar sieben für Cäsar eins. Kommen!«

»Cäsar eins für Cäsar sieben! Die Einunddreißig für die Siebenundzwanzig über Draht kommen!« fordert die Leitstelle.

Die Einunddreißig bin ich, und die Siebenundzwanzig ist Oberstleutnant Ahrenz, der Leiter der Abteilung K in der Bezirksbehörde – mein unmittelbarer Vorgesetzter also. Ich blicke zur Uhr. Tatsächlich, die Lagemeldung für den Oberstleutnant ist wieder einmal fällig. Wie konnte ich das nur vergessen!

Ich quittiere die Meldung, weise Gabriel an, zur Bahnhofswache der Transportpolizei zu fahren. Über das interne Fernsprechnetz der Volkspolizei rufe ich Oberstleutnant Ahrenz an, erstatte ausführlich Bericht, muß zusätzliche Fragen beantworten und meinen weiteren Untersuchungsplan erläutern. Daß ich damit einige Schwierigkeiten habe, ist einleuchtend, denn Gerichtsmediziner und Kriminaltechniker haben die Kardinalfrage »Unfall, Selbstmord oder Mord?« noch nicht eindeutig beantworten können.

Was ist also zu tun? Einerseits sind die wissenschaftlichen Untersuchungsergebnisse abzuwarten, und andererseits müssen die Ermittlungen zur Person der Toten intensiver geführt werden, zumal eine Charakteranalyse immer dazu beiträgt, Hintergründe eines Geschehens aufzuhellen, Verständnis für dieses oder jenes Handeln beteiligter Personen zu gewinnen.

»Eine Bitte noch, Genosse Oberstleutnant«, sage ich, »die Mutter des toten Mädchens arbeitet im ›Hafenrestaurant‹ und muß umgehend verständigt werden.«

»In Ordnung, Genosse Zander, ich veranlasse das. Das beste wird wohl sein, wenn wir sie gleich mit einem Wagen zur Forstsiedlung bringen. Sie können dann mit ihr zu Hause sprechen.«

Mit dem Hinweis, die nächste Lagemeldung nicht zu versäumen, beendet der Oberstleutnant das Gespräch.

»Und jetzt? fragt Gabriel, als wir wieder im Wagen sitzen.

»Zur Oberschule Pegelow!«

Das Schulgebäude ist ein moderner zweistöckiger Typenbau. Zahlreiche große Fenster geben der Fassade ein imposantes Aussehen. Eine Metallplakette neben der Eingangstür gibt Auskunft, daß die Schule im Rahmen der Bürgerinitiative zu Ehren des 20. Jahrestages unserer Republik* erbaut wurde.

Im Vorraum ein kerzenbestückter Weihnachtsbaum. Helle Korridore. Nichts erinnert mehr an die dunklen, holzgedielten Zweiklassenschulen, in denen auch ich acht Jahre meines Lebens verbrachte. Gemurmel hinter den Klassenzimmertüren. Eine energische Frauenstimme, die »Mehr Disziplin!« verlangt. Hinter einer anderen Tür wird die Deklination einer russischen Vokabel heruntergeleiert. Klaviertöne klingen irgendwo auf, helle Kinderstimmen fallen ein, vereinigen sich zu einem Weihnachtslied.

Das Zimmer des Direktors. Eine resolut wirkende junge Dame in dunklem Schneiderkostüm erhebt sich hinter dem Schreibtisch. Die Nachricht von Verena Pohlmanns Tod beeindruckt.

»Ja, ich erinnere mich. Mit dem Mädchen hat es unlängst Schwierigkeiten gegeben. Aber das kann Ihnen der Klassenleiter alles selbst erzählen.« Sie dreht sich nach dem großen, mit bunten Fähnchen besteckten Stundenplanwerk um. »Kollege Anders hat im Augenblick Unterricht. Die letzte Stunde. Ich werde ihn solange vertreten.«

»Danke!«

Wenig später betritt ein junger Mann in Gabriels Alter den Raum. »Anders«, nennt er seinen Namen. »Ich habe gehört, daß sie wegen Verena Pohlmann kommen.«

»Ja«, entgegne ich. »Das Mädchen ist tot.«

Anders hat sich hinter den Schreibtisch gesetzt. Mit fahrigen Bewegungen schiebt er die Hefte auf der Tischplatte hin und her und zwinkert nervös mit den Augenlidern. Die Nerven des Mannes sind auch nicht mehr die besten, stelle ich fest. Kein Wunder in diesem Beruf.

»Tot!« wiederholt er mit belegter Stimme. »Und ich habe mich schon gewundert, daß sie heute nicht im Unterricht war. Ein Unfall?«

»Wir wissen noch nichts Endgültiges. Vielleicht könnten Sie uns helfen, Klarheit zu schaffen?«

»Wie kann ich das?«

»Erzählen sie uns, was Sie über das Mädchen wissen.«

»Verena ist ...«, er stockt, verbessert sich sofort, »war eine begabte Schülerin. Ihre Noten lagen stets bei ›Gut‹ und ›Sehr gut‹. Ihre stärksten Ambitionen hatte sie für den Literaturunterricht.« Er wühlt in den Heften auf dem Schreibtisch. »Hier habe ich gerade ihren letzten Aufsatz. Thema: ›Welche Gestalt eines literarischen Kunstwerkes hat Sie besonders beeindruckt?‹ Wissen Sie, worüber sie geschrieben hat! Über Anna Karenina! Eine sechzehnjährige Schülerin schreibt über Anna Karenina!«

»Jaja«, dämpfe ich seine Begeisterung, »das ist ja alles sehr interessant. Aber ich fürchte, im Augenblick hilft es mir kaum weiter.«

Anders stutzt, wühlt ein wenig verlegen in seiner semmelblonden Haarbürste. »Ich verstehe. Nun ja, sie war ein verschlossenes, nach innen gewendetes Mädchen. Recht eigenwillig, vielleicht sogar schon eine Einzelgängerin. Einige Zeit war sie mit einem Mädchen in der Klasse befreundet. Aber die Freundschaft ist auseinandergegangen. Warum, weiß ich nicht.«

»Hatte das Mädchen Probleme, mit denen sie nicht fertig werden konnte?«

»Das glaube ich nicht.«

»Aber wir hörten so eine Andeutung über irgendwelche Schwierigkeiten, die es mit Verena Pohlmann gegeben haben soll.«

»Ach, wenn Sie das meinen. Ja, vor einem halben Jahr ließen Verenas Leistungen in der Schule merklich nach. Ich habe ein paarmal in freundschaftlichem Ton mit ihr darüber gesprochen. Als auch das nichts half, entschloß ich mich zu einem Hausbesuch. Ihre Mutter erzählte mir etwas von einer Liebesgeschichte, die wohl die Ursache für Verenas Zerstreutheit sein konnte. Aber Genaueres weiß ich nicht.«

»Warum nicht?«

Anders blickt mich irritiert an, sagt: »Na ja, warum wohl? Sie wissen doch – keine Zeit! Die vielen schulischen Probleme, Fernstudium, gesellschaftliche Verpflichtungen. Was soll man denn zuerst anpacken?« Und nach kurzem Bedenken: »Na ja, sicher haben sie recht, man hätte sich etwas mehr um das Mädchen kümmern müssen. Aber wir haben den Fall im Elternaktiv* durchgesprochen. Die Mutter soll ja auch ein flottes Leben führen. Außerdem: Nach meinem Hausbesuch sind Verenas Leistungen wieder besser geworden. Praktisch war es doch kein Problem mehr für uns.«

Aber das Mädchen, füge ich in Gedanken hinzu, waren auch für sie die Probleme gelöst?

Ich greife schon nach meinem Hut, als mir noch etwas einfällt.

»Eine Bitte«, sage ich. »Das Aufsatzheft, das brauchen Sie doch bestimmt nicht mehr. Ich würde es gern mitnehmen. Der Aufsatz interessiert mich!«

Bei genauerem Hinsehen ist es noch immer zu erkennen: Die bemoosten Dachziegeln des Pegelower Krankenhauses zeigen das rote Kreuz auf weißem Grund – Reminiszenz eines vor fünfundzwanzig Jahren zu Ende gegangenen Krieges. Ich steige vor dem Haupteingang aus dem Wagen, während Gabriel bis auf den hundert Meter entfernt liegenden Parkplatz fährt.

Nach einem Disput mit dem Pförtner, der durchaus nicht einsehen will, daß ich außerhalb der offiziellen Besuchszeit das Krankenhaus betreten muß, und den erst Dienstmarke und Dienstausweis überzeugen, dringe ich bis zur Verwaltung vor.

»Annegret Pohlmann?« sagt das junge Mädchen in der Verwaltung. »Ja, sie arbeitet bei Doktor Bentheim in der Chirurgischen. Ich führe sie hin.«

Unsere Schritte hallen in den langen, hellen Korridoren. Türen zu beiden Seiten. Unverwechselbarer Lysolgeruch*. Ein Stationswagen beladen mit Medikamenten und kleineren medizinischen Geräten, wird klirrend an uns vorbeigerollt.

»Warten Sie bitte!« Das Mädchen deutet auf eine Bank und verschwindet hinter einer Glastür mit der Aufschrift »Zutritt verboten«.

Ich gehe auf und ab und fühle mich unbehaglich. Krankenhauskorridore mit ihren weißen Wänden und blitzenden Fußböden hatten stets etwas Unangenehmes für mich. Um meine Unsicherheit zu überbrücken, krame ich meine Tabakpfeife hervor. Der strenge Blick einer vorbeirauschenden Oberschwester läßt mich jedoch rasch von meinem Vorhaben absehen.

Das junge Mädchen kommt in Begleitung einer großen jungen Frau in Schwesterntracht zurück.

»Sie wollen mich sprechen?« fragt die Schwester mit ruhigem, freundlichem Gesicht.

»Major Zander von der Kriminalpolizei.«

Sie blickt mich verwundert an. »Wollen Sie wirklich zu mir?«

»Sie heißen doch Pohlmann, und ihre Angehörigen wohnen in der Forstsiedlung?«

Noch immer blickt sie mich unverwandt an, scheinbar unberührt, und doch habe ich in ihren Augen kurz einen harten Ausdruck erkannt. Nur für Sekunden.

»Ja, aber ich ...«

»Ich muß Sie leider mit einigen Fragen behelligen.«

»Der Chefarzt braucht mich sicher gleich wieder. Um diese Zeit sind die Krankenberichte fällig.«

»Es dauert sicher nur wenige Minuten.«

»Also meinetwegen«, kapituliert sie vor meiner Beharrlichkeit.

»Fragen Sie.«

»Wie lange ist es her, daß Sie Ihre Angehörigen zum letzten Mal gesehen haben?«

»Ich gehe so selten wie möglich hin.«

»Warum?«

Sie zieht einen Kugelschreiber aus der Tasche ihres weißen Kittels, zupft spielerisch an der metallenen Klemme.

»Hören Sie, Herr Major. Warum sagen Sie mir nicht, was los

ist? Sie kommen hierher und wollen mit mir über Leute sprechen, die offiziell meine Angehörigen sind, aber denen ich mich seit Jahren entfremdet fühle. Ist irgend etwas passiert?«

»Ihre Schwester ist tot!«

»Die Kleine«, sagt sie tonlos und blickt an mir vorbei ins Leere.

»Die Kleine also. Hat man – hat man sie umgebracht?«

»Ich weiß es nicht. Unsere Ermittlungen laufen noch. Und Sie werden verstehen, Fräulein Pohlmann, daß mich gerade deshalb der Grund Ihrer Familienzerwürfnisse interessiert.«

»Der Grund? – Ich weiß nicht, wieviel Sie bereits über unsere Familie wissen. Ich denke aber, daß Sie das alles auch ohne mich erfahren würden. Warum soll ich da etwas verschweigen? Mein Vater war ein Krüppel, als er aus dem Krieg zurückkehrte. Im Leben meiner Mutter haben viele Männer eine Rolle gespielt. Nach Vaters Tod gab sie sich nicht einmal mehr Mühe, das vor den Leuten zu verbergen. Sehen Sie, Herr Major, ich versuche, an all das überhaupt nicht mehr zu denken. Schon als Kind hatte ich den Wunsch wegzugehen, und als ich dazu in der Lage war, habe ich das getan. Verstehen Sie jetzt?«

»Ja, ich glaube. Man spricht davon, daß Ihre Schwester auch schon ein Verhältnis hatte. Wissen Sie darüber etwas Genaueres?«

»Nein. Ich habe Verena schon lang nicht mehr gesehen. Das letzte Mal im Sommer, während der großen Ferien. Sie machte einen gelösten, zufriedenen Eindruck.«

Die Glastür hinter ihrem Rücken wird geöffnet. »Schwester Annegret, bitte zum Chefarzt!«

»Entschuldigen Sie, Herr Major, aber ich muß jetzt gehen. Mehr kann ich Ihnen ohnehin nicht erzählen.«

An der Glastür bleibt sie noch einen Augenblick stehen, sagt: »Wenn es Mord war – ich hoffe, Sie erwischen den Kerl!«

Die Dämmerung fällt langsam in die Straßen. Obgleich es noch nicht einmal sechzehn Uhr ist, flammen die Straßenlaternen auf. Langsam schlendere ich zum Parkplatz hinüber. Die Hände in den Manteltaschen, habe ich noch immer Annegret Pohlmanns Stimme im Ohr: »Wenn es Mord war – ich hoffe, Sie erwischen den Kerl!«

Nach allem, was wir bisher wissen, könnte dieser Kerl ein Eisenbahner sein, vielleicht verheiratet. Aber das ist eben noch viel zu wenig, um einen Tatverdacht zu begründen. Man muß mehr über diesen Mann erfahren, überlege ich. Wenn der Förster ihn gesehen hat, müßten ihn auch andere Bewohner der Forstsiedlung zu Gesicht bekommen haben. Und die Mutter? Ja, auch sie dürfte den Eisenbahner kennen. Aber in welchem Verhältnis steht sie zu ihm? Ob es möglicherweise verborgene Fäden zwischen dem Tod der Tochter und den Männern, die im Leben der Mutter eine Rolle spielen, gibt? Und wenn – wird Frau Pohlmann überhaupt bereit sein, unsere Ermittlungen zu unterstützen?

»Phantasterei!« brumme ich vor mich hin und fühle mich im gleichen Augenblick den mißtrauischen Blicken eines Straßenpassanten ausgesetzt. Das habe ich nun davon! Predige ich Gabriel nicht immer wieder, daß ein Kriminalist nicht spinnen darf? Denn das, was ich mir da über die Mutter zusammengereimt habe, ist gesponnen. Zu einer ernst zu nehmenden Untersuchungsversion gehören wenigstens ein oder zwei Fakten. Und habe ich die? Natürlich nicht! Allein die Sache mit dem Eisenbahner hat einen realen Hintergrund. Folglich ist er der Ansatzpunkt für unsere weiteren Ermittlungen.

Gabriel sieht mich die Straße überqueren. Er startet den Motor und schaltet die Scheinwerfer ein.

»Na, hat's geklappt?« fragt er, als ich mich neben ihm ins Wagenpolster hieve. Ich informiere ihn über mein Gespräch mit Annegret Pohlmann.

»Das sind ja reizende Familienverhältnisse«, kommentiert Gabriel. »Daß es so was überhaupt noch gibt. Der reinste Anachronismus.«

Aber stoßen wir Kriminalisten nicht tagtäglich auf Anachronismen in unserer Gesellschaft?

»Wir werden uns jetzt die Nachbarn der Familie Pohlmann vornehmen«, sage ich, während Gabriel den Wagen wieder zur Forstsiedlung steuert. »Ich gehe zu Frau Krüger, du kümmerst dich inzwischen um das Ehepaar Sachse. Zum Lehrer Mehnert gehen wir dann gemeinsam.«

Oberförster Reileck hatte wahrlich nicht übertrieben. Frau Krüger ist eine monumentale Frau mit grünlich-bleichem Gesicht.

Als ich ihr Wohnzimmer betrete, sitzt sie auf einem abgeschabten Plüschsofa und schlürft den Nachmittagskaffee. An der Wand hängt der unvermeidliche Ölschinken, Thema »Alpenglühen«, auf dem Tisch sehe ich ein Deckchen mit dem sinnigen »Üb immer Treu und Redlichkeit«.

»Oh«, plätschert Frau Krügers Redefluß, »nur herein, immer herein in die gute Stube! Sie sind bestimmt der Kommissar von der Kriminalpolizei.« Sie merken, ich weiß alles. Sie kommen wegen der Pohlmannschen Göre, stimmt's?« Sie greift mit spitzen Fingern nach einem Zuckerwürfel, rührt in ihrem Kaffee. »Nu setzen Sie sich schon, setzen Sie sich. Stehen doch genug Stühle 'rum. 'tschuldigen Sie, wenn ich nicht aufstehen kann, aber ich hab's Reißen im Knie. Das macht mir heute wieder so zu schaffen. Und nun könn'n Sie fragen.«

Ich nehme mir einen Stuhl. »Sie wissen also schon ...«

»Natürlich, natürlich, weiß ich. Die Weixeln hat mir's doch geflüstert, daß Sie mit dem Polizeihund dagewesen sind und daß Sie auch beim Förster waren. Die Leute haben erzählt, daß man am Bahndamm ein totes Mädel gefunden hat. Da kann sich's doch nur um das kleine Luder von nebenan handeln. Aber das hab ich ja schon immer kommen sehen!«

»Was haben Sie kommen sehen, Frau Krüger?«

»Nu, daß das mal ein schlimmes Ende nimmt, Herr Kommissar!« Das Thema liegt ihr offensichtlich. Mit Verschwörermiene lehnt sie sich über den Tisch. »Dauernd die Kerls, die zu der Pohlmannschen kamen. Bis von Rostock sind die hergekommen. Denken Sie vielleicht, das war harmlos? Nee, nee, das könn'n Sie mir nich erzählen.«

»Na schön, das war die Mutter«, sage ich. »Was hat das alles mit der Tochter zu tun?«

»Die?« Sie stößt ein schrilles Lachen aus. »Nischt Schlechtes über Dahingeschiedene, Herr Kommissar, aber die Kleine war doch kein Stück besser! Wie alt war sie denn? Man gerade sechzehn. Aber mit älteren Männern trieb die sich genauso rum. Immerfort kam einer angekutscht, mit 'nem Auto, so 'nem Trabant. Manchmal kam er auch mit dem Bus, damit's nicht auffallen sollte, verstehen Sie.«

»Können Sie den Mann ein bißchen genauer beschreiben?«

»Ach Gott, eigentlich war er ein ganz netter Mensch, so ein

richtiger fescher Herr. Jaja, da kenn ich mich aus. So um die Vierzig herum, Herr Kommissar, schwarzhaarig und Ihre Größe.«

»Und er kam mit einem Auto, sagten Sie?«

»Jaja, mit 'nem Auto. Jedenfalls im Sommer. Jetzt im Winter ist er ja oft mit dem Bus gekommen, aber im Sommer hatte er immer seinen Trabant. Und dann sind sie immer in den Wald gefahren. Na, ich bitte Sie, Herr Kommissar, in den Wald!«

»Haben Sie eine Ahnung, woher der Mann kam? Ich meine, wo er wohnt?«

»I was! Ich glaube, aus Ködesin isser. Jedenfalls ist er ein paarmal mit der Ködesiner Buslinie gekommen.«

»Wann haben Sie ihn zum letzten Mal gesehen?«

»Warten Sie mal, das muß schon 'n paar Tage her sein. So vor vierzehn Tagen vielleicht.«

»Und Verena?«

»Gestern. Ja, gestern nachmittag. Ich war in Pegelow zum Einkauf. Unsereins ist ja nicht mehr imstande, sich Bewegung zu verschaffen. Nur zum Einkauf. Ja, und da stand die Kleine an der Bushaltestelle, hat wohl gewartet auf ihren Kerl. Der kam doch zuletzt immer nur, wenn die Pohlmannsche nicht zu Hause war.«

»Na und?« frage ich gespannt. »Ist der Kerl denn nun gekommen?«

»Nee, ich glaube nich. Sie fuhr nämlich allein nach Hause. Nicht mal die schwere Tasche hat sie mir abgenommen. Den ganzen Nachmittag war sie dann unruhig. Immer wieder konnte ich sie vom Fenster aus beobachten, wie sie hin- und hergesaust ist. Mal runter zur Bushaltestelle, dann wieder zurück. Später war sie dann ganz und gar verschwunden. Vielleicht hat sie sich diesmal mit ihrem Kerl woanders getroffen. Nee, nee, das konnte kein gutes Ende nehmen, so wie die's getrieben haben.«

Was soll ich Frau Krüger noch für Fragen stellen? Außer Klatsch und Tratsch werde ich hier wohl nichts mehr zu hören bekommen. Höchstens, daß sie mit mir noch andere Nachbarn durchhechelt. Aber danach steht mir absolut nicht der Sinn. Mein Bedarf an Geschwätz ist fürs erste gedeckt, also verabschiede ich mich. Frau Krüger lächelt mir zufrieden nach.

Gabriel sitzt im Wagen und legt gerade den Hörer der Sprechfunkanlage zurück. »Jetzt verstehe ich überhaupt nichts mehr!« knurrt er mich an.

»Wieso? Was ist los?«

»Hauptmann Röder war gerade dran. Die Kriminaltechniker haben festgestellt, daß die Fingerabdrücke an der Schnapsflasche und auf dem Beil von der Toten stammen!«

»Dann kannst du deine Version vom Eisenbahner, der das Mädchen betrunken gemacht und dann zum Bahndamm gelockt hat, über Bord werfen.«

»Warum? Weil nur die Fingerabdrücke des Mädchens auf der Flasche waren? Ich behaupte, der Eisenbahner hat Handschuhe getragen!«

»Unfug! Dann hätten die Daktyloskopen Handschuhabdrücke auf der Flasche festgestellt, und Röder hätte dir das ausdrücklich mitgeteilt.«

»Aber der Eisenbahner existiert doch!« erwidert Gabriel hitzig. »Der Förster hat ihn erwähnt. Das Ehepaar Sachse hat ihn gesehen, und ich wette, Frau Krüger hat auch von ihm erzählt.«

»Stimmt. Was hast du bei Sachses noch erfahren?«

»Über Frau Pohlmann wenig Positives. Männergeschichten. Man sagt, Verena sei nicht viel besser. Der Eisenbahner ist häufig bei dem Mädchen gewesen. Vorige Woche gab es zwischen Mutter und Tochter eine Auseinandersetzung. Warum, ist nicht bekannt. Übrigens wurde das Mädchen gestern nachmittag gegen vierzehn Uhr letztmalig gesehen. Sie fuhr mit dem Fahrrad ziellos durch die Gegend. Das ist alles. Ach so, noch etwas: Das Mädchen ist sehr häufig zu diesem alten Schulmeister gegangen. Sie wissen schon, der gelähmte Rentner Mehnert.«

Der wuchtige Kachelofen verbreitet behagliche Wärme. Vollgestopfte Bücherregale ziehen sich an den Wänden hin. Ein Fernsehgerät, ein Klavier und ein mit Papier und aufgeschlagenen Büchern bedeckter Schreibtisch vervollständigen die Einrichtung des Zimmers.

Alexander Mehnert hat seinen Selbstfahrer zu einem kleinen Rauchtisch gerollt und nötigt uns, in bequemen Ohrensesseln Platz zu nehmen. Das weiche Licht einer Wandleuchte fällt auf sein graues, kurzgeschorenes Haar, auf sein von Furchen durchzogenes Gesicht, in dem eine altmodische Brille mit Hornbügel sitzt.

Auf dem Rauchtisch steht ein Schachbrett. Die Figuren stehen in einem bestimmten System. »Eine Aljechin*-Aufgabe?« errate ich.

Mehnert zieht die Brauen hoch. »Sie spielen Schach?«

»Ein wenig. So für den Hausgebrauch.«

»Ich kann mir vorstellen, daß Schach ein idealer Zeitvertreib für einen Kriminalisten ist.« Er lächelt. »Schach schult das logische Denken.«

Ich schicke einen beredten Blick zu Gabriel hinüber, der Segeln für die einzige akzeptable Sportart hält, und sage: »Da haben Sie recht, nur läßt mir mein Beruf leider viel zu wenig Zeit.«

»Schätzen Sie sich glücklich! Ihr Leben ist mit Arbeit ausgefüllt. Meines dagegen ...« Der Mann im Selbstfahrer stockt.

»Aber Sie haben es doch ganz gemütlich hier«, sagt Gabriel.

»Allzu schnell ist die Jugend mit ihrem Urteil.« Mehnert lächelt nachsichtig. »Seit fünfundzwanzig Jahren bin ich an diesen Stuhl gefesselt. Was wissen Sie, junger Mann, über das Leben eines alten Mannes, der zu nichts mehr nutze ist. Das Haus, die Siedlung und der Wald – das ist die kleine Welt, in der ich lebe. Bücher, Zeitungen und das Fernsehgerät sind meine einzigen Verbindungen zur Außenwelt. Ihnen stellt das Leben Aufgaben, aber mir ...« Er streicht mit den Händen über die rotbraune Decke auf seinen Knien.

»Verzeihen Sie, es war dumm von mir«, entschuldigt sich Gabriel mit verlegener Miene.

»Lassen Sie nur«, sagt Mehnert leise. »Ich wollte mich auch nicht beklagen. Aber manchmal überkommt es mich doch. Dabei gibt es viel Schlimmeres im Leben.«

»Verena Pohlmanns Tod zum Beispiel«, sage ich langsam in die Stille.

Mehnert nickt. »Ja, ein tragisches Geschehen. Sie untersuchen den Fall?«

»Ja.«

»Darf man fragen, mit welchem Ergebnis?«

»Es gibt noch kein Abschlußergebnis«, sage ich. »Der Verdacht auf ein Verbrechen liegt nahe, zumal wir bisher wenig Gutes über das Mädchen gehört haben.«

»Das hätte ich mir denken können«, sagt Mehnert bitter. »Die Tratschweiber hatten wieder mal nichts anderes zu tun, als das Maul zu wetzen. Es ist gut, daß Sie zu mir gekommen sind. Ich glaube, Sie haben ein völlig falsches Bild von Verena Pohlmann. Wahrscheinlich hat man Ihnen eingeredet, daß sie ein Flittchen ist, daß sie sich mit Männern herumtreibt, nicht wahr?« Mit einer ärgerlichen Handbewegung fegt der Sechzigjährige die Schachfiguren vom Brett. »In der Familie Pohlmann fehlt das innere Zusammengehörigkeitsgefühl. Diese Menschen leben wie Fremde nebeneinanderher. Das ist auch der Grund, weshalb die ältere Tochter von zu Hause weggelaufen ist. Frau Pohlmann ist wohl eine stark ausgeprägte Persönlichkeit, aber leider keine verständnisvolle Mutter. Und was ihre Einstellung zum anderen Geschlecht betrifft – man sollte versuchen, sie zu verstehen. Das Leben hat sie nicht mit Handschuhen angefaßt. Die beiden Kinder, ein todkranker Mann. In den schweren Jahren nach neunzehnhundertfünfundvierzig keine leichte Bürde für die junge Frau. So ist es doch gar nicht verwunderlich, daß dieser lebenshungrige, enttäuschte Mensch in der Hafenstadt nach einem bißchen menschlicher Wärme Ausschau hielt.«

»Und dabei leider die Probleme ihrer jüngsten Tochter übersah«, werfe ich ein.

»Ja«, stimmt Mehnert zu. »Ein junger Mensch wie Verena – sensibel, verträumt, sehr gefühlsbetont – braucht die Nestwärme im Elternhaus. Sie kam oft zu mir herüber, weil sie allein war und sich einsam fühlte. Stundenlang haben wir uns dann unterhalten, oder sie hat in meinen Büchern gekramt. Es machte Freude, sich mit ihr über Bücher zu unterhalten. Ein erstaunliches Durcheinander von Ansichten, die sie manchmal von sich gab. Etwas romantisch verbrämt, aber in diesem Alter durchaus keine Seltenheit. Schließlich war sie ein Wesen, halb erwachsen, halb Kind, für das sich das Leben soeben erst zu erschließen begann. Dabei hatte sie es besonders schwer. Sie haben ja gesehen, wir leben hier ziemlich allein in der Forstsiedlung. Sie hatte keine Freundin, mit der sie sich austauschen konnte, und die Mutter war gewiß kein Gesprächspartner für sie. Nein, meine Herren, lassen Sie es sich gesagt sein. Verena Pohlmann war alle andere als ein Flittchen! Sie war ein grundanständiger, aber sehr einsamer Mensch!« schließt er mit Nachdruck.

»Und der Mann im Auto?«

»Ja, Verena hatte ein Verhältnis mit einem Mann. Ich kenne ihn nicht, habe ihn nur ein paarmal flüchtig gesehen. Es begann mit dem Ferieneinsatz im vorigen Jahr. Verena hat in Ködesin bei der Eisenbahn gearbeitet. Da hat sie den Mann kennengelernt. Sie war fasziniert von ihm und schwärmte von seiner Tätigkeit. Es muß irgendwie in der Technik gewesen sein. Ja, und aus dieser Schwärmerei wurde wahrscheinlich mehr. Sie vermuten, daß der Mann verheiratet ist?« Er zuckt mit den Schultern. »Ich weiß es nicht. Ich habe mit Verena über dieses Problem sprechen wollen, aber sie ist mir ausgewichen. Sie hatte wohl Vertrauen zu mir, aber das hatte natürlich Grenzen. Haben Sie sich schon einmal die Frage gestellt, ob dieser Mann vielleicht die große Liebe für das Mädchen war?«

Gabriel lehnt sich wortlos in seinem Sessel zurück. Ich nehme eine der umgeworfenen Schachfiguren vom Tisch und rolle sie nachdenklich zwischen Daumen und Zeigefinger. »Setzen wir einmal voraus, Sie haben recht, Herr Mehnert. Wer sagt uns, daß der Mann ihr gegenüber die gleichen aufrechten Gefühle hatte?«

»Um diese Frage zu beantworten, müßte man ihn genauer kennen.«

»Eben«, sage ich und stelle die Schachfigur auf das Brett zurück. »Wir kennen noch nicht einmal seinen Namen ...«

Vor der Haustür empfängt uns grimmige Kälte. Ein schneidender Wind faucht um die Häuser der Forstsiedlung. Die Kronen der uralten Bäume ächzen. Licht brennt hinter frostbemalten Fensterscheiben. Dort wohnen Menschen, zusammengerückt auf engstem Raum und doch mit solch unterschiedlicher Anteilnahme am Schicksal des toten Mädchens. Wer von ihnen hat Verena Pohlmann wirklich gekannt? Wer wußte um ihre geheimen Wünsche, Sorgen und Problemen?

Scheinwerferlicht taucht zwischen den Bäumen am Waldrand auf, schaukelt auf dem ausgefahrenen Feldweg heran. Wenig später stoppt der Funkstreifenwagen aus Rostock. Mit dem Fahrer steigt eine hochgewachsene Mittvierzigerin aus dem Wagen, rafft ihren flauschigen Teddymantel zusammen und sagt: »Na, Gott sei Dank, das Haus steht ja noch!« Ihre Stimme klingt rauh.

»Major Zander«, sage ich und lüfte den Hut.

Die Frau mit dem aufgetürmten, blondierten Haar verzieht spöttisch den Mund. »Angenehm. Vielleicht wird mir einer der Herren nun endlich erklären, was eigentlich los ist?«

Der uniformierte Fahrer quittiert meinen fragenden Blick mit einem unmerklichen Kopfschütteln. »Ich dachte, daß Sie, Genosse Major ...« entschuldigt er sich.

Typisch, die unangenehmsten Dinge überläßt man immer dem Major!

»Es tut uns leid, Frau Pohlmann«, sage ich behutsam, »aber es geht um ihre Tochter Verena.«

»Verena? Was hat sie angestellt?«

»Das sollten wir besser in Ihrer Wohnung besprechen.«

Sie wendet sich dem Haus zu, stößt die Vorgartentür auf, dabei in ihrer Handtasche nach dem Wohnungsschlüssel kramend. Sie knipst das Licht im Hausflur an, stutzt, als sie die Kerben der Beilhiebe in der Zimmertür entdeckt. »O Gott! Was bedeutet das?«

Ich nehme die Schlüssel aus ihren bebenden Händen, schließe die nächstgelegene Tür auf, die in das Wohnzimmer führt, dessen Einrichtung lieblos zusammengestellt wirkt.

Gerda Pohlmann läßt sich in einen Sessel fallen und knöpft mechanisch ihren Mantel auf. Die blaßblauen Augen huschen unruhig hinter der randlosen Brille mit achteckig geformten Gläsern hin und her. Mit zitternden Fingern zerrt sie eine Schachtel Zigaretten aus der Handtasche. Ich lasse mein Feuerzeug aufflammen, nehme der Frau gegenüber Platz.

Gerda Pohlmann inhaliert hastig. »Nun reden Sie schon!« stößt sie hervor. »Was ist los?«

»Verena ist tot«, sage ich.

Schweigen ist im Zimmer. Währt es Sekunden oder Minuten? Ich weiß es nicht.

»Ja«, wiederhole ich, »Verena ist tot. Sie wurde gestern abend von einem Zug überfahren.«

Die Frau schlägt die Hände vors Gesicht. Ein stummes Schluchzen schüttelt ihren Körper. Die Zigarette ist ihren Fingern entglitten. Ein unartikulierter Laut – halb Weinen, halb Protest – dringt durch die bebenden Hände.

»Frau Pohlmann!« rufe ich, und als sie nicht reagiert, nochmals: »Frau Pohlmann!« Sie läßt die Hände sinken, und ich blikke in ein leeres, weißes Gesicht, dessen blaßblaue Augen starr auf mich gerichtet sind. Die Frau steht unter Schock. Trotzdem kann ich ihr die nächsten Fragen nicht ersparen.

»Wann haben Sie Verena zum letzten Mal gesehen?« frage ich behutsam.

Gerda Pohlmann erholt sich erstaunlich rasch. »Verena ist gestern früh gegen sieben aus dem Haus gegangen«, sagt sie gefaßt. »Seitdem habe ich sie nicht mehr gesehen. Ich fuhr erst mittags mit dem Bus nach Rostock, weil ich Spätdienst hatte.«

»Wann sind Sie zurückgekommen?«

»Gestern überhaupt nicht. Ich habe bei einer Kollegin geschlafen. Das mache ich öfter, wenn ich Spätdienst habe und am nächsten Morgen wieder zur Frühschicht muß. Wir öffnen schon um acht Uhr. Da lohnt es sich nicht, nachts von Rostock bis hierher zu fahren. Als ich heute nachmittag gegen drei Feierabend machen wollte, kam Ihr Kollege von der Funkstreife.«

»Verena war wohl sehr häufig allein?«

Gerda Pohlmann lehnt sich zurück, ihre Hände hält sie schlaff auf den Knien. »Das war nicht zu ändern, wenn ich arbeiten ging.«

»Hatte sie Kummer?«

»Ich weiß nichts.«

»Irgend jemand muß sie sich doch aber anvertraut haben?« bohre ich weiter.

Frau Pohlmann zuckt schweigend die Achseln.

»Mir ist zum Beispiel eine Männergeschichte bekannt!«

Wieder die Starre, der eigenartige, beinahe ängstlich wirkende Gesichtsausdruck.

»Sie wissen, von wem ich spreche, Frau Pohlmann! Von jenem Eisenbahner, der Ihre Tochter häufig besuchte.«

»Herbert Schüßler kam zu mir!« behauptete sie plötzlich.

»Frau Pohlmann, es ist überall bekannt, daß dieser Herr Schüßler Verena besuchte. Sie selbst haben vor einigen Wochen mit dem Klassenleiter Ihrer Tochter über diese Liebesaffäre gesprochen. Warum wollen Sie das jetzt verschweigen?«

»Was hat denn das alles damit zu tun? Verena ist tot! Keiner kann sie mir zurückgeben.«

»Frau Pohlmann, ich verstehe Ihren Schmerz, aber bitte, versuchen Sie auch, mich zu verstehen. Verena ist eines Todes unter verdächtigen Umständen gestorben. Meine Pflicht ist es, diese verdächtigen Umstände aufzuklären. Darum bin ich hier und werde nicht lockerlassen, bis ich die Wahrheit kenne!«

Sie schweigt weiter, nahezu feindselig. Aber ich muß diese Frau zum Reden bringen.

»Na gut«, beginnt sie unvermittelt mit veränderter, hart klingender Stimme. »Verena hat Schüßler in Ködesin bei der Bahn kennengelernt. Ich wußte, daß sie für ihn schwärmte, aber ich maß dem keine allzu große Bedeutung bei. Ich glaubte dummerweise, sie interessiere sich nur für seinen Beruf. Bis ich eines Tages dahinterkam, daß er mit Verena angebändelt hatte. Mir fiel es zunächst nicht auf, daß er sie ein paarmal mit dem Auto besuchte. Wenn ich dabei war, sprachen die beiden immer nur über technische Eisenbahnsachen. Ich wurde erst stutzig, als ich die Briefe entdeckt habe.«

»Briefe?«

»Ja, Liebesbriefe von Schüßler. Da habe ich Verenas Zimmer durchsucht und ihr die Briefe weggenommen. Ich habe Verena zur Rede gestellt, und als Schüßler vor vierzehn Tagen hier wieder auftauchte, habe ich ihn rausgeschmissen.«

»Haben Sie die Briefe noch?«

»Ja, in meinem Schlafzimmer. Wollen Sie sie sehen?«

Ich nicke. Gerda Pohlmann nimmt die Schlüssel und geht in den Hausflur. Ich folge ihr langsam. Wie ich es vermutet habe, wendet sie sich er beschädigten Zimmertür zu. Die Zusammenhänge werden mir plötzlich klar.

Frau Pohlmann tritt mit dem Briefbündel aus ihrem Schlafzimmer. Ich reiche die Briefe Gabriel, der sie einsteckt, um sie später gründlich durchzuarbeiten.

»Wohin führt diese Tür?« frage ich und deute auf den Hintergrund des Hausflures.

»Das ist Verenas Zimmer.«

»Würden Sie bitte öffnen?«

Das kleine Zimmer ist sauber, aufgeräumt und strahlt die Verspieltheit eines jungen Mädchens aus. Ein großer Plüschteddy auf dem Bett, mehrere Bücher in einem kleinen Wandregal, Film- und Schlageridole an den Wänden, eine Puppe mit langem Engelhaar. Eines aber stört den Gesamteindruck: Auf dem Fußboden liegt ein Häufchen zertretener Papierasche.

»Sieht aus, als hätte sie hier einen Brief verbrannt«, sagte Gabriel. Auf dem Nachttischchen entdeckt er einen gewichtigen Band. »Lew Tolstoi: Anna Karenina«, liest er laut.

»Ihr Lieblingsbuch«, meint Gerda Pohlmann. »Ein Geburtstagsgeschenk von mir.«

Gabriel blättert in dem Buch und stutzt. »Hier ist ein Zettel«, sagt er. »Wahrscheinlich ein Brief.«

Ich nehme das Blatt, starre schweigend darauf und gebe den Zettel an Gerda Pohlmann weiter.

Auf dem Papier stehen nur wenige Worte: »Ich kann nicht anders. Verzeiht mir. Verena.«

Gabriel steuert den Wartburg durch die eisige Winternacht. Noch immer läßt der längst fällige Schnee auf sich warten. Und in drei Tagen ist Weihnachten.

Die behagliche Wärme im Wagen und das gleichmäßige Singen des Motors wirken einschläfernd.

»Also ist es doch Selbstmord, Chef«, weckt mich Gabriel aus dem Halbdämmer.

»Selbstmord?« brumme ich maulfaul. »Wieso?«

»Na, der Abschiedsbrief. Ist doch ein klarer Beweis. Oder?«

»Beweis? Ich höre immerfort Beweis!«

»Jawohl, Beweis!« ereifert er sich. »Der Brief stammt von Verena Pohlmann!«

»Was zu beweisen wäre!« falle ich ihm ins Wort. »Durch Schriftenvergleich beispielsweise.«

»Aber die Worte ›Ich kann nicht anders. Verzeih mir‹ verraten doch eindeutige Suizidabsichten!«

»Na ja«, gebe ich zu, »aber kann dieser Satz nicht auch für die Absicht stehen, das Elternhaus verlassen zu wollen, es ihrer älteren Schwester gleichzutun?«

Gabriel gibt sich geschlagen. Vor uns tauchen die Rücklichter eines Lastzuges auf. Mein Famulus setzt zu einem gewagten Überholmanöver an.

»Hör mal,« knurre ich, »ich möchte diesen Fall wenigstens noch zu Ende führen. Da ist nämlich noch etwas, was mich stutzig macht. Gerda Pohlmann hat den Liebhaber ihrer Tochter bereits vor vierzehn Tagen vor die Tür gesetzt. Ergo hätte Verena bereits damals Selbstmord begehen müssen. Nein, nein, du kannst mir sagen, was du willst, da ist noch etwas geschehen, etwas, was wir noch nicht wissen. Auch einen Selbstmord müssen wir eindeutig beweisen!«

»Franz, bist du es?« fragt meine Frau aus dem Wohnzimmer, als ich die Korridortür hinter mir ins Schloß ziehe. Ihre Frage ist rein rhetorisch, wer sollte sonst um diese Zeit mit einem Schlüssel unsere Wohnung betreten? Deshalb fügt sie auch gleich hinzu: »Das Abendbrot steht in der Küche. Den Tee mußt du dir aufbrühen.«

Lisa sitzt am Schreibtisch, hat die Leselampe eingeschaltet und einen Stapel Hefte vor sich liegen.

»Du bist noch fleißig?« sage ich.

»Morgen ist doch der letzte Schultag. Da muß ich noch die Aufsätze zurückgeben.«

»Da hat sich die Lehrerin Lisa Zander aber eine hübsche Weihnachtsüberraschung für ihre Schüler ausgedacht«, sage ich und muß schmunzeln.

»Ach was, so schlecht ist der Aufsatz gar nicht ausgefallen«, protestiert meine Frau.

Ich ziehe den Mantel aus und hänge ihn in der Kleiderablage auf einen Bügel. Dabei fällt mir Verena Pohlmanns Aufsatzheft, das in der Innentasche des Mantels steckt, wieder zwischen die Finger. Grübelnd blättere ich in dem dünnen Heft. Die mit blauer und roter Tinte gefüllten Seiten flirren an meinen Augen vorbei. Immer wieder tauchen die Noten 1 und 2 oder Randbemerkungen des Klassenleiters wie »eine gut durchdachte Arbeit« oder »logische Gedankenführung« auf. Und dann ist da der letzte Aufsatz des Mädchens. »Welche Gestalt eines literarischen Kunstwerkes hat Sie besonders beeindruckt?«

Karenina, denke ich. Sie hat über Anna Karenina geschrieben. Mit dem Heft in der Hand gehe ich ins Wohnzimmer.

»Gott sei Dank, fertig!« sagt Lisa und klappt das letzte Aufsatzheft zu.

»Hier ist noch ein Aufsatz«, sage ich und lege ihr das Heft auf den Tisch. »Den hat eine sechzehnjährige Schülerin geschrieben. Ich möchte, daß du den Aufsatz aufmerksam liest und mir deine Meinung über die Autorin sagst.«

»Hat es mit deinem neuen Fall zu tun?«

»Ja, das Mädchen ist tot. Sie wurde von einem Zug überfahren.«

»Ich bin keine Psychoanalytikerin«, wendet meine Frau ein.

»Aber eine erfahrene Pädagogin. Ich muß mir endlich über den Charakter dieses Mädchens Klarheit verschaffen, verstehst du?«

Lisa nickt. »Wenn dir mein Urteil weiterhilft, will ich es versuchen.«

»Danke.«

Ich gehe in die Küche, hole das Tablett und stelle den Samowar auf den Tisch.

Den Vormittag des nächsten Tages verbringe ich am Schreibtisch. Während Gabriel unterwegs ist, um Gerda Pohlmanns Aussagen zu überprüfen, studiere ich die von der Kreismeldekartei übersandten Personalien Herbert Schüßlers.

Der Mann ist zweiundvierzig Jahre alt, verheiratet, Vater von drei Kindern und bei der Deutschen Reichsbahn* als Fahrdienstleiter beschäftigt. Zweiundvierzig Jahre, denke ich, und Verena Pohlmann war erst sechzehn. Der Altersunterschied ist augenfällig, aber warum ein Mensch den anderen liebt, verstehen Dritte wohl selten. Wo und wie war diese Liebe zustande gekommen? Während eines Ferieneinsatzes beim Bahnhof Ködesin. Vielleicht finden sich dort schlüssige Antworten auf meine Fragen.

Der Dienstvorsteher des Bahnhofes Ködesin empfängt mich sofort. Meinetwegen vertagt er sogar eine Dienstbesprechung, wie er mir lachend im Gespräch anvertraut. »Wissen Sie, ich interessiere mich für Ihre Arbeit«, gibt er unumwunden zu. »Man begegnet doch nicht jeden Tag einem Major von der Mordkommission. Wie weit sind Sie denn mit Ihren Ermittlungen?«

»Wir haben festgestellt, daß das Mädchen beim Bahnhof Ködesin beschäftigt war.«

»Hier bei uns? – Unmöglich!«

»Doch«, sage ich. »Während der Schulferien.«

»Ach so – das ist etwas anderes. Ködesin hat etwa sechshundert Eisenbahner. Da hat man als Vorsteher schon alle Mühe, die Stammbelegschaft zu kennen.«

»Was kann das für eine Arbeit gewesen sein, die das Mädchen hatte?«

»Im allgemeinen dürfen Schüler nur für leichtere Arbeiten eingesetzt werden. An den Wegrändern Unkraut hacken, Sauberhalten der Bahnsteige oder ähnliches.«

»Und Verena Pohlmann?«

Der Dienstvorsteher greift zum Telefon. »Da muß ich unseren Kaderleiter fragen. Der weiß genau, wo die einzelnen Schüler eingesetzt waren.«

Nach wenigen Minuten wissen wir es. Sie hat als Bahnhofsbote gearbeitet. »Dienstpost austragen«, erläutert mir der Dienstvorsteher diesen Begriff. »Sie brachte die Diensttelegramme, Rundschreiben und schriftlichen Anordnungen zu den einzelnen Stellwerken.«

»Hatte sie dabei zu dem Fahrdienstleiter Schüßler Kontakt?«

»Schüßler?« Er stutzt. »Was hat Herbert Schüßler damit zu tun?«

»Er hat Verena Pohlmann gekannt«, sage ich knapp. Das muß genügen. Mehr kann ich dem Eisenbahner verständlicherweise noch nicht anvertrauen. Und ich glaube, er versteht es auch, denn er sagt: »Der Schüßler ... na ja, nicht Fleisch und nicht Fisch, wenn Sie wissen, was ich meine. Aber eine ausgezeichnete Fachkraft. Wir könnten uns gar keinen besseren Fahrdienstleiter wünschen. Wir haben ihn auf dem Stellwerk B 1 eingesetzt. Da ist es nur natürlich, daß das Mädchen mit ihm zusammengekommen ist.« Und nach einem kurzen Blick auf eine grafische Darstellung unter seiner gläsernen Schreibtischplatte: »Wollen Sie mit ihm reden? Er ist jetzt im Dienst.«

Ich überlege. Mit Schüßler reden? Warum nicht? Schließlich ist er der Mann im Hintergrund. Und wenn es tatsächlich ein Mord war ...? Was habe ich bis jetzt an Beweisen zu bieten? Was kann ich dem Mann vorhalten? Daß er Verena Pohlmann gekannt hat? Daß sie ein Liebesverhältnis hatten? Wahrscheinlich würde Schüßler das sogar zugeben. Und dann ...?

Nein, es ist wohl doch besser, den Mann vorerst unbehelligt zu lassen. Der richtige Zeitpunkt einer Vernehmung muß taktisch klug geplant sein. Ich nehme aber das Angebot an, denn: Was empfand Verena Pohlmann, als sie dem Mann zum ersten Mal auf dem Stellwerk gegenüberstand? Was mag sie gedacht haben? Welche Gefühle bewegten sie?

Ich versuche mir, diese Szene auszumalen, aber sind die Gedanken und Gefühle eines anderen Menschen überhaupt nachvollziehbar?

»Ich würde mir diesen Schüßler gern einmal ansehen«, entscheide ich mich. »Vielleicht ist das möglich?«

Ein massiver grauer Betonbau erhebt sich über dem weiten Bahnhofgelände.

»B1 ist unser zentrales Befehlsstellwerk«, ruft mir der Dienstvorsteher zu. »Dort oben werden Zuglauf und Rangierbetrieb auf dem gesamten Bahnhof gesteuert. In dem Stellwerk ist unsere modernste, komplizierteste und auch teuerste Sicherungstechnik investiert.«

Dröhnende Dieselmotoren, quietschende Bremsen und schrille Rangierpfiffe sind um uns. Ich habe den Eindruck eines riesigen Zementsilos, aber die rundumverglaste Kanzel und die Beschriftung »B1 – Ködesin« scheinen die Behauptungen des Eisenbahners zu bestätigen.

Wir sind am Befehlsstellwerk angelangt und klettern die schmalen, engen Stufen im Treppenschacht hinaus, stehen dann urplötzlich inmitten einer Welt der Technik. Eine meterlange lindgrüne Tafel erstreckt sich in der Mitte des Raumes. Rote, gelbe und grüne Signallämpchen leuchten auf. Gebannt starre ich auf das rasch wechselnde Spiel der Farben, hinter dem sich das verwirrende Geschehen des Eisenbahnbetriebes verbirgt. Es glitzert und blinkt, tickt und rattert. Draußen vor den großen Fenstern liegt das stählerne Geflecht aus Weichen und Schienen, rollenden Waggons und Lokomotiven zwischen Signalen und Lichtern. Und hier oben sitzt ein einzelner Mann, umgeben von Tasten, Lautsprechern und Mikrofonen, der diesem Eisenbahnbetrieb seinen Willen aufzwingt?

Herbert Schüßler, im grauen Arbeitskittel, blickt nur kurz zu uns herüber. Der Dienstvorsteher nickt ihm zu und erklärt mir dann die komplizierte Stellwerkstechnik. Von Start-Ziel-Gruppen ist da die Rede, von Gleichstrom-Gleisrelais, von Automatikblockgruppen, von Spur- und Verbindungskabeln. Alles Begriffe, die ich mir kaum merken werde. Ich höre nur mit halbem Ohr hin, interessiere mich um so mehr für Herbert Schüßler. Auf den ersten Blick: ein sympathischer Mann. Wie sicher und korrekt er am Steuerpult hantiert. Unablässig kontrollieren seine schmalen, hellen Augen die bunten Signallämpchen, verfolgen die geraden und schrägen Linien auf der großen Glastafel. Mit einem Knopfdruck holt er die Stimmen entfernter Eisenbahner in das Stellwerk, fragt, notiert und gibt neue Befehle. Dazwischen drückt er Tasten, verändert immer wieder das farbige Leuchtbild der Gleisanlagen.

Seltsam, auch ich kann mich der Faszination, die von diesem souveränen Beherrscher der Technik ausgeht, nicht ganz entziehen. Wie mag es da erst dem unerfahrenen sechzehnjährigen Mädchen aus dem Pegelower Forst ergangen sein?

Nur das flüchtige Lächeln, das zuweilen über Schüßlers Lippen huscht, stört mich. Ein bißchen zu selbstsicher, wie mir scheint.

Aber Verena Pohlmann wird das kaum bemerkt haben.

Nach Rostock zurückgekehrt, nehme ich mir Schüßlers Briefe vor. Das, was er geschrieben hat, sind die Spuren seiner Gedanken. Wenn man so will, Fingerabdrücke seiner Empfindungen, Ausdruck seine geistigen und moralischen Niveaus. Und je tiefer ich in seine Gedanken eindringe, um so plastischer wird das Bild, das ich mir von seinem Charakter entwerfe. Dieser Mann ist in seinem Gefühlsleben oberflächlich und kalt. Ein Charakter also, dem unter Umständen ein Mord durchaus zuzutrauen wäre.

Als Fahrdienstleiter ist er für den Zugverkehr im Streckenabschnitt Pegelow – Ködesin verantwortlich. Wie hatte doch Gabriel gestern kombiniert? Als Eisenbahner hat er ja den Streckenfahrplan im Kopf!

Die Zimmertür fliegt auf, Oberleutnant Gabriel stürmt herein. »Halten Sie sich fest, Chef«, stößt er hervor, »die Pohlmann hat uns belogen. Ihr Alibi stimmt nicht!«

Gerda Pohlmann scheint über Nacht um Jahre gealtert. Sie wirkt nervös und fahrig. Keine Spur ist von ihrem sonst so sorgfältigen Make-up geblieben. Die Augen hinter den achteckigen Brillengläsern zeigen wieder den unverwechselbaren Ausdruck von Furcht.

»Frau Pohlmann«, sage ich ruhig, »Sie haben gestern nicht die Wahrheit gesagt!«

Sie weicht meinem Blick aus und fingert schweigend an ihrer Handtasche.

»Sie haben gesagt, daß Sie vorgestern mittag nach Rostock gefahren wären, weil Sie im Hafenrestaurant Spätdienst hatten. Die Wahrheit aber ist, daß Sie zwar um vierzehn Uhr Dienstbeginn gehabt hätten, tatsächlich aber erst gegen zwanzig Uhr ins Hafenrestaurant kamen. Was haben Sie uns verschwiegen, Frau Pohlmann?«

Keine Antwort. Gerda Pohlmann starrt reglos auf die Spitzen ihrer Halbstiefel. Von der vier Stockwerke tiefer gelegenen Straße dringt das Klingeln einer Straßenbahn, auf dem Korridor heult durchdringend der reparaturbedürftige Motor einer Bohnermaschine.

Ich mustere die Frau, die mir schweigend gegenübersitzt. Kein Zweifel, Gerda Pohlmann hat sich seit gestern verändert. Die Frage ist nur, ob diese äußerliche Veränderung zugleich auch eine innere Wandlung andeutet.

»Frau Pohlmann, mit Ihrem Schweigen nützen Sie weder sich selbst noch unseren Ermittlungen. Wovor haben Sie Angst?«

»Angst?« wiederholt sie monoton.

»Ja, Angst. Ich habe den Eindruck, Sie fürchten sich vor irgend etwas.«

Sie öffnet den Mund, aber im Augenblick ist kein Laut zu hören.

»Ich ... ich«, beginnt sie leise, fast flüsternd, »ich bin schuld am Tode meiner Tochter!«

Ihre Augen werden feucht. Sie muß die Brille mit diesen idiotischen achteckigen Gläsern abnehmen, um ihr Taschentuch zu benutzen. Schweigend lasse ich ihr Zeit und stopfe mir indessen eine Pfeife.

»Ja, ich bin schuld an Verenas Tod«, fährt sie schließlich in ihrer Selbstanklage fort. »Ich hätte mich mehr um die Kinder kümmern müssen. Schon damals, als die Große, die Annegret, von zu Hause weggelaufen ist. Dabei habe ich den Mädels doch alles geboten, ihnen jeden Wunsch erfüllt.«

»Geld und Geschenke sind kein Ersatz für die Nestwärme, die Kinder nun mal im Elternhaus so dringend brauchen«, werfe ich ein.

Gerda Pohlmann seufzt. »Ja, Herr Zander, ich habe viel falsch gemacht. Aber was habe ich denn schon von meinem Leben gehabt? Wissen Sie, was es heißt, mit einem todkranken Mann zu leben, der an allem etwas auszusetzen hat, dessen ewige Unzufriedenheit und Nörgelei einen bis zur Weißglut reizen können? Als er starb, da habe ich aufgeatmet. Ja, ich bin hart, vielleicht sogar zu hart, aber zu mir ist auch keiner gut gewesen. Und meine sogenannten Abenteuer? Nichts als ein paar Illusionen und auch nur für wenige Stunden ... Ich bin keine gute Mutter, sonst wäre das mit Verena sicher nicht passiert. Heute weiß ich, daß ich im Alter allein sein werde. Und sehen Sie, vor diesem Alleinsein habe ich Angst.«

Gabriel, der sich unauffällig im Hintergrund plaziert hat, läßt enttäuscht den Stenoblock sinken. Wahrscheinlich hatte er ein anderes Geständnis erwartet.

»Ja, es ist wahr, ich habe Ihnen nicht alles gesagt. Es war dumm von mir. Verzeihen Sie bitte. Aber nachdem ich Herbert Schüßler rausgeschmissen hatte, wurde ich das Gefühl, daß zwischen ihm und Verena noch immer Verbindungen bestanden, einfach nicht los. Deshalb bin ich vorgestern mittag nach Pegelow gefahren und wollte mit Schüßler reden. Er war aber nicht zu Hause. Eine Nachbarin sagte mir, daß Frau Schüßler im Hartfaserplattenwerk arbeitet. Da bin ich dann zum Werk gegangen und habe mit der Frau gesprochen.«

»Ja, und weiter?«

»Frau Schüßler hat mir erzählt, daß Herbert einen Brief an Verena geschrieben hat, in dem er ihr mitteilt, daß endgültig Schluß ist. Jedenfalls war ich erst einmal beruhigt. Mit dem Achtzehn-Uhr-Bus bin ich dann nach Rostock gefahren.«

»Also haben Sie Herbert Schüßler an diesem Nachmittag nicht gesprochen?«

»Nein.«

»Haben Sie sich bei Frau Schüßler erkundigt, wo ihr Mann an diesem Nachmittag war?«

»Gefragt habe ich sie schon, aber sie wußte es nicht.«

»Offen gesagt, Frau Pohlmann«, läßt sich Gabriel aus dem Hintergrund vernehmen, »ich begreife immer noch nicht, warum Sie uns das gestern verschwiegen haben. Sie hätten uns unnütze Arbeit erspart.«

Sie dreht sich zu Gabriel um und schaut dem Oberleutnant ins Gesicht. »Mein Gott, junger Mann, können Sie sich denn das nicht vorstellen? Es war einfach zuviel für mich. Die Nachricht vom Tod meiner Tochter. Die seltsamen Fragen Ihres Vorgesetzten. Ich wollte einfach nichts mehr hören und sehen. Ich wollte nur noch allein sein.«

In den späten Nachmittagsstunden fahren wir zum Gerichtsmedizinischen Institut. Niemand betritt das am Rande der Bezirksstadt gelegene Backsteingebäude besonders gern. Auch wir, die wir beruflich mit dem Tod zu tun hatten, bilden keine Ausnahme.

Dr. Bellmann kommt uns mit wehendem Kittel im Treppenhaus entgegen. In seinem Mundwinkel hängt die unvermeidliche »Rodopi«. Der Mann, der die »Sprache der Toten« zu deuten versteht, drängt uns gestikulierend in sein Arbeitszimmer. »Ich habe wenig Zeit«, sagt er. »Wir müssen uns beeilen.«

Im Zimmer ist alles vorbereitet. Die Vorhänge an den Fenstern sind zugezogen, eine weiße Projektionswand hängt am Bücherschrank. Wir nehmen Platz.

»Um es gleich vorwegzunehmen, Zander, Beweise für eine Schwangerschaft gibt es nicht. Alles andere zeige ich Ihnen jetzt im Bild. – Knipsen Sie doch mal das Licht aus!«

Bellmann schaltet den Bildwerfer ein. Ein Strahlenbündel schießt aus dem Projektor und zeichnet ein helles Rechteck auf die Leinwand. Dann schiebt der Doktor das erste Farbdia vor die Linse des Bildwerfers.

Wir erblicken den Kopf des toten Mädchens.

»Abtrennung des Schädels infolge völliger Gewebezerstörung zwischen Atlas und Dens, also dem ersten und zweiten Halswirbel«, erläutert der Gerichtsmediziner in dozierendem Tonfall. Er greift zu einem Zeigestock und markiert die Details auf dem Bild. »Diese Gewebezerstörungen sind typisch für den Tod durch Eisenbahnüberfahrungen.«

In rascher Folge ziehen nun die nächsten Aufnahmen vorbei. Sie zeigen verletzte Organe und weitere Gewebezerstörungen.

»Ich habe Ihnen ja schon angedeutet, Zander, daß das Mädchen Alkohol getrunken hatte. Wir haben bei der Organ- und Blutuntersuchung eine Alkoholmenge von etwa dreihundert Gramm Weinbrand festgestellt. Nach unseren Berechnungen eine Stunde vor Eintritt des Todes eingenommen. Da die letzte Nahrungsaufnahme beträchtlich früher erfolgte, muß diese Menge

Alkohol verhältnismäßig rasch gewirkt haben. Sie kann keinesfalls im Vollrausch gewesen sein, aber die enthemmende Wirkung von Alkohol ist Ihnen ja zur Genüge bekannt.«

Ein weiteres Dia gleitet in den Bildwerfer. Wir starren auf die rechte Hand der Toten. Deutlich hebt sich die blutunterlaufene Bißspur von dem nackten, rosafarbenen Handrücken ab.

»Abdruck eines menschlichen Gebisses«, sagt Dr. Bellmann.

»Damit hatten Sie sicher die größten Sorgen. – Augenblick, ich habe noch eine Vergrößerung.« Wieder wechselt das Bild. Jetzt erscheinen zwei stark vergrößerte, nebeneinanderliegende Bißspuren auf der Projektionsfläche.

»Links das präparierte Hautstück mit der Originalspur«, sagt Bellmann, »und rechts ein in Plastilin gefertigter Vergeichsabdruck vom Gebiß der Toten.« Der Zeigestock fährt hin und her, deutet auf verschiedene Bezugspunkte. »Wie Sie sehen, stimmen beide Abdrücke überein. Die Bißspur stammt eindeutig von dem Mädchen!«

»Und wieso?« fragt Gabriel. »Ich meine, warum soll sie sich selbst in die Hand gebissen haben?«

»Tja, warum? Man kann hinterher niemals mit absoluter Sicherheit sagen, wie sich so etwas abgespielt hat. Ich nehme an, es war ein Reflex. Sie hat sich wohl vor Angst in die Hand gebissen.«

»Angst? Wovor?«

»Angst vor dem Tod vielleicht. Wer weiß?«

Geschickt laviert Gabriel den Wartburg durch den abendlichen Straßenverkehr. Mein Blick gleitet über die festlich beleuchteten Schaufenster. Lichterketten zu beiden Seiten der Fahrbahn. Pappweihnachtsmänner und Tannenbaumdekorationen, die an das bevorstehende Weihnachtsfest erinnern. Die Gesichter der Menschen sind freundlich und erwartungsvoll – ein wohltuender Kontrast zu unserem Besuch in Dr. Bellmanns tristem Reich.

»Falls du nicht schon mit einem Mädchen verabredet bist, lade ich dich zum Abendbrot ein«, sage ich zu meinem Mitarbeiter.

»Angenommen.« Gabriel lacht jungenhaft. »Zur Zeit bin ich solo!«

Eine halbe Stunde später sind wir zu Hause.

»Fein, daß du Herrn Gabriel wieder einmal mitgebracht hast«, freut sich meine Frau, als der dunkelblonde Oberleutnant ihr mit galanter Verbeugung die unterwegs noch schnell erstandenen Blümchen überreicht.

Ich stelle die Kerzen auf den Tisch. Lisa legt ein drittes Gedeck auf. Seit unsere Tochter Barbara verheiratet ist und mit ihrer Familie in Lütten Klein wohnt, sind Lisa und ich ziemlich oft allein.

Nach dem Essen wechseln wir mit unseren Teetassen in die Sesselecke hinüber. Ich stecke mir das geliebte Pfeifchen an, Lisa und Gabriel knabbern Konfekt.

»Nun«, sage ich, »hast du den Aufsatz gelesen?«

Lisa nickt. »Ja, es war sehr interessant für mich. Allerdings muß ich dich gleich enttäuschen. Du hattest mich um eine Charakteristik des Mädchens gebeten. Damit bin ich überfordert. Nach der Lektüre eines einzigen Aufsatzes lassen sich höchstens einige Anhaltspunkte für ein Urteil finden. Mehr aber nicht.«

»Und wie lautet dein Urteil?«

»Das Mädchen scheint sehr kontaktarm gewesen zu sein. Wahrscheinlich vereinsamt. Ihre Gedankenführung läßt auf eine ausgeprägte Gefühlstiefe schließen. Es fällt auf, daß sie sich ausschließlich auf das individuelle Schicksal Anna Kareninas bezieht. Sozialer Hintergrund des Romans und gesellschaftliche Aspekte bleiben unberührt. Für sie stehen ausschließlich Anna Kareninas tragischer Ehekonflikt und ihre Liebe zum Grafen Wronski im Mittelpunkt. Ich glaube, die Anna Karenina wurde für sie zur absoluten Identifikationsfigur.«

»Zu einem Leitbild, ja?« fragt Gabriel.

»Da gibt es zum Beispiel in Tolstois Roman eine Szene, in der sich Karenin der Briefe bemächtigt, die Wronski an Anna geschrieben hat. Soweit ich durch Franz informiert bin, hat sich doch etwas Ähnliches zwischen Frau Pohlmann und ihrer Tochter Verena abgespielt.«

»Stimmt«, sagt Gabriel. »Gerda Pohlmann hat ihrer Tochter die Briefe weggenommen. Kurz vor ihrem Tode versuchte das Mädchen, die Briefe zurückzubekommen. Sie holte ein Beil und versuchte, die Tür zum Schlafzimmer der Mutter einzuschlagen.«

»Was wiederum beweist, wie sehr sich das Mädchen mit Tolstois Anna Karenina identifizierte«, ergänzt Lisa.

»Wenn ich dich richtig verstanden habe«, resümiere ich, »neigst du zu der Ansicht, daß Verena Pohlmann in ihrer komplizierten Konfliktsituation nur so handeln konnte wie Anna Karenina?«

»Soweit ich sie einzuschätzen vermag – ja!«

»Hat die Karenina nicht den Freitod gewählt?«

Lisa nickt.

»Was denn, was denn«, meint Gabriel, »Selbstmord nach literarischem Vorbild? – Unglaublich!«

Meine Frau schüttelt den Kopf. »So neu ist das gar nicht, Herr Gabriel. Man weiß zum Beispiel, daß Goethes Briefroman ›Die Leiden des jungen Werther‹ unmittelbar nach seinem Erscheinen eine Selbstmordwelle in Deutschland ausgelöst hat.«

»Aber doch unter ganz anderen gesellschaftlichen Bedingungen!«

»Stimmt schon, Herr Gabriel, aber Sie müssen die Psyche des Mädchens berücksichtigen. Schwermütigkeit ist einer der schlimmsten Feinde des Menschen. Der Melancholiker sieht nur den katastrophalen Zusammenbruch seiner Ideale. Er wird zum Fatalisten, und wehe, wenn ihm dann kein Mensch zur Seite steht.«

Ich nehme meine Pfeife aus dem Mund. »Du bringst mich da auf einen Gedanken. Sag mal, Gabriel, erinnerst du dich noch, zwischen welchen Romanseiten jener Zettel steckte?«

»Natürlich. Zwischen den Seiten vierhundertsiebzig und -einundsiebzig.«

Ich erhebe mich, gehe zum Bücherschrank und ziehe einen Band heraus. »Lew Tolstoi: Anna Karenina, II. Band.« Ich blättere, reiche Gabriel das Buch und sage: »Hier, nicht wahr? Dann hat sie uns doch selbst auf die Zusammenhänge hingewiesen. Lies mal vor!«

Gabriel nimmt das Buch und beginnt zu lesen: »... Aber sie behielt unverwandt die Räder des heranrollenden zweiten Wagens im Auge. Und genau in dem Augenblick, als die Mitte des Wagens sie erreicht hatte, warf sie die rote Reisetasche von sich, zog den Kopf ein, ließ sich zwischen die Vorder- und Hinterräder des Wagens auf die Hände fallen und nahm niederkniend eine solche Stellung ein, als wollte sie gleich wieder aufstehen. Doch schon im selben Augenblick wurde sie von Entsetzen gepackt über das, was sie tat. Wo bin ich? Was mache ich? Warum? Sie wollte aufstehen, wollte sich zurückwerfen, aber etwas ungeheuer Großes, Unerbittliches stieg sie gegen den Kopf und schleifte sie am Rükken mit sich ...«

Gabriel läßt das Buch sinken. »Ja«, höre ich ihn betroffen sagen, »so muß es gewesen sein. Sie ist ihrem tragischen Vorbild bis zur letzten Konsequenz treu geblieben.«

Groß und kräftig steht Herbert Schüßler im Eisenbahnermantel an der Türschwelle. Ein Mann im besten Alter, mit sehr viel Lebenserfahrung, wie man meinen sollte. Aber der Schein trügt.

»Sie haben mich herbestellt?«

Sein Auftreten hat eine Spur von Arroganz.

»Nehmen Sie Platz!« Ich deute auf den Stuhl, den Gabriel mitten in das Zimmer gerückt hat.

Der zweiundvierzigjährige Eisenbahner fühlt sich auf diesem Präsentierteller äußerst unbehaglich. Hier kann er sich nicht hinter gleißender Stellwerkstechnik verbergen. Wie klein und unbedeutend er mir plötzlich erscheint, ohne jede Faszination. Der Puls an seiner Halsschlagader verrät deutliche Erregung, die der Mann hinter erzwungener Ruhe zu verbergen sucht. Ich beginne mit den Fragen zur Person, lasse mir von ihm über sein Leben und seine Familienverhältnisse berichten. Schüßler erzählt und erzählt. Die Worte sprudeln über seine Lippen. Wollte ich ihnen Glauben schenken, hätte ich einen überaus redlichen Familienvater vor mir.

Ich vertreibe mir die Zeit, indem ich meine Tabakspfeife einer gründlichen Reinigung unterziehe.

»Wo haben Sie sich am Mittwochnachmittag aufgehalten?« fahre ich ihm schließlich in die Parade.

Die jähe Unterbrechung verwirrt Schüßler, aber er fängt sich sofort wieder.

»Ich war in Ködesin«, meint er, »bei meinem Sohn. Er ist dort verheiratet. Wenn ich mal fragen darf: Warum interessiert Sie das überhaupt?«

»Sie haben Verena Pohlmann gekannt?«

»Ja, flüchtig.« Aalglatt geht ihm die Lüge von der Zunge.

»Was heißt ›flüchtig‹?« stoße ich sofort nach.

»Ich weiß ja nicht, was Sie von mir hören wollen, aber die

Sache ist furchtbar einfach. Das Mädchen war in den Schulferien bei uns auf dem Bahnhof als Telegrammbote beschäftigt. Deswegen kenne ich sie, aber wie gesagt: nur flüchtig.«

So viel Unverfrorenheit ist mir lange nicht begegnet. »Ihre Logik in allen Ehren, Herr Schüßler, und doch muß ich zugeben, daß sie mich verwirrt.« Ich ziehe das Bündel Briefe aus meiner Schublade und werfe es demonstrativ auf den Schreibtisch.

»Seit wann schreibt man flüchtigen Bekanntschaften Briefe, die mit der Anrede ›Meine heißgeliebte, süße Verena‹ beginnen?«

Schüßler fährt hoch, starrt ganz und gar verblüfft auf die Briefe, die fächerförmig auseinandergeflattert sind. Mühsam ringt er um Fassung. »Was ... was wollen Sie eigentlich von mir?«

»Die Wahrheit, Herr Schüßler, nichts als die Wahrheit!«

Ich lasse ein paar Sekunden verstreichen. »Wieso war Verena Pohlmann Ihr ›süßer, kleiner Liebling‹?«

Mein sarkastischer Tonfall treibt ihm das Blut ins Gesicht.

»Herr Major«, stößt er hervor, »ich gebe zu, daß das alles für Sie vielleicht verdächtig sein mag, aber ich kann doch nichts dafür! Das hat sich alles so ergeben.«

»Was hat sich so ergeben?«

Schüßler dreht und windet sich. »Na ja ... das Mädchen ... also ich meine ... Verena hat sich in mich verliebt ...«

»Wie bitte?« Der warnende Ton in meiner Stimme ist kaum zu überhören, aber Schüßler überhört ihn.

»Jaja«, versichert er eifrig, »es ist so. Verena hat sich in mich verliebt. Eines Abends, der Bus nach Pegelow war schon weg, da habe ich sie in meinem Trabant nach Hause gefahren. Unterwegs hat sie mir dann ihre Liebe gestanden.«

»Hören Sie doch endlich mit diesen Märchen auf! Sie wissen ganz genau, daß das nicht stimmt. Zugegeben, Verena Pohlmann bewunderte Sie. Eine Bewunderung, die wohl in erster Linie Ihrem Beruf galt. Sie haben das sehr genau gespürt, Herr Schüßler, und Sie haben das für Ihre Zwecke ausgenutzt!«

»Aber wieso denn? Wieso denn?« jammert er händeringend.

Mit einer Armbewegung wische ich seinen Einwand hinweg.

»An jenem Abend, als Sie das Mädchen nach Hause fuhren, haben Sie ihr erzählt, wie unglücklich Sie wären, daß Ihre Frau Sie nicht versteht, daß Ihr Herz sich so nach wahrer Liebe sehne.«

Ich stehe auf, gehe um den Schreibtisch herum und beuge mich zu dem Mann hinunter. »Es war die billige und uralte Masche des gewissenlosen Verführers!«

Feine Schweißperlen glänzen auf seiner Stirn. Ich sehe, wie die Halsschlagader schneller pulsiert.

»Und dann haben Sie ihr Briefe geschrieben«, fahre ich fort.

»Einen immer drängender als den anderen.« Ich greife in das Briefbündel auf dem Schreibtisch, ziehe wahllos ein Blatt hervor. »Keiner sehnt die Zeit mehr herbei, bis wir uns wiedersehen werden. Es fällt mir immer schwerer, ein Doppelleben zu führen«, zitiere ich. »Oder hier: ›Ich laß dich nie wieder los. Für mich bist du mein Lebensglück! Ich habe immer gedacht, für einen Menschen, den man wirklich liebt, tut man alles.‹ Und so weiter und so weiter, bis Sie Ihr Ziel erreicht hatten!«

Schüßler bäumt sich auf. »Hören sie auf!« schreit er. »Ich bin verheiratet. Ich habe Familie! Haben Sie doch wenigstens Mitleid!«

»Die Wahrheit steht höher als das Mitleid!« pariere ich. »Und die Wahrheit ist, daß Ihr Verhältnis für ein paar Monate unentdeckt blieb. Bis Frau Pohlmann dahinterkam und Ihre Gattin informierte.«

Schüßler scheint seinen Widerstand aufzugeben, denn er nickt apathisch. »Verena und ich hatten vereinbart, daß wir nach außen hin so tun wollten, als wäre zwischen uns alles zu Ende. Wir wollten uns nur noch heimlich treffen.«

»Daraus wurde aber nichts – oder?«

»Nein, meine Frau mißtraute mir. Sie setzte mir dauernd zu, bis ich den Abschiedsbrief geschrieben hatte.«

»Wann war das?«

»Am Montag. Meine Frau hat den Brief noch am gleichen Tag zur Post gebracht.«

Montag, Dienstag, Mittwoch, rechne ich. Dann hat das Mädchen diesen Brief am Mittwoch erhalten. Das Häuflein Papierasche in ihrem Zimmer fällt mir wieder ein.

»Und was stand in dem Brief?«

Schüßler wiederholt stockend aus dem Gedächtnis: »Ich habe eingesehen, daß endgültig Schluß sein muß. Du brauchst nie mehr auf mich zu warten. Wenn wir uns noch einmal begegnen, werde ich an Dir vorbeigehen, als hätten wir uns nie gekannt.«

»Das haben Sie dem Mädchen geschrieben?« sage ich langsam, jede Silbe scharf betonend. »Ja, begreifen Sie denn nicht, was Sie da angerichtet haben? Dieser Brief hat das Mädchen in den Tod getrieben!«

»Tot?« stottert er. »Wieso tot?«

Maßloser Zorn steigt in mir auf. Ich muß mir Bewegung verschaffen, mich irgendwie abreagieren. Was ist das für ein Mensch? Kennt er überhaupt so etwas wie ein Gewissen? Wenige Tage vorher versichert er dem Mädchen noch: »Nur der Glaube an Dich hält mich noch aufrecht«, und dann schreibt er ihr so einen herzlosen Brief!

»Sie haben die Gefühle dieses Mädchens mißbraucht!« werfe ich ihm vor.

Schüßler sitzt nach vorn gebeugt, hat das Gesicht in den Händen verborgen. Beginnt dieser Mensch, seine Schuld zu begreifen? Ich sehe auf Schüßler hinunter, und plötzlich habe ich das Gefühl, daß mich seine Augen zwischen den zitternden Fingern anstieren – ängstlich, lauernd.

Nein, dieser Mann spielt Komödie, billige Schmierenkomödie. Das paßt zu seinem Charakter.

»Was sollte ich denn tun?« jammert er.

Da überschwemmt Verachtung mein Denken. Ich fühle, daß ich im nächsten Augenblick die Beherrschung verlieren werde, wende mich abrupt um und gehe zu Gabriel. Ich lege ihm die Hand auf die Schulter und sage mit mühsam beherrschter Stimme: »Mach du mal weiter! Erzähle ihm, was an jenem Mittwoch geschah, nachdem das Mädchen seinen Brief erhalten hatte.«

Gabriel nickt. Er nimmt meinen Platz neben dem Schreibtisch ein.

»Was gibt es da noch viel zu erzählen«, sagt er. »Zunächst einmal war das Mädchen über diesen Brief bestürzt, aber dann erinnerte sie sich an Ihr Versprechen, Herr Schüßler, nur so zu tun, als wäre alles zu Ende. Sie war überzeugt, daß Sie am Nachmittag kommen würden, um alles aufzuklären. Mit dieser Hoffnung hat sie an der Bushaltestelle gewartet. Vergebens, wie wir jetzt wissen. Da dämmerte in dem Mädchen die Gewißheit, daß Herbert Schüßler nie mehr kommen würde. Sie begriff, daß er sie betrogen hatte. In ihrer Verzweiflung griff sie zum Alkohol, der ihr den Tod als einzigen Ausweg vorzeichnete. Sie versuchte noch, die Tür aufzubrechen, hinter der die Mutter Ihre Briefe versteckt hatte, dann schrieb sie ein paar Abschiedszeilen, legte sie in das Buch über jene Frau, mit deren Schicksal sie sich so verkettet fühlte, und lief in die Nacht hinaus.«

»Ja, ein bedauernswertes, zerbrochenes Geschöpf«, fahre ich fort, jetzt bereits ruhiger, sachlicher. »Dann erreichte sie die Strecke und legte sich auf das Gleis. Es war eine bitterkalte Dezembernacht. Die Schienen dröhnten. Die Lichter des Güterzuges kamen unerbittlich näher. Da stieg in ihr Furcht auf, Furcht vor dem, was sie tat. Es war die Angst der Kreatur, die, ihren Schrei erstickend, die Hand zwischen die Zähne preßte. Und dann ... ja, dann war alles vorbei. Dort auf den Schienen starb ein Mädchen, das niemals jemandem etwas zuleide getan hatte. Es starb elend und qualvoll – lebensmüde!«

Ich gehe zu meinem Platz zurück, setze mich. Schweigen ist im Raum. Ein Schweigen, das auf Schüßler wie ein Urteil lasten muß.

»Warum sehen Sie mich denn so an?« schreit er. »Warum sagen Sie denn nichts? Ich habe es doch nicht gewollt!«

»Nein«, entgegne ich, »Sie haben es nicht gewollt, aber es ist trotzdem geschehen. Doch das müssen Sie zeitlebens vor Ihrem Gewissen verantworten. Und nun gehen Sie. Wir brauchen Sie nicht mehr!«

Ich stütze die Ellenbogen auf die Tischplatte, lege die Handflächen vor das Gesicht und atme tief. Einen verfluchten Beruf haben wir uns ausgesucht!

Gabriel schweigt. Einen derartigen Gefühlsausbruch hat er von mir gewiß nicht erwartet.

Nach vielen Minuten, die Tür ist hinter Schüßler längst ins Schloß gefallen, sagt er: »Dieser Mann ist schuldig. Wir wissen es und müssen ihn trotzdem laufenlassen!«

»Ja«, entgegne ich, »der Mann ist schuldig. Hundertmal schuldig ist er. Aber es ist eine moralische Schuld. Juristisch gesehen, können wir ihn nicht zur Verantwortung ziehen. Es war ein Selbstmord.«

»Und der Uniformknopf am Tatort?« fragt Gabriel, ohne seine Stimme zu heben.

»Hat mit unserem Fall überhaupt nichts zu tun. Ein irrsinniger Zufall, nicht mehr. Hier ist das Gutachten der Kriminaltechniker.

Der Knopf hat wenigstens ein Jahr am Bahndamm gelegen. Wer weiß, welcher Eisenbahner ihn dort verloren hat.«

Wie ein graues Laken hängt der Himmel über den kahlen Baumwipfeln. Unser Wartburg hält vor der rostigen Eisenpforte des Pegelower Friedhofes. Mit verlegener Miene enthüllt Gabriel einen Strauße weißer Chrysanthemen.

Blumen! Sieh mal an, das hätte ich dem Jungen gar nicht zugetraut.

Schweigend betreten wir den Plattenweg, der sich zwischen Grabsteinen und immergrünen Hecken dahinzieht. Ein dunkles Rechteck klafft in der Erde. Sicher haben die Totengräber Mühe gehabt, in das hartgefrorene Erdreich einzudringen. Balken sind über das Grab gelegt. Darauf der Sarg, eine kostbare dunkle Eichentruhe – teuer; ein Schuldbekenntnis?

Nur wenige Leute haben sich an diesem kalten Wintermorgen auf dem Friedhof eingefunden, um Verena Pohlmann das letzte Geleit zu geben. Frierend umstehen sie den Sarg: die Mutter, die Schwester, Lehrer Anders, Oberförster Reileck, die alte Weixeln, Frau Krüger und der Lehrer Mehnert in seinem Rollstuhl.

»Hadern wir nicht mit diesem Schicksal«, predigt der Pfarrer, »denn es war Gottes Ratschluß, und der Herr hat es so gewollt.«

Gottes Ratschluß? Nein, das ist ein bißchen zu einfach, Herr Pfarrer! Was hier geschehen ist, läßt sich nicht mit solchem Trost entschuldigen. Dieses Mädchen hat Selbstmord verübt. Sie ist das Opfer eines gewissenlosen Mannes und einer gefühlsarmen Mutter!

Mein Blick geht zu der kleinen Trauergemeinde. Da ist Oberförster Reileck, der sich nicht um anderer Leute Kram kümmert; da ist Frau Krüger mit der spitzen Zunge; da ist der Lehrer Anders, der über all den zahlreichen gesellschaftlichen Verpflichtungen seine wichtigste Aufgabe vergaß – Menschen, die sich kaum die Mühe machten, über Verena Pohlmann nachzudenken oder ihr gar Verständnis entgegenzubringen. Muß man ihr Versagen nicht auch als Mitschuld deuten? Die Totengräber fassen die Seile und lassen sie langsam durch die harten Fäuste gleiten. Der Sarg sinkt hinab. Dumpf und hohl klingt es, als die ersten Erdschollen in die Grube poltern.

Gabriel und ich treten als letzte an das Grab. Keine Zeitung wird über den Tod dieses Mädchen berichten. Es wird auch keine Gerichtsverhandlung geben. Aber die Menschen müssen von dem Fall Verena Pohlmann erfahren. Langsam wenden wir uns dem Ausgang zu. Die ersten Schneeflocken wirbeln vom Himmel. Und morgen ist Weihnachten, denke ich …

HEINZ GLADE

Fahndung nach Blond

An einem naßkalten, stürmischen Herbstabend machte der Berliner Obus-Fahrer* Karl Bremer einen Fund, der die Volkspolizei veranlaßte, sofort einzugreifen. Die Ermittlungen zogen sich ziemlich lange hin, bescherten Enttäuschungen und Überraschungen, führten aber dazu, daß nicht nur die begangenen Straftaten aufgedeckt, sondern auch deren Motive enthüllt wurden.

Doch von alledem ahnte Karl Bremer an jenem Abend nichts. Mit ruhiger Sicherheit, die er sich in über zwanzig Berufsjahren angeeignet hatte, lenkte er seinen doppelstöckigen Obus durch den lebhaft flutenden Verkehr, rollte durch die S-Bahn-Unterführung des neugestalteten Bahnhofs, kurvte in den Alexanderplatz ein und näherte sich der Haltestelle vor dem HO-Warenhaus.

In diesem Augenblick sah er, wie vor ihm, von einer Windbö gejagt, eine Schmutzwoge über die Straße fegte – welkes Laub, zerknüllte Zigarettenschachteln, Papier, Sand und Zementstaub von den nahen Baustellen.

In diesem Sammelsurium des Großstadtabfalls fiel ihm im Scheinwerferlicht ein leuchtendes blaues Etwas auf, das ihm zu dem Unrat nicht zu passen schien.

Von der ihm eigenen Gewissenhaftigkeit und ein bißchen auch von Neugier ermuntert, kletterte Bremer während des Aufenthaltes von seinem Fahrersessel, ging ein paar Schritte zurück und fand, ohne suchen zu müssen, im Rinnstein das blaue Etwas wieder: einen aus der Umhüllung gelösten, zerknitterten Personalausweis für Bürger der Deutschen Demokratischen Republik.

Bremer nahm ihn an sich und setzte sich wieder hinter das Lenkrad. Die letzten Fahrgäste stiegen ein. Er schlug das blaue Heftchen auf, denn ihn interessierte, wer der Eigentümer war.

Da erschrak er.

Die Seiten mit dem Paßfoto und der Unterschrift, den Personalien und der Wohnungsanschrift waren herausgetrennt, auf den übrigen Blättern fehlte die unten aufgedruckte Ausweisnummer. Nur an einer Stelle war sie nicht sorgfältig genug abgerissen worden: ... 276 lauteten die letzten Ziffern.

Karl Bremer starrte sie an, als könne er dadurch das Geheimnis des zerfetzten Dokuments enträtseln.

Erst die Ungeduld der Fahrgäste und ihre drastische Aufforderung, endlich zu starten, rief ihn aus seinem Grübeln in die Wirklichkeit zurück. Vorsichtig schob er den fremden Ausweis in die Tasche seiner Uniformjacke, knöpfte sie zu und fuhr mit Verspätung ab.

Er hatte Mühe, sich auf den Verkehr zu konzentrieren.

Gleich nach seinem Dienst, es war schon Nacht, übergab Karl Bremer seinen Fund der Volkspolizei.

Um einen abgelieferten Personalausweis macht die Volkspolizei im allgemeinen kein Aufsehen. Sie überprüft die Umstände, benachrichtigt den Verlierer, ermahnt ihn, mit seinem staatlichen Dokument künftig achtsamer umzugehen, und gibt es ihm zurück. Das ist eine Routineangelegenheit, die zwar ihre Bedeutung hat, aber nicht an die große Glocke gehängt wird.

Mit dem Ausweis, den der Obus-Fahrer Karl Bremer aus dem Straßenschmutz gefischt hatte, verhielt es sich nicht so einfach. Sein Zustand forderte viele Vermutungen heraus, nur eins schien auszuscheiden: der normale Verlust.

Die Skala der Möglichkeiten einer strafbaren Handlung reichte weit – vom groben Unfug bis zum schweren Verbrechen. Ein Zusammenhang mit kriminellen Aktionen, wie sie oft und in verschiedenen Variationen von Westberlin aus gegen die Deutsche Demokratische Republik unternommen wurden, ließ sich nicht ausschließen. Wenngleich der lädierte Ausweis wertlos war, das herausgerissene Foto konnte zu Fälschungen oder anderen Gesetzwidrigkeiten mißbraucht werden.

Wer aber war der Täter? Wer der Geschädigte oder gar das Opfer? Und welches Verbrechen verband sich mit dem aufgefundenen Ausweis, dessen Zerstörung an sich schon strafbar war?

Die Kriminalisten besaßen außer Fundort und Fundzeit nur einen konkreten Anhaltspunkt: die letzten drei Ziffern den Ausweisnummer ... 276.

In der kurzen Liste der als vermißt gemeldeten Personen tauchte diese Zahl nicht auf. Auch in der schon umfangreicheren Aufstellung abhanden gekommener Personalausweise wurde sie nicht genannt.

So blieb nur die Chance, in mühseliger Karteisucharbeit festzustellen, welche der über eine Million Personalausweise Berlins die Endzahl 276 trugen.

Der Weg zu Tat und Täter führte über die Identifizierung des Ausweisinhabers, gleich ob er Geschädigter, Opfer oder – auch das lag im Bereich des Möglichen – selbst der Täter war.

Die Feststellung der Ausweise mit der Endzahl 276 war noch im Gange, da traf in der Volkspolizei-Inspektion Berlin-Mitte die Meldung eines VP-Reviers am Rande der Stadt ein: Eine Bürgerin namens Berta Bringmüller habe Anzeige erstattet, ihr sei im HO-Warenhaus am Alexanderplatz die Brieftasche gestohlen worden; Inhalt etwa 45 Mark, Personalausweis, Rentenkarte, Familienfotos und einige Kleinigkeiten.

Die exakt abgefaßte Meldung enthielt alle vorgeschriebenen Einzelheiten, darunter die Nummer des verschwundenen Ausweises.

Als Leutnant Roland Matthiesen, Mitarbeiter der Kriminalpolizei und zuständig für die im Inspektionsbereich begangenen Eigentumsdelikte, die Anzeige las, stutzte er. Der PA* der geschädigten Frau Bringmüller hatte die Endnummer 276, die gleiche wie der von dem Obus-Fahrer Bremer abgelieferte beschädigte Ausweis.

Handelte es sich um ein und dasselbe Dokument? Die Umstände deuteten darauf hin, aber die Gleichheit konnte auch Zufall sein.

Um Klarheit zu gewinnen, fuhr Leutnant Matthiesen zu Frau Bringmüller, die er des Diebstahls wegen sowieso vernehmen wollte.

Berta Bringmüller, eine zweiundsechzigjährige Rentnerin, wohnte in einer der Siedlungen, die den Übergang von den dichtbevölkerten Bezirken Berlins zu der aufgelockert bebauten, landschaftlich schönen Peripherie bilden. Der Besuch des Kriminalisten überraschte sie nicht. Aufgeregt zwar, doch ohne übermäßige Umschweife schilderte sie, was ihr vor zwei Tagen am frühen Nachmittag in der Wäscheabteilung des HO-Warenhauses am Alexanderplatz passiert war: die Szene am Packtisch, bei der sie sich in unangenehmer Weise von einer Blondine beobachtet fühlte, die hinter ihr wartete; den Empfang ihrer Pakete;

das plötzliche Verschwinden der Blonden; den Schreck im Obus, als sie im Mantel ihre Brieftasche vermißte; das Zurückhasten zum Warenhaus; die vergebliche Suche nach der mutmaßlichen Diebin.

Frau Bringmüller geriet ins Wehklagen. »Sie werden sie auch nicht erwischen, Herr Leutnant«, prophezeite sie, »Taschendiebe sind ja so gemein und so raffiniert. Viel wird die Volkspolizei nicht ausrichten können.«

»Wenn Sie in der Lage wären, die Frau, die sie verdächtigen, genauer zu beschreiben, hätten wir es leichter«, antwortete Matthiesen ruhig.

Berta Bringmüller zuckte die Schultern und sagte: »Wenn man vorher ahnte, mit wem man es zu tun hat, würde man sich die Menschen besser ansehen. So aber kann ich nur wiederholen, was ich schon bei der Anzeige auf dem Revier angegeben habe – blond, groß, verlebtes Gesicht, der Typ gewisser Damen, die sich in früheren Zeiten auf gewissen Straßen herumtrieben.«

Roland Matthiesen merkte, daß sich die Personenbeschreibung der Verdächtigen nicht vervollständigen ließ. Er lenkte das Gespräch auf den Personalausweis, der vor dem HO-Warenhaus gefunden worden war, zeigte Frau Bringmüller das beschädigte Dokument und fragte, ob sie es als ihr Eigentum wiedererkenne.

»Wenn es mein Ausweis ist, bestimmt. Ich habe nämlich aus Versehen mal was darüber gegossen, seitdem hat er braune Flekke.«

Matthiesen blätterte den Ausweis durch. Auf dem Umschlag und noch deutlicher auf den leeren Innenseiten zeichneten sich stark umrandete Flecke ab.

Das Rätsel um den Personalausweis mit der Endzahl 276 war gelöst. Er gehörte der Rentnerin Berta Bringmüller und war ihr bei einem Taschendiebstahl entwendet worden.

Die Diebin hatte den Ausweis weggeworfen; doch es war kaum anzunehmen, daß sie das Paßbild gesetzwidrig verwenden würde. Sollte es doch geschehen, würden die Sicherheitsorgane jeden Mißbrauch bald aufdecken. Sie kannten nun das Foto, von dem ein Doppel in der Kartei aufbewahrt wurde.

Den Taschendiebstahl aufzuklären war allerdings schwierig. Die Personenbeschreibung, die wohl auf einem allzu flüchtigen

Eindruck beruhte, bot Leutnant Matthiesen keinen konkreten Hinweis und keinen Ansatzpunkt. Große blonde Frauen gab es zu Zehntausenden in Berlin, ein verlebtes Gesicht war, zumal diese Charakterisierung von subjektiven Auffassungen beeinflußt sein mochte, kein typisches Kennzeichen. Dennoch betrachtete Matthiesen seine Arbeit an diesem Fall zuversichtlich. Er stützte sich auf Tatsachen, die er bereits ermittelt hatte, und er war Psychologe genug, um einen stummen und unsichtbaren Verbündeten auf seiner Seite zu wissen: den bei Taschendieben stark ausgeprägten Drang, dorthin zurückzukehren, wo sie einmal Erfolg gehabt haben.

Matthiesens Rechnung ging auf. In der Vorweihnachtszeit häuften sich im HO-Warenhaus am Alexanderplatz sowohl die Waren- als auch die Taschendiebstähle. Die Volkspolizei erklärte die große und beliebte Einkaufsstätte im Zentrum Berlins zum Brennpunkt ihrer Arbeit und leitete Sondermaßnahmen ein.

Einen eigenartigen Akzent erhielten die Taschendiebstähle durch eine Tatsache, die sich mit Frau Bringmüllers Aussage deckte. Die Mehrzahl der Geschädigten verdächtigten ebenso wie sie eine Blondine.

So kam es, daß Leutnant Matthiesen die Mitarbeiter seiner Gruppe, mit denen er einen Beobachtungseinsatz im Warenhaus durchführte, anwies, speziell blonde Frauen im Auge zu behalten.

Wie schwierig es war, diese Instruktion zu befolgen, merkte Roland Matthiesen schon nach der ersten Viertelstunde. Er hatte das Gefühl, das Warenhaus werde von einer Invasion in Blond heimgesucht. Blond quoll unter Hüten, Kappen und Mützen hervor, schmiegte sich sanft und wellig an Kopftücher, floß unbedeckt lang und weich über Schultern, verschlang sich zu glatten Knoten, zerteilte sich ungepflegt in Strähnen, türmte sich hochtoupiert zu überdimensionalen Turbanen.

Und Blond war nicht gleich Blond. Es hatte viele Nuancen und Schattierungen. Matthiesen grübelte, wieviel Prozent der blonden Pracht wohl natürlich sein mochten und wieviel von den Frisören mit Hilfe chemischer Präparate und technischer Tricks künstlich geschaffen worden waren.

Er unterschied es nicht, aber durch diese Überlegung wurde

ihm klar, daß es ein Risiko sein konnte, sich bei der Beobachtung auf Blond zu beschränken. Niemand hinderte die als blond geschilderte Täterin daran, ihre Haarfarbe zu wechseln, wie es ihr beliebte.

Die ermüdende Warenhausatmosphäre mit Gedränge, Stimmengewirr, klappernden Kassen, Lautsprecherwerbung, trockener Wärme und einer von undefinierbaren Gerüchen gesättigten stickigen Luft war wenig geeignet, die Gedanken zu beflügeln. Doch gerade sie brachte Matthiesen, der sich angewöhnt hatte, aus allgemeinen Eindrücken die jeweils charakteristischen Merkmale herauszuschälen, auf eine Idee, eine neue Version, die seine bisherige Theorie in Zweifel stellte. Ohne seinen Blick von den suchenden, wählenden, probierenden, verhandelnden, bezahlenden und wartenden Kundinnen abzuwenden, rekonstruierte Roland Matthiesen, was sich ereignet hatte: erst die Geschichte Bringmüller, dann die anderen Taschendiebstähle, die übereinstimmende Verdächtigung aller Geschädigten, daß die Diebin eine Blondine sei: *Eine* Blondine, das war für den einzelnen richtig. Aber traf es auch für die Gesamtheit zu? Konnte es nicht sein, daß an der Serie der Taschendiebstähle zwei oder mehrere Blondinen beteiligt waren?

Diese Frage wurde während des Einsatzes nicht beantwortet. Das einzige Ergebnis der Aktion war die Festnahme eines sechzehnjährigen Jungen, der einen knallroten Wollschal entwendete und dabei so dilettantisch vorging, daß seine Beteuerung, er habe so etwas zum erstenmal getan, durchaus glaubwürdig klang.

Am gleichen Nachmittag, da Leutnant Matthiesen mit seiner Gruppe das HO-Warenhaus am Alexanderplatz beobachtete, wurden auf der Obus-Linie, die am Warenhaus vorbeiführte, zwei Taschendiebstähle verübt. Bei der Kriminalpolizei gingen zwei Anzeigen ein, eine von einer Frau, eine von einem Mann. Die tatsächliche Zahl der Delikte konnte höher sein, erfahrungsgemäß verzichtete mancher Betroffene darauf, den Verlust zu melden.

Doch darüber zerbrach sich Matthiesen nicht den Kopf. Auffällig erschien ihm etwas anderes: Die beiden Anzeigenden bezeichneten ebenfalls eine blonde Frau als verdächtig. Alles drehte sich um Blond. Diese Besonderheit war so hervorstechend, daß

Roland Matthiesen die Erwägung, Haarfarben seien schnell und mühelos veränderbar, aus seinen weiteren Überlegungen ausklammerte. Die Taschendiebstähle hatten ein Stadium erreicht, an dem aus fast jeder Frage eine neue erwuchs, eine Art Kettenreaktion auslösend und verschiedene Möglichkeiten und Kombinationen eröffnend.

Es gab zwei Tatorte, das Warenhaus und die Obus-Linie. Wenn das Zufall war, wenn zwischen ihnen kein Zusammenhang bestand, existierten zwei Täterinnen.

Ebensogut war es denkbar, daß Warenhaus und Obus Objekte der gleichen Diebin waren. Die Obus-Haltestelle lag direkt vor dem Warenhaus; die Methode war hier wie dort dieselbe. Die Täterin nutzte Menschenansammlungen, Gedränge und den Leichtsinn vieler Leute aus und vergriff sich vorwiegend an unverschlossenen Einkaufstaschen, manchmal auch an Manteltaschen.

Täterin oder Täterinnen, Einzahl oder Mehrzahl?

Die Personenbeschreibungen, die mehrere Geschädigte gegeben hatten, halfen nicht weiter. Einmütigkeit herrschte nur über die Haarfarbe und das ungefähre Alter: achtunddreißig bis fünfundvierzig Jahre. Die Größenangaben wichen, zwischen groß und mittelgroß schwankend, voneinander ab. Mit den Details ließ sich wenig anfangen. Berta Bringmüller erinnerte sich an ein verlebtes Gesicht, andere Zeugen hatten hervortretende Backenknochen, schwammige Wangen, wulstige Lippen, schräge Nasenfalten, einen unangenehm berührenden durchdringenden Blick und ähnliches bemerkt, doch keiner dasselbe. Auch die Bekleidung bot keinen verwertbaren Hinweis.

In der Straftatenvergleichskartei, die, nach verschiedenen Kategorien aufgegliedert, die Fotos der typischsten Straffälligen enthielt, fand Roland Matthiesen das Bild einer mehrfach vorbestraften Taschendiebin, einer Blondine, die möglicherweise mit der jetzt auftretenden Täterin – oder mit einer der Täterinnen – identisch war. Aber daran dachte Roland Matthiesen nur beiläufig, als er dieses Bild mit einigen anderen Aufnahmen, die ebenfalls blonde Frauen etwa des gleichen Typs zeigten, zu einer Kollektion komplettierte. Er wollte nur das Erinnerungsvermögen der Zeugen anregen, eventuelle charakteristische Kennzeichen deutlicher umreißen und prüfen, ob er auf eine Spur stoßen würde, die zu verfolgen einen Sinn hatte.

Die vorgeladenen Geschädigten, denen er, jedem gesondert, alle ausgewählten Bilder vorlegte, waren bis auf eine Frau Berthold, die im Obus, und Frau Bringmüller, die im HO-Warenhaus bestohlen worden war, nicht in der Lage, die Ermittlungsarbeit zu unterstützen. Der einzige männliche Zeuge schied sofort aus. Mit überforschem Selbstbewußtsein tippte er auf das Foto einer blonden Trickbetrügerin, die bereits verurteilt war und seit einem halben Jahr eine Freiheitsstrafe verbüßte.

Mehrere Zeuginnen betrachteten die Sammlung interessiert, sprachen sich aber, ihrer Sache offenbar nicht sicher, nicht klar aus und distanzierten sich mit belanglosen Redewendungen. Frau Berthold ging systematisch vor. Alle Aufnahmen, die ihr zu ihrem Gedächtnisbild nicht zu passen schienen, sortierte sie aus, wobei sie das Tempo immer mehr verlangsamte. Als nur noch zwei Fotos übrigblieben, zögerte sie lange, bevor sie eins, zur Seite schob. Auf das letzte deutend, erklärte sie: »Eine Ähnlichkeit ist da, dafür verbürge ich mich, aber ob das die Diebin ist, kann ich beim besten Willen nicht sagen.« Berta Bringmüller konzentrierte sich auf dasselbe Foto und entdeckte ebenfalls eine Ähnlichkeit. »Ich bin in solchen Dingen vorsichtig«, fügte sie hinzu, »was passiert ist, ist passiert, Verbrecher müssen ihre Strafe bekommen. Doch einen unbescholtenen Menschen beschuldigt man nicht, nicht wahr, Herr Leutnant?«

Roland Matthiesen nickte ihr freundlich zu, und die Rentnerin fuhr, jedes Wort wägend, fort: »Das mit der Ähnlichkeit stimmt, aber die Frau aus dem Warenhaus hatte ein verlebteres Gesicht, und sie war älter.«

Das Foto aus der Straftatenvergleichskartei, dem Frau Berthold und Frau Bringmüller, beide gewissenhaft und glaubwürdig, eine Ähnlichkeit mit der weiblichen Person zuschrieben, die sie bestohlen hatte, war das Konterfei einer der raffiniertesten Taschendiebinnen Berlins. Leutnant Matthiesen griff den Ermittlungen nicht vor, aber eins bewegte ihn doch: die Möglichkeit, daß eine einzige Täterin die zahlreichen Diebstähle im Obus und im Warenhaus allein begangen hatte.

Die in der Straftatenvergleichskartei verzeichnete Taschendiebin hieß Brigitte Krüger. Sie war achtunddreißig Jahre alt, geschieden und hatte drei Kinder im Alter von vierzehn, zwölf und neun

Jahren. Ihren erlernten Beruf als Konfektionsverkäuferin übte sie seit langem nicht mehr aus. Sie hatte ihre Tätigkeit oft gewechselt und arbeitete jetzt im Glühlampenwerk. Viermal einschlägig vorbestraft, war sie vor fast drei Jahren aus ihrer letzten Haft entlassen worden.

Das entnahm Leutnant Matthiesen den Akten. Alters- und Zeitangaben errechnete er aus den vermerkten Daten und brachte sie so auf den gegenwärtigen Stand. Nur das Foto konnte er nicht aktualisieren, aber gerade das wäre wichtig gewesen. Frau Bringmüller hatte davon gesprochen, daß die Täterin älter sei, älter und verlebter. Wenn die Krüger rückfällig geworden war und sich erneut in Straftaten verstrickt hatte, genügte die alte Aufnahme von ihr nicht mehr, die Kriminalpolizei brauchte eine neue.

Roland Matthiesen war Brigitte Krüger gegenüber in keiner Weise voreingenommen. Was er tat, hätte er in jedem gleichgelagerten anderen Fall auch getan. Die Vorstrafen spielten nur insofern eine Rolle, als die Ermittlungen in dem jetzigen Stadium besonders diskret und behutsam geführt werden mußten. Frau Krüger durfte nicht stutzig werden. Hatte sie sich wiederum strafbar gemacht, wäre jedes zu direkte Vorgehen eine Warnung für sie gewesen; war sie unschuldig, hätte sie das polizeiliche Interesse vielleicht als Zweifel und Mißtrauen an ihrer Ehrlichkeit empfunden.

Um sich näher über Frau Krüger zu informieren, wandte sich Leutnant Matthiesen an die Werkleitung des Glühlampenwerkes. In der vereinbarten Aussprache wollte er versuchen, ein neues Foto zu besorgen.

»Kommen Sie wegen ihrer Mietschulden?« erkundigte sich der Mitarbeiter der Kaderabteilung, nachdem er sich dem Leutnant als Richard Gärtner vorgestellt hatte.

Matthiesen schluckte das Nein hinunter und antwortete ausweichend. Sollte Gärtner nur erzählen, dadurch erfuhr man manchmal mehr als durch die ganze Fragerei.

Der redselige Gärtner erfüllte Matthiesen, ohne ermuntert zu werden, diesen Wunsch und berichtete alles, was er über Brigitte Krüger wußte.

Ja, Mietschulden habe die Kollegin Krüger. Der Hauswirt sei schon mehrmals im Werk gewesen und habe sich beschwert. Vor einer Klage schrecke er zurück, eine gütliche Einigung sei ihm lieber. Und geeinigt habe man sich schließlich. Die Kollegin Krüger zahle den Rest der Schulden ab. Das falle ihr zwar nicht leicht, denn ihr Verdienst, rund 500 Mark brutto monatlich, müsse für sie und die drei Kinder aus der geschiedenen Ehe reichen, aber sie beweise guten Willen. Die Kollegin Krüger sei selbst ziemlich anspruchslos. Offenbar leide sie unter ihrer Vergangenheit, ihren Vorstrafen, obwohl sie deswegen von niemand behelligt werde. Ihre Arbeitsleistungen seien durchschnittlich. Bummelschichten und nicht ganz durchschaubare Krankmeldungen kämen vor, hielten sich aber in Grenzen.

Dann verhaspelte sich Gärtner, mit seinen Auskünften am Ende, aber nach wie vor redefreudig, in allgemeinen ökonomischen Problemen. Matthiesen fragte nach einem Foto von Brigitte Krüger. Gärtner schob es ihm über den Schreibtisch. Es war das einzige, das in den Kaderunterlagen existierte, und fast ebenso alt wie das in der Straftatenvergleichskartei. Nach Schichtschluß ließ sich Leutnant Matthiesen von Richard Gärtner Frau Krüger zeigen. Etwa drei Meter von ihm entfernt ging sie nichtsahnend mit einigen Kolleginnen zum Werktor hinaus.

Roland Matthiesen beobachtete sie unauffällig. Er gestand sich ein, daß er sie nach dem alten Foto kaum wiedererkannt hätte. Beim genauen Hinsehen wurde die Ähnlichkeit deutlich, doch Brigitte Krüger hatte sich verändert. Sie wirkte – Matthiesen erinnerte sich der Worte Berta Bringmüllers – tatsächlich älter als auf dem Bild.

Leutnant Matthiesen veranlaßte, daß die Überwachung, die sich anfangs nur auf das HO-Warenhaus am Alexanderplatz erstreckte, auf die Obus-Linie ausgedehnt wurde. Er zog eine Reihe zuverlässiger Zivilpersonen ins Vertrauen und bat sie, die Augen offenzuhalten und jede ihnen verdächtig erscheinende Wahrnehmung sofort zu melden. Mitarbeiter des Warenhauses gehörten zu den Helfern und das Omnibuspersonal, darunter Karl Bremer, der den zerrissenen Ausweis gefunden und somit den Stein ins Rollen gebracht hatte.

Mit diesen Einsätzen, die Matthiesen unabhängig von den Ermittlungen über Brigitte Krüger organisierte, knüpften die Kriminalisten ein Netz, dem die Täterin oder die Täterinnen – das war noch immer unklar – nicht entrinnen würden.

Die Fahndung nach Blond lief, eine Fahndung nach Unbekannt. Als eines Mittags der Warenhausdirektor anrief, glaubte Roland Matthiesen einen ersten Erfolg errungen zu haben. Doch er wurde enttäuscht. Aufgeregt bat der sonst so ruhige Direktor um einen Besuch, da sich wiederum ein Diebstahl ereignet habe. Die Bestohlene warte in seinem Büro, sie sei Ausländerin. Eine peinliche Geschichte.

Matthiesen machte sich sofort auf den Weg.

Die Geschädigte, eine elegant gekleidete, attraktive junge Dame, saß in einem Polstersessel und hatte – der mit lippenstiftroten Zigarettenresten gefüllte Aschenbecher verriet es – schon viel geraucht.

Der Direktor stellte sie vor: Antje Bruikens, Chansonsängerin aus Holland, zur Zeit auf Tournee in der DDR.

Matthiesen entschied sich, sie mit dem englischen Mistress anzureden.

»Miss«, korrigierte sie freundlich und begann, in der Meinung, das Gespräch solle in dieser Sprache geführt werden, in englisch auszusagen, was sie erlebt hatte.

Antje Bruikens berichtete nicht überhastet, trotzdem hatte Matthiesen, der Übung entwöhnt, Mühe, ihr zu folgen. Der Direktor kam ihm zu Hilfe und übersetzte.

Folgendes hatte sich zugetragen: Am Vormittag erhielt Antje Bruikens eine Honorarabrechnung. Mit einem Taxi fuhr sie zum Alexanderplatz ins Warenhaus und kaufte ein. Nach einer Weile, sie hatte schon ein paar Pakete bei sich, fühlte sie sich beobachtet, gab aber nichts darauf, denn sie glaubte, irgend jemand habe sie von der Bühne her wiedererkannt. Sie suchte sich Stoff für ein Kostüm aus, ging zur Kasse und legte, um die Hände frei zu haben, ihr Gepäck für einen kurzen Moment ab. Als sie bezahlen wollte, vermißte sie ihr Täschchen mit dem Geld, mehrere hundert Mark. Die Frau, die zuletzt hinter ihr gestanden und sie eindringlich gemustert hatte, war verschwunden. Eine Verkäuferin begleitete die Sängerin zur Direktion.

»That's all.« Antje Bruikens winkte niedergeschlagen ab und griff nach einer neuen Zigarette.

Matthiesen fragte nach dem Aussehen der Verdächtigen. »She was great, thick and fair, very fair. Her age forty years perhaps.«

Matthiesen hatte verstanden. Trotzdem übersetzte der Direktor, wobei er betonte, daß fair in diesem Zusammenhang blond bedeute: »Sie war groß, dick, sehr blond und vielleicht vierzig Jahre alt.«

Brigitte Krüger? Matthiesen überlegte, ob er Fräulein Bruikens bitten sollte, sich in der Inspektion die Bilder-Kollektion anzusehen. Doch diesen Gedanken verwarf er wieder. Wenn die Krüger vielleicht auch beteiligt war, das alte Foto eignete sich nicht für eine Identifizierung.

Er versicherte der holländischen Künstlerin, alles zu tun, um die Diebin bald festzunehmen.

Antje Bruikens bedankte sich mit einem charmanten Lächeln.

Kurz vor Schichtwechsel bremste vor dem Glühlampenwerk ein grauer Wartburg mit zivilem Kennzeichen und rangierte rückwärts in eine Parklücke ein. Dieser Vorgang war im Straßenverkehr so normal und so gewöhnlich, daß niemand ihn beachtete.

Und doch hatten die Männer, die in dem Wartburg saßen, einen ungewöhnlichen Plan. Ohne auszusteigen, ohne Aufsehen zu erregen, wollten sie aus dem Wagen heraus eine bestimmte Person fotografieren, von der sie wußten, daß sie aus dem Glühlampenwerk herauskommen mußte.

Die Männer waren Leutnant Matthiesen und der Kriminaltechniker, Hauptwachtmeister Günter Poring. Die bestimmte Person, auf die sie warteten, hieß Brigitte Krüger.

Seit dem frühen Morgen hatte es geregnet. Am Nachmittag begann es zu schneien. Wässerige Flocken rieselten im Nebel und zerflossen, sobald sie die Erde berührten. Weihnachten kündigte sich mit häßlichem Grippewetter an.

Die feuchte Kühle drang in den parkenden Wagen und verursachte ein Frösteln. Poring sehnte sich nach einem dampfenden Grog und erklärte fachmännisch eine Zubereitungsart, die er während eines Winterurlaubs an der Ostseeküste kennengelernt hatte.

Der imaginäre Grog war noch nicht fertiggebraut, als sich aus dem Werk ein Menschenstrom ergoß und sich auf der Straße zerteilte. Kälte und Nässe trieben zur Eile. In dem Wartburg verstummte das Gespräch.

Roland Matthiesen entdeckte Brigitte Krüger. Er verständigte Poring, der seine schußbereite Kamera in Augenhöhe hob. Das

Klicken des Verschlusses hörte sich übermäßig laut an. Brigitte Krüger verabschiedete sich von mehreren Frauen und schwenkte nach rechts zur Straßenbahnhaltestelle.

»Hinterher?« fragte Poring.

Matthiesen nickte, und der Fahrer richtete es so ein, daß sich der Wagen fast gleichzeitig mit der Bahn der Haltestelle näherte. Dadurch war es Poring möglich, die Krüger noch aus einer anderen Perspektive aufzunehmen.

Um zu erkunden, wohin Brigitte Krüger fuhr, entschloß sich Matthiesen, sie zu verfolgen.

Sie kehrte, ohne sich aufzuhalten, von der Arbeit in ihre Wohnung zurück. Unterwegs stieg sie zweimal um. Mit jugendlicher Gewandtheit schlängelte sie sich durch die Menschenmenge und eroberte sich stets einen guten Platz.

Die Kriminalisten wunderte das nicht. Geschicklichkeit gehörte sozusagen zu den elementaren Fähigkeiten einer Taschendiebin. Und Taschendiebin, eine besonders raffinierte sogar, war die Krüger zumindest einmal gewesen.

Die entwickelten Bilder waren durchweg matt und von einem milchigen Schleier eingehüllt, aber sie gaben Aufschluß über Frau Krügers Art, sich zu bewegen. Sie ging mit leicht vorgebeugtem Oberkörper und mit weit ausholenden Schritten. Ihre Haltung wirkte in jeder Pose scheu und gehetzt zugleich. Nur ein klares brauchbares Porträt war nicht unter den Aufnahmen, und die Kriminalisten waren sich darüber im klaren, daß ein solches Bild bei diesem Wetter ein glatter Zufallstreffer gewesen wäre.

Um Frau Krüger entweder aller Verdächtigungen zu entlasten oder aber sie recht bald zu überführen, ordnete Leutnant Matthiesen zwei Dinge an: Erstens sollte sie auf den Weg von und auf der Arbeit beschattet und zweitens vom Genossen Poring auf der Betriebsweihnachtsfeier fotografiert werden. »Sie spielen dort Berufsfotograf. Unterleutnant Rudowsky wird Sie begleiten und sich ein bißchen umhören, was man über Frau Krüger erzählt.«

Zur Weihnachtsfeier der Abteilung, in der Brigitte Krüger beschäftigt war, bekamen Günter Poring und Horst Rudowsky ohne weiteres Einlaß. Richard Gärtner arrangierte das. Er stellte Poring als privaten Fotografen vor – als »freischaffenden, lichtbildnerisch tätigen Künstler«, sagte er hochtrabend – und Rudowsky als dessen Assistenten. Die beiden Gäste hätten die Aufgabe, für die Kollegen Erinnerungsaufnahmen anzufertigen, die Bezahlung werde aus dem Kulturfonds bestritten. Die Kriminalisten hatten freie Hand. Mit gespielter Pose wählte Poring seine Motive aus, korrigierte in der Manier eines Regisseurs dies und jenes, erteilte Rudowsky, der Kabel schleppte und scheinwerferartige Lampen bediente, allerlei Anweisungen, drückte den Auslöser, bedankte sich mit einer leichten Verbeugung und zog weiter zum nächsten Tisch. Gruppenbilder von Brigitte Krügers Brigade hatte er bald genug, desgleichen Porträts von Frau Krüger.

Auch Horst Rudowsky war keineswegs passiv. Er richtete es so ein, daß er in Brigitte Krügers Nähe saß und ihr Benehmen ungehindert studieren konnte. Ihm fiel auf, daß sie sehr still und in sich gekehrt dasaß. Sie tanzte nicht, trank wenig, sprach kaum mit jemandem ein paar Worte und lachte gezwungen, wenn eine der Frauen einen Witz erzählte. Über den Grund ihrer Selbstisolierung war sich Rudowsky nicht klar, und eine Gelegenheit, mit ihr ins Gespräch zu kommen, bot sich erst ziemlich spät.

Ohne Veranlassung zu haben, räumte Frau Krüger ihren Weihnachtsteller, der als einziger noch unberührt war, plötzlich leer, wickelte alles, was darauf lag – Pralinen, Baumkuchenspitzen, Nüsse, Keks und andere Leckereien –, in Papierservietten und verstaute es in ihrer Handtasche.

»Das nennt man Vorratswirtschaft«, scherzte Rudowsky. Ohne aufzublicken, antwortete Brigitte Krüger: »Ach, das süße Zeug, ich mag es nicht.«

»Du magst es schon«, stichelte eine ihrer Arbeitskolleginnen, »aber du gönnst es dir nicht, weil du Angst hast, deine Gören kriegen nicht genug. Ihnen steckst du alles zu, besonders deiner Großen, der Hätschelliese. Nichts gegen Gutmütigkeit, aber was du treibst, ist keine Liebe mehr, es ist Affenliebe.«

Die Vorwürfe lösten einen vielstimmigen Meinungschor aus. Aus ihm hörte Rudowsky heraus, daß Brigitte Krügers familiäre Verhältnisse ein wunder Punkt waren, der offenbar schon öfter Anlaß zu Redereien gegeben hatte. Seine absichtlich naiv formulierte Frage an die Betroffene, wieviel Kinder sie denn habe und wie alt sie seien, wurde von dem Lärm übertönt. Der Faden, gerade geknüpft, drohte wieder zu zerreißen.

Um das zu verhindern, bat Rudowsky Frau Hotzer, die Brigadeleiterin, zum Tanz. Auf dem Parkett erkundigte er sich, was mit Brigitte Krüger los sei.

Frau Hotzer verhehlte nicht, daß sie aus ihrer Kollegin Krüger nicht klug werde. Bei der Arbeit sei sie ja ganz tüchtig, aber sonst eine Eigenbrötlerin. Besuch habe sie nicht gern, jede Einladung lehne sie ab, über ihre Freizeit spreche sie nicht. Vermutlich opfere sie sich für ihre Kinder auf.

Als sie an ihren Platz zurückkehrten, sagte Frau Hotzer: »Vielleicht leidet sie noch immer unter ihrer Scheidung, vielleicht unter den ...«

Die Brigadeleiterin brach jäh ab, Horst Rudowsky wußte, was sie meinte: die Vorstrafen. Brigitte Krüger wurde ihm, nachdem er einen Einblick in ihr Wesen und ihren Charakter erhalten hatte, zu einem Rätsel.

War sie an den skrupellosen Taschendiebstählen beteiligt? Befand sich Leutnant Matthiesen, ihre Spur verfolgend, auf dem richtigen Weg?

Am nächsten Vormittag – Leutnant Matthiesen hatte gerade Rudowskys Bericht über die Weihnachtsfeier im Glühlampenwerk entgegengenommen, und seine Gedanken kreisten noch um das eigenartige Verhalten Brigitte Krügers – begegnete er auf dem Flur des Inspektionsgebäudes dem Obus-Fahrer Karl Bremer.

»Wollen Sie zu mir?« sprach er ihn an, mit einer Information in der Diebstahlaffäre rechnend.

Bremer schüttelte den Kopf und sagte, er habe bei der Verkehrspolizei zu tun gehabt.

Matthiesen bat ihn trotzdem in sein Zimmer. Vielleicht hatte Bremer inzwischen irgend etwas beobachtet, das er als Laie für belanglos hielt und das unter Umständen doch Bedeutung haben konnte.

Diese Möglichkeit erläuterte er seinem Besucher, als Günter Poring eintrat. »Ich bring dir die Fotos von gestern abend.«

Matthiesen nickte, und nach kurzem Überlegen sagte er: »Legen Sie sie bitte auf den Schreibtisch. Herr Bremer« – er zeigte auf seinen Besucher – »soll sie sich ruhig einmal ansehen. Als Fahrer der Obus-Linie neun ist ihm vielleicht dieses oder jenes Gesicht seiner Fahrgäste in Erinnerung geblieben.« Karl Bremer streifte

Brigitte Krügers Porträt mit einem kurzen Blick, stutzte, beugte sich tiefer über das Foto. »Das ist sie«, entfuhr es ihm, »das ist doch ...«

»Na, wer denn?« drängte Matthiesen.

Über Bremers Gesicht huschte ein Zug von Ungläubigkeit, die Verblüffung hatte ihn aus der Fassung gebracht. Er atmete tief, lehnte sich zurück und antwortete endlich: »Die Frau, derentwegen ich eben bei der Verkehrspolizei gewesen bin. Wegen ihr hätte ich um ein Haar einen Unfall gebaut.«

»Und wie kam das?«

»Wie das kam?« wiederholte Bremer und versenkte sich für ein paar Sekunden in die Situation, die er durchlebt hatte. Dann erzählte er in Stichworten, wobei er mit dem Finger eine Skizze auf die Schreibtischplatte zeichnete: »Gestern, kurz vor halb vier, dicker Verkehr. Ich mit meinem vollbesetzten Obus auf der Hauptstraße. Plötzlich schießt links vor mir aus einer Nebenstraße, ohne sich um die Vorfahrt zu kümmern, ein blauer Barkas heraus, mir direkt vor den Kühler. Ich knalle auf die Bremse, die Reifen kreischen, Fahrgäste schreien auf. Aber mein Koffer steht, eine gute Handbreit vor dem Barkas. Millimeterarbeit war das. Und Glück. Passiert ist nichts. Aber die Fahrerin von dem Barkas tobt herum, keift wie eine Xanthippe. Schön, sie ist durchgedreht, denke ich, gehe auf sie zu, um sie zu beruhigen, und da merke ich, daß sie eine Fahne hat. Betrunken. Nicht gerade zwei Promille, aber einige Prozente hatte sie schon intus. Sie hört nicht auf mich, keift weiter. Ich werde ein bißchen energischer, sie springt in den Wagen und haut ab. Aber die Suppe, die sie sich eingebrockt hat, wird sie wohl auslöffeln müssen. Deshalb war ich ja eben bei den Weißen Mäusen.«*

Karl Bremer wischte sich über die Stirn. Er schwitzte vor Erregung.

Matthiesen reichte ihm einige Bilder, die er inzwischen aus dem Stapel aussortiert hatte. Sie zeigten Brigitte Krüger in verschiedenen Posen. »Ist sie das?« fragte er.

»Ja«, antwortete Bremer, aber das Ja klang gequetscht, die Gewißheit wurde von Zweifeln überschattet. »Die Kleidung war anders«, räumte er ein, »die Frau aus dem Barkas hatte Stiefel an und einen katzengrauen Pelzmantel.«

»Und die Statur? Das Gesicht? Bitte versuchen Sie, sich genau zu erinnern. Es ist wichtig, nicht nur wegen des Verkehrsdelikts, sondern auch wegen der Taschendiebstähle. Herr Bremer, Sie wissen ja, daß eine Blondine verdächtigt wird.« Bremer vertiefte sich in die Fotos, verglich sie miteinander, hielt sie dicht vor die Augen, betrachtete sie aus größerem Abstand. Dann sagte er: »Ich meine, daß dies die Frau ist, die den Barkas gefahren hat. Aber behaupten kann ich es nicht. Während der Auseinandersetzung auf der Kreuzung steckte mir der Schreck in den Gliedern, und in diesem Zustand achtet man nicht auf alles.«

Waren Brigitte Krüger und die Kraftfahrerin ein und dieselbe Person?

Wenn ja, wie kam sie zu dem Barkas, einem Transportfahrzeug, das sich normalerweise niemand zu Privatzwecken anschaffte?

Gehörte der Barkas zu dem Glühlampenwerk, oder wer war sonst der Eigentümer?

Übte Brigitte Krüger in ihrer Freizeit eine zweite Tätigkeit aus, von der dem Glühlampenwerk nichts bekannt war? Besaß sie überhaupt eine Fahrerlaubnis?

Wo hielt sie sich gestern gegen fünfzehn Uhr dreißig auf, als sich der Zwischenfall auf der Kreuzung ereignete?

In der ersten Aufwallung war Roland Matthiesen geneigt, alle diese Fragen sofort aufzuklären. Dann entschloß er sich, die Untersuchungen der Verkehrspolizei abzuwarten und nur zu erkunden, was Brigitte Krüger zu der fraglichen Zeit getrieben hatte.

Der Genosse, der Frau Krüger beschattete, gab an, sie habe das Werk mittags gegen zwölf Uhr zu Fuß verlassen, um einige Botenaufträge zu erledigen. Dann sei sie nach Hause gefahren und von dort zurück zum Werk, wo sie pünktlich um zwanzig Uhr zur Betriebsfeier eingetroffen war.

Frau Krüger konnte an dem Verkehrsdelikt nicht beteiligt gewesen sein.

Merkwürdig, der Name Brigitte Krüger tauchte immer öfter auf, doch alles, was Leutnant Matthiesen und seine Gruppe über sie zusammengetragen hatten, waren Indizien geblieben, die obendrein auf sehr schwachen Füßen standen.

Den entscheidenden Wandel erhoffte sich Roland Matthiesen von einer erneuten Fotovorlage. Er hatte nun von Frau Krüger aktuelle Aufnahmen; der Unsicherheitsfaktor, den das veraltete Bild an sich barg, war ausgeschaltet.

Die Zahl der Zeugen hatte sich nicht erweitert. Zwar waren die Taschendiebstähle sowohl im Warenhaus als auch im Obus weitergegangen, aber die Geschädigten waren ahnungslos, wer die Tat begangen haben könnte. Sie schieden für den Fototest aus. Ebenso Antje Bruikens. Die Chansonsängerin hatte ihre Gastspielreise beendet und befand sich nicht mehr in der DDR. So standen nur Frau Bringmüller und Frau Berthold zur Verfügung. Alle weiteren Maßnahmen hingen davon ab, ob sie Brigitte Krüger einwandfrei als Täterin identifizierten oder nicht.

Frau Berthold suchte aus der Kollektion, ohne zu zögern, das neue Foto der Krüger heraus, sprach diesmal nicht nur von einer Ähnlichkeit, sondern von einer großen Ähnlichkeit, legte sich aber in letzter Konsequenz nicht fest.

Berta Bringmüller entschied sich eindeutig. Sie bestritt, daß die abgebildete Blondine die Täterin sei, und begründete ihre Meinung: »Die Frau, die mich bestohlen hat, hatte ein auffallend verlebtes Gesicht, Herr Leutnant. Diese Frau aber sieht nicht verlebt aus, sondern verhärmt. Vielleicht hat sie etwas anderes auf dem Kerbholz, den Taschendiebstahl an mir hat sie nicht begangen.«

Diese Aussage entlastete Brigitte Krüger wiederum.

Der Barkas, der fast mit dem Obus zusammengerast war, gehörte einem Fuhrunternehmen mit staatlicher Beteiligung, der Firma Lomeier KG. Das ermittelte die Verkehrspolizei aus ihren Karteiunterlagen. Durch einen Anruf bei Herrn Lomeier, dem Komplementär und Betriebsleiter, bekam sie heraus, daß der Wagen von einer Frau gefahren wurde, die Margarete Dimsch hieß. Wilhelm Lomeier fügte aber gleich hinzu, er lehne jegliche Verantwortung ab, denn Frau Dimsch habe an jenem Nachmittag frei gehabt und sei offiziell mit keinem Transport beauftragt gewesen.

Diese Auskunft erregte Aufmerksamkeit und Mißtrauen bei der Verkehrspolizei, weil Lomeier offenbar keinen genauen Überblick hatte und bei dem Alkoholgenuß seiner Angestellten vielleicht ein Auge zudrückte.

VP-Meister Hartwig von der Verkehrspolizei sah sich bei der Lomeier KG näher um, Leutnant Matthiesen begleitete ihn.

Wilhelm Lomeier war der Besuch nicht angenehm, das merkten Hartwig und Matthiesen schon beim Empfang. Doch immerhin stand er in seinem Büro sachlich Rede und Antwort.

Für den Widerspruch, daß eine Fahrerin den Dienstwagen benutzt hatte, obwohl sie nicht im Dienst war, hatte er eine Erklärung: »Ich bin in dieser Hinsicht nicht kleinlich. Wenn einer mal nach Feierabend eine Privatfuhre hat, lasse ich fünfe gerade sein. Seine Mitarbeiter muß man sich heutzutage warmhalten.«

VP-Meister Hartwig und Leutnant Matthiesen erkundigten sich, wieso Frau Dimsch an dem fraglichen Tag so früh Feierabend gehabt habe, denn schon vor halb vier sei sie ja mit dem Barkas privat unterwegs gewesen.

Lomeier griff nach einem mit dicken Pappdeckeln eingebundenen Buch, blätterte die Seiten durch und antwortete: »Hier, um halb zwölf kehrte sie von einer Fernfahrt aus Weimar zurück, sie hat es eingetragen, ich war in einer Konferenz. Zwei Tage war sie auf Achse gewesen und hatte deshalb frei. Mit dem Barkas wird sie auf eigene Faust abgekurvt sein. Mehr weiß ich auch nicht, und sprechen können Sie Frau Dimsch heute nicht, sie ist wieder auswärts.«

»Frau Dimsch war an dem Nachmittag ... na, sagen wir, nicht ganz nüchtern. Kommt das öfter vor?« forschte Hartwig.

Beschwörend die Hände hebend, versicherte Lomeier, er achte streng darauf, daß in seinem Betrieb die gesetzlichen Bestimmungen nicht verletzt würden. Was die Belegschaft nach Dienstschluß täte, ginge ihn allerdings nichts an.

Von diesen Beteuerungen nicht überzeugt, bat Hartwig den Fuhrunternehmer, ihm den Aufenthaltsraum der Fahrer zu zeigen. Matthiesen ahnte, was der Verkehrspolizist dort suchte: Beweise von Alkoholkonsum, volle oder leere Flaschen. Doch gefunden wurden nur Limonadenflaschen sowie Kaffeegeschirr. Lomeier schmunzelte, er kostete seinen Triumph aus. Roland Matthiesen nahm es nicht wahr. Wie gebannt starrte er auf eine Fotografie, die neben anderen Bildern an der Wand des Aufenthaltsraumes hing: Aus dem geöffneten Fenster eines Barkas blickte lächelnd, den linken Arm auf den Türrahmen gelehnt und mit dem rechten das Lenkrad haltend, eine Blondine heraus. Brigitte Krüger!

Dumpf, wie aus weiter Ferne, hallte Lomeiers Stimme in Matthiesens Ohr: »Ja, das ist Frau Dimsch.«

Matthiesen hatte Mühe, sich zu fangen. »Hat Frau Dimsch eine Schwester?« fragte er stockend.

»Nein«, erwiderte Lomeier. »Frau Dimsch lebt, seit sie geschieden ist, mit ihren drei Kindern zusammen. Ihre älteste Tochter ist schon um die Zwanzig. Sonst hat sie niemand.«

Das plötzliche Auftauchen von Margarete Dimsch gab der Fahndung nach Blond eine neue Konstellation. Ohne Brigitte Krüger als tatverdächtig abzuschreiben, verfolgte die Kriminalpolizei die zweite Spur gründlich und schnell. Der Abschnittsbevollmächtigte des Gebietes, in dem Frau Dimsch wohnte, wußte über die Kraftfahrerin recht gut Bescheid; sie gehörte, wie er sich in dem Gespräch mit Unterleutnant Rudowsky ausdrückte, zu seinen schwarzen Schafen.

Beschwerden über Frau Dimsch waren eine Zeitlang an der Tagesordnung gewesen. Sie pflegte lautstark und bis in die Nacht hinein zu feiern und dabei keine Rücksicht auf die Nachbarn zu nehmen. Als sie nach mehreren Vorladungen und Aussprachen mit dem ABV strengere Maßnahmen befürchtete, verlegte sie ihre Feste in eine nahe Gaststätte, das »Glühwürmchen«. Hier war sie noch immer Stammgast.

Margarete Dimsch war einundvierzig Jahre alt und geschieden. Sie zeigte eine auffällige Vorliebe für junge Männer, die sie, um sie an sich zu binden, großzügig versorgte. In jedem Jahr ging ein anderer Mann bei ihr ein und aus. Zur Rede gestellt, behauptete sie, sie sei verlobt und wolle heiraten. Das wollte sie vielleicht tatsächlich, aber jeder Liebhaber sprang ab, auch der, mit dem sie ein Kind hatte, einen jetzt anderthalbjährigen Jungen.

Vorbestraft war Margarete Dimsch nicht. Ihr bisheriges Leben ließ vermuten, daß sie mit ihrer Vergnügungssucht darauf erpicht war, ihre verpatzte Jugend nachzuholen. In einer kinderreichen Familie aufgewachsen, ärmliche Verhältnisse, Krieg, mit siebzehn Jahren Flak-Helferin, dann Trümmerfrau, eine geschiedene Ehe – sie hatte viel ertragen müssen und suchte nun einen verspäteten Ausgleich in billigen Ausschweifungen.

Billig in ihrem Wesen, nicht in ihrem finanziellen Aufwand. Die ständigen Gelage im »Glühwürmchen« und die Bekanntschaften mit jungen Männern kosteten viel. Woher hatte Margarete Dimsch das Geld?

Rudowskys Bedenken beantwortete der Abschnittsbevollmächtigte mit Tatsachen, die er selber ermittelt hatte: Erstens verdiene sie, besonders durch Fernfahrten und durch Überstunden, relativ gut, zweitens habe sie durch Privatfuhren, die sie in stiller Übereinkunft mit ihrem Chef vornehme, ein zusätzliches Einkommen. Und vom Sparen halte die Dimsch nichts, ihre Devise sei, alles auf den Kopf zu knallen.

Dieses Charakterbild einer haltlosen Frau, die die Gesetze übertreten haben konnte, aber nicht übertreten haben mußte, verwirrte die Situation noch mehr. Leutnant Matthiesen schwankte, auf wen er sich jetzt zuerst konzentrieren sollte, auf Margarete Dimsch oder auf Brigitte Krüger. Verdächtig war die eine wie die andere.

Wenige Tage danach suchte Roland Matthiesen, sich als harmloser Gast ausgebend, das Lokal »Zum Glühwürmchen« auf. Er wollte Margarete Dimsch von Angesicht zu Angesicht kennenlernen und sich überzeugen, wie es in ihrer Stammkneipe zuging.

»Glühwürmchen« war, das stellte er als erstes fest, für die Gaststätte kein Phantasiename. Über der ehemals dunkelbraunen, jetzt scheckig abgewetzten, splittrigen Theke hing ein Bild Paul Linckes, des Komponisten der »Glühwürmchen«-Melodie, ein Schlager einst, ein Evergreen heute.

Nach seinem Rhythmus mochte die »Glühwürmchen«-Wirtin getanzt haben, als die Noten gerade geschrieben worden waren. Nun war sie alt und schlurfte mit tonniger Rundlichkeit über die knarrenden Dielen.

Aber die Chefin kehrte sie noch immer hervor. Sie schmiß den Laden in einer Art, in der sich Burschikosität und preußische Feldwebelmanieren vereinigten. Die Gäste schienen sich daran gewöhnt zu haben. Sie duzten sie, redeten sie mit Wally an und ließen sich gern von ihr bedienen, lieber als von der Jahrzehnte jüngeren Serviererin.

Wally war die Seele vom Geschäft. Unter ihrem gestrengen Blick schäumte das Bier genau bis zum Füllstrich in die Gläser. Sie schwenkte Schnapsflaschen, schnitt kunstgerecht Zigarren ab, stemmte Tabletts und rechnete Zechen mit der Geschwindigkeit eines Hexenmeisters aus.

Die stumpfen Messinghähne des Tresens, die wohl seit einer Ewigkeit kein Putztuch mehr berührt hatte, flößten Matthiesen wenig Vertrauen ein. Er bestellte Weinbrand und Kaffee. Den Weinbrand kredenzte Wally persönlich, den Kaffee zu bringen, beauftragte sie die Serviererin.

Skatfäuste donnerten auf blanke Tischplatten, Gelächter dröhnte, ein Radio dudelte, Wallys Bleistift bestrichelte Bierdekkel, Alkoholdunst mischte sich mit Nikotinwolken, auf der Theke rauschte ein Spülstrahl.

Aber all das, die ganze klassische Kneipensinfonie, war ein zartes Gesäusel gegen jenen Moment, der plötzlich wie aus heiterem Himmel folgte.

Roland Matthiesen, der seinen Platz etwas abseits gewählt hatte, bemerkte, wie sich die Eingangstür öffnete. Was sich hinter ihr verbarg, sah er nicht. Es mußte ein prominenter Stammgast sein, denn ein frenetischer Begrüßungsapplaus brach los, Hochrufe, Händeklatschen.

Die Tür schloß sich wieder. Eine Frau tänzelte herein, vermummt wegen der draußen herrschenden Kälte. Am Garderobenständer schälte sich aus einem grauen Pelzmantel ein breiter Rücken heraus, bedeckt mit einem grellen orangefarbenen Pullover, der weit über einen sehr kurzen schwarzen Rock floß.

Ein Stuhl wurde zurechtgerückt, die Frau drehte sich zur Seite, um sich niederzulassen.

Margarete Dimsch!

Das wußte Matthiesen. Wäre es ihm nicht bekannt gewesen, hätte er geschworen, Brigitte Krüger vor sich zu haben. Die Ähnlichkeit war verblüffend.

Unterschiede zwischen der Dimsch und der Krüger auszumachen war hier unmöglich. Das Gesicht der Blondine verschwamm hinter Rauchschwaden, sie verwischten die Konturen und verschleierten persönliche Kennzeichen.

Matthiesen zwang sich zur Besonnenheit. Ob diese Frau die gesuchte Taschendiebin war oder nicht – unternehmen konnte er jetzt sowieso nichts. Er hatte keinerlei Beweise, ein bloßer, wenn auch nicht grundloser Verdacht rechtfertigte keine Festnahme. Zum Einschreiten fehlte ihm eine Handhabe. Das »Glühwürmchen«-Publikum hätte seinen Star – und das war die Dimsch ohne Zweifel – bis zum äußersten geschützt und verteidigt. Matthiesen entschloß sich abzuwarten, was der Abend noch alles bescheren werde.

Zunächst bescherte er eine Runde für alle Gäste.

Marga – so wurde Margarete Dimsch hier genannt – streckte den Arm aus und schnipste in Richtung Theke mit den Fingern.

Wie auf Kommando verteilten Wally und die Serviererin doppelstöckige Schnapsgläser, entkorkten Flaschen, deren Etikett verriet, daß ihr Inhalt Kümmel war, und gossen die Gläser randvoll.

Ein Mann in einem buntkarierten Hemd, der neben Frau Dimsch saß, erhob sich, klopfte an den Aschenbecher, führte das Glas in Mundhöhe, leckte sich die Lippen und rief krächzend: »Kümmel-Dimsch soll leben!«

Marga Dimsch lächelte geschmeichelt nach allen Seiten. »Kümmel-Dimsch soll leben!« erklang das Chor-Echo, und dann trat eine feierliche Trinkstille ein.

Das scharfe Gesöff brannte Matthiesen in der Kehle. Frau Dimsch schien das Kratzen als angenehm zu empfinden. Laut und hämisch erzählte sie, warum sie die Lage gegeben habe: Weil sie heute bei der Verkehrspolizei mit einem blauen Auge davongekommen sei, mit zehn Mark Ordnungsstrafe. Neulich, als sie schon nachmittags einen in der Krone gehabt habe, habe sie beinahe einen Obus gerammt, und der Obus-Fahrer, der Lump, habe sie angezeigt. Gott sei Dank seien die Weißen Mäuse selber nicht dabeigewesen.

»Glück muß der Mensch haben«, brüllte sie, »und deshalb wird weitergesoffen!«

Ihrer eigenen Aufforderung leistete die Dimsch nach besten Kräften Folge. Sie regierte ein Miniaturreich aus vollen und leeren Bier- und Schnapsgläsern, Zigarettenschachteln, mit Mostrich beschmierten Bockwursttellern und um sie herum hokkenden Männern, die zweideutig eindeutige Witze zum besten gaben. Marga Dimsch amüsierte sich prächtig, lachte gellend, rauchte eine Zigarette nach der anderen, warf die glimmenden Stummel auf den Fußboden und schenkte unermüdlich Kümmel ein.

Als sie eine Kümmelpfütze vor sich hingoß, stimmte der Mann in kariertem Hemd grölend eine Tirade an: »Kipp nichts daneben, Marga, nichts auf den Tisch und nichts auf deinen Rock, der Schnaps ist zum Saufen da!«

»Der Rock ist einen Dreck wert«, keifte Marga, »einen Dreck.«

Schwankend kletterte sie auf einen Stuhl, raffte Rock und Unterrock bis über die Strumpfhalter hoch und posierte sich triumphierend in ihrer Volleibigkeit. Jetzt war sie allein Mittelpunkt im »Glühwürmchen«, und sie genoß es.

Die Szene erstarb schließlich unter Gejohle. Marga sank auf ihren Stuhl zurück und trank. Wally, die Wirtin, gebot, nachdem sie sorgfältig abkassiert hatte, energisch Feierabend. Widerstrebend gehorchten die Gäste und verstreuten sich in alle Himmelsrichtungen. Margarete Dimsch torkelte allein nach Hause.

Im »Glühwürmchen« verlosch das Licht.

Auf den ersten Blick lag der Fall einfach. Es gab zwei Tatorte: das HO-Warenhaus am Alexanderplatz und die Obus-Linie, die am Alexanderplatz vorbeiführte; zwei Diebstahlarten: Taschendiestähle und Warendiebstähle; zwei Verdächtige: Brigitte Krüger und Margarete Dimsch.

Der gesamte Komplex ließ allerdings zahlreiche Varianten zu. Wer stahl wo, und wer stahl was? Welche der beiden Blondinen, die Zwillinge hätten sein können und es nicht waren, beging die Straftaten? Machten die Blondinen, ihre Ähnlichkeit ausnutzend, gemeinsame Sache?

Diese Vielfalt erschwerte die Aufklärung erheblich.

Dann aber – Weihnachten war vorüber, das neue Jahr hatte begonnen – kam der Tag, an dem Leutnant Matthiesen einen Namen streichen konnte.

Was sich ereignet hatte, erfuhr Roland Matthiesen aus den Aussagen der Zeugen, die mit einer Funkwagenstreife in der Inspektion eintrafen.

Die Hauptzeugin, eine Frau Rosenthal, bemerkte, daß im Obus jemand an ihrem Einkaufsbeutel zerrte. Sie blickte auf und sah, wie die Frau, die schon längere Zeit neben ihr gestanden hatte, das aus Frau Rosenthals Einkaufsbeutel entwendete Portemonnaie in ihre eigene Handtasche schob. In diesem Moment stoppte der Bus an einer Haltestelle. Die Diebin sprang ab und rannte davon. Frau Rosenthal eilte ihr nach und rief den Passanten zu, ihr zu helfen, die Flüchtige festzuhalten. Zwei Männer, die Zeugen Bergholz und Lüning, bemühten sich darum, doch es gelang ihnen nicht. Die Täterin lief in ein Wohnhaus und verschwand. Die Funkwagenstreife, die von der sofort alarmierten Volkspolizei geschickt wurde, suchte das Haus ab. Ohne Erfolg. Vermutlich war die Täterin durch eine Hoftür auf das Nachbargrundstück entwischt.

Diese Darstellung bestätigten die beiden anderen Zeugen von dem Augenblick an, da sie in das Geschehen eingegriffen hatten.

Die Diebin schilderte Frau Rosenthal so: groß, vollschlank, blond, etwa vierzig Jahre, trotz der Körperfülle gewandt. Dasselbe sagten, nur in anderer Reihenfolge, Herr Bergholz und Herr Lüning aus.

In der Fotokollektion, die Leutnant Matthiesen ihnen vorlegte, zeigten die Zeugen, unabhängig voneinander, ohne den geringsten Zweifel auf das Bild Brigitte Krügers.

Das überraschte Matthiesen nicht. Ungewiß war bei der Ähnlichkeit aber noch immer, ob wirklich die Krüger den Taschendiebstahl verübt hatte oder die Dimsch.

Er fragte nach der Kleidung der Täterin.

Frau Rosenthal und die beiden Männer sprachen von einem dunkelbraunen gesteppten Anorak und einer blauen Silastikhose*.

Roland Matthiesen erinnerte sich: So war Frau Krüger angezogen, als Günter Poring sie aus dem Pkw fotografiert hatte.

»Ich hoffe, wir werden die Straftat bald aufgeklärt haben«, beruhigte er die aufgeregte Frau Rosenthal und bat sie, das Protokoll zu unterschreiben.

Dann beantragte Leutnant Matthiesen bei der Staatsanwaltschaft einen Haft- und einen Durchsuchungsbefehl auf den Namen Brigitte Krüger.

Leutnant Matthiesen nahm Brigitte Krüger in ihrer Wohnung fest.

Schweigend packte sie die notwendigen Sachen zusammen. Ihre müden Bewegungen und ihre Schicksalergebenheit hatten etwas von einer bedingungslosen Kapitulation und einer Ich-bin-fertig-mit-der-Welt-Stimmung an sich.

Die Durchsuchung, zu der die drei Kriminalisten zwei Hausbewohner als Zeugen hinzuzogen, ließ sie widerspruchslos über sich ergehen. Zu Matthiesen sagte sie nur: »Diebesgut werden Sie bei mir nicht finden. Alles, was Sie sehen, habe ich gekauft.«

»Aber nicht von Ihrem verdienten Geld«, warf Unterleutnant Rudowsky ein und deutete auf die wertvollen Dinge, die sie aus der Kammer der Tochter Silvia hervorholten. »Dazu hat Ihr Arbeitslohn wohl doch nicht gereicht.«

Brigitte Krüger antwortete nicht. Dafür begehrte Silvia, die fast Fünfzehnjährige, die in ihrer modischen Geputztheit älter wirkte, trotzig auf: »Das gehört alles mir, meine Mutter hat es mir geschenkt.«

Wenn das stimmte, verfügte Silvia Krüger über einen Besitz wie nur wenige Jugendliche. Transistorradio, ein Plattenspieler mit einer Schlagerplattensammlung, kostbare Kleider, Stoffe und Wäsche, exquisite Schuhe, französische Lippenstifte und Parfüms, teures Konfekt, Schokolade und Schmuck stapelten sich wie in einem Warenlager.

Doch Silvia dankte ihrer Mutter nicht einmal das. Statt sich von ihr zu verabschieden, als sie hinausgeführt wurde, schaltete sie Rundfunktanzmusik in voller Lautstärke ein und drehte sich zur Seite.

Brigitte Krüger gestand, seit ihrer Haftentlassung etwa dreißig Taschendiebstähle begangen zu haben, die meisten in den letzten Monaten. An die genaue Zahl erinnerte sie sich nicht mehr.

Auch den Diebstahl im Obus, der ihr zum Verhängnis geworden war, gab sie zu. Die Täterschaft im Falle der holländischen Chansonsängerin bestritt sie nicht direkt, erklärte aber, daß sie sich im HO-Warenhaus am Alexanderplatz nur ausnahmsweise, nicht mehr als zweimal, an fremden Taschen vergriffen habe, und auch das nur, weil zu den beabsichtigten Einkäufen das Geld nicht gereicht habe. Ihr spezielles Tätigkeitsfeld seien öffentliche Verkehrsmittel gewesen, der Obus vor allem, manchmal auch die Straßenbahn, die S-Bahn und die U-Bahn.

Von den Warendiebstählen distanzierte sie sich in einer Manier, als sei so etwas unter ihrer Würde. Aber das konnte Täuschung sein. Die im Zimmer ihrer Tochter aufbewahrten Artikel stellten die Aussage in Zweifel.

Als Leutnant Matthiesen merkte, daß er in diesem Punkt nicht weiterkam, ging er zum nächsten Untersuchungskomplex über. »Frau Krüger, es ist Ihnen doch bestimmt schon passiert, daß Sie in den Brieftaschen, die Sie, wie Sie es so nennen, erbeuteten, außer dem Geld noch etwas anderes fanden, persönliche Dinge, Papiere, Dokumente, Ausweise. Was haben Sie damit gemacht?«

»Zerrissen und verbrannt.«

Die Antwort war eindeutig, trotzdem ließ Matthiesen, an der

Ausgangsphase des Falles angelangt, nicht locker. »Gut, aber kann es nicht sein, daß Sie ausnahmsweise, in der Eile vielleicht, einen Ausweis mal zerfetzt und auf der Straße weggeworfen haben?«

»Unmöglich!« behauptete Brigitte Krüger und ergänzte in einem Anflug selbstsicherer Überlegenheit: »So arbeiten Anfänger und Dilettanten. Wer Erfahrungen hat, hinterläßt keine Spuren, wenigstens nicht solche primitiven. Ich habe alles vernichtet, was mir außer dem Geld in die Hände fiel. Das beschwöre ich.«

Etwa dreißig Taschendiebstähle nahm Brigitte Krüger auf ihr Konto, dabei blieb sie. Was sonst noch gewesen sein könnte, leugnete sie: die Warendiebstähle, mehr als zwei Taschendiebstähle im Warenhaus, das Zerreißen des Ausweises, die Zusammenarbeit mit einer Komplizin.

Sie sagte: »Bei meinen Vorstrafen blüht mir allerlei. Warum sollte ich dreißig Straftaten zugeben und nicht fünfundreißig? Ob ich ein paar Wochen länger sitze oder nicht, spielt nun schon keine Rolle mehr.«

Dieses an sich überzeugende Argument beseitigte Roland Matthiesens Bedenken nicht völlig, denn mit der Verhaftung der Krüger hatten die Diebstahlserien schlagartig aufgehört.

Ebenso plötzlich, wie sie abgerissen waren, begannen im HO-Warenhaus am Alexanderplatz die Diebstähle wieder, hielten sich jedoch im Gegensatz zu den letzten Monaten in Grenzen. Einer Touristin aus Prag wurde auf dem Weg vom Stoffverkaufsstand zur Kasse die Handtasche mit Geldbörse entwendet. In der Bekleidungsabteilung, die sich in einem Gebäude jenseits der S-Bahn befand, verschwand ein Brokatkleid. Anzeichen dafür, ob diese Straftaten mit dem in wesentlichen Teilen aufgeklärten, aber noch nicht abgeschlossenen »Fall Blond« zusammenhingen, gab es nicht.

Die Pragerin erstattete Anzeige gegen Unbekannt. Sie hatte nur gemerkt, wie jemand aus ihrem Einkaufsnetz die Handtasche herausnahm. Als sie sich nach dem ersten Schreck wieder gefaßt hatte, war es zu spät, sich nach dem Täter umzusehen. Er mußte im Gedränge entkommen sein.

Die wegen ihres eigenen Verschuldens – mangelhafte Kontrolle – sehr aufgeregten Konfektionsverkäuferinnen waren nicht in der Lage, die Täterin zu beschreiben. Entweder hatte sie das Brokatkleid aus der Kollektion heraus gestohlen oder es in der Kabine anprobiert und es nicht zurückgebracht. Anhaltspunkte bot nur das Kleid selbst, ein teures Modell der Exquisit*-Klasse, das in dieser Größe – m 53 – nur einmal vorhanden war.

Leutnant Matthiesen wollte nicht darauf warten, Margarete Dimsch irgendwann auf frischer Tat zu ertappen. Er entschied, sie zu überführen, bevor sie weitere Straftaten verüben konnte.

Noch am selben Tag, in den frühen Abendstunden, fuhr Matthiesen, von Unterleutnant Rudowsky begleitet, zu Margarete Dimschs Wohnung. Rudowsky ließ er im Wagen zurück, stieg allein die Treppen empor und klingelte.

Ein junger Mann mit Menjoubärtchen und ungepflegten langen Haaren öffnete und fragte Matthiesen mißtrauisch nach dem Grund seines Besuches.

Eine Ausrede hatte sich Matthiesen vorher zurechtgelegt: »Ich möchte Frau Dimsch sprechen und sie bitten, mit ihrem Barkas einen Transport durchzuführen.«

»Frau Dimsch ist nicht zu Hause«, erwiderte der Bärtige, »kommen Sie morgen wieder.«

Matthiesen spielte den Enttäuschten. »Der Transport ist dringend, kann ich Frau Dimsch nicht heute noch erreichen?«

Der Jüngling, offenbar der Geliebte der doppelt so alten Wohnungsinhaberin, musterte ihn von oben bis unten und sagte: »Wenn Sie's so eilig haben, versuchen Sie's mal im ›Glühwürmchen‹, in der Kneipe.« Dann knallte er die Tür zu.

Matthiesen schickte den Wagen in die Nähe der Gaststätte und ging mit Rudowsky zu Fuß ins ›Glühwürmchen‹.

Beim Eintreten entdeckte er am Garderobenständer einen katzengrauen Pelzmantel und Sekunden später dessen Eigentümerin – Margarete Dimsch. Darauf war er vorbereitet, doch nicht auf ihre Kleidung. Sie trug ein elegantes Brokatkleid, das gestohlene Exquisit-Modell. Jeder Zweifel war ausgeschlossen, Matthiesen hatte das Kleid aus gleichem Stoff in einer kleineren Ausführung gesehen, in der Größe, die Frau Dimsch trug, existierte es nur ein einziges Mal.

Roland Matthiesen steuerte auf einen freien Tisch zu, informierte Rudowsky und beobachtete Margarete Dimsch, die mit drei Männern Kümmel trank.

Nach einer Weile bat er sie ohne übertriebene Höflichkeit, mit der er hier nur unnötige Aufmerksamkeit erregt hätte, zu sich herüber. »Was Geschäftliches«, flüsterte er geheimnisvoll. Die Männer betrachteten ihn argwöhnisch, duldeten aber, daß sich ihre Partnerin ihm und seinem Begleiter widmete.

»Sie waren doch neulich schon mal hier«, meinte die Dimsch. »Was gibt's denn?«

»Erst mal Kümmel, Wally serviert ihn gleich. Kümmel ist doch Ihre Spezialität, oder?«

Kichernd boxte Margarete Dimsch Matthiesen auf den Arm. Dann stießen sie an, und Matthiesen erläuterte sein geschäftliches Anliegen: Er und sein Kumpel hätten ein paar alte Möbel in ihre Gartenkolonie zu transportieren. Sie würden für die Fuhre gut zahlen und mit einem anständigen Trinkgeld nicht geizen.

Margarete Dimsch war nicht abgeneigt, sie erkundigte sich nach dem Termin und der Entfernung, überschlug den Preis und fragte, wo die Möbel abzuholen seien.

Das war der entscheidende Moment. Innerlich konzentriert, äußerlich lässig, sagte Matthiesen: »Wir haben sie billig gekauft, von einer Rentnerin, Bringmüller heißt sie, Berta Bringmüller, sie wohnt ...« Er nannte die Adresse und achtete auf Frau Dimschs Reaktion.

Margarete Dimsch zuckte zusammen, biß sich grübelnd auf die Unterlippe. »Bringmüller?« sprach sie erstaunt vor sich hin.

»Ja, Bringmüller, Berta Bringmüller«, assistierte Rudowsky seinem Vorgesetzten.

Hastig faßte Margarete Dimsch nach dem Glas, stürzte den Schnaps hinunter und erklärte mit aller Bestimmtheit, daß aus der Sache nichts werde. Sie sei in den nächsten Tagen nicht in Berlin, die Anfahrt zum Stadtrand sei zu umständlich, außerdem habe sie die Absicht, mit den schwarzen Privatfuhren aufzuhören.

»Also abgelehnt?« warf Matthiesen enttäuscht ein.

»Jawohl, abgelehnt«, bekräftigte die Dimsch, »ich habe keine Lust, in Teufels Küche zu kommen.« Sie machte Anstalten, sich zu erheben.

Roland Matthiesen hielt sie zurück, zückte seinen Dienstausweis und sagte: »Dahin kommen Sie sowieso. Frau Dimsch, Sie sind vorläufig festgenommen. Sie sind dringend verdächtigt, ein gestohlenes Kleid zu tragen und an der Rentnerin Berta Bringmüller einen Taschendiebstahl verübt und ihren Personalausweis vernichtet zu haben.«

Die Verhaftete erbleichte. Willenlos ließ sie sich emporziehen und in ihren Pelzmantel helfen. Zwischen den beiden Kriminalisten wankte sie zur Tür hinaus.

Leutnant Matthiesen hatte mit Widerstand gerechnet und mit einem gelinden Tumult der »Glühwürmchen«-Stammgäste. Doch es blieb ruhig. Er vernahm nur Gemurmel und eine Männerstimme: »Die Kripo. Daß Kümmel-Dimsch mal hereinrasseln würde, war mir schon lange klar.«

Der Taschendiebstahl an der Rentnerin Berta Bringmüller, für den der zerfetzte Personalausweis ein unwiderlegbares Beweisstück war, und das entwendete Brokatkleid – ihre erste und ihre letzte Straftat – wurden Margarete Dimsch zum Verhängnis. Die bei der Haussuchung gefundenen Handtaschen, Brieftaschen, Portemonnaies und neuen Textilwaren belasteten sie derart, daß sie nach anfänglichem Leugnen auch die weiteren von ihr verübten Diebstähle gestand.

Die kriminalpolizeiliche Untersuchung ergab ein lückenloses Bild ihrer im HO-Warenhaus am Alexanderplatz begangenen Straftaten. Mit Vorliebe pirschte sich die Dimsch an Ausländer heran, weil sie hoffte, daß sie, mit den Gesetzen und Gepflogenheiten der Deutschen Demokratischen Republik nicht so vertraut, keine Anzeige erstatten würden. Die holländische Chansonsängerin Antje Bruikens und die Touristin aus Prag gehörten zu ihren Opfern.

Wenn ihr die Situation günstig erschien, vergriff sie sich auch an ausgelegten Waren. Das erbeutete Geld verpraßte sie mit den von ihr ausgehaltenen jungen Männern.

Das Rätsel, daß die Diebstähle nach der Verhaftung Brigitte Krügers schlagartig abgerissen waren, wurde ebenfalls gelöst. Margarete Dimsch bekam es nach dem Zusammenstoß mit der Verkehrspolizei mit der Angst zu tun und befürchtete, man habe ein Auge auf sie geworfen. Ihr verbrecherisches Treiben nahm sie erst wieder auf, als sie glaubte, über die Sache sei Gras gewachsen.

Margarete Dimsch und Brigitte Krüger kannten sich nicht. Es

handelte sich um zwei voneinander unabhängige Fälle, die für die Kriminalpolizei durch mehrere Umstände zu einem Fall verschmolzen: durch die Gleichartigkeit der Taten, durch das zeitliche Zusammentreffen und vor allem durch die Ähnlichkeit der Täterinnen.

Diese Ähnlichkeit setzte alle, die direkt oder indirekt an der Fahndung nach Blond beteiligt waren, bis zum Schluß in Erstaunen. Zwar unterschieden sich die Krüger und die Dimsch beim genauen Hinsehen in einigen Einzelheiten – in der Größe, in der Physiognomie, in Nuancen der blonden Haarfarbe –, aber das war so gering, daß es so gut wie nicht und bei einer flüchtigen Begegnung überhaupt nicht auffiel. Was Berta Bringmüller immer betont hatte und worauf sie nun stolz war, stimmte: Margarete Dimsch hatte verlebte, Brigitte Krüger dagegen eher verhärmte Gesichtszüge.

Die letzte Gegenüberstellung mit den Täterinnen verblüffte noch einmal alle Zeugen. »Like sisters, like onions, that's very strange«, sagte Antje Bruikens, die wieder in Berlin weilte und so das Ende der Ermittlungen miterlebte.

Leutnant Roland Matthiesen nickte ihr lächelnd zu und antwortete: »Sie haben recht, Miss Bruikens, wie Schwestern sehen sie aus, wie Zwillinge, obwohl sie keine sind. Durch diese Merkwürdigkeit war die Aufklärung ja auch so kompliziert. Aber jetzt hat das Gericht das Wort.«

BARBARA NEUHAUS

Altweibersommer

Die Frau lag im Wohnzimmer, nahe der Tür. Ihr blasses Gesicht war zur Seite gedreht, das kurze, blonde Haar am Hinterkopf dunkel verklebt, Blut hatte auch den hellgrauen Teppich gefärbt. Neben der Frau kniete der Arzt. Er hatte ihren Morgenrock und die Schlafanzugjacke geöffnet und horchte das Herz ab. Auf der Kante eines Sessels hockte ein junges Mädchen, noch sehr kindhaft, und schluchzte erschöpft vor sich hin. Die Türen der Schrankwand standen offen, auch die eines alten Vertikos; Bücher und Tischwäsche, Dosen und Kästchen waren herausgerissen. Der Raum machte einen verwüsteten Eindruck.

Das alles sah Oberleutnant Klaus Moll, ohne schon eine Vorstellung von der Geschichte zu haben, die hier passiert war. Eine Mieterin aus diesem Haus, Döbelner Zeile einundzwanzig, hatte vor einer reichlichen halben Stunde angerufen und eine ziemlich wirre Darstellung gegeben. Einbruch und Mord bei der Familie Bärwald, aber die Tote, eine Frau Fritsch, gehöre nicht in die betreffende Wohnung, und die wirklichen Inhaber wären verschwunden. Moll hatte Böses geahnt, denn einiges an der überstürzten Mitteilung stimmte mit anderen Meldungen überein, die ihm in den Wochen zuvor zugeleitet worden waren. Deshalb hatte er seine Mitarbeiterin, Leutnant Antje Herden, zur Tatortbesichtigung mitgenommen: Vier Augen sehen mehr als zwei. Beide waren im Flur, vor der offenen Zimmertür, stehengeblieben, um die Arbeit des Arztes nicht zu behindern.

Der Doktor erhob sich, verstaute das Stethoskop in der Brusttasche seines Kittels und klopfte sich die Hose ab. »Genug geweint, Kleine«, wandte er sich an das Mädchen. »Deine Mutti lebt. Sie hat nur einen schweren Schock und, wie ich glaube, eine Gehirnerschütterung. Wir werden uns alle Mühe geben, damit sie bald wieder gesund wird.« Er stieg über eine umgeworfene Bodenvase zum Fenster, riß einen Flügel auf und rief nach den Krankenträgern. Das Mädchen schluchzte noch einmal und stand zögernd auf.

Es hatte das hellblonde Haar der Mutter, nur war es dichter

und fiel lang über die Schultern herab. Die graublauen Augen blickten ängstlich, aber auch skeptisch-wach.

»Wir bringen Frau Fritsch jetzt ins Krankenhaus«, sagte der Arzt zu den Kriminalisten. »Dann kann Ihre Truppe hier loslegen. Übrigens, Genosse Moll, Zeugen scheint es nicht zu geben. Höchstens, daß die Kleine ein bißchen was weiß. Und wann ihre Mutter ansprechbar ist …« Er zuckte zweifelnd mit den Schultern.

»So etwas habe ich befürchtet«, antwortete Moll. »Vorerst besten Dank, Doktor. Wir verständigen uns, wenn Sie einen genauen Befund haben.«

Die Tochter der Verletzten stand immer noch reglos. Antje Herden ging zu ihr und faßte sie an der Hand. »Du mußt uns jetzt helfen, so gut du kannst. Wo gibt es hier einen ruhigen Ort? Und wie heißt du eigentlich?«

»Silke Fritsch. Wir wohnen drüben auf der anderen Seite.«

Zu dritt gingen sie über den Flur. Auf der Treppe erschienen die Sanitäter mit der Trage. Hinter ihnen polterten die Kriminaltechniker mit ihren Gerätschaften die Stufen herauf.

In der heimischen Küche, die wie in den meisten Altbauwohnungen ein Schlauch war und nur durch helle Gardinen ein wenig Freundlichkeit erhielt, verlor Silke die Unsicherheit. Sie entschuldigte sich, daß die Zimmer nicht aufgeräumt wären, bot den Genossen die einzigen beiden Stühle an und zog für sich einen Hocker unter dem Tisch hervor. Bereitwillig beantwortete sie alle Fragen.

Silke war vierzehn Jahre alt und ging in die achte Klasse. Sie erzählte, daß dieser Tag für sie begonnen habe wie seit langem gewohnt. Sie sei nach dem Weckerklingeln aufgestanden, habe geduscht und in der Küche gefrühstückt. Ihre Mutter sei herzkrank, Invalide schon seit Jahren, und brauche viel Schlaf. Deshalb habe sich Silke leise verhalten und nur vor dem Weggehen rasch nach ihr sehen wollen.

»Aber das Bett war leer, und der Morgenrock ist auch fort gewesen. Ich hab mich gleich ganz doll erschrocken. Draußen auf dem Flur sah ich, daß die Tür von Bärwalds nicht richtig zu war. Da bin ich rein, und dann …« Die Erinnerung packte das Kind; es fing wieder zu weinen an.

Moll tat, als bemerke er die Tränen nicht. »Denk mal scharf

nach. Wie mag es gekommen sein, daß deine Mutter, wie es scheint, mitten in der Nacht, in die Nachbarwohnung ging?«

»Weil sie die Verantwortung hat und die Schlüssel, wenn die drüben verreist sind. Wegen der Blumen und Zeitungen, und gelüftet mußte auch werden.« Silke wischte sich mit dem Handrükken über die Augen und schniefte. »Es wird ein Poltern nebenan gewesen sein, die Verbrecher haben was umgeschmissen, und da ist Mutti einfach los. Ohne mich munter zu machen.«

»Du hättest die Eindringlinge auch kaum aufgehalten.« Leutnant Herden unterdrückte ein Lächeln; die Kleine gefiel ihr. »Wo ist die Frau, die uns wegen des Einbruchs angerufen hat? Hier im Haus?«

»Frau Senklot. Ich bin zu ihr hin, weil sie die letzte ist, die früh auf Arbeit geht und weil sie ein Telefon hat. Aber warten konnte sie dann nicht.«

»Wir werden vielleicht später mit ihr sprechen.« Moll notierte sich den Namen. »Zunächst müßten wir erfahren, wo sich das Ehepaar Bärwald befindet, damit die Leute schnellstens benachrichtigt werden.«

»Im Harz sind sie, bei der Tochter. Moment mal«, Silke lief hinaus und kam bald darauf mit einem Zettel wieder. »Da. Sie schreiben uns immer die Adresse auf. Für alle Fälle.«

»Umsichtige Menschen«, konstatierte Moll. »Und einen sehr argen Fall haben wir ja. Du bist ein tüchtiges Mädchen, Silke. Aber was machen wir jetzt mit dir, wenn die Mutti im Krankenhaus ist? Wo steckt denn dein Vater?«

»Vater?« Das Mädchen überwand eine kleine Unsicherheit. »Vater haben wir keinen. Nämlich, wir sind geschieden. Und seitdem ist er egal auf Achse. Mal hier, mal dort. Ich brauch ihn auch nicht. Komm schon allein zurecht.« Silke, wie viele vaterlose Kinder daran gewöhnt, selbständig zu handeln, sah andere Probleme. Sie fürchtete wegen ihres heutigen Fernbleibens von der Schule Ärger zu bekommen, weil man die Ereignisse, in die sie verwickelt war, vielleicht anzweifeln würde.

Während ihr Antje Herden mit ein paar Zeilen bestätigte, daß sie von der Volkspolizei aufgehalten worden war, ging Moll zurück in die Tatwohnung. Die Techniker waren noch längst nicht fertig. Das Wesentliche aber konnten sie erklären. Frau Fritsch war mit einem heftigen Stoß vor die Brust gegen die Kante der

Türfüllung geschleudert worden. Sie mußte sofort das Bewußtsein verloren haben, denn Anzeichen eines Kampfes gab es nicht. Außer den auch in der Küche und im Bad – Räumen, die vom Einbruch unberührt geblieben waren – vorhandenen Fingerspuren, die offenbar von den Wohnungsinhabern stammten, hatten sich keine fremden gefunden. Ebenso wenig waren Fingerabdrükke sichergestellt worden.

Wie gehabt, dachte Moll verbittert. Wollsocken und Handschuhe.

Der Wagen der Schnellen Medizinischen Hilfe* preschte mit Signalton durch die Kurve und die stille Marbachstraße entlang. Hinter ihm wirbelten erste welke Ahornblätter. Meta Schiller richtete sich zwischen den Blumen im Vorgarten auf und sah dem Auto nach. Da geht es wieder mal auf Leben und Tod, dachte sie. Immer, wenn irgendwo im Wohnviertel ein Krankenwagen heulte, fühlte sie Mitleid mit dem Unbekannten und auch ein bißchen Angst davor, selbst einmal in die Klinik gekarrt zu werden.

Seufzend wandte sie sich wieder ihrer Arbeit zu. Die Anlagen vor dem Haus waren ihre Domäne. Sie verschnitt die Hecke, setzte neue Pflanzen ein, rupfte Unkraut, und die Mieter dankten es ihr. Ersparte sie ihnen doch manchen Wochenendeinsatz.

Hinter ihr quietschte die Haustür. Man konnte sie ölen, noch und noch, sie fiepte beharrlich. Frau Schiller drehte sich um. Auf der Vortreppe stand ein Herr und blinzelte in die Sonne. Es war ein rüstiger Mittsiebziger, der den Stock nur zur Vervollkommnung seiner Erscheinung mit sich trug. Alles an ihm wirkte adrett, wenn Zeit und Mode auch nicht spurlos an der blauen Hose, dem hellen Sakko und dem viel zu breiten Binder vorbeigegangen waren.

»Der Herr Hixtus«, sagte Meta Schiller im Ton freundlicher Überraschung. »Wir haben uns aber lange nicht gesehen.«

Er schien weit weniger erfreut. »Guten Tag«, wünschte er förmlich, indem er die Stufen herabschritt, sichtlich bestrebt, die Straße rasch zu erreichen. Aber so schnell kam er an Meta Schiller nicht vorbei. Sie stützte sich auf den Nackenstiel und legte den Kopf schief: »Ich dacht schon, es wär was mit Ihnen. Wo geht's denn hin? Schon so früh in den Rentnerklub zu den Rommeespielern?«

Nun mußte er doch stehenbleiben, höflichkeitshalber. »Später. Immer eins nach dem anderen. Übrigens ein wunderschöner Tag, wie gemalt …«

»Eben. Und bei so einem Wetter rennen Sie in den Klub. Ob das gesund ist, Tag für Tag in der finsteren Stube zu sitzen und bloß in die Karten zu gucken?«

»Für so eine lebhafte Person wie Sie vielleicht nicht«, erwiderte er. Und betont: »Ich fühle mich ausnehmend wohl dabei.«

»Was das Wohlbefinden angeht, täuscht sich mancher …« Sie fand, daß er müde aussah und blaß dazu. Und sie hielt mit ihrer Meinung nicht hinterm Berge. »Ich darf Ihnen ja nicht raten, empfindlich, wie Sie sind. Aber früher, als wir noch unsere gemeinsamen Spaziergänge machten, waren Sie frischer und hatten eine viel bessere Farbe.«

Die bekam er auch jetzt. Und es zeigte sich, daß der Stock doch eine Funktion hatte.

»Schweigen Sie davon. Ich will nicht noch mal ins Gerede kommen. Frau Püschel hat sogar vermutet, daß wir was miteinander hätten.«

»Ach Gottchen, die Püscheln.« Meta Schiller flocht ein nachsichtiges Lachen ein. »Die Hausbewohner reden halt gerne, da geb ich nichts drauf. Wer sollte es uns zwei bejahrten Leutchen verübeln …«

»Aber ich fühle mich belästigt«, unterbrach sie Hixtus und stieß den Stock erneut auf. »Ich lasse mich nicht gern durchhecheln. Auch nicht Ihnen zuliebe, Frau Schiller …«

Sie antwortete nicht, sah ihn nur mit einem langen, bedauernden Blick an. Bückte sich dann nach einer Rose, wie um zu prüfen, ob sie nicht schon zu verwelkt wäre. Da wurde er sich seiner Heftigkeit bewußt. Er rückte am Schlips und räusperte sich. »Entschuldigen Sie«, sagte er, und es klang fast sanft, »ich wollte Sie nicht kränken. Und jetzt muß ich. Ich muß, ich muß.«

Sie bemerkte seine Zerknirschung gut, doch zeigte sie es nicht. »Die Karten, des Teufels Gebetbuch«, äußerte sie giftig. »So was nenn ich hemmungslos. Schlimmer noch, süchtig.«

»Sie irren sich«, antwortete er ruhig, bemüht, seine Würde zurückzugewinnen, und wandte sich zum Gehen. »Nämlich, ich bin beim Doktor bestellt. Meine Pillen sind alle und die Magentropfen auch.«

»Na, bitte«, rief sie ihm nach: »Ich hab's doch gleich gesehen, wie blaß Sie sind, richtig kalkig. Und dann das Essen im Klub ...« Sie brach ab, weil er schon zu weit weg war. Nicht mal verabschiedet hat er sich, dachte sie. Eingebildeter Kerl. Nicht ins Gerede kommen. So ein Unsinn. Sie bückte sich nach Franzosenkraut und griff dabei in eine Brennessel, die sich unter der Hecke versteckt hatte. Wütend warf sie das Unkraut in den Abfalleimer. Danach begann sie, verblühte Dahlienköpfe abzuschneiden. Aber irgendwie steckte an diesem Vormittag der Wurm in der Arbeit. Auf der Straße, direkt vor ihrer Nase, hielt ein Auto. Ein ganz modernes und bestimmt sehr teures. Es glänzte dunkelgrün und hatte ein schräges Heck. Ihm entstieg eine Dame reiferen Alters, um deren Beine ein langer Rock wallte. Sie war nicht nur reichlich bunt im Gesicht, sie hatte auch violette Locken mit weißen Spitzen. Ihr Mann blieb mit gelangweilter Miene hinterm Steuer sitzen.

Die Dame musterte das Haus von oben bis unten und trat näher. »Gute Frau«, sprach sie die kittelbeschürzte Gartenpflegerin an, »vielleicht können Sie uns helfen. Wir suchen einen Herrn Hixtus. Wohnt er hier?«

Verärgert über die Anrede, hatte Meta Schiller keine Lust, ein Wort zu verschwenden. »Er ist nicht zu Hause.«

»Ach, wie bedauerlich.« Die Dame schien arg enttäuscht, zog die Unterlippe zwischen die Zähne und dachte nach. »Wann er zu erreichen ist, wissen Sie nicht?«

»Woher denn? Ich bin nicht mit ihm verwandt.« Die Antwort fiel grimmig aus, doch dann besann sie sich. »Wenn's dringend ist, könnte ich ja etwas ausrichten.«

»Danke. Das möchten wir nicht, und es hätte auch keinen Sinn.« Die Besucherin musterte wieder die Fassade, als könne die ihr Auskunft erteilen, und schob sich dann mit halbem Hinterteil auf ihren Sitz im Auto. Der Mann und sie sprachen eine Weile leise miteinander. Schließlich schrieb er etwas auf einen Block, riß den Zettel ab und faltete ihn. Die Dame ging damit ins Haus. Auf dem Rückweg streifte ihr Rock die Hecke. Grußlos stieg sie ins Auto.

Auch diesem Wagen blickte Meta Schiller nach, kopfschüttelnd und tief nachdenklich.

Die Nachmittagssonne fiel schräg ins Fenster. In der hohen Pappel hinter dem VPKA* lärmten die Stare. Leutnant Antje Herden saß an dem Schreibtisch, der mit Protokollen und Notizzetteln bedeckt war. Fünf Einbrüche in sieben Wochen, und nicht einer der Fälle war geklärt. Fünf Einbrüche in einem Altbaugebiet, dessen Einwohnerzahl so um die neuntausend lag. Der Tatbestand verriet überall die gleiche Handschrift. Und er war mit Eigentumsdelikten in anderen Stadtbezirken nicht zu vergleichen.

Der oder die Täter, denn zumindest mußten Tipgeber und Hehler vorhanden sein, hatten es auf Antiquitäten, seltene Kunstgegenstände oder solche, die durch Alter einen nostalgischen Wert erhalten hatten, abgesehen. Die Skala der entwendeten Stücke reichte von Zinnfiguren über Leuchter und kostbare Porzellane bis zum Türklopfer. In vier Fällen befanden sich die Geschädigten im Rentenalter; ein Einbruch hatte ein junges Ehepaar betroffen. Alle Bestohlenen waren zur Zeit der Vorkommnisse außerhalb der Stadt gewesen, zu Festlichkeiten eingeladen, im Urlaub oder bei Verwandten. Die jungen Leute hatten Auslandsmontage des Mannes und Lehrgangsbesuch der Frau als Grund ihrer Abwesenheit angegeben.

Zeugen waren nicht aufgetrieben worden. Verwertbare Spuren gab es auch nicht. Die Kriminaltechniker konnten nur mit Sicherheit behaupten, daß der oder die Täter Handschuhe getragen und wollene Männersocken über die Schuhe gezogen hatten. Das, zusammen genommen, waren die Fakten. Sie gaben zugleich viel und sehr wenig her.

Die Tür ging auf, Oberleutnant Moll trat ein. Er trug eine mit Fettflecken übersäte Tüte vor sich her und legte sie vorsichtig auf eine alte Zeitung. »Ich war beim großen Chef. Er ist unzufrieden mit uns. Wir müßten etwas Wichtiges, wahrscheinlich das Wichtigste überhaupt, übersehen haben. Wir sollten uns auch vor Augen halten, daß die Bevölkerung unruhig wird.«

»Und deswegen hast du fettigen Kuchen gekauft?«

»Schmalzgebackenes und ein paar Schnecken. Bin völlig ausgehungert. Und dir kann ein Käffchen und ein Happen doch auch nicht schaden, nöch?«

Antje Herden stand auf, um den Elektrotopf in Gang zu setzen. Sie lächelte über die Kuchenleidenschaft ihres Genossen, die schnell zum Gespött in der Dienststelle geworden war. Klaus

Moll war vor zwei Monaten hier erschienen, als Nachfolger eines Hauptmanns, der in Rente ging. Aus einem ruhigen Kreisamt in einer gemütlichen Stadt im Norden hatte er sich nach Berlin versetzen lassen. Seine Frau, eine Biologin, war an die hauptstädtische Universität berufen worden, und man hatte ihr obendrein ein Zusatzstudium angeboten. Von einer Wochenendehe hielten beide nichts, und so war es gekommen, daß einmal ein Kriminalist seiner Frau folgte und nicht, wie sonst üblich, umgekehrt.

Klaus war ein angenehmer Kollege, zielstrebig, sachlich und ein Gegner jeglicher Hektik. Antje Herden regte sich schnell auf, was Moll nicht gefiel, ihr ging manchmal seine scheinbare Unerschütterlichkeit auf die Nerven. Der Chef kritisierte ihre Arbeit, und er kaufte Kuchen.

Er kaute auch bereits. Eine Streuselschnecke in der rechten Hand, die linke wegen der Krümel schützend darunter gehalten, beugte er sich über ihren Schreibtisch. »Hast du nur aufs Papier gestarrt?« fragte er, »oder ist dir etwas eingefallen?«

»Aufgefallen.« Sie stellte Tassen und Teller zurecht und übergoß den Pulverkaffee mit mäßig siedendem Wasser. »Der letzte Einbruch in der vergangenen Nacht unterscheidet sich durch zwei Merkmale von den früheren. In der Wohnung Bärwald fanden wir zum ersten Mal eine auffällige Verwüstung vor, und auch zum ersten Mal wurde ein Mensch tätlich angegriffen.«

»Weil er beim Durchwühlen der Schränke störte. Aber damit haben wir auch erstmalig einen Zeugen. Hoffentlich. Ich habe vorhin in der Klinik angerufen. Frau Fritsch ist noch nicht richtig ansprechbar. Der Arzt fürchtet, daß ihr Herz Komplikationen macht. Heute darf nur die Tochter für ein paar Minuten zu ihr. Und ob wir morgen …«

»Silke ist ein aufgewecktes Mädchen. Vielleicht sollten wir sie bitten, uns zu helfen. Ich meine, daß sie die Mutter fragen könnte, ob mehrere Männer in der Bärwaldschen Wohnung waren, und wie der aussah, der sie gegen den Türpfosten gestoßen hat.«

»Nein.« Moll hatte seinen Kaffee schon getrunken und spülte die Tasse unter der Wasserleitung. »Auf keinen Fall. Schlimm genug, was der Frau passiert ist: Wir dürfen durch übereilte Handlungen nicht noch den Punkt aufs I setzen.«

»Du hast recht. Aber an einem Ende müssen wir das Ding endlich aufstrippen.«

»Wenn man wüßte, woher die Bande ihre Kenntnisse hat. Detaillierte Kenntnisse, wie du zugeben mußt.«

»Vom Bäcker oder vom Schlächter.« Antje Herden begann ihre Papiere zu ordnen.

»Rede keinen Unsinn, bitte. Danach ist mir nicht.«

»Ehrlich: Steh nur mal freitags am Fleischstand in der Halle oder Sonnabend früh nach frischen Schrippen an. Was du dir da mit anhören darfst. Wer in Urlaub ist, wessen Vogel man in Pflege hat und, und, und. Die reinste Nachrichtenbörse.«

»Sehr unwahrscheinlich«, sagte er.

»Unwahrscheinlich – aber immerhin ... Vielleicht sollten wir doch in dieser Richtung weiterdenken.«

Es klopfte, und ein junger Genosse steckte den Kopf durch den Türspalt. Er meldete, daß eine Frau erschienen sei und darauf beharre, vorgelassen zu werden. Es ginge um eine wichtige Mitteilung. Sie heiße Meta Schiller und sei in der Marbachstraße elf wohnhaft.

Antje Herden stützte das Kinn auf die Fäuste und blickte Moll ahnungsvoll an. Doch nicht etwa der sechste Fall?

Aber die alte Dame, die eintrat, sah nach keiner Katastrophe aus, eher nach einem Kaffeehausbesuch. Sie trug ein dunkelblaues Kostüm und eine weiße Bluse mit vielen Rüschen am Hals. Die Frisur lag geordnet in Wellen und Löckchen. »Bin ich hier richtig bei der Kripo?« fragte sie.

»Das sind Sie«, antwortete Moll. »In der Abteilung K, wie man besser sagt. Ich heiße Moll, die Genossin ist Leutnant Herden.«

»Nehmen Sie Platz, Frau Schiller«, ergänzte Antje Herden. »Und guten Tag auch.«

»Hab ich nicht gegrüßt?« Die Besucherin sank auf den angebotenen Stuhl und faßte sich an die Stirn. »Sehen Sie, ich bin schon ganz durcheinander. Ehe man sich hier aber auch durchgefragt hat.«

Sie stellte die Handtasche auf die Knie und ließ ihre Blicke schweifen, als erwarte sie den Beginn einer Theateraufführung oder eines Konzerts. Sie genoß ihre Anwesenheit in diesen Räumen, die nicht jedem vergönnt war.

»Und worum handelt es sich?« Moll beugte sich ihr freundlich entgegen.

»Ja, wissen Sie, das ist so eine Geschichte«, begann Frau Schiller. »Ich will gewiß keinem was nachreden oder auch wichtig machen. Aber es heißt doch, die Volkspolizei ist für jeden Hinweis dankbar. Heißt es doch, nicht wahr?«

»Gewiß«, ermutigte sie Herden. »Immer raus mit der Sprache.«

Die alte Dame lächelte erfreut. »Nämlich, unser ABV hat mich zu Ihnen geschickt. Er ist nicht zuständig, meint er. Für die Kinder, die überall rumturnen und die Mülltonnen ruinieren, ist er auch nicht zuständig.«

»Na, schön«, sagte Moll. »Könnten wir jetzt zur eigentlichen Angelegenheit kommen?«

»Sofort, ja. Also, der Herr Hixtus. Der hat bei uns in der Elf die Wohnung ganz oben, rechter Hand. Um den geht's. Mit dem stimmt was nicht. Er kriegt alle Nase lang Besuch.«

»Besuch? Ja, gibt es ruhestörenden Lärm? Randaliert der Mann, oder veranstaltet er nächtliche Gelage?«

»Ach gehen Sie.« Meta Schiller winkte energisch ab. »Rentner ist er, der Hixtus, im Sechsundsiebzigsten wird er sein. Der und trinken. Ein grundsolider Mensch. Und immer picobello. Seit ihm die Frau weggestorben ist, vor vier Jahren, macht er sich alles alleine.«

»Tüchtig, tüchtig.« Antje Herden konnte nicht mehr an sich halten. Die gepflegte, weißhaarige Frau war ihr anfangs sympathisch erschienen, nun ging sie ihr auf die Nerven. »Jetzt sagen Sie aber, was stört Sie daran, daß ein alter Herr fleißig besucht wird? Ist das nicht eher schön?«

»Frau Leutnant, junge Frau ..., säß ich dann hier? Was das Alleinsein angeht, das müßte der Hixtus wirklich nicht. Er will es so. Und deswegen ist es mir unheimlich, daß er sich plötzlich mit allen möglichen Leuten abgibt. Heute wollte eine zu ihm, ungefähr in meinem Alter. Und die hatte lila gefärbte Haare. Na, ich bitte Sie.«

»Eine Verwandte vielleicht«, vermutete Moll.

»Hat er nicht.« Frau Schiller strich den Einwand mit einer Handbewegung weg.

»Nur die Tochter. Die ist oben auf Rügen. Da fährt er Weihnachten hin. Nein, die Leute passen nicht zu ihm. Kostspielige Autos; ich seh sie doch, wenn ich aus meinem Wohnzimmerfenster gucke.«

»Was für Wagen?« hakte Moll ein. »DDR-Fahrzeuge?«

»Gottchen, da fragen Sie mich zuviel. Ich kenn nur die Hoppeldinger beim Namen, die Trabanten.«

Antje Herden riß der Geduldsfaden: »War das nun alles, was Sie uns sagen wollten? Oder kommt noch was?«

»Alles. Was ich weiß, ja.« Frau Schiller stand auf und preßte ihre Handtasche unter den Arm. Sie war unsicher geworden, aber auch ein bißchen zornig. »Sie müssen doch wissen, was zu tun ist. Ich wollte mir den Besuch bei Ihnen eigentlich verkneifen, und hätt ich doch. Aber eine innere Stimme sprach zu mir. Meta, sprach sie, da ist was nicht im Lot, kümmere dich. Nun frag ich noch, ob Sie sich der Sache überhaupt annehmen werden.«

Moll versicherte, daß dies im Rahmen des Möglichen und soweit es die Befugnisse zuließen, geschehen würde. Und er bedankte sich auch für die Mühe, die sich die alte Dame gemacht habe. Meta Schiller schien von den Worten nicht recht überzeugt. Sie musterte ihn und seine Kollegin mit mißtrauischen Blicken, ehe sie ging. Als sich die Tür geschlossen hatte, verschränkte Antje Herden die Arme auf dem Tisch und legte den Kopf darauf. Ihr Rücken bebte vor Lachen. »Ich geh kaputt. Die innere Stimme und eine Dame mit lila Haaren. Kannst du dir vorstellen, was los ist? Der Oma fehlt's an Anregungen. Sie ist ganz einfach neugierig.«

»Vielleicht. Nur wegschieben dürfen wir die Mitteilung nicht. Die Volkspolizei ist für jeden Hinweis dankbar. Das hast du doch gehört, nöch?«

Sie hatte eine heftige Erwiderung auf der Zunge, da schnurrte das Telefon. Moll nahm ab und versprach jemandem, unverzüglich vorbeizukommen. »Das Ehepaar Bärwald ist zu Hause angelangt«, erklärte er dann. »Sie erwarten mich.«

»Und ich?«

»Du begibst dich an den heimischen Herd oder zum Fleischer. Vergiß nicht, daß heute Freitag ist. Dafür bitte ich dich, morgen pünktlich hier zu sein. Mir scheint, einen freien Sonnabend können wir uns nicht leisten.«

»Auch eine Lösung«, sagte sie. »Genial und logisch.«

Kurt Bärwald, ein großer, etwas beleibter Mann, empfing den Kriminalisten in völliger Gelassenheit und begrüßte ihn wie einen alten Bekannten. Das Wohnzimmer war inzwischen notdürftig aufgeräumt. Im Sessel neben dem Clubtisch saß, bis zur Brust in eine Decke gehüllt, Frau Bärwald, einen halb gefüllten Kognakschwenker neben sich. Sie zitterte am ganzen Körper und reichte Moll eine eiskalte Hand. Sie schien geweint zu haben, denn Augen und Nase waren gerötet. Das Mädchen Silke kniete auf dem Fußboden und bemühte sich, die Blutspuren aus dem Teppich zu reiben.

Bärwald dirigierte den Gast in die Couchecke, setzte sich ihm gegenüber und kam ohne Umschweife zur Sache. »Sie möchten erfahren, was wir vermissen und ob wir einen Verdacht haben.«

»Das ist selbstverständlich«, erwiderte Moll. »Es gibt aber noch einige Punkte, über die wir auch reden müßten.« Er zückte Kugelschreiber und Notizheft. »Zunächst die gestohlenen Gegenstände, soweit Sie das schon überblicken.«

»Als ob es jetzt auf Sachen ankäme«, sagte die zierliche Frau mit überraschend tiefer Stimme. Sie griff mit ihren dünnen Fingern nach dem Glas und trank vorsichtig. Dann wandte sie sich zu Silke. »Laß endlich den dummen Fleck, Mädel. Wir sind nicht zum Einkaufen gekommen, und du solltest uns jetzt lieber ein Brot, Butter und etwas irische Wurst holen. Die Halle macht bald zu.«

Silke stand auf und griff nach dem Eimer. »Auch Käse?« fragte sie.

»Meinetwegen. Kauf, was dir schmeckt. Das Geld findest du in meiner Handtasche auf der Flurgarderobe.«

Das Mädchen ging hinaus und schloß die Tür hinter sich. »Sie braucht nicht alles zu hören«, fuhr Frau Bärwald fort. »Und auch nicht zu sehen, wie ich ...« Mit einem trockenen Schluchzen brach sie ab.

Der Schreck, dachte Moll. Sie dürfte sich nicht noch mehr aufregen. Alte Leute hängen stärker an bestimmten Dingen als junge, weil sie Erinnerung bedeuten. Er wollte dem Mann vorschlagen, mit ihm allein und in einem anderen Raum zu sprechen, doch da sagte Bärwald: »Der silberne Leuchter und der Meißener Rosenteller sind wirklich nicht so wichtig. Sie waren für die Tochter gedacht; nun erbt sie das Zeug eben nicht. Aber Maria«, er legte die Hand beruhigend auf den Arm seiner Frau, »sie kann es nicht verwinden, daß wir Helga Fritsch mit der Aufsicht über unsere

Wohnung betraut haben. Herzleidend, wie sie ist. Wenn sie stirbt, Maria würde nicht fertig damit.«

»Ich glaube fest, daß sie wieder gesund wird«, sagte Klaus Moll, obwohl er selbst nicht ganz überzeugt war. »Was sagt Silke? Sie war doch heute in der Klinik.«

»Verstört ist sie gewesen«, erwiderte Frau Bärwald. »Die Mutter war bei Bewußtsein. Sie lag mit offenen Augen im Bett, aber sie hat kein einziges Wort gesagt. Nur die Hand von dem Mädel gehalten und immer wieder heftig gedrückt ...«

Kurt Bärwald erhob sich und holte eine Flasche Weinbrand und zwei weitere Gläser aus einem Gehäuse der Schrankwand. Molls Protest wehrte er ab, goß ihm aber nur halb soviel ein wie sich selbst. »Also, der Leuchter und der Teller. Mehr fehlt uns nicht, da sind wir sicher. Und mit einem Verdacht können wir nicht dienen, obwohl wir im groben über die bisherigen Einbrüche Bescheid wissen, wie fast jeder im Kietz.«

»Kurt meint, dieser scheußliche Kerl sei nur ein kleiner Gauner, aber ich denke, er ist so was wie ein Berufsverbrecher, skrupellos und brutal. Außerdem muß er körperlich sehr stark sein, so wie er Helga geschlagen hat.«

»Angst verleiht manchmal Riesenkräfte«, gab Moll zurück. »Er wurde ja erwischt. Doch jetzt zu einer Frage, die uns besonders bewegt. Überall ist der Täter zielstrebig auf die Gegenstände losgegangen, die er mitnehmen wollte. So eine Verwüstung wie in dieser Wohnung hat es nirgendwo gegeben. Haben Sie da eventuell eine Vermutung, Herr Bärwald?«

»Eine glasklare Erklärung.« Der Mann lächelte nun breit. Wieder begab er sich zur Schrankwand, zog diesmal aber mehrere Schübe auf und brachte drei flache Kästen zum Tisch. Er öffnete den obersten und sagte: »Das hat er gesucht.« In dunkelblauen Samt gebettet, enthielt der Kasten Münzen verschiedener Größen. Sie wirkten überwiegend sehr alt und sahen eigentlich nicht schön aus. Moll, der nichts von Numismatik verstand, aber um Sammlerleidenschaft wußte, betrachtete sie mit anerkennender Miene.

»Die Münzen hat er gesucht«, wiederholte Bärwald. »Ich habe eine kleine Sammlung, aber fast nur seltene Stücke. Zu Geld hätte sie der Täter kaum machen können. Jeder Händler und jeder Sammler, wenn es sich nicht gerade um einen üblen Spekulanten handelt, hätte auf Anhieb gewußt, wer die vier oder fünf Figuren sind, die dieses oder jenes Exponat besitzen. Er hätte die Annahme verweigert oder Anzeige erstattet.«

»Und wo hatten Sie die Kästen, als der Bursche ihr Wohnzimmer durcheinanderwürfelte?«

»Bei Helga Fritsch unterm Bett«, kam Maria Bärwald ihrem Mann zuvor. »Die Talerchen sind der einzige Besitz, um den Kurt wirklich bangt.«

»Weiter«, Oberleutnant Moll war jetzt gut am Zuge. Der Schluck Weinbrand hatte ihn belebt. »Wer wußte von den Münzen, wer kannte ihren Wert, wem haben Sie davon erzählt?«

Bärwald schloß den Kasten und setzte sich. Das Lächeln war ihm vergangen, betreten kniff er die Lippen ein. »Erzählt? Freunden und Bekannten. Sammlerstolz. Man ist ja auch nur ein Mensch. Und dann hab ich sie natürlich oft ausgestellt. Zuletzt im Juni, im hiesigen Kreiskulturhaus.«

»Schade«, sagte Moll. »Trotzdem denke ich, sind wir ein Stückchen weiter.«

Als er auf die Straße trat, brannten schon die Laternen. Eine Frau mit einkaufsschweren Beuteln trabte an ihm vorbei, dahinter ein Mann, der zwei Netze trug, eins mit Kartoffeln, das andere voll Bierflaschen. Freitagabend, Stille. Die Leute würden sich vor den Fernseher setzen und auf das Wochenende einpegeln. Möglich, daß der Einbrecher auch gemütlich in die Ferne guckte und Berliner Pilsner trank. Wenn er nicht schon wieder unterwegs war.

Der nächste Morgen begann mit strahlendem Sonnenschein. Ein Bade- und Wandertag, wie er im Buche stand. Antje Herden steckte mit ihrem Trabbi in einer immer wieder stockenden Kolonne stadtauswärts flutenden Verkehrs. Sie hatte ihr Auto genommen, um nach der Arbeit, von der man nicht wußte, wie lange sie dauern würde, rasch wieder nach Hause zu kommen. Jetzt ärgerte sie sich darüber. Mit der S-Bahn wäre sie schneller gewesen.

Oberleutnant Moll wartete schon in der Dienststelle. Er begrüßte sie mit einem demonstrativen Blick auf die Armbanduhr und berichtete, was er am Vorabend bei der Familie Bärwald erfahren hatte und was ihm in der Nacht eingefallen war. Er gehörte zu den Menschen, die im Bett die meisten, wenn auch nicht immer die beste Ideen haben. Und so hatte er sich erstens entschlossen, sämtliche seit dem zeitigen Frühjahr verzeichneten Neuanmeldungen in der Einwohnerkartei des Reviers zu überprüfen, und zweitens den Computer im Kriminaltechnischen Institut mit allen Daten und Fakten der fünf Einbrüche füttern zu lassen.

»Das braucht seine Weile«, sagte er. »Du besuchst inzwischen Frau Fritsch. Ich habe in der Klinik angerufen; sie ist bedingt vernehmungsfähig. Anschließend gehst du den Angaben der alten Dame, dieser Frau Schiller, nach.«

»Mann, Klaus, muß das wirklich heute sein?« wehrte sie sich. »Die innere Stimme und solcher Nonsens. Wir haben auch so alle genug zu tun ...«

»... als daß wir uns noch eine Eingabe und zusätzlichen Ärger einhandeln dürften«, unterbrach er sie. »Bitte, bring das hinter uns. Du siehst das doch ein, nöch?«

Verärgert fuhr sie zum Krankenhaus. Die Madame Schiller hätte wahrhaftig bis Montag Zeit gehabt. Klaus mit seiner mecklenburgischen Pingeligkeit und seiner Bärenruhe. Und den nächtlichen Einfällen. In der Grünanlage des Krankenhauses mit ihren alten Bäumen und Blumenrondellen verflog ihr Unmut. Eine Schwester empfing sie vor der Pförtnerkabine und brachte sie zu Frau Fritsch. Sie bat dringend, die Patientin schonend zu behandeln.

Helga Fritsch lag in einem Einzelzimmer. Der weiße Kopfverband reichte bis zu den Augen, die Gesichtsfarbe ähnelte gelblichem Wachs. Sie wies auf den Stuhl am Bettende und lächelte matt. »Der Doktor hat mir gesagt, daß Sie kommen werden. Aber ich weiß doch nichts. Es ging alles viel zu schnell.«

»Kleinigkeiten genügen uns manchmal auch.« Leutnant Herden setzte sich und ließ den Notizblock in der Handtasche. Sie würde sich die Angaben merken und später auf einer Bank im Park aufzeichnen. Die Befragung sollte den Charakter einer zwanglosen Unterhaltung haben. »Zu allererst: Wie geht es Ihnen?«

»Schon viel besser. Schmerzen fühle ich kaum. Nur Übelkeit. Das soll von der Gehirnerschütterung kommen. Aber Angst habe ich noch.«

»Angst? Ich bitte Sie, wovor denn? Sie liegen hier gut und sicher. Nachmittags wird Silke kommen und vielleicht auch Herr Bärwald. Es gibt nichts mehr, was Sie in Furcht versetzen könnte.«

Die Hände der Frau strichen unruhig über die Bettdecke. »Der Kopf«, stieß sie hervor. »Dieser riesige, schwarze Kopf. Ich seh ihn immerzu vor mir.« Ihre Mundwinkel zuckten, sie stockte einen Augenblick. »Der Mann war schon sehr groß. Aber der Kopf – wie von einem Ungeheuer.«

»Wenn man selbst, wie Sie und ich, knapp Mittelgröße hat«, sagte Antje Herden, »erscheinen einem höher gewachsene Leute meistens gewaltig. Können Sie sich an das Gesicht oder die Bekleidung des Einbrechers erinnern?«

»Aber wie denn? Ich konnte ja nichts sehen!« Helga Fritsch versuchte sich aufzurichten, sank aber sofort wieder zurück. Ihr Atem ging flach und hastig. »Ich hatte kaum das Zimmer betreten, da hat er mich schon geblendet, mit einer starken Taschenlampe. Bloß seinen schwarzen Schattenriß, dem schrecklichen Kopf und die Faust, mit der er mich vor die Brust stieß ... Die war auch schwarz. Ob er Handschuhe ...«

»Hat er getragen. Das haben die Kollegen von der Technik auch festgestellt. Er wollte nirgendwo Spuren hinterlassen. Weil er schlau ist. Aber nicht schlau genug; denn das gibt es gar nicht; daß ein Mensch spurlos herumwirtschaften kann.« Antje Herden plauderte jetzt einfach drauflos, um der kranken Frau Zeit zu lassen, sich wieder zu beruhigen. »Auch wir setzen überall unsere Zeichen, verlieren ein Haar oder einen Fussel vom Pullover und so weiter. Natürlich ist es nicht leicht, einen Täter, der sich gründlich tarnt, aufzufinden. Aber ermitteln werden wir ihn und der Strafe zuführen.«

»Sie müssen ihn finden«, sagte Helga Fritsch. »Schnell, ehe er noch mehr anrichtet. Das ist ein Unmensch.« Ermattet schloß sie die Augen. Auf Nase und Kinn bildeten sich Schweißtröpfchen. Leutnant Herden sah, daß die Verletzte an der Grenze der Belastbarkeit war. Sie stand auf und strich sacht über die Hände, die jetzt still lagen. »Danke. Ruhen Sie sich aus.«

Bedrückt und ein wenig enttäuscht ging sie durch den Park zur Straße. Es gab nichts zu notieren. Die Taschenlampe, die behandschuhte Faust, der überdimensionale Kopf. Schwer vorstellbar, daß ein derartig abnorm gestalteter Mensch nirgends aufgefallen war. Vielleicht hatte der Schreck die Frau genarrt, oder sie litt noch unter den Folgen des Schocks.

Der Tag war inzwischen heiß geworden. Über den Kieswagen flirrte die Luft. Am Erfrischungskiosk gegenüber dem Tor trank Leutnant Herden lauwarme Brause aus einem Pappbecher. Dann fuhr sie in die Marbachstraße.

Die Nummer elf war ein Haus, das seine fünfzig Jahre auf dem Dach haben mochte. Rechts und links vom Eingang waren Putten ans Mauerwerk geklebt, an denen die Witterung vieler Winter kräftig gezehrt hatte. Im Flur hing das übliche graurosa Plakat, auf dem die Notrufe und die Sprechzeiten des ABV verzeichnet waren. »Hausbuchbeauftragter: Martina Püschel, 1. Geschoß«, las Antje Herden in der rechten unteren Ecke. Durch die Hintertür konnte man auf den Hof sehen, wo zwei Knirpse aus Sand und Wasser eine Pampeburg türmten.

Frau Püschel war eine junge Frau, pummelig und freundlich. Sie bot der Kriminalistin Platz im Wohnzimmer an, schloß das Fenster und räumte ein Strickzeug weg, das auf dem Tisch gelegen hatte. Dabei erzählte sie, daß man ihr das Hausbuch aufgedrängt habe, weil sie im Babyjahr und deshalb fast immer zu Hause sei. Antje Herden verlangte nicht, es zu sehen. Es handele sich lediglich um eine Auskunft, den Mieter Hixtus betreffend.

Martina Püschel staunte. »Papa Hixtus? Was soll denn mit dem sein?«

»Nichts Besonderes vorläufig. Es gibt nur Hinweise, daß ungewöhnlich viele Besucher bei ihm ein- und ausgehen.«

»Quatsch.« Die junge Frau ließ sich auf einen Stuhl fallen und lachte hell auf.

»Entschuldigen Sie, aber das ist bei dem nicht drin. Absolut nicht.«

»Und warum nicht?«

»Der lädt ja kaum den Klempner in seine Wohnung. Als neulich ein Steigrohr ausgewechselt werden mußte, hat er verlangt, daß ich dabei bin. Und inzwischen brüllte unser Kleiner wie am Spieß. So ist der. Allein mit Fremden bleibt der nicht.«

Jetzt war es an Antje Herden, verwundert zu sein. »Sagen Sie bloß noch, er fürchtet sich.«

»Genau«, Martina Püschel lachte wieder. »Vor Trickdieben hat er Angst. In seinem Klub war mal einer, der hat einen Vortrag gehalten über Vorsicht im Umgang mit Unbekannten. Beispiele waren auch dabei. Und seitdem hat Papa Hixtus diesen Tick.«

»Ein bißchen Vorsicht ist nicht verkehrt. Im allgemeinen sind die Leute viel zu vertrauensselig.«

»Zugegeben. Aber muß einer deswegen gleich zwei Ketten an der Tür haben?«

Hinter der Tür zum Nebenzimmer begann ein Säugling zu quäken. Es klang recht friedlich, doch die junge Frau stand mit einer Entschuldigung auf und ging nachsehen. Antje Herden dachte, daß sich die Sache eigentlich erledigt hätte. Die Hausbuchbeauftragte machte einen soliden Eindruck und stand mit ihren strammen Beinen fest auf der Erde. Dennoch, irgend etwas sollte hinter den Angaben von Frau Schiller stecken. Oder waren es Phantastereien, Einbildungen infolge Verkalkung?

Das Baby war still geworden. Martina Püschel erschien im Zimmer. »Der kleine Wanst meldet sich immer zur Unzeit. Haben Sie sonst nach Fragen?«

»Keine direkten. Aber wenn Sie mir beschreiben könnten, wie Herr Hixtus lebt, das würde mich interessieren.«

»Bescheiden. Gerade, daß er sich voriges Jahr einen neuen Kühlschrank geleistet hat. Sonst ist alles so, wie es vor dreißig oder vierzig Jahren gewesen sein wird. Denk ich mir jedenfalls. Und geradezu sagenhaft aufgeräumt ist es bei ihm. Übrigens, seine Schränke und das Büfett, eine Arche von Wohnzimmerbüfett, hält er in letzter Zeit auch verschlossen.«

»Wissen Sie, mit wem er verkehrt?«

»Nee. Da müßte ich sein Wächter sein. Ich bin bloß mode, wenn er was braucht. Hier im Haus war zwar mal was, aber ob ich darüber …« Die junge Frau kicherte und hielt sich die Hand vor den Mund.

»Reden Sie schon, Frau Püschel, es bleibt unter uns.«

»Es hat mal geknistert, zwischen ihm und meiner Nachbarin, Frau Schiller. Jeden Nachmittag gingen sie spazieren wie ein Pärchen, richtig niedlich. Und pünktlich um drei, immer, wenn ich die Große aus dem Kindergarten holte.«

»Und jetzt?«

»Aus. Wir dachten alle, er würde sich ganz mit ihr zusammentun, kregel, wie er noch ist. Ich hab ihn daraufhin auch mal angesprochen. Was meinen Sie, wie der wild wurde. Echt. Ich sollte meine Nase in den Windeltopf stecken, hat er gesagt.«

»Na, hören Sie«, sagte Antje Herden. »Ein sehr angenehmer Mensch scheint er ja nicht zu sein.«

»Da war er eben mal wütend. Ich glaub, die hätten auch nicht zusammengepaßt. Er mit seiner Angst vor Fremden und unsere Oma Schiller, ein Hansdampf in allen Gassen. Unerhört hilfsbereit, aber sie regiert auch gern.«

»Die beiden sind also zerstritten, wenn ich Sie richtig verstanden habe?«

»Möglich. Oder auch nicht.« Martina Püschel griff in ihre Lockenpracht und wickelte eine Strähne um den Zeigefinger. »Bitte, ich möchte nichts Falsches sagen. Nur soviel: Er wandelt wieder allein durch den Park, und sie hat einen Rochus auf ihn. Dieser Tage erst hat sie zu mir gesagt, Sonderlinge wie Hixtus gehörten in ein Heim und unter Aufsicht.«

Nebenan begann das Baby wieder zu schreien. Lauter diesmal, ungeduldig und fordernd. Antje Herden bedankte sich für die Auskünfte und verabschiedete sich. Die Geschichte war klar wie frisches Quellwasser. Eine verschmähte Braut, in welchem Alter auch immer, ist zu manchem fähig.

In der Dienststelle herrschte Ruhe und angenehme Kühle. Klaus Moll war noch nicht wieder zurück, es ging ja auch erst auf elf Uhr. Antje Herden stellte es mit Staunen fest: Ihr schien es, als sei sie endlos lange unterwegs gewesen. Sie packte ihre Wurstbrote aus – an den Wochenenden blieb die hauseigene Kantine geschlossen – und goß sich Tee aus der Thermosflasche ein. Ein bißchen Pause, auch ganz schön. Um sie richtig zu genießen, holte sie sich Lesestoff aus dem Schrank der Sekretärin. Die Kollegin hatte das Glück, eine vielgelesene und daher schwer zu erhaltende Zeitschrift im Abonnement zu bekommen, und hob immer einige Exemplare auf, um sich in stillen Minuten ein Rätsel vorzunehmen. Dazu kam es fast nie, und so war das Zeitungsfach gut gefüllt.

Antje Herden kaute mechanisch und blätterte ohne große Konzentration die Seiten um. Einen beachtlichen Teil des Blattes nahmen Kleinanzeigen ein. Die Leute wollten Hunde und Vögel, Gefriertruhen und Möbel, Plattenspieler, Standuhren und anderes mehr kaufen oder verkaufen, suchten einen Partner fürs Leben oder nur für den Urlaub. Was es nicht alles gab. Auf einmal blieb Antje Herden der Bissen im Mund stecken, beinahe hätte sie sich verschluckt. Daß sie nicht eher darauf verfallen waren, sich die kleinen Inserate anzusehen. Der Einbrecher, hol ihn der Teufel, hatte doch gewiß nicht die Absicht, all das entwendete Gut um sich herum anzuhäufen. Ihm ging es um das Geld dafür, das heißt, er brauchte Käufer.

Sie räumte die Reste der Stullen weg und widmete sich zielgerichtet den Offerten. Rosenholzmöbel, Pelze, Schmuck, Lederbekleidung, Wasserpumpen, Mopeds, der Schädel konnte einem brummen, auch bei den Preisen, die von den Inserenten angesetzt waren. Erst in der vierten Zeitung, sie war vor zwei Monaten erschienen, stieß sie auf eine Anzeige, die ihre Aufmerksamkeit herausforderte. »Günstige Gelegenheit«, las sie. »Verkaufe laufend altes Porzellan, Leuchter, Türbeschläge und andere Antiquitäten (keine Kunstgegenstände) zu Preisen nach Vereinbarung. Zu erfragen Dienstag und Freitag bei N. Zieschang, Restaurant ›Grüner Frosch‹, Eichbusch.«

Sie nahm einen Rotstift und grenzte das Inserat ein. Eichbusch kannte sie. Es war ein Vorort, schnell mit der S-Bahn zu erreichen. Eine Tante von ihr wohnte dort. Sie kochte nicht gern und lud ihre Gäste gewöhnlich in den ›Grünen Frosch‹ ein. In der Konsumgaststätte konnte man ausgezeichnet essen. Aber Zieschang? Hieß der Kneiper nicht Merz? Und wieso handelte ein Wirt mit Antiquitäten? Irgend etwas war hier nicht ganz astrein, selbst wenn die Geschichte nichts mit ihrem Fall zu tun hatte.

Sie grübelte und beschuldigte sich selbst der Spintisiererei, als das Telefon summte. Der Wachhabende teilte mit, daß eine Bürgerin namens Schiller auf dem Weg zu ihr sei. Sie habe sich nicht abweisen lassen und könne angeblich nicht bis zum Wochenanfang warten. Auch gut, dachte Antje Herden, da stellen wir die Sache gleich klar, und damit ist wenigstens etwas erledigt.

Es klopfte, und ohne eine Aufforderung abzuwarten, trat Frau Schiller ein. Sie trug ein weißes Kleid mit Streublümchen, in dem sie frischer und jünger aussah. Der Kriminalistin reichte sie die Hand wie einer alten, aber nicht hochgeschätzten Bekannten und nahm mit Selbstverständlichkeit auf dem Besucherstuhl Platz. Und sie legte auch sofort los. »Da bin ich wieder, Frau Leutnant. Trotzdem es mir gestern so vorkam, als ob Sie mich am liebsten auf der Stelle abgewimmelt hätten. Aber als ich ihn heute aus dem Haus gehen sah, da sagte ich mir, Meta, sagte ich, es hilft alles nichts, du mußt noch mal hin zur Abteilung.«

Antje Herden überkam die böse Ahnung, daß die Geschichte nicht mit ein paar Worten abgetan sein würde. »Liebe Frau Schiller«, sagte sie, um Geduld bemüht, »Ihre Aktivität in allen Ehren. Nur machen Sie sich ganz umsonst Umstände. Wir haben die Angelegenheit überprüft und betrachten sie von unserer Seite als erledigt.«

»Ist sie aber nicht«, fuhr Frau Schiller auf. »Wenn ich Ihnen erzähle, wie sich der Hixtus neuerdings ausstaffiert ...«

»Bitte.« Die Kriminalistin stoppte den Redeschwall. »Sie haben sich geirrt. So etwas kann vorkommen, und wir sind die letzten, die das nicht verstehen. Nun müssen Sie sich aber auch einsichtig zeigen. Es gibt nicht den geringsten Anhaltspunkt für Befürchtungen.«

»Behaupten Sie. Und die neue Jacke? Ich dachte, mir dreht es die Augen raus, als er damit die Straße lang stolzierte. Ein Mann in seinen Jahren und läuft mit so einer hypermodernen Lederjacke rum. Mit Reißverschlüssen. Sie werden's besser wissen als ich, was so ein Stück kostet.«

Es war nicht zu fassen und kaum zu ertragen. Aber die Volkspolizei hat im Umgang mit den Bürgern Höflichkeit zu wahren, mit welchem Unsinn man ihr auch kommt. »Was sich Herr Hixtus um die Schultern hängt, ist seine Privatangelegenheit. Jeder Mensch hat das Recht, sparsam zu leben und sich dafür modisch und gediegen zu kleiden.«

»Gottchen, gediegen.« Meta Schiller schüttelte den Kopf und brach in abfälliges Lachen aus. »Obenherum das Affenjäckchen, diesen Firlefanz, und untenrum seine alte eingefärbte Eisenbahnerhose. Er war nämlich mal bei der Bahn, der Hixtus. Nee, nee, wo das Geld ratz-batz aus dem Fenster geworfen wird, da ist was faul im Staate Dänemark.«

»Schluß.« Antje Herden ging zur Wasserleitung, spülte Arme und Hände kalt ab und zählte bis zehn. »Ich möchte das nicht gehört haben, Frau Schiller. In ihrem eigenen Interesse.«

»Wieso in meinem? Hab ich was von dem Mann? Was geht's mich überhaupt an, wenn er den Verstand verliert und in sein Unglück rennt?«

»Genau, sehr richtig. Weil es ein schlimmes Ende nehmen kann, wenn man unbescholtene Nachbarn verdächtigt. Oder wollen Sie vor der Schiedskommission* landen?«

Frau Schiller erhob sich und stieß dabei den Stuhl zurück. Sie atmete rasch; auf ihren Wangen glühten hektische Flecke. »Nun machen Sie mir mal keine Angst, junge Frau, Frau Leutnant. Die Schiedskommission bei uns, die kenn ich. Da war ich selber drin. So. Und jetzt gehe ich. Wer nicht will, der hat gehabt.«

Sie schritt davon, ihre Absätze knallten auf den Fußboden. Im Flur drehte sie sich um.

»Da glaubt unsereins, die Volkspolizei ist für jeden Hinweis dankbar ...« Die Tür krachte ins Schloß.

Abgang mit Theaterdonner, heiliger Strohsack. Antje Herden fühlte sich wie durch den Fleischwolf gedreht. Sie schraubte ihre Thermosflasche auf und kramte in der Handtasche nach einer Kopfschmerztablette. Da tat sich die Tür schon wieder auf. Oberleutnant Moll trat ein; auch er sah erschöpft aus. Er warf einen Blick auf den Tee, setzte die Flasche an und stürzte ihn hinunter. »Da bin ich wieder.«

»Ich merke es. Da hat unsereins wenigstens eine kleine Freude.«

»Du bist ja mächtig angeschlagen. Sag mal, war das eben auf dem Gang nicht schon wieder ...«

»Sie war es, großer Klaus. Die unsagbar lästige Oma. Herr Hixtus hat sich nunmehr eine Lederjacke zugelegt. Und er will nichts von Frau Schiller wissen, die mal nahe dran war, sich den flotten Knaben an Land zu ziehen. Deswegen ist sie böse auf ihn. Das und nicht mehr hat die Nachfrage im Haus ergeben.«

»Und mit so was müssen wir uns rumschlagen. Kleinliche Rachegelüste. Na, schön. Thema beendet.« Moll sank auf seinen Schreibtischsessel und verschränkte die Arme auf der Tischplatte. »Wie geht es Frau Fritsch?«

»Ziemlich schlecht. Sie kann sich auch kaum an etwas erinnern, weil sie mit einer starken Taschenlampe geblendet wurde. Einzelheiten hat sie nicht wahrgenommen, Sie sagte nur, und das hat sie immer wieder betont, daß der Täter einen unnormal großen, einen ungeheuerlichen Kopf gehabt hätte. Ob man das glauben darf?«

»Was weiß ich.« Moll guckte in die Thermosflasche, sie war

leer. »Ich bin getrabt wie das Eichhörnchen auf dem Laufrad. Auch so sinnvoll etwa. In unser Wohngebiet sind seit dem Frühjahr eine ganze Menge Leute zugezogen. Meistens Bauarbeiter in Untermiete, die hier einen zweiten Wohnsitz angemeldet haben. Die können wir unmöglich alle durchkämmen, und ich möchte auch keinen von ihnen verdächtigen. Sie arbeiten täglich zehn Stunden, damit sie von Freitag bis Montag früh nach Hause können. Denen dürfte der Sinn kaum nach Einbruch stehen.« Er holte eine Packung »Club« aus der Jackentasche, zündete eine Zigarette an und nahm in Ermangelung eines Aschenbechers eine Untertasse.

»Das ist ja das Neueste. Seit wann rauchst du?«

»Seit meiner Jugend. Vor fünf Jahren habe ich es mir abgewöhnt. Und ich laß es auch wieder sein.« Er sah fahl aus und müde, wie er krumm im Sessel hockte und an der Zigarette sog. »Der Computervergleich«, erklärte er, »hat ebenfalls nicht die Offenbarung gebracht. Unser Einbrecher ist bisher nicht erfaßt. Er soll jung und beweglich sein, reichlich mittelgroß und einen mechanischen Beruf ausüben. Darauf deutet die Tatsache hin, daß er in keinem Fall eine Tür aufgebrochen, sondern überall die Schlösser fein säuberlich rausgeschraubt hat. Auch eine Weisheit.«

Antje Herden merkte, daß sie noch immer das Röhrchen mit den Tabletten in der Hand hielt. Sie steckte es schnell weg. Das Zeug half sowieso nur für den Moment und weil man daran glaubte. Aus dem Stoß von Zeitungen, den sie beim Nahen von Frau Schiller zusammengeschoben hatte, fischte sie das Blatt mit dem rot umrandeten Inserat. »Sieh dir das mal an und sag, was du davon hältst.«

Er las und fragte: »Kochen die im ›Grünen Frosch‹ wenigstens anständig?«

»Hervorragend. Weiß ich aus Erfahrung.«

»Dann nichts wie hin. Schaden kann es nicht, und mir hängt der Magen bis zu den Knien. Und einen kleinen Genuß wird man sich am Sonnabend wohl leisten dürfen, nöch?«

Der »Grüne Frosch« war von Autos dicht umlagert. Moll mußte den Dienstwagen in einer Seitenstraße abstellen. Auf der Terrasse der Gaststätte leuchteten bunte Sonnenschirme. Meist jugendliches Publikum saß hier bei Eis und Cola. In der Gaststube stand, wie ein Fels in der Brandung, Anton Merz, ein Mann von beträchtlicher Leibesfülle, ließ die Gäste an sich vorbei wogen und dirigierte sie nach Platzangebot in den Saal oder die Veranda. Moll bat ihn zur Seite und zeigte seinen Ausweis. »Tut uns leid, daß wir in diesen Betrieb platzen, aber wir müssen Herrn Zieschang sprechen.«

»Einen Herrn haben wir nicht. Nur Nora, unsere Büfetteuse.« Der Wirt wies mit leichter Kopfbewegung zum Tresen, hinter dem eine vollbusige Schönheit Bier und Brause einschenkte. »Moment mal.« Von einem Seitentisch entfernte er das Schild mit der Aufschrift »Personal«, deutete auf die Stühle und eilte zur Tür, vor der sich schon wieder Gäste drängten. »Herrschaften, wir sind überfüllt«, rief er schallend über Terrasse und Vorplatz. »Bitte, nehmen Sie inzwischen im Freien Platz. In einem halben Stündchen haben wir wieder Luft.« Danach zog er die Tür zu und drehte den Schlüssel um.

Oberleutnant Moll hatte unterdessen eine Speisenkarte entdeckt. Seine Mitarbeiterin und er hatten sich darüber gebeugt, als sich Merz ihnen gegenüber niederließ. »Dürfte ich erfahren, was bei Nora anliegt?«

»Das wissen wir selbst noch nicht, ob und überhaupt«, antwortete Antje Herden. »Und wir möchten vorerst auch nicht, daß sie uns dienstlich kennenlernt. Wir haben die Absicht, als Kunden aufzutreten.«

»Ist klar.« Der Wirt kraulte sich die Glatze. »Kunden? Ich ahne es ja schon lange, daß sie mal auf die Nase fällt. Zu viele undurchsichtige Männerbekanntschaften, zu sehr aufs Geld versessen. Aber tüchtig im Beruf. Na, dann wollen wir mal.«

Moll hielt ihn zurück und erklärte, daß sie nach der Unterhaltung mit Frau Zieschang etwas essen wollten.

Für die Dame bestellte er Hühnerragout und für sich Ochsenschwanzsuppe, Eisbein und Früchtebecher »Melange«. Anton Merz baute sich hinter der Theke auf, und die Büfetteuse erschien am Tisch. Aus der Nähe wirkte sie älter und schon ein wenig angewelkt. Sie setzte sich und hob fragend die ausrasierten Augenbrauen.

»Wir sind durch Zufall auf Ihre Anzeige gestoßen«, begann Moll. »Da wir schöne alte Stücke schätzen, sind wir einfach hergefahren. Auf gut Glück, denn an den Wochentagen klappt es bei uns schlecht.«

»Demnächst bekommen wir eine Wohnung«, setzte Antje Herden fort und warf Moll einen zärtlichen Blick zu. »Und da hätten wir gern einen repräsentativen Leuchter und vielleicht eine echte Vase. Als Blickfang, damit es nicht so eintönig aussieht wie in den meisten Neubauten.«

»Ich verstehe. Aber ausgerechnet heute?« Nora Zieschang zog die Bluse glatt und zupfte an ihrem Schürzchen. »Ich weiß gar nicht, wo sich Steffen, ich meine Herr Lotzmann, gerade aufhält. Und der Chef sieht es auch nicht gern, wenn ich ...« Sie ließ das Ende des Satzes in der Luft hängen.

»Ach.« Moll war das personifizierte Staunen. »Das konnten wir nicht voraussehen. Wir glaubten, Sie verkaufen selbst.«

»Aber nein. Ich vermittle nur zwischen Herrn Lotzmann und seiner Kundschaft. Die Geschäfte wickelt er woanders ab. Der Chef würde mich ja fressen, wenn wir im Lokal einen Handel aufmachten. Ich sollte mich sowieso raushalten. Er hat mir eben leid getan, der Steffen.«

»Warum denn?« fragte Antje Herden. »ist er krank oder behindert?«

»Keine Spur. Aber unglücklich verliebt. Das Weib, das er da oben in der Gegend von Rostock hat, will was sehen, ein schickes Auto mindestens, ehe sie sich mit ihm verlobt. Deswegen rackert er wie ein Blöder, kauft und verkauft neben seiner Arbeit und könnte es doch viel besser haben.« Sie schien plötzlich zu spüren, daß sie vor Fremden zuviel ausgepackt hatte. »Also Leuchter und Vase. Ich rede am Dienstag mit ihm. Sie müßten sich dann noch mal herbemühen.«

Moll wiegte unschlüssig den Kopf. »Und wenn wir ihn heute erreichen könnten? Wohnt er im Ort?«

»Komische Frage. Wäre er sonst unser Gast?« Nora Zieschang stand auf und schob den Stuhl mit geübter Gebärde unter den Tisch. »Zweite Querstraße links, Rosmarinsteig. An dem Haus wird gebaut. Die Leute heißen Uhland.« Mit schwenkenden Hüften ging sie an ihren Tresen.

Ein Kellner brachte das Ragout und die Suppe für Moll. Wenig später das Eisbein, einen Berg Fleisch und fette Schwarte. Durchdringend duftete der Sauerkohl. Antje Herden schüttelte es: Sie sehnte sich nach frischer Luft; wartete aber ergeben, bis Klaus Moll alles, auch den Früchtebecher mit der hohen Sahnehaube in sich hineingestopft hatte. In einem Schwall von Mittagsgästen verließen sie das Lokal. Der Wirt blickte ihnen bekümmert nach.

Der Rosmarinsteig war ein zerfahrener Weg, der in feuchte Wiesen mündete. Am Anfang standen poppig aufgemotzte Kleinvillen, weiter hinten wurde es bescheidener. Das vorletzte Haus war ein ausgebauter Altbau, der Rest eines ehemaligen Bauerngehöfts, und mußte noch verputzt werden. Im Vorgarten lagerten Baumaterialien und ein Haufen Kies.

Hinter dem Gebäude war das Gezeter einer weibliches Stimme zu hören. Die Kriminalisten lenkten ihre Schritte dorthin. Sie kamen auf einen Trockenplatz, wo eine hagere Frau Wäsche aufhängte, ganze Galerien von Kinderhemden, Turnhosen und Pullis. Sie arbeitete flink und hatte dabei noch Augen für anderes. »Silvio, Carmen, Enrico«, schrie sie in die Tiefe des Obstgartens hinein, »schert euch auf der Stelle aus den Pflaumen. Wartet, ich werde euch gleich Beine machen.«

Oberleutnant Moll trat näher und grüßte. »Wir möchten zu Herrn Lotzmann. Er wohnt doch bei Ihnen?«

»Wohnt, ja. Seit dem Frühjahr.« Frau Uhland wischte sich die Hände an der Schürze ab: »Aber er ist nicht hier. Sein Meister hat 'ne Menge Aufträge, und da ist er arbeiten gefahren. Kann lange dauern. Vielleicht übernachtet er auch in der Stadt.«

»Schade«, bedauerte Antje Herden. »Wir haben gehört, daß er Beziehungen zu Antiquitäten hat.«

»Wie, bitte?« fragte die Frau, indem sie ihre Fäuste in die mageren Seiten stemmte. »Der und so alter Kram? Da hat Sie einer ganz schön auf den Arm genommen.« Sie ging zum Haus, beugte sich ans Kellerfenster und rief: »Dieter, weiß du, ob Steffen mit Antiquitäten handelt?«

Aus dem Kellerloch drang ein grantiges Brummen. Der Herr des Hauses schien stark beschäftigt und nicht gewillt, sich stören zu lassen. »Ich denke, das muß wirklich ein Irrtum sein«, sagte seine Frau zu den Besuchern. »Wir hören davon zum ersten Mal.«

»Aber ein Bekannter hat uns ausdrücklich an ihn verwiesen und auch schon mit ihm verhandelt«, entgegnete Antje Herden.

»Es geht um einen mehrarmigen Leuchter. Ich bin ganz verrückt auf so ein Stück, ein echtes. Können Sie das begreifen?«

»Nein.« Frau Uhland blickte an sich herunter auf ihre zerschleißenden Pantoffeln. »Oder doch. Nur kann ich's mir nicht erlauben. Wenn man eine alte Bude ausgebaut hat und sechs Kinder zu versorgen, steht einem der Sinn mehr nach Praktischem. Deshalb haben wir auch das Eckzimmer an unseren Steffen vermietet, als die Große studieren ging.«

»Sie sind mit Herrn Lotzmann verwandt?« erkundigte sich Moll.

»Nicht mal um sieben Ecken. Ich hab einfach einen Zettel ausgehängt, am Bahnhof Grünau. Darauf ist er gestoßen, weil er in der Nähe arbeitet. Bei so einem Krauter, der Räder repariert. Nämlich, er hat Fahrradschlosser gelernt. Mein Mann hat zwar erst geknurrt, aber jetzt sind wir richtig froh, daß wir den Steffen haben. Den Zaun hat er uns geholt mit dem LKW von seinem Meister, gute Bretter hat er besorgt, und beim Kaninchenstall will er auch helfen. Bloß, daß er sich mit antiken Sachen und solchem Zeug ... Nee.«

Antje Herden seufzte unglücklich, zog ein Taschentuch und schnäuzte sich lange. »Wie das zusammenhängt, ist uns auch nicht ganz klar«, sagte Moll. »Aber versprochen bleibt ja wohl versprochen. Ob wir wenigstens mal nachsehen könnten? Vielleicht hat er den Leuchter schon da?«

»Von mir aus. Ich zeig Ihnen seine Stube.« Frau Uhland ging voraus, um das Haus herum und durch den Flur. Es roch nach Sauberkeit und Malerfarbe. Der Raum, dessen Tür sie öffnete, war ein Mädchenzimmer. Serienmöbel, eine einfache Liege, Hängeregale und ein kleiner Schreibtisch. Auf dem Schrank saß ein plüschiger Teddybär und glotzte mit seinen Glasaugen ins Leere. Gar nichts Antikes, überhaupt nichts Altes.

»Hier hat er das Ding nicht«, stellte Moll fest, im Ton eines leicht verärgerten Mannes, der die Verrücktheiten seiner Partnerin mit Fassung zu tragen versucht. »Wissen Sie nicht, wo er sich abends aufhält? Er hat doch bestimmt eine Freundin.«

»So halb und halb. Aber dort, wo er zu Hause ist. Nur lief es nicht richtig, weil die Madame Ansprüche stellt. Hier dachte er, schneller zu Geld zu kommen. In Berlin hat er nur seinen Opa. Dem ist er mächtig zugetan. Für seinen Opa tut der alles.«

»Wie schön.« Antje Herden lächelte, fast gerührt. »Ich freue mich immer, wenn junge Leute an ihren Großeltern hängen. Wo der Opa wohnt, hat er Ihnen das erzählt?«

»Sie sind ja hartnäckig.« Frau Uhland musterte die Kriminalistin mit einem Anflug von Mißtrauen und nicht gerade freundlich. »Diese Manie mit den alten Klamotten. Doch da kann ich Ihnen wirklich nicht helfen. Ich merk mir nicht mal den Namen von dem Opa richtig. Komisch, wie Mixtur. Nein, halt, ich hab's. Ein Papst hieß so, glaube ich. Sixtus.«

»Geben wir's auf«, sagte Moll. Und an die Hausfrau gewandt: »Aber bereuen möchte ich die Fahrt nach Eichbusch nicht. Wenn Sie noch ein paar Minuten Zeit hätten, mich interessiert, wie sie zu dem Haus gekommen sind und was Sie hineingesteckt haben. Ein Eigenheim, das ist es, was mir vorschwebt.«

Während er sich mit Frau Uhland unterhielt, ging Antje Herden voraus. Er fand sie nicht weit vom »Grünen Frosch«, an eine Linde gelehnt. »Sixtus, Hixtus«, stieß sie hervor. »Mann, das kann doch nicht wahr sein.«

»Komm.« Er legte den Arm um ihre Schulter. »Wir steigen jetzt in unsere Karre und spielen bis zum Ortsausgang noch verliebt und verlobt. Dann sollten wir uns aber beeilen.«

Sie waren mit zwei Wagen gekommen und hatte je einen Genossen am Vordereingang und an der Hoftür postiert. Auf dem vorletzten Treppenabsatz blieb Antje Herden stehen. »Ich fühl mich nicht ganz wohl, Klaus. Frau Uhland sagte ausdrücklich Sixtus.«

»Du willst es einfach nicht wahrhaben«, antwortete er, »daß die ausgeschlafene Oma Schiller das richtige Geschnupper hatte.«

»Das steht noch längst nicht fest.«

»Na, und? Dann werden wir uns höflich entschuldigen. Übrigens hast du deine Rolle als nostalgiebesessene Dame glänzend gespielt.«

»Danke.« Sie drehte sich auf dem Absatz um, daß der Plisseerock wippte, und stieg die restlichen Stufen hinauf. Durch das oberste Treppenfenster fiel eine Sonnenbahn. Unten, über den Höfen und Gärten lagen schon Schatten. Die Wärme täuschte, der Herbst war da.

Moll drückte auf den Klingelknopf. Nach einer Weile näherten sich Schritte, Sicherheitsketten rasselten, und die Tür ging halb auf. Der Hausherr, eine bequeme Strickjacke über dem Sporthemd, blickte sie befremdet an. »Sie wünschen?«

»Guten Abend«, grüßte der Oberleutnant. »Verzeihen Sie die Störung, Herr Hixtus. Wir möchten zu Herrn Lotzmann.«

»Bedaure, das ist ausgeschlossen. Mein Enkel hat den ganzen Tag schwer gearbeitet und will später noch mal weg. Er braucht seinen Schlaf. Kommen Sie übermorgen wieder.« Hixtus wollte die Tür schließen, doch Moll schob seinen Fuß dazwischen. »Kriminalpolizei. Bitte, überzeugen Sie sich. Es muß sein.«

Der alte Herr ließ die Klinke los und wich zurück: »Kriminal... – In meinen vier Wänden?« Auf unsicheren Beinen trottete er den Flur entlang und streifte dabei die jugendliche Lederjacke, die an der Flurgarderobe hing. »Steffen, da sind welche von der Polizei. Behaupten sie.«

Auf dem großen alten Sofa im Wohnzimmer lag, eine Decke bis zum Hals gezogen, ein junger Mann. Verschlafen fragte er: »Was ist los, Opa? Siehst du schon Fledermäuse?« Antje Herden unterdrückte einen Ausruf der Überraschung. Das Löwenhaupt: Eine solche Erscheinung, im Dunkeln nur als Schatten zu erkennen, konnte einen schon erschrecken. Frau Fritsch hatte kaum übertrieben. Dabei war der Kopf von Lotzmann völlig normal, bis auf die Haare. Eine krause, rotblonde Mähne wölbte sich über Ohren und Stirn; ein ebenso gewaltiger Backenbart umgab Wangen und Kinn.

»Stehen Sie auf, Herr Lotzmann«, sagte Moll. »Wir haben mit Ihnen zu reden. Zum Beispiel über den Leuchter, dort auf dem Büfett.« Endgültig wach geworden, sprang der junge Mann auf die Beine und warf die Decke zur Seite. Reichlich mittelgroß, wirkte er in Pulli und engen Jeans eher schmächtig als muskulös. Er hatte runde, eng beieinander stehende Augen, aus denen er die Kriminalisten dümmlich anblickte. Ein Bürschchen, naiv und harmlos aussehend. »Was wollen Sie von mir?«

»Eine Ermittlung gegen Sie führen. Warum, das wissen Sie ganz genau.«

Der Großvater griff nach einer Stuhllehne und ließ sich wankend auf den Sitz fallen. »Um Himmels willen, Steffen, so erklär dich doch. Du hast doch nichts Schlechtes getan.«

»Er hat«, sagte Moll betont. »Schwerer Einbruchsdiebstahl in mehreren Fällen und lebensgefährliche Körperverletzung.« Er zeigte auf einen schäbigen Koffer, der neben dem Sofa stand. »Öffnen Sie das Ding. Ein bißchen flott, bitte.«

Der junge Mann begann seine Lage zu begreifen und sich zu wehren. »Da ist meine Wäsche drin. Die geht Sie einen Dreck an.« Ein drohendes Räuspern des Oberleutnants ließ ihn dann doch gehorchen. Schlösser schnappten, der Deckel hob sich, zum Vorschein kamen Teile des Meißener Weinlaubgeschirrs.

»Na, also.« Antje Herden trat einen Schritt näher und musterte das Porzellan.

»Wo ist das übrige Diebesgut, soweit Sie es nicht schon verkauft haben?«

Lotzmann versuchte noch einmal zu trotzen. »Ich weiß von nichts. Das hier habe ich nur zur Aufbewahrung.«

»Sprich die Wahrheit, du verdorbener Mensch.« Die Stimme von Hixtus grollte empört. »In der Speisekammer, Herr Offizier. Ich habe ihm dort Platz eingeräumt. Weil er versicherte, er hätte die Sachen aus Nachlässen, aus Haushaltauflösungen. Billig, hat er mir erklärt.«

»Außerordentlich billig«, bestätigte Moll bissig. »Sie sind überführt, Lotzmann. Bereiten Sie sich auf ein umfassendes Geständnis vor.«

Der alte Herr atmete stoßweise und preßte die Hand an die Herzgegend. »Ich fühlte mich so sicher, wenn der Junge da war. Vertraut habe ich ihm wie mir selbst. Auch den Fremden, die er zu mir schickte. Es sollten seine Freunde sein, gute Bekannte.«

»Hör bloß auf zu singen.« Wütend stieß Steffen Lotzmann mit dem Fuß gegen den Koffer. Die Tassen in den dünnen Seidenpapierhüllen klirrten leise. »Zieh dich nicht hoch, Alter. Wer ist denn eigentlich schuld? Du hast mich doch drauf gebracht, mit dem dauernden Gequatsche, wer von den Rentnern aus deinem Klub eine Reise macht oder ins Krankenhaus geht. Oder von wem die Kinder unterwegs sind. Und was die Leute so haben, womit sie angeben. Du.«

»So hast du mich ausgenutzt, du Mißgeburt. Zum Hehler hast du mich gemacht. Die elende Lederjacke, dein großzügiges Geschenk ist bestimmt auch gestohlen. Verschwinde aus meinem Haus, auf der Stelle ...«

»Dafür sorgen wir«, sagte Moll. »Bitte, schonen Sie sich etwas.«

»Muß ich – muß ich nicht mit ihm ins Gefängnis?«

»Aber nein.« Antje Herden trat zu dem alten Mann und legte ihre Hand auf seine Schulter. »Nur Ihre Aussage wird nötig sein, wahrscheinlich auch vor Gericht. Sie sollten sich wirklich nicht so aufregen.«

An der Tür entstand Bewegung. Eine Kittelschürze über dem Blümchenkleid, erschien Flau Schiller. »Die Flurtür war nur angelehnt«, entschuldigte sie ihr Eindringen. »Ich sah, daß die Herrschaften von der Abteilung K ins Haus gingen. Und da sagte ich mir, Meta, du wirst vielleicht gebraucht.«

»Das war eine gute Idee«, erwiderte Antje Herden. »Kennen Sie diesen jungen Mann?«

»Den Weihnachtsmann mit dem wilden Bart? Nie gesehen, darauf schwör ich drei Eide. Aber ich hatte doch recht?«

»Vollkommen, einwandfrei«, antwortete Moll. »Mit Ihrer Hilfe konnten wir einen gefährlichen Einbrecher fassen. Wir werden das noch offiziell anerkennen, wie es sich gehört. Zunächst aber großen Dank.« Er bat seine Mitarbeiterin anwesend zu bleiben, bis die Genossen zur Bestandsaufnahme kämen, und schickte sich an, den Täter abzuführen. Ohne Widerstand und ohne Abschiedswort an den Großvater ließ sich Lotzmann wegbringen.

Hixtus starrte vor sich hin. Er kämpfte gegen Atemnot und Schwäche. »Grundgütiger. Womit habe ich ein solches Schicksal verdient?«

»Das fragen Sie noch?« Oma Schiller versuchte ein spöttisches Lachen, es mißlang. »Hochanständige Menschen wie mich haben Sie vor den Kopf gestoßen, sich vor dem Gerede der Mieter gefürchtet und aufs hohe Pferd gesetzt, und da sollte ...«

Leutnant Herden unterbrach den Schwall. »Nicht doch. Herr Hixtus hat großen Kummer, und es geht ihm gar nicht gut. Vielleicht stehen Sie ihm ein bißchen bei.«

»Verdient hat er's nicht, aber ich will mal nicht so sein. Wo die Pillen stehen und der Beruhigungstee, weiß ich ja noch.«

Ein schwacher Hoffnungsschimmer verklärte das Gesicht des alten Herrn. »Wenigstens eine gute Seele. Und nicht nachtragend.«

»Das hätte gerade noch gefehlt.« Oma Schiller wollte in die

Küche eilen, aber Antje Herden hielt sie zurück. »Über eins müssen Sie mich rasch noch unterrichten. Woher war Ihnen klar, daß all die Fremden, die ins Haus kamen, zu Opa Hixtus gingen?«

»Na, Kunststück.« Meta Schiller lachte jetzt echt und herzlich. »Er, in ewiger Angst vor Verbrechern, hat doch sein Namensschild vom Stillen Portier unten im Flur entfernt. Und da haben all die Fremden bei mir geklingelt und gefragt, wo er wohnt. Ahnungen, das sage ich Ihnen, Frau Leutnant, kommen nie von ganz alleine.«

HORST LOHDE

Tatort Waldsee

»Hilfe!« – »Zu Hilfe!« – »Hilfeee!«

Unwillkürlich fuhr Hugo Paterson zusammen. Die gellende Frauenstimme, vom Tonband wiedergegeben, riß ihn aus seiner beschaulichen Tätigkeit. Bestürzt starrte er auf das Gerät, beugte sich tiefer darüber, lauschte atemlos. Außer dem feinen Surren des Bandes ließ sich nichts hören, bis wieder die vertrauten Laute der Nachtvögel an das geschulte Ohr des Ornithologen drangen. Er schaltete das Gerät ab.

Vorbei war es mit der Konzentration und dem Interesse an den Rufreihen der Waldohreulen. Achtlos schob er Aufzeichnungen und Tabellen weg.

»Martha!« rief er in den Korridor. Als er nicht sogleich Antwort erhielt, stürmte er in die Küche. Dort bereitete seine Schwester das Abendessen.

»Komm doch mal einen Augenblick rüber!« forderte er sie erregt auf. Frau Martha Reitinger war eine stattliche Mittfünfzigerin: Seit dem Tode ihres Mannes führte sie den Haushalt des um etliche Jahre älteren, unverheiratet gebliebenen Bruders.

»Willst du mir das Gezeter deiner Waldkäuze vorführen?« erkundigte sie sich mit gutmütigem Spott.

»Unsinn!« entgegnete er gereizt.

»Muß das jetzt sein, hat es nicht Zeit bis nach dem Essen?« Sie blickte ihm kopfschüttelnd nach, wischte sich die Hände an der Schürze sauber und folgte ihm. Ihre Neugier hatte gesiegt. Paterson schaltete das Band ein und drehte auf volle Lautstärke. Die Hilferufe klangen schrill durch den Raum. Nun, da er auf sie vorbereitet war, entfiel das Überraschungsmoment. Er urteilte nüchtern. Die Schreie klangen echt, wie in höchster Not und Verzweiflung oder gar in Todesangst ausgestoßen.

»War das alles?« fragte indessen Frau Reitinger, nachdem er das Band abgestellt hatte. Er fand ihre Frage gefühllos.

»Hast du überhaupt zugehört?«

»Ich bin doch nicht taub«, entgegnete sie spitz und schien tatsächlich von dem Gehörten wenig beeindruckt.

»Man muß etwas, unternehmen. Ich gehe zur Polizei, noch heute!« sagte er entschlossen.

»Heute ist Sonntag, mein Bester. Laß dich doch nicht auslachen. Es ist kein Geheimnis, daß du deine Tonbandgeräte an die Bäume hängst. Also wird jemand versucht haben, dich zu foppen, und prompt fällst du darauf herein.«

Damit war für sie die Angelegenheit erledigt.

»Das war kein Scherz, nie und nimmer«, murmelte er vor sich hin.

Montag morgen.

Die Arbeitswoche begann. Herr Paterson hatte sich frühzeitig auf den Weg zum Volkspolizei-Kreisamt begeben. Dort platzte er mitten in die allmorgendliche Dienstbesprechung: Er mußte warten.

Verwundert sah wenig später Oberleutnant Stübing dem älteren Herrn entgegen, dessen lange, hagere Gestalt geradewegs auf ihn zusteuerte. Die abgewetzte Lederhose, deren beschnürte Enden ihm bis an die Knie reichten und von der er sich zur Sommerszeit niemals trennte, schlotterte widerspenstig um die dürren Glieder.

»Nanu, Herr Paterson, so früh auf den Beinen? Ich hörte, Sie wollen zu mir.« Stübing kannte den Leiter des Heimatmuseums und verdienstvollen Ornithologen.

»Eine tolle Sache«, sprudelte Paterson hervor, »Sie werden Augen machen!« Temperamentvoll entlud sich die angestaute Ungeduld. Vielsagend wies er dabei auf das Tonbandgerät, das er bei sich trug.

Im Dienstzimmer des Oberleutnants saßen sie sich gegenüber. Auf dem Schreibtisch stand das Gerät. Paterson ließ das Band laufen. Die buschigen Brauen zusammengezogen, hielt Stübing den Blick auf das Tonband gerichtet.

Die geheimnisvollen Rufe waren verklungen. Nachdem sie Stübing ein weiteres Mal angehört hatte, wandte er sich an Paterson: »Wann und wo wurde das aufgenommen?«

»Am Freitag, dem einunddreißigsten Mai, am Südufer des Waldsees.«

»Heute ist der zehnte Juni!«

Aus dieser Feststellung klangen unüberhörbar Zweifel.

»Eine Dienstreise nach Polen kam dazwischen, so daß ich die Bänder erst gestern auszuwerten begann. Es hat mich mächtig aufgeregt, das können Sie sich denken.«

Stübing nickte zerstreut. Er war sich noch nicht schlüssig, was er davon halten sollte.

Leutnant Brennecke und Kriminalanwärter Ortmann traten ins Zimmer.

»Spitzen Sie die Ohren, meine Herren«, empfing er seine Mitarbeiter, »Herr Paterson jagte mir soeben einen gehörigen Schrekken ein.«

Der scherzhafte Ton in seiner Stimme verflog, als er seinen Besucher bat, das Band nochmals laufen zu lassen. Die Mienen von Brennecke und Ortmann drückten gespannte Erwartung aus. Ihre Reaktion auf die Hilferufe war unterschiedlich.

»Und das auf nüchternen Magen«, rief Ortmann aus.

Brennecke hingegen äußerte sich zurückhaltender. »Dafür mag es ein Dutzend Erklärungen geben. Zum Beispiel kann Ihnen jemand, dem der Standort des Gerätes bekannt war, einen Streich gespielt haben.«

»Das behauptet auch meine Schwester«, erwiderte Paterson versonnen, »aber ich glaube nicht daran.«

»Ganz so sorglos dürfen wir die Angelegenheit nicht abtun«, gab Stübing zu bedenken. »Herr Paterson, wann war Ihr Band am einunddreißigsten Mai in Betrieb? Es wird wohl kaum die Nacht hindurch gelaufen sein.«

»Wie Sie sehen, handelt es sich um ein Kassettengerät mit Batterieantrieb und zwei Stunden Laufzeit pro Band, wobei es nach einer Stunde automatisch gewendet wird«, erklärte Paterson. »Das Gerät lief von zweiundzwanzig bis vierundzwanzig Uhr. Meiner Berechnung nach müssen die Rufe zwischen zweiundzwanzig Uhr dreißig und zweiundzwanzig Uhr fünfundvierzig erfolgt sein, denn sie treten etwa in Bandmitte vor der Wendung auf.«

»Großartig!« Stübing freute sich. »Das wäre unter Umständen ein wichtiger Anhaltspunkt. Können Sie das Band entbehren und uns für einige Tage überlassen?«

»Natürlich, behalten Sie es, solange Sie's brauchen.«

»Glauben Sie wirklich, daß etwas dran ist?« fragte Brennecke, nachdem Paterson gegangen war.

»Wir wollen es nicht hoffen«, erwiderte Stübing nachdenklich. Er dachte daran, daß in den letzten Tagen weder eine Vermißtenanzeige eingegangen noch ein Unglücksfall am Waldsee bekannt geworden war.

Dienstag, der 11. Juni.

Als Stübing am späten Vormittag von einer Stadtfahrt ins VPKA zurückkehrte, wurde er von Kriminalanwärter Ortmann bereits ungeduldig erwartet.

»Renate hat mich angerufen. Sie sprach von einer Arbeitskollegin, die uns einen wertvollen Fingerzeig geben könnte. Seit etwa acht Tagen soll ein junges Mädchen nicht mehr gesehen worden sein.«

Stübing horchte auf. Er kannte Renate Anders, die Verlobte Ortmanns. Sie arbeitete als Friseuse im Salon »Madelaine«.

»Sie haben Ihrer Braut von Patersons Bandaufnahme erzählt?«

»Natürlich. Oder sollte ich es nicht tun?«

Stübing blieb eine Antwort schuldig. Er hielt nichts von voreiligen Schritten, solange es sich um vage Vermutungen handelte. Er besaß in dieser Hinsicht unangenehme Erfahrungen.

»Übrigens, der Ornithologe war noch einmal hier«, berichtete Ortmann, etwas enttäuscht darüber, daß der »Alte« Renates Anruf augenscheinlich wenig Beachtung schenkte.

»Was wollte er denn?«

»Er übergab Leutnant Brennecke ein Päckchen.«

Stübing wurde nicht lange darüber im unklaren gelassen, denn in diesem Augenblick trat der »Lange«, wie Brennecke von den Genossen genannt wurde, bei ihnen ein. Er überreichte Stübing eine in Zeitungspapier gewickelte, stark verschmutzte, ehemals weiße Sandalette.

»Größe achtunddreißig«, bemerkte Brennecke lakonisch und erklärte: »Dem guten Paterson hatte es keine Ruhe gelassen. Er erzählte mir, daß er heute nach Sonnenaufgang zum See hinausgefahren wäre, um die Umgebung des Tonbandstandortes vom einunddreißigsten Mai zu untersuchen. Wie Sie sehen, mit Erfolg.«

»Donnerwetter!« entfuhr es Stübing. »Wo hat er sie gefunden?«

»Am Südufer des Sees, dicht neben dem Gehweg im Schilfgras.«

Der Oberleutnant betrachtete die Sandalette von allen Seiten. Gewöhnlich krähte kein Hahn danach, wenn im Wald, am Wasser, unter einer Parkbank oder wo sonst auch immer ein herrenloser Schuh gefunden wurde. Niemandem fiel es ein, deshalb Aufsehen zu machen oder gleich ein Verbrechen zu wittern. Er erinnerte sich an den Anruf der Verlobten seines Mitarbeiters.

»Sie fahren nach dem Mittag in den Salon ›Madeleine‹«, beauftragte er Ortmann, »und bringen in Erfahrung, was es mit dem Fingerzeig der Arbeitskollegin Ihrer Braut auf sich hat.«

Wilfried Ortmann sah sich im Damensalon »Madelaine« manchem wohlgefälligen Frauenblick ausgesetzt. Seine Verlobte befreite ihn aus seiner Verlegenheit und führte ihn in ein Büro.

»Ich schicke dir meine Kollegin her«, erklärte das zierliche schwarzhaarige Mädchen und fügte scherzend hinzu: »Daß du mir keine Dummheiten machst!«

Ohne Scheu setzte sich die ältliche Kollegin zu ihm. Ihr spitzes, von Sommersprossen übersätes Gesicht und ihre spindeldürre Gestalt zwangen Ortmann ein belustigtes Lächeln ab.

»Sie sind von der Kripo, nicht wahr?« fragte sie ungeniert.

Er nickte kurz.

»Renate erzählte mir, daß sie ein Mädchen suchen.« Ihre Stimme klang überraschend angenehm.

»Sie können uns einen Hinweis geben?«

»Vielleicht kann ich Ihnen helfen. Von einer Kundin hörte ich, daß ihre Nichte seit einer Woche nicht mehr daheim war. Sie ist einfach verschwunden, ohne Abschied, über Nacht sozusagen. Bei den jungen Mädchen von heute weiß man ja nie, was dahintersteckt. Sie sind selbständiger und gescheiter als unsereins in diesem Alter ...«

»Wann führten Sie das Gespräch mit Ihrer Kundin?«

»Warten Sie mal, ich will es Ihnen genau sagen.« Sie legte eine Pause ein, in der sie den Kopf senkte und nachdachte. »Donnerstag, vorige Woche. Ich hatte Frau Krummholz an diesem Tag zur Dauerwelle bestellt.«

»Ist das der Name Ihrer Kundin?« fragte Ortmann und zog sein Notizbuch hervor.

»Ja, ich bediene sie seit Jahren und kenne, auch ihre Nichte, die ab und zu ebenfalls zu uns kommt. Sie heißt Sylvia Hegewald. Ich mag sie nicht besonders, denn sie ist mir zu eingebildet.«

Ortmann war mit dem Ergebnis zufrieden. Das war doch einmal etwas anderes als die eintönigen Eigentumsdelikte, die sonst auf ihrer Tagesordnung standen. Aber er würde sich hüten, dem »Alten« diesen Gedanken mitzuteilen.

Am späten Nachmittag fuhren Oberleutnant Stübing und VP-Meister Ortmann in die Hermann-Duncker-Straße 15, die als Wohnsitz der Frau Eva-Maria Krummholz ermittelt worden war.

Es öffnete ihnen eine Frau im reiferen Alter. Die kleine, rundliche Dame empfing sie freundlich und musterte sie mit unverhohlener Neugier. Als sie erfuhr, daß die Herren Kriminalisten waren, erstarb ihr charmantes Lächeln. Ängstlich sah sie zu ihnen auf.

»Hat sich Ihre Nichte, Fräulein Hegewald, inzwischen eingefunden?« fragte Stübing gespannt. Sein Blick blieb auf einem modischen Anorak haften, der im Korridor am Haken hing.

»Keine Spur. Ich dachte es mir gleich, daß sie eine Dummheit gemacht hat, und ahnte, daß Sie von der Polizei sind.« Sie hatte ihre Befangenheit abgelegt und redete sich in Eifer.

»Sie haben keine Vorstellung, wo sie sich aufhalten könnte?«

»Nicht die geringste«, erwiderte sie und seufzte bekümmert.

»Wo leben eigentlich die Eltern Ihrer Nichte?« erkundigte sich Ortmann.

»Ihre Mutter kam vor drei Jahren bei einem Verkehrsunfall ums Leben. Mein Schwager heiratete bald wieder und lebt auf dem Lande. Sylvia zog danach zu mir. Sie konnte sich nicht mit der Stiefmutter vertragen.« Das Gesicht der Frau nahm einen leidenden Ausdruck an: Sie hatte wohl an ihrer Schwester sehr gehangen.

»Wann war Ihre Nichte zum letzten Mal hier?«

»Sie verließ Freitag vor einer Woche die Wohnung, um zu einer Geburtstagsfeier zu gehen. Seitdem hat sie sich nicht mehr gemeldet«, entgegnete Frau Krummholz leise.

Sie führte die Männer in das Zimmer Fräulein Hegewalds. Es war geschmackvoll und modern eingerichtet. An der Wand neben dem Bett hingen in schreiender Buntheit ganzseitige Zeitschriftenfotos von männlichen Filmstars und von Beatgruppen.

Stübing wurde unwillkürlich an seine eigene Tochter erinnert. Die Sechzehnjährige begann ebenfalls damit, Fotos an die Wand zu pflastern.

»Hier hat sie sich wohl gefühlt, vom ersten Tage an«, bemerkte Frau Krummholz nicht ohne Stolz.

Vom Bücherbord nahm Stübing ein gerahmtes Bild herunter. »Ist sie das?

Die Frau nickte. Die Fotografie zeigte eine Porträtaufnahme des Mädchens. Aus großen, träumerischen Augen sah ihnen Sylvia Hegewald entgegen. Bis auf die Schultern herabfallende blonde Haare umrahmten das Gesicht. Um den halbgeöffneten Mund spielte ein eigenwilliges Lächeln.

»Ein sehr hübsches Mädchen«, urteilte Ortmann.

»Sie brauchte sich wahrhaftig nicht über zuwenig Bewerber zu beklagen«, verriet ihnen die Tante.

»Kam es öfter vor, daß sie tagelang wegblieb?« Stübing stellte das Bild wieder an seinen Platz.

»Einige Male schon, aber immer nur ein, zwei Tage. Schließlich ist sie mit zweiundzwanzig Jahren erwachsen genug.«

»Sie sprachen von einer Geburtstagsfeier. Bei wem war sie eingeladen?«

»Soviel ich weiß, bei einem Kollegen aus dem Stahlbau. Die Feier fand, wenn ich nicht irre, in dessen Bungalow am Waldsee statt.«

Die Kriminalisten tauschten einen raschen Blick. Stübing nickte seinem jungen Mitarbeiter unmerklich zu. Darauf öffnete Ortmann die Aktentasche und entnahm ihr den Zellophanbeutel mit der Sandalette. Behutsam ließ er sie herausgleiten und hielt sie Frau Krummholz entgegen.

»Kennen Sie diese Sandalette?«

Entgeistert starrte sie auf den Damenschuh. »Ich bin mir nicht sicher«, antwortete sie langsam, »Sylvia besitzt solche. Sie brachte sich das Paar aus Prag mit. Wo haben Sie sie her?«

»Sie wurde gefunden; am Ufer des Waldsees!«

»Um Himmels willen! Dem Mädel wird doch nichts passiert sein?«

In den Augen der Frau stand helle Angst.

»Wir dürfen nicht gleich das Schlimmste annehmen«, versuchte Stübing sie zu beruhigen, »aber da ist noch etwas. Wir besitzen eine Bandaufnahme, und ich möchte Sie bitten, morgen früh zu mir in das VPKA zu kommen. Es ist möglich, daß es sich dabei um die Stimme Ihrer Nichte handelt.«

Sie blickte verständnislos von einem zum anderen.

»Ich hoffe, morgen wird sich alles aufklären«, sagte der Oberleutnant noch. Dann ließen sie Frau Krummholz in ängstlicher Verwirrung allein.

Mittwoch, der 12. Juni.

Seit den frühen Morgenstunden waren Brennecke und Ortmann unterwegs. Ihre Nachforschungen im VEB Stahlbau über den Verbleib Sylvia Hegewalds brachten interessante Einzelheiten an den Tag. Das Mädchen verließ am Freitag, dem 31. Mai, gegen 21.30 Uhr die Geburtstagsparty des Brigadiers Zielonka. In ihrer Begleitung befand sich der junge Kollege Kubitza. Ab Montag darauf erschien sie nicht mehr zur Arbeit. Niemand wußte um ihren Aufenthalt, kannte die Gründe ihres Fernbleibens. Vermutungen gab es viele. Ernstliche Gedanken jedoch machte sich keiner: Hatte sie sich Kubitza angeschlossen, der am 1. Juni in Urlaub gefahren war?

»Dieser Kubitza kommt heute aus dem Urlaub zurück«, berichtete Brennecke dem Oberleutnant.

Frau Krummholz hatte am runden Besuchertisch im Chefzimmer Platz genommen. Das Tonbandgerät flößte ihr eine verständliche Scheu ein. Von Oberleutnant Stübing war sie über alles Notwendige instruiert worden. Es gelang ihr nicht, ihre Aufregung zu verbergen. Sie atmete hastig, und auf ihren Wangen glänzten rote Flecken.

Es war soweit. Ortmann schaltete das Gerät ein. Das Band lief. Die Nerven der Frau wurden auf das äußerste strapaziert. Sie war auf Schlimmes gefaßt. Dennoch zuckte sie heftig zusammen, als der erste Hilferuf aufgellte.

»Das ist Sylvia!« rief sie fassungslos, entsetzt.

»Sind Sie ganz sicher, daß es sich um Ihre Nichte handelt?« fragte Stübing voller Mitgefühl.

»Es gibt keinen Zweifel«, erwiderte sie halblaut, »mein Gott.« Frau Krummholz war blaß geworden. Stübing ließ ihr Zeit, bis sie sich wieder gefaßt hatte.

»Wir werden Sie sofort in Kenntnis setzen, wenn wir etwas Neues wissen«, versprach er ihr, als er sie hinausgeleitete.

Lindenweg. Einfamilienhäuser zu beiden Seiten der Fahrbahn. Sie glichen sich wie aus dem Baukasten aneinandergereiht: grauer Putz, rote Dächer und grüngestrichene Fensterrahmen. Dazu Blumenbeete im Vorgarten und Obstbäume hinter dem gepflasterten Hof. Vor dem Haus Nr. 12 stiegen Stübing und Ortmann aus. Hier wohnte Wolfgang Kubitza.

Sie fanden ihn im Hof, nur mit einer Badehose bekleidet. Er hockte neben seinem Motorrad. Als er die Männer auf sich zukommen sah, erhob er sich und strich sich die dunkle Haarmähne aus der Stirn.

»Ich habe Urlaub, bin noch gar nicht da«, versuchte er die ungebetenen Gäste loszuwerden, »kommen Sie morgen in den Betrieb.«

Er ging zurück in die Hocke und hantierte weiter am Motor.

»Der Urlaub ist Ihnen gut bekommen, wie man sieht«, bemerkte Stübing mit einem bewundernden Blick auf den dunkelgebräunten Rücken des mittelgroßen, stämmigen Burschen, »doch wir müssen Ihnen noch heute einige Fragen stellen.«

»Um was geht es?« fragte Kubitza ohne aufzusehen zurück.

»Sie werden sich an die Geburtstagsfeier Ihres Brigadiers Zielonka in dessen Bungalow am einunddreißigsten Mai erinnern«, fuhr der Oberleutnant fort.

»Klar. Aber ich bin nicht bis zum Schluß geblieben, sondern zeitig abgehauen.«

»Zusammen mit Ihrer Kollegin Hegewald, nicht wahr?«

»Stimmt genau«, gab der andere ohne Zaudern zu.

»Sehen Sie, um dieses Mädchen geht es uns.«

»Dann sprechen Sie doch am besten mit ihr selber«, rief Kubitza ungeduldig aus. Die Ruhestörung ging ihm allmählich gegen den Strich.

»Leider ist das nicht möglich«, erwiderte Stübing gedehnt.

»Wieso?«

Der junge Mann hielt in seiner Beschäftigung inne und sah fragend zu dem Sprecher auf.

»Fräulein Hegewald wurde seit jenem Abend nicht mehr gesehen, weder im Betrieb, daheim oder anderswo!«

»Was ist los?«

Langsam und umständlich stand Kubitza auf.

»Sie haben richtig gehört, junger Freund. Bis zum heutigen Tag blieb sie unauffindbar«, wiederholte Stübing.

»Da komm ich nicht mit«, staunte Kubitza, und seine Überraschung schien echt.

»Sie waren der letzte, der mit ihr gesehen wurde!« sagte der Oberleutnant, mit Nachdruck. Er fixierte den vor ihm Stehenden scharf. Doch der zeigte keine Spur von Nervosität. Er begann leise durch die Zähne zu pfeifen und ereiferte sich.

»Aha, so ist das also. Ich soll mich wohl an der Göre vergriffen haben? Daß ich nicht lache. Nee, da sind Sie auf dem falschen Dampfer, meine Herren.«

»Können wir nicht ins Haus gehen, Ihre Nachbarn brauchen unsere Unterhaltung nicht mit anzuhören«, schlug Stübing vor.

»Meinetwegen, wenn es mir auch schnuppe ist, ob uns die Leute zuhören. Ich habe nichts zu verbergen.«

Er warf den Öllappen mit kräftigem Schwung auf die Erde. Dann ging er den Kriminalisten voraus.

»Herr Kubitza, Sie sollen uns helfen, den Aufenthalt Ihrer Kollegin ausfindig zu machen«, begann Stübing, als sie sich in der Wohnküche gegenübersaßen, »aus diesem und keinem anderen Grund sind wir hergekommen.«

»Schießen Sie los!« sagte Kubitza, der sich beruhigt hatte.

»Wann haben Sie mit der Hegewald die Feier verlassen?«

»Es wird so gegen halb zehn gewesen sein. Sie hatte sich mir angeschlossen.«

»Und weiter, was geschah dann?«

»Auf halbem Wege zur Stadt kam uns ein Pkw entgegen. Als er vorüber war, hielt er an, und sie rannte zu ihm hin. Dann stieg sie ein und fuhr mit ihm davon. Nicht einmal verabschiedet hat sie sich von mir.«

»In welcher Richtung entfernte sich der Pkw?«

»Richtung Waldsee, zurück zur Bungalowkolonie.«

»Haben Sie den Fahrer erkannt?«

»Tut mir leid, dazu war es zu dunkel. Aber den Wagentyp kann ich Ihnen sagen. Es war ein hellgrauer Wartburg Tourist.«

Stübing machte sich einige Notizen. Die kurze Pause nutzte Ortmann zu einer Frage.

»Sind Sie mit Fräulein Hegewald näher bekannt oder befreundet?«

Kubitza schüttelte den Kopf und winkte geringschätzig ab. »Nicht mein Typ. Als Kollegin einverstanden, aber sonst nicht das Richtige für mich. Ein hochnäsiges Frauenzimmer.«

»Wie war es an jenem Abend damit?«

Wieder pfiff Kubitza durch die Zähne. »Darauf spielen Sie also an. Das ist aber nicht drin. Wäre gar nicht in Frage gekommen, denn schwangere Frauen reizen mich nicht.«

Die Kriminalisten horchten auf.

»Woher wollen Sie wissen, daß sie in anderen Umständen ist?«

»Das wußten wir eigentlich alle, bloß von wem, das weiß niemand.«

»Wie lange waren Sie von Zielonkas Bungalow bis in die Stadt unterwegs?« ergriff Stübing wieder das Wort.

»Höchstens eine halbe Stunde. Nach zweiundzwanzig Uhr war ich daheim. Habe mich dann ein paar Stunden aufs Ohr gehauen, und um vier Uhr morgens sind wir, mein Kumpel und ich, losgefahren.«

»Wie heißt Ihr Kollege?«

»Peter Heinze, ebenfalls aus dem Stahlbau, aber er ist in einer anderen Brigade.«

Als sie bereits auf der Schwelle zur Tür standen, fiel Stübing noch eine letzte, scheinbar nebensächliche Frage ein.

»Wissen Sie zufällig noch, was für Schuhe Fräulein Hegewald während der Feier trug?«

»Warten Sie mal. Wenn ich mich nicht täusche, waren das weiße Sandaletten. Ist denn das wichtig?«

»Nicht unbedingt«, entgegnete Stübing ausweichend. Dann wandten sie sich zum Gehen.

Das Rätsel um die mysteriöse Stimme auf dem Tonband war gelöst. Nun aber türmten sich neue Fragen auf. Die absolut wichtigste lautete: Lebt Sylvia Hegewald oder ist sie tot?

Selbst wenn der Nachweis ihres Todes erbracht werden konnte – und Oberleutnant Stübing zweifelte nicht daran –, tappte man nach wie vor im dunkeln. Im Falle einer Gewalttat mußten Täter und Tatmotiv vorhanden sein. Wer kam in Frage? Etwa

Kubitza, mit dem zusammen das Mädchen letztmalig lebend gesehen wurde? Er glaubte nicht daran. Der Junge besaß zwar rauhe Manieren, aber für einen Verbrecher hielt er ihn nicht, oder seine Menschenkenntnisse standen kopf.

»Nehmen wir an, Kubitza hat die Wahrheit gesagt«, wandte sich Stübing an Wilfried Ortmann, der mit einer Flasche Cola ins Zimmer trat, »was würden Sie daraus folgern?«

»Daß wir es mit dem großen Unbekannten zu tun bekommen.«

»Immerhin wissen wir von ihm, daß er einen grauen Wartburg Tourist fährt, und das ist eine ganze Menge.«

»Aber es wird nicht einfach sein, ihn zu ermitteln«, befürchtete Ortmann, »wenn ich daran denke, daß in der Stadt und der Umgebung eine Menge Wagen dieses Typs laufen, abgesehen von fremden Fahrzeugen.«

»Sie beginnen sofort mit Ermittlungen in dieser Richtung.«

»Geht in Ordnung, Genosse Oberleutnant.«

Sonderbar, dachte Stübing, wir suchen nach einem möglichen Täter, ohne zu wissen, ob es überhaupt ein Opfer gibt. Er rief im Heimatmuseum an, ließ sich mit Hugo Paterson verbinden und fragte an, ob es ihm möglich wäre, ihn und Leutnant Brennecke am nächsten Morgen zum Waldsee zu begleiten: Der Ornithologe erklärte sich sofort bereit.

Donnerstag, der 13. Juni.

Der Dienstwagen folgte den zahlreichen Windungen des Weges, der sich von der Stadt zum Waldsee schlängelte. Es hatte seit einer Woche nicht mehr geregnet. Dichter Staub quoll auf, zog als schmutziger Schweif hinter dem Auto her. Er löste sich nur langsam auf, fiel endlich über den verdorrten Grasstreifen und über das Brombeergesträuch am Wegrand her. Kiefernschonungen rechts und links wechselten mit Altbestanden, in welche die Sonnenstrahlen helle Gassen warfen.

In unmittelbarer Nähe des Sees stoppte der Wagen. Oberleutnant Stübing, Leutnant Brennecke und Paterson stiegen aus und schlugen den Weg zum Ufer ein. Bald breitete sich vor ihnen die Wasserfläche. Sie glänzte in der Morgensonne wie ein blitzendes Juwel, eingerahmt vom Graugrün und Gelb der Wald- und Schilfstreifen. Sie waren jedoch nicht hergekommen, um die Reize der Natur zu genießen. Sie folgten dem schmalen Gehpfad, der sie dicht am Südufer entlangführte. In nächster Nähe duckten sich die Flachbauten der Bungalows an den gelichteten Waldboden.

»Wir sind sofort am Ziel.« Paterson trug auch heute die unentbehrliche Lederhose. Ein grüner Jägerhut vervollständigte seine Kluft. Er ging den anderen mit langen, staksigen Schritten voran, wich bald vom Pfad ab und durchquerte kniehohes, taufeuchtes Schilfgras. Sie bekamen nasse Strümpfe. Dann erreichten sie eine Kieferngruppe. An dieser Stelle war das Ufer ziemlich steil.

»Hier hing das Tonband«, erklärte ihnen Paterson und wies auf eine knorrige Kiefer, die an Umfang und Höhe die übrigen Bäume überragte. Stübing sah hinüber zum gegenüberliegenden Ufer, das hinter zerrissenen Nebelschwaden zu erkennen war.

»Wie groß ist die Reichweite Ihres Gerätes?«

»Bei günstigen Windverhältnissen bis maximal hundert Meter«, entgegnete Paterson, »der Schnitt liegt bei sechzig bis achtzig Metern, wo die Laute noch deutlich zu unterscheiden sind.«

Der »Lange« stöberte inzwischen durch das angrenzende Waldstück. Er schnüffelte wie ein Jagdhund umher und kroch sogar durch dichtes Unterholz.

»Hallo! Hierher!« rief er, als etliche Minuten verstrichen waren. »Hier muß vor nicht allzulanger Zeit gegraben worden sein«, bemerkte Brennecke und hockte sich nieder. Es roch nach Kiefernnadeln und frischer Walderde.

»Wo fanden Sie die Sandalette?« wandte sich Stübing an den Ornithologen.

»Drüben im Schilf. Kommen Sie, ich führe Sie hin.«

Paterson ging mit dem Oberleutnant den Pfad zurück, während Leutnant Brennecke inzwischen den Spaten aus dem Dienstwagen holte.

»Hier muß es gewesen sein.« Paterson sah sich prüfend um. »Sie lag mitten im Gras.«

»Normalerweise läßt kein Mensch seinen Schuh liegen, es sei denn, daß er keine Zeit zu verlieren hat«, bemerkte Stübing.

»Möglicherweise ist sie vor jemandem geflohen«, vermutete Paterson.

Sie kehrten an die Stelle im Waldstück zurück, die ihren Verdacht erregt hatte. Der Oberleutnant schätzte die Entfernung bis zur »Tonbandkiefer«. Sie betrug vielleicht fünfzig Meter.

Brennecke erschien mit dem Feldspaten. Er begann zu graben. Gebannt hingen die Blicke der anderen an der Grube, die zusehends breiter und tiefer wurde. Nach kurzer Zeit hielt der Leutnant inne und sah auf. »Ich bin auf einen weichen Gegenstand gestoßen!«

Behutsam scharrte er die Erde beiseite. Süßlicher Verwesungsgeruch entströmte der Öffnung. Eine formlose, behaarte Masse kam zum Vorschein. Ein Tierfell.

»Ein Kadaver, wahrscheinlich ein verendetes Reh«, klang es rauh in das bedrückende Schweigen. Paterson beugte sich tief über das Loch: »Der Revierheger wird es wegen der Hitze verbuddelt haben. Und ich dachte schon …« Er scheute sich weiterzureden. Ihm und auch den Kriminalisten war die Erleichterung anzumerken. Brennecke beeilte sich, die Grube wieder zuzuschütten.

Während sie aus dem Waldstück traten, ließ Stübing noch einmal den Blick über die flimmernde Wasserfläche des Waldsees gleiten. Am Himmel zeigte sich keine Wolke. Blank, wie reingefegt, wölbte er sich über die Landschaft.

»Wir werden sie zuerst im See suchen«, bestimmte der Oberleutnant. Mit den Gedanken war er bereits bei der Suchaktion, mit deren Vorbereitungen er schon am Vortag begonnen hatte. Auch ihr heutiger Ausflug zum Waldsee gehörte dazu. Die Aktion war mit der Feuerwehr und dem Wasserrettungsdienst bereits abgesprochen. Die Bildung der Einsatzgruppe würde er sofort nach ihrer Rückkehr in die Stadt vornehmen.

Nachmittags, 17 Uhr.

Volkspolizisten hatten die Gehwege entlang des Südufers abgesperrt. Spaziergänger hielten sich in zulässiger Entfernung und wurden Zeuge einer ungewöhnlichen Szenerie. Männer der Feuerwehr hockten in Schlauchbooten. Sie harkten mit Stangen und Suchgeräten über den Grund des Ufergewässers.

Nach zwei Stunden war ein zehn Meter breiter Wasserstreifen entlang dem Ufer abgesucht. Ohne Erfolg. Seewärts nahm die Wassertiefe zu. Stangen und Suchgeräte reichten nicht mehr aus. Die Taucher vom Wasserrettungsdienst kamen zum Einsatz.

Aus einem dem See am nächsten gelegenen Bungalow verfolgte ein Mann durch einen Feldstecher die Bemühungen des Suchkommandos. Er wußte sich unbeobachtet und brauchte seine Erregung und Anteilnahme am Geschehen nicht zu verbergen. Unter den am Ufer Zurückgebliebenen befanden sich Oberleutnant Stübing als Leiter der Einsatzgruppe und seine Mitarbeiter. Weiterhin hatten sich der Kreisstaatsanwalt, der Amtsleiter des VPKA und der Gerichtsarzt Dr. Hausfahrt eingefunden.

19.15 Uhr. Auf einem der Schlauchboote wurde es laut. Es schaukelte dicht an einer Schilfinsel, und seine Besatzung signalisierte eine bedeutungsvolle Entdeckung. Sie hatte aus dem verfilzten Rohrgestrüpp eine Damenhandtasche herausgefischt. Die Taucher verstärkten ihre Anstrengungen. Sie konzentrierten sich nun auf die Umgebung der Schilfinsel. Noch gab der Waldsee sein Opfer nicht her. Besorgt sahen die Männer in den Booten und am Ufer zu der schwarzen Wand hinauf, die über den Spitzen der Kiefern im Südosten stand. Nur jetzt kein Unwetter!

19.25 Uhr. Ein alarmierender Ruf hallte über den See. In einem Flutgraben, eingeklemmt zwischen Astwerk und Rohr, lag die Tote.

Aus fünf Meter Tiefe zogen sie mit einer Leine den grausigen Fund nach oben. Zunächst quoll ein heller Fleck von unten herauf – ein ärmelloses Tanzkleid. Dann waren alle Zweifel beseitigt. Sie hatten Sylvia Hegewalds Leiche geborgen.

Sie lag am Ufer auf einer Bahre. Die Mienen der Männer reglos, erschüttert. Es war kein Anblick für schwache Nerven; das Antlitz gedunsen, verunstaltet, die einstige Schönheit gräßlich zerstört, die Augen aufgerissen und verzerrt im Todeskampf: Ihre Schuhe fehlten. Der andere wird im Modder stecken, dachte Wilfried Ortmann und wandte sich ab, kreidebleich im Gesicht.

»Unfall oder Mord?«

Der Staatsanwalt sprach die Gedanken der Anwesenden aus, und Dr. Hausfahrt stellte eine erste Untersuchung an.

»Keine Anzeichen von Gewaltanwendung festzustellen«, lautete sein Befund. Dazwischen klickte der Apparat des Fotografen.

»Was meinen Sie dazu?« wandte sich der Amtsleiter, Major Haberhauffe, an Stübing.

Der hob unschlüssig die Schultern und sah unverwandt in diese schrecklichen Augen.

»Wir müssen abwarten, was die Obduktion ergibt«, sagte er noch. Die Leiche würde noch heute abend in das gerichtsmedizinische Institut der Bezirkshauptstadt übergeführt werden.

Die Zuschauer außerhalb der Absperrung drängten näher heran. Sie fingen den Namen der Toten auf und sorgten dafür, daß die traurige Botschaft wie ein Lauffeuer in die Stadt und Umgebung getragen wurde.

In einem Bungalow aber legte ein einsamer Beobachter den Feldstecher beiseite. Ihm brauchte man keinen Namen zu nennen. Denn er wußte um das Geheimnis des toten Mädchens.

Die gewitterträchtige Wand über den Wipfeln im Südosten war bedrohlich näher gerückt. Sie trieb die Menschen zur Eile. Sturm kam auf, blies den Staub der Wege vor sich her, ballte ihn zu schmutzigen Wolken und warf sie dem Regen entgegen. Rauflustig stürzte er sich auf den See, wühlte und tobte mit Rohr und Schilf. Mit ihm fielen die ersten Tropfen, schwer wie überreife Früchte, zauberten weite Kreise ins Wasser. Sie fielen dichter und rascher, prasselten, peitschten und verwischten die Konturen der Kreise. Donner grollte, aus der Ferne noch. Neue Donnersalven krachten wie höllischer Trommelwirbel.

Sylvia Hegewald war tot.

Die Nachricht erzeugte Furcht und schürte das Mißtrauen. Unfall oder Verbrechen? Die aufgeschreckten Gemüter erhitzten sich. Gerüchte flammten auf und schufen Verwirrung und Unsicherheit. Ängstliche Mütter schärften ihren Töchtern Wachsamkeit ein. Freitag abend. Die Jugend des Städtchens kam wie immer in die »Zollschänke« zum gewohnten Tanzabend. Es gab niemanden hier, der Sylvia Hegewald nicht gekannt hätte. Sie hatte stets am gleichen Tisch gesessen. Sie war geliebt und gehaßt worden.

Sylvia Hegewald war tot. Dennoch schwebte sie unsichtbar durch den Saal, mischte sich unter die Tanzenden und zwängte sich in ihre Gedanken. Ihre einstigen Verehrer litten unter dem Verlust und gossen reichlichere Mengen Alkohol in sich hinein. Im Gastzimmer der »Zollschänke« saßen die Kraftfahrer des Fuhrgeschäftes Kaps um ihren Stammtisch. Von der sonstigen lauten Fröhlichkeit der vier jungen Männer war an diesem Abend nichts zu hören. Sogar die Lust zum Würfeln – sie spielten mitunter stundenlang Jule – war ihnen vergällt.

»Was ist los, ihr Jammergreise?« dröhnte das heisere Organ des Ältesten und Wortführers der Truppe. Ein Fausthieb auf die Tischplatte begleitete seine Worte. Die Kollegen nannten ihn respektvoll den Dicken, was sich zweifellos auf seine Körperfülle bezog. Überhaupt hörte jeder von ihnen auf einen Beinamen.

»He, Hanno!« wandte sich der Sprecher an den Nebenmann, einen behäbigen, langhaarigen Burschen. »Paß auf, daß dir die Pupillen nicht ins Glas fallen!«

Hanno hielt es halbgeleert zwischen den Händen und stierte selbstvergessen hinein. Man sah ihn selten so ernst und andächtig. Er ruckte den Kopf nach oben und erwiderte gereizt: »Laß mich doch in Ruhe! Bin heute nicht in Stimmung.«

Sie befanden sich allesamt nicht in der richtigen Stimmung. Selbst der lange, schmalbrüstige Gustav, mit achtzehn der Jüngste, zog ein saures Gesicht. Sonst zeigte er sich jederzeit zu lustigen Späßen und zuweilen auch dummen Streichen aufgelegt. Er blickte nach einem langen Schluck in das leere Bierglas und sagte betrübt: »Eine Sauerei bleibt es auf jeden Fall. So was hat's in unserer Gegend noch nicht gegeben.«

»Dem Kerl gehört die Rübe runter!« wetterte Hanno dumpf.

»Ich dachte, mich rührt der Schlag, als ich es gestern hörte«, meinte Gustav, »wollte es zuerst nicht glauben.«

»Mensch, hört auf mit dem Palaver!« dröhnte die Stimme des Dicken dazwischen. »Davon wird sie nicht mehr lebendig.« Er rief nach dem Ober.

»Kellner müßte man sein und kein dußliger Kraftfahrer«, sagte er ärgerlich, als der nicht sofort kam. »Ob wir heute noch was zum Trinken kriegen?«

Endlich stand die neue Runde auf dem Tisch: vier Helle und vier Doppelte. Als erster schüttete Charly den Weißen in sich hinein. Er hatte sich bisher kaum an der Unterhaltung beteiligt. Um so reger sprach er dem Alkohol zu, was den Dicken zu der Bemerkung veranlaßte: »Laß dich nicht vollaufen, ich habe keine Lust, dich abzuschleppen.«

»Was geht dich das an?« brauste der Getadelte auf.

»Laß ihn in Ruhe, Dicker!« vermittelte Gustav. »Wir sind ja auch noch da.«

Der schwarzgelockte Charly, nur wenig kleiner als Gustav und vierundzwanzigjährig, strotzte vor Kraft. Die eingedrückte

Nase stammte vom Boxen. Doch er trieb längst nicht mehr aktiv Sport.

Sie kannten ihn genau. In der Arbeit verläßlich und sonst auch ein guter Kumpel. Doch wehe, wenn er zuviel getrunken hatte. Dann ritt ihn der Teufel. Nicht selten verlor er in solchem Zustand die Beherrschung, schlug der Sanftmut in Jähzorn um. Das trug ihm vor zwei Jahren eine mehrmonatige Haftstrafe wegen Körperverletzung ein.

Und sie kannten seinen Kummer. Sylvia Hegewald war seine hoffnungslose Liebe gewesen. Seitdem sie verschwunden war, drohte er jedem, der ihr ein Haar gekrümmt hätte, die Hände abzuschlagen. Seit gestern lief er tatsächlich mit dem finsteren Gesicht eines Henkers herum.

Ein neuer Gast trat ein. Der Fuhrunternehmer Andreas Kaps steuerte mit kurzen Schritten auf seine Kraftfahrer zu, angelte sich einen Stuhl heran und setzte sich zu ihnen.

Kaps legte die dunkle Brille ab. Flink huschten die großen, braunen Augen von einem zum andern. Auf Gustav blieben sie haften.

»Mit deiner Karre geht alles klar«, sagte er zu ihm, »am Montag kannst du sie aus der Werkstatt holen.«

Kein Wort fiel mehr über ihre heftige Auseinandersetzung am Vortag. Kaps hatte es längst vergessen. So war er eben. Was ihm nicht paßte, sagte er jedem von ihnen ins Gesicht, wobei er auch leicht einmal in Rage geriet. Und nachher Schwamm darüber. Er trug keinem etwas nach.

Sie besprachen noch eine Weile die anstehenden Fernfahrten der kommenden Woche. Als das erledigt war, begann der Dicke: »Ist die Geschichte mit Sylvia nicht ein tolles Ding?«

Augenblicklich veränderten sich Kaps Züge. Der Blick wurde stechend. Als fiele gleißendes Licht in seine Augen, verhüllte er sie rasch mit der Brille.

»Was soll das alberne Geschwätz? Ich will davon nichts hören«, reagierte er schroff.

Der Dicke kratzte sich verlegen den rostfarbenen Bürstenschnitt. Endlich rechtfertigte er sich schüchtern: »Was regst du dich auf? Die ganze Stadt spricht davon.«

»Alles Quatsch! Jeder will es genau wissen, und keiner war dabei. Also nun hört auf damit, verstanden!«

Die Stimmung an ihrem Tisch sank auf den absoluten Nullpunkt. Und es währte auch nicht lange, bis Andreas Kaps aufbrach.

»Los, Charly, komm auf die Beine! Ich fahre dich heim, bevor du hier Dummheiten machst«, forderte er den Schwarzlockigen auf. Der erhob sich widerwillig und schwankte an der Seite seines Chefs hinaus.

Im vergangenen Jahr trieben sie noch mit Sylvia ihre Späße, als das Mädchen als Bürokraft bei Kaps arbeitete. Keiner wußte so recht, was sie später veranlaßt hatte zu kündigen. Doch sie gaben es bald auf, sich darüber die Köpfe zu zerbrechen.

»Seht euch mal den Galgenvogel an«, raunte Gustav seinen Kollegen zu und schnitt eine Grimasse. Er meinte damit den Mann, der soeben die Gaststätte betreten hatte und sich am Ausschank mit dem Kellner unterhielt. Sie musterten ihn mit unverhohlener Neugier. Der Fremde mochte Mitte Dreißig sein, war von großer Statur, starkknochig und bereits ein wenig füllig. Unter dünnem Kopfhaar schimmerte hell die Haut hervor. Um so üppiger sprießte der schwarze Schnurrbart. Im Gespräch mit dem Ober gestikulierte er mit Händen und Armen.

»Ein Zigeuner«, spottete Gustav, »der Kerl ist garantiert ein Zigeuner.«

»Vorigen Sonntag ist der uns beim Baden am Waldsee begegnet«, berichtete der Dicke, »weiß der Kuckuck, wozu er im Gelände herumschnüffelte.«

»Vielleicht einer von der Kripo«, warf Hanno ein und sah mit einem scheuen Blick zu dem Fremden.

»Der sieht mir nicht danach aus. Ist auch egal. Auf jeden Fall bereichert er die Botanik.« Der Dicke brach in wieherndes Lachen aus, als hätte er einen Witz erzählt. Der Unbekannte blieb nicht lange. Er verließ in ziemlicher Eile die »Zollschänke».

»He, Alfred, hast du den mit dem Schnauzer gekannt?« fragte Gustav den Kellner, als der ihnen die nächste Runde brachte.

»Keine Ahnung. Er kam einige Male Mittag essen zu uns, meist sonntags. So viel ich weiß, verbringt er die Wochenenden in einem Bungalow am Waldsee«, verriet der redselige Alfred den Aufhorchenden. Er sagte ihnen noch, daß er sich heute bei ihm nach einer Autoreparaturwerkstatt erkundigt habe. Er läge nicht weit von hier mit dem Wagen fest.

In der Kreisstadt liefen 18 Wagen vom Typ Wartburg Tourist. Im Kreisgebiet weitere 22. Von diesen insgesamt 40 wiesen etwa die Hälfte eine dunkelbraune oder dunkelblaue Lackierung auf und schieden somit für die weitere Ermittlungsarbeit aus. Von denen in Frage kommenden hellen Wagen – gelb und weiß lackiert – gehörten zwei Besitzern eines Bungalows am Waldsee: dem Ingenieur Katzur und dem Fuhrunternehmer Andreas Kaps. Auch der Fuhrparkleiter des VEB Stahlbau, Werner Schymanski, mußte in die Ermittlung einbezogen werden. Der von ihm benutzte Wartburg Tourist war ein Betriebswagen, den er sich gelegentlich über die Wochenenden auslieh.

Der Wagen des Ingenieurs Katzur befand sich vom 27. Mai bis zum 5. Juli in der Werkstatt. Und Fuhrunternehmer Kaps hatte am Nachmittag des 31. Mai eine Fahrt in die ČSSR angetreten. Beide konnten vorerst aus der Liste der Verdächtigen gestrichen werden. Nur einer blieb übrig: Schymanski. Der verbrachte zur Zeit seinen Urlaub am Waldsee. Er war besessener Angler:

Sonnabend, der 15. Juni.

Gegen 8 Uhr morgens waren Oberleutnant Stübing und Leutnant Brennecke unterwegs, um Schymanski in seinem Anglerparadies aufzusuchen.

Ein Fußweg, mit weißen Kieselsteinen bestreut, führte hinter die Umzäunung der schmucken Waldvilla. Die Männer fanden sie unverschlossen und leer vor. Den Besitzer entdeckten sie unten am Ufer, barfuß, nur mit Badehose und einem Hemd bekleidet.

»Ich bin gerade dabei, hinauszufahren. Hoffe, daß ich heute meinen Hecht erwische.«

Das tiefgebräunte, offene Gesicht Schymanskis sah ihnen gelassen entgegen. Er schien sie erwartet zu haben.

»Wir benötigen einige Auskünfte von Ihnen«, teilte ihm Stübing mit.

»Wissen Sie was, ich nehme sie ein Stück mit. Unterwegs können wir uns unterhalten«, schlug Schymanski vor, »weiter oben setze ich sie wieder an Land. Na, wie wär's?«

»Meinetwegen«, willigte Stübing ein, »wir möchten Ihnen aber nicht Ihren Hecht verjagen.«

»Die stehen mehr am Rande der Schilfinseln in der Seemitte.« Er ging zu dem im Uferwasser schaukelnden Kahn. Nacheinander kletterten sie in das schwankende Fahrzeug. Schymanski brachte sie mit einigen kraftvollen Ruderschlägen vom Ufer weg.

»Angeln ist Ihr Hobby?« erkundigte sich Stübing.

»Ja. Wann immer mir es die Zeit erlaubt, bin ich hier draußen. Es ist eine ideale Erholung.«

Eine Brise huschte über das Wasser und zischelte im Schilf.

Der Kahn glitt dicht unter dem rohrbewachsenen Ufer dahin. Durch die Stille gluckste und patschte es zuweilen, wenn eine Unke vor ihnen die Flucht ergriff.

»Sind Sie allein hier?« fragte Brennecke.

»Ja und nein. Die Kinder vertreiben sich die Zeit auf ihre Weise. Sie stecken irgendwo in der Nähe. Meine Frau aber liegt seit drei Wochen im Krankenhaus – Gallenoperation. Aber Sie werden nicht hergekommen sein, um nach meiner Familie zu sehen.«

»Da haben Sie recht«, gab Stübing zu. »Sie benutzen von Zeit zu Zeit den Wartburg Tourist aus dem Fuhrpark Ihres Betriebes?«

Schymanski wich dem Blick des Oberleutnants aus und sah in das Wasser. Darin schoß soeben ein Schwarm junger Fische vor dem Schatten des Kahnes davon. Sie tummelten zwischen den flutenden Pflanzenstengeln und zuckten endgültig ins schützende Rohr.

»Stimmt genau. Ich borge mir den Wagen manchmal an den Wochenenden aus. Niemand hat etwas dagegen, denn den Sprit bezahle ich aus eigener Tasche. Was anderes kommt nicht in Frage.«

Leutnant Brennecke beobachtete abwechselnd Schymanski und die zitternden Kringel, die die Sonnenstrahlen auf den klaren Grund des Sees malten.

»Es geht nicht um das Benzin. Kannten Sie Sylvia Hegewald?«

»Aha, jetzt bin ich im Bilde. Natürlich habe ich sie gekannt.« Er schüttelte wie verwundert den Kopf und vergaß für Augenblicke, die Ruder zu führen. Der Kahn trieb seitwärts ab. Weit vor ihnen flog eine Rotte Stockenten auf. Sie verfolgten ihre rasende Flucht, bis sie hinten am Nordufer niedergingen. Schymanski brachte das Fahrzeug wieder in die alte Richtung.

»Waren Sie mit ihr näher bekannt«, nahm Stübing das Gespräch von neuem auf, »ich meine, standen sie mit ihr in irgendwelchen Beziehungen?«

Schymanskis Züge wurden abweisend.

»Was soll das?« rief er empört aus. »Vielleicht fragen Sie mich noch, ob ich mit ihr poussiert hätte.«

So abwegig wäre das nicht, dachte Stübing, er ist höchstens Ende Dreißig und ein Mann, der durchaus jungen Mädchen noch imponieren kann.

»Davon ist keine Rede«, entgegnete er ruhig.

»Das hat man davon. Aus lauter Gefälligkeit verschaffte ich ihr eine Stelle bei uns, und schon werde ich verdächtigt. Das ist ja paradox«, Schymanski lachte amüsiert auf, »das hätte ich vorher wissen sollen.«

»Wie kamen Sie dazu, ihr eine Arbeitsstelle zu besorgen?«

»Das ist meines Wissens nicht strafbar, aber wenn Sie sich dafür interessieren, bitte sehr. Unser Fuhrpark unterstützt in sozialistischer Hilfe kleinere Betriebe unserer Stadt, indem im Bedarfsfall Fahrzeuge zur Verfügung gestellt werden. Dazu gehört auch das Fuhrgeschäft Kaps. Dort war die Hegewald als Bürohilfe beschäftigt. Sie äußerte mir gegenüber einmal während eines Telefongespräches die Absicht, den Betrieb zu wechseln. Ich empfahl ihr, sich bei uns zu bewerben, und sprach auf ihren Wunsch hin mit unserer Kaderabteilung. Das ist alles.«

»Der Grund, weshalb sie aus dem Fuhrgeschäft ausscheiden wollte, ist Ihnen nicht bekannt?«

»Keine Ahnung. Sie kam auch nicht sofort zu uns. Es verging bald noch ein halbes Jahr.«

»Und das Mädchen kannten Sie bis dahin nicht persönlich?«

»Nein!« erwiderte Schymanski kurz angebunden.

»Und später, nachdem sie in Ihrem Betrieb arbeitete?«

Brennecke, der diese Frage gestellt hatte, erhielt keine Antwort mehr. Keine zehn Meter vor dem Bug des Kahnes wirbelte eine Staubwolke auf. Schymanski hielt im Rudern inne.

»Das war der Hecht!« rief er wütend. Der hochgeschleuderte Modder verriet die Stelle, an der sich der Raubfisch zur Seite katapultierte.

Der Kahn glitt jetzt über den Fundort der Leiche.

»Er ist mir durch die Lappen gegangen. Für heute kann ich es aufgeben.«

Die Enttäuschung stand Schymanski ins Gesicht geschrieben, während er verdrossen das Ufer ansteuerte.

»Noch eine letzte Frage. Benutzten Sie auch am Freitag, dem einunddreißigsten Mai, den Wartburg Tourist zu einer Privattour?« Stübing sah seinem Gegenüber fest in die Augen.

»Nein, ich kam erst am Samstag her.«

»Und wo waren Sie am Freitagabend?«

Schymanski stierte den Oberleutnant an, als zweifle er an dessen Verstand. »Zu Hause, wo soll ich sonst gewesen sein.«

»Das wollen wir von Ihnen wissen«, sagte Stübing kühl.

»Herrgottnochmal! Ich war daheim. Genügt das nicht? Oder können Sie mir das Gegenteil nachweisen?« stieß Schymanski gereizt hervor und fügte mit Nachdruck hinzu: »Mit dem Tod der Hegewald habe ich nichts zu tun!«

Der Kahn stieß an die flache Uferböschung. Die Kriminalisten stiegen aus und sahen Schymanski nach, der, ohne sich noch einmal umzudrehen, in Richtung Seemitte davonruderte.

»Es ging ihm zuletzt mächtig an den Nerv«, meinte Brennekke.

»Wir dürfen trotzdem daraus keine voreiligen Schlüsse ziehen«, warnte Stübing.

Nachdem er Leutnant Brennecke beauftragt hatte, Schymanskis Aussagen zu überprüfen, begab sich Stübing noch einmal in die Hermann-Duncker-Straße. Frau Krummholz empfing ihn schweigend. Mit einem stummen Kopfnicken erwiderte sie seinen Gruß.

»Frau Krummholz«, begann er ernst, »wir haben nun endlich Fräulein Hegewald gefunden. Aber noch sind die näheren Umstände ihres Todes ungeklärt.«

»Kommen Sie herein«, bat sie leise.

»Ich nehme an, daß Ihre Nichte Fotos besaß.«

Die Frau nickte. Sie gingen in Sylvias Zimmer. Sie zog den Schub des Nachttischchens auf und holte einen bis an den Rand mit Fotografien gefüllten Karton hervor.

Stübing sortierte den Inhalt. Er trennte die Aufnahmen des Mädchens aus der Schulzeit von denen der späteren Jahre. Darunter fand er mehrere Bilder, die Sylvia in Gesellschaft eines bedeutend älteren Mannes zeigten.

»Andreas Kaps«, sagte er laut vor sich hin. Er kannte den Fuhrunternehmer persönlich. Eine Aufnahme war dabei, die vor der Prager Burg gemacht worden war. Auf ihr stand Kaps neben dem Mädchen, den Arm um die Schultern gelegt. Auf der Rückseite stand das Datum: 12. 4. 73. Zu dieser Zeit arbeitete sie bereits im VEB Stahlbau. Sechs Wochen vor ihrem Tode!

»Sie hatte ein Verhältnis mit ihm«, flüsterte Frau Krummholz neben ihm. Sie scheute sich wohl, es laut auszusprechen. Stübing war überrascht. Ein Verhältnis mit ihrem früheren Chef also, das hatte er nicht erwartet.

»Stellen Sie sich vor, sie hätte seine Tochter sein können«, sprach Frau Krummholz weiter, und aus ihrer Stimme klang Empörung. »Wer weiß, was er ihr alles vorgeflunkert hat. Bei ihm spielte Geld ja keine Rolle, und darauf ist sie hereingefallen. Ach, es ist nur gut, daß ihre Mutter das nicht erlebt hat.« Für einen kurzen Moment übermannte sie der Schmerz, und sie schlug die Hände vor das Gesicht. Als sie sich wieder gefaßt hatte, trat sie näher an Stübing heran und verriet ihm: »Sylvia erwartete ein Kind. Und ich nehme an, daß es von ihm war. Ich habe ihr von Anfang an abgeraten. Mädel hab ich gesagt, suche dir einen jungen Mann, der zu dir paßt und den du heiraten kannst. Aber sie schlug ja alles in den Wind.«

In ehrlicher Entrüstung färbten sich ihre Wangen um einen Schein dunkler, als sie hinzufügte: »Kann man es wissen, ob ihn das Kind nicht störte? Aber um Himmels willen, Herr Oberleutnant, ich habe nichts gesagt.«

Stübing überhörte absichtlich den ungeheuerlichen Verdacht. »Gab es nicht doch noch einen anderen Mann, zu dem sie intime Beziehungen unterhielt?« fragte er ungerührt. »Vielleicht einen, der ein Auto besitzt, einen Wartburg Tourist?«

Zunächst verneinte sie, doch dann fiel ihr ein: »Manchmal brachte sie ein junger Mann in einem Wagen nach Dienstschluß heim. Ob es aber ein Wartburg war? Ich kenne mich in den Typen nicht so aus.«

»Können Sie den Mann beschreiben?«

Frau Krummholz sah hilflos zu ihm auf und erwiderte dann: »Ich weiß nicht. Ein einziges Mal habe ich sein Gesicht gesehen. Er trug einen schwarzen Schnurrbart, daran erinnere ich mich, aber sonst ... Er blieb immer im Auto sitzen.«

»Ich nehme die Fotos mit«, erklärte Stübing und verstaute sie in der Brieftasche. »Empfing Ihre Nichte denn keine Post?« Ihm war aufgefallen, daß sich außer Ansichtskarten keine Briefe finden ließen.

»Wenig«, entgegnete sie und entnahm dem Schub eine dünne, fast leere Schreibmappe. Stübing blätterte sie durch. Er fand darin keinen einzigen Brief.

»Gestern abend war Sylvias Abteilungsmeister aus dem Betrieb hier und suchte nach einem Schriftstück, das sie aus dem Büro mit nach Hause genommen haben soll«, berichtete sie, »wir konnten aber nichts finden.«

Der Oberleutnant horchte interessiert auf. Was war das nun wieder?

»Hat er Ihnen gesagt, um was für ein Schriftstück es sich handelte?«

»Nein, hat er nicht. Er war in großer Eile und wurde richtig kribbelig, als unsere Suche umsonst war.«

Er verabschiedete sich von der kleinen, freundlichen Frau und bedankte sich für die wertvollen Auskünfte, obwohl die vorerst nur noch mehr Verwirrung schufen. Was mochte der Abteilungsmeister in den Sachen des Mädchens gesucht haben?

Wolfgang Kubitza war der letzte gewesen, in dessen Begleitung Sylvia Hegewald lebend gesehen wurde. Niemand sprach einen Verdacht offen aus. Er schwelte im verborgenen wie eine tückische Krankheit unter der Haut. Auf Schritt und Tritt begegnete ihm Mißtrauen. Die einen wichen ihm aus, andere reckten die Hälse, steckten die Köpfe zusammen und tuschelten anzüglich. Und hinter mancher Fenstergardine zeigten sich verstörte Gesichter. Ihre Blicke spürte er noch lange in seinem Rücken. Ein unerträglicher Zustand. Wann klärte die Kripo endlich diese blöde Sache auf? Hatte sie den Mann im Wartburg noch immer nicht gefunden? Da bescherte ihm der Zufall eine unverhoffte Begegnung.

Gegen 13 Uhr suchte er die Tankstelle auf. Hier das an den Wochenenden gewohnte Bild: eine lange Schlange von Fahrzeugen. Er saß auf der MZ* und döste vor sich hin, als er einen derben Stoß verspürte. Der hinter ihm postierte Pkw war zu dicht aufgefahren. Kubitza wandte sich erbost um, brüllte: »Idiot!«

Den Mann am Steuer des Pkw konnte er nicht sogleich erkennen, den Wagentyp jedoch auf den ersten Blick. Es war ein Wartburg Tourist. Kubitza stieg von der Maschine und beugte sich über das Schutzblech am Hinterrad. Es war zum Glück kein Schaden entstanden. Für ihn war das allerdings kein Grund, die Sache ohne weiteres hinzunehmen. Dem Schnösel wollte er seine Meinung deutlich machen. So trat er entschlossen an den Wartburg heran und öffnete mit einem Ruck die Wagentür.

»Dir hat wohl die Sonne zu lange ins Gehirn gebrannt, das nächste Mal ...«

Kubitza schluckte die nachfolgenden, ebensowenig schmeichelhaften Worte hinunter. Er hatte den Fahrer erkannt. Das war doch »Charly«, der Fatzke mit dem Bärtchen über der Lippe. Sein nächster Gedanke: Der war doch mit der Hegewald befreundet gewesen. Etliche Male hatte er ihn vor dem Werktor gesehen, wie er mit dem Wartburg auf das Mädchen wartete. Blitzschnell stellte sich eine Verbindung her zum Geschehen am Abend des 31. Mai. Ein solcher Autotyp war ihnen damals begegnet, ihm und der Hegewald. Ob die Polizei von Charlys Existenz wußte? Für ihn stand plötzlich fest, daß nur er in dem Wagen gesessen haben konnte.

»Du kannst von Glück reden, daß meiner Karre nichts passiert ist«, zischte er noch, bevor er die Tür zuwarf und zu seinem Motorrad zurückkehrte. Er schwang sich in den Sattel und folgte dem Ende der Schlange, die inzwischen weitergerollt war. Die Versuchung war groß, sich noch einmal umzuwenden. Eigentlich mußt du dir die Autonummer einprägen, sagte er sich. Er sah davon ab, denn Charly gab es nur einmal in ihrer Stadt. Er fieberte jetzt danach, an die Reihe zu kommen und dann von hier weg.

Eine Viertelstunde später jagte er mit vollem Tank in Richtung Volkspolizei-Kreisamt.

»Sie, Herr Stübing?« wunderte sich Frau Kaps, als sie dem Oberleutnant öffnete.

»Ja, wie Sie sehen«, sagte er und nickte der vierundvierzigjährigen, mit üppigen Körperformen ausgestatteten Gattin des Fuhrunternehmers zu. Er kannte die Schulfreundin seiner Frau von zahlreichen gegenseitigen Besuchen her. Der letzte lag allerdings bald ein Jahr zurück. Und in dieser Zeit, schien ihm, hatte Frau

Kaps sich auffallend verändert. Ihm entgingen nicht die zahlreichen Fältchen in den Augenwinkeln. Daß sie Grund zum Kummer haben mochte, bewies wohl am eindeutigsten sein Hiersein.

»Nett, daß Sie uns einmal aufsuchen.«

Frau Hildegard Kaps besaß eine wohlklingende, weiche Altstimme.

»Es tut mir leid«, erwiderte er höflich, »aber ich muß mich mit Ihrem Mann in einer dienstlichen Angelegenheit unterhalten.«

»Er ist nicht da«, erklärte sie merkwürdig frostig, »immer das alte Lied; der Herr kann nie pünktlich sein.«

Während sie das sagte, musterte sie ihn prüfend von der Seite.

»Dann warte ich«, beschloß Stübing.

Frau Kaps bat ihn in die verglaste Veranda, wo er in einem Korbsessel Platz nahm.

»Ich bringe Ihnen inzwischen etwas zum Trinken. Vielleicht eine Flasche Bier?«

»Bitte keinen Alkohol«, wehrte er ab.

Sie brachte ein Glas Apfelmost und setzte sich zu ihm. Sie erkundigte sich nach Käthe, seiner Frau, und bedauerte, daß ihr keine Zeit mehr blieb, sie zu besuchen. Beide Frauen waren gleichaltrig. Frau Kaps wirkte, wie es Stübing schien, eine Kleinigkeit frischer und jugendlicher. Es mochte daran liegen, daß ihre Ehe mit dem Fuhrunternehmer kinderlos geblieben war.

»Sie sind doch bestimmt wegen der Hegewald hergekommen, oder täusche ich mich?« fragte sie plötzlich und warf ihm einen mißtrauischen Blick zu.

»Sie täuschen sich nicht, Frau Kaps«, erwiderte er ernst, »und ich hoffe, Ihr Mann wird uns bei der Aufklärung des Falles helfen können.«

»Andreas hat überhaupt nichts damit zu tun!« betonte sie mit solcher Heftigkeit, daß es ihn überraschte.

Obwohl er sie mit dem Mädchen betrog, hält sie noch zu ihm, dachte er.

Sie hob lauschend den Kopf, sagte: »Ich glaube, er kommt.«

Ein hellgrauer Wartburg Tourist rollte über den Torweg. Dann trat Andreas Kaps durch die Verandatür. Er begrüßte den Kriminalisten zwar höflich, aber reserviert.

»Das Essen ist kalt«, begann sie zu schelten, »ich verstehe nicht, daß du nie ...«

»Schon gut, schon gut«, unterbrach er sie, »ich esse später.« Mit einer energischen Handbewegung scheuchte er sie aus der Veranda.

»Ich muß Sie um die Beantwortung einiger Fragen bitten, die Ihre frühere Angestellte, Sylvia Hegewald, betreffen«, begann Stübing. »Wie Sie inzwischen gehört haben werden, wurde sie tot aus dem Waldsee geborgen.«

»Wenn ich daran denke, könnte mir das Heulen kommen. So ein junges Geschöpf. Sie hatte das Leben noch vor sich«, sagte Kaps und blinzelte gerührt.

»Ja, eben«, bekräftigte Stübing, »sie hatte es noch vor sich.«

»Was wollen Sie wissen?« fragte Kaps. Er nahm die dunkle Brille ab und legte sie auf das schmale Tischchen, das zwischen ihnen stand.

»Wie standen Sie zu dem Mädchen?«

Der Oberleutnant wußte: das war die Schlüsselfrage. Von ihrer Beantwortung hing die Wertigkeit seiner weiteren Aussagen ab.

Würde er sein Verhältnis mit der Hegewald eingestehen?

»Ich arbeitete mit ihr fast zwei Jahre zusammen, das schafft ein gewisses Vertrauensverhältnis«, antwortete Kaps. Das war allgemein, nichtssagend.

»Intime Beziehungen?« fragte Stübing geradeheraus.

Nach einem verstohlenen Blick zur Verbindungstür gab Kaps halblaut zu: »Nun ja, man kann's so nennen. Wir haben uns prima verstanden.«

Wieder blickte er zur Seite. Offenbar fürchtete er, seine Frau könnte zurückkehren.

»Weshalb hörte sie bei Ihnen auf?« wollte Stübing wissen.

Kaps spreizte die kurzen, fleischigen Finger. Die Unterhaltung wurde ihm sichtlich unangenehm. Er beugte sich leicht über den Tisch und bekannte leise: »Meine Frau drohte mit der Scheidung.«

Stübing verstand. Um nicht seine Bequemlichkeit einzubüßen, gab er dem Mädchen den Laufpaß.

»Wie reagierte Fräulein Hegewald darauf?«

»Sie ließ sich zur Kündigung überreden. Aber sie war wie eine Klette. Ich kam nicht so einfach los von ihr. Ich habe es versucht, das können Sie mir glauben,«

»Herr Kaps, wann sind Sie am einunddreißigsten Mai nach

Prag gefahren? Mich interessiert die genaue Zeit Ihrer Abfahrt.«

Der Fuhrunternehmer sann einige Sekunden nach, bevor er Antwort gab. »Gegen neunzehn Uhr wird es gewesen sein. Auf die Minute kann ich mich nicht festlegen. Wegen der Hitze wollte ich nicht früher aufbrechen. Es fährt sich angenehmer am Abend.«

»Können Sie Ihre Ankunft in Prag nachweisen?«

»Das möchte sein. Einen Moment.« Kaps stand auf und verließ die Veranda.

Mit einem Briefumschlag kehrte er zurück.

»Sie finden die Anschrift meines Geschäftsfreundes auf der Rückseite«, erklärte Kaps und reichte dem Oberleutnant das Kuvert hinüber, »bei ihm übernachte ich immer, wenn ich in Prag bin. Meinetwegen können Sie den Umschlag behalten.«

Stübing las den Absender: František Kolinsky, Zelivskeho, Praha 2.

»Welchen Ihrer Wagen benutzten Sie zu dieser Fahrt?«

»Ist denn das so wichtig?« fragte Kaps verwundert zurück. »Ich nahm den Wartburg, denn mein Škoda ist nicht fahrbereit.«

»In einem hellen Wartburg Tourist trat die Hegewald an jenem Freitagabend zwischen einundzwanzig Uhr dreißig und zweiundzwanzig Uhr die letzte Autofahrt ihres Lebens an!«

Kaps schreckte aus seiner bisherigen lässigen Haltung auf. Sein Gesicht verzerrte sich, und die Arme rutschten von seinem Schoß, pendelten wie leblos herab. Doch seine Fassungslosigkeit währte nur Augenblicke, dann hatte er sich wieder in der Gewalt.

»Jetzt verstehe ich«, murmelte er entsetzt. Er raffte sich auf und sah an Stübing vorbei, schien über etwas nachzudenken.

Sie wurden unterbrochen. Frau Kaps erschien mit einem Tablett.

»Ich habe Kaffee gekocht, falls es länger dauern sollte.« Sie stellte Tassen auf das Tischchen und füllte sie.

»Schönen Dank. Es wäre nicht notwendig gewesen«, wandte sich Stübing an die Hausfrau. Als sie sich wieder zurückziehen wollte, bat er sie, bei ihnen Platz zu nehmen.

»Da Sie gerade hier sind, Frau Kaps: Wußten Sie von dem Verhältnis Ihres Mannes mit Sylvia Hegewald?«

Peinliches Schweigen. Die Blicke der Eheleute tauchten für Sekunden ineinander. Die Frau war blaß geworden.

»Meinen Sie, ich wäre blind gewesen? Sie scheuten sich ja nicht, in aller Öffentlichkeit …«

»Aber Hildegard!« versuchte Kaps verzweifelt, ihren Redefluß einzudämmen. Es war vergeblich. Wie ein lästiges Korsett streifte sie ihre Zurückhaltung ab.

»Du bist still, jetzt rede ich!« wies sie ihn zurecht, daß er sich duckte und schuldbewußt den Blick zu Boden senkte. »Stellen Sie sich vor, diese Person war so dreist, hierher ins Haus zu kommen. Ach, ich könnte Ihnen was erzählen.«

Und sie tat es. Sie führte Beispiele ins Feld, schilderte Situationen mit genauen Details. Sie verschwieg nichts. Doch am Ende der Anklage gegen ihren Mann ging sie zu seiner Verteidigung über. Sie bekundete noch einmal die Überzeugung, daß er absolut nichts mit dem Tod seiner Geliebten zu tun haben könne.

Für Stübing war es peinlich, dem beizuwohnen. Er war kein Scheidungsrichter.

Andreas Kaps begleitete ihn bis an das Gartentor. Hier, außer Hörweite der Frau, stellte Stübing die Frage, die er in ihrer Gegenwart nicht hatte aussprechen wollen.

»Wußten Sie, daß Fräulein Hegewald ein Kind erwartete?«

Es dauerte einige Augenblicke, bis Kaps zu einer Erwiderung fand.

»Das kann doch nicht wahr sein«, stammelte er endlich, »davon höre ich heute zum ersten Mal. Sie müssen es glauben, ich hatte keine Ahnung.« Er schnaufte und schüttelte ungläubig den Kopf.

»Elender Mist!« fluchte Gustav und sah nach der Zeit. Es ging bereits auf 19 Uhr. Der Regen wollte nicht aufhören.

»Mir tun die Leute leid, die jetzt unterwegs sind«, tröstete ihn Hanno, »wir haben wenigstens ein Dach über dem Kopf.«

Sie waren nachmittags im Tonteich baden gewesen. Auf der Heimfahrt überraschte sie ein heftiger Regenguß. Auf halbem Wege krochen sie in der alten, seit Jahren stillgelegten Ziegelei unter. Hannos Motorrad stand im ehemaligen Werkhof unter einem verwilderten Birnbaum.

»Mit deinem Dach ist nicht viel los«, brummte Gustav wütend. Es regnete ein. Sie wichen in den angrenzenden Raum aus. Fensterscheiben und Türen existierten in dem Gemäuer längst nicht mehr, nur gähnende Öffnungen, durch die der Wind blies. Wo sie hinsahen: Verwahrlosung und Zerfall, Unrat und ganze Fahnen von Spinnennetzen.

An der Wand ein vergessenes Möbelstück, ein uraltes Sofa. Es diente Ratten und Mäusen als Unterschlupf. Neugierig trat Gustav an das Sofawrack. Zwischen seinen aufgerissenen Eingeweiden blitzte es. Ein Glasscherben? Er entpuppte sich als Schnapsflasche. Marke Brennmeister und leer natürlich. Gustav überwand seinen Abscheu und langte hinein in den Wirrwarr von Stahlfedern und vermoderter Holzwolle. Mit spitzen Fingern zog er sie heraus und schnupperte an der Öffnung. Es stank nach verdünstetem Alkohol. Angeekelt ließ er sie fallen.

Vor nicht sehr langer Zeit mußte die Flasche geleert worden sein. Wer verkroch sich in dieses Dreckloch, um sich einen anzusaufen? Gustav schüttelte den Kopf. Es gab sonderbare Menschen.

»Würdest du dich in dieser Umgebung vollaufen lassen?« fragte er seinen Kumpel.

Hanno zeigte ihm einen Vogel und wandte sich ab. Es goß noch immer in Strömen. Sie rauchten und warteten. Hanno sah wehmütig zu seiner Maschine unter dem Birnbaum. Sie stand jetzt mitten in einer Pfütze.

»Wenn's noch lange saut, schwimmt sie weg«, orakelte er.

»Brauchste die Karre wenigstens nicht zu putzen.« Gustav grinste schadenfroh.

Beide verstummten. Über den verödeten Ziegeleihof näherte sich ein Pkw. Ein hellgrauer Polski Fiat. Ganz in ihrer Nähe stoppte er. Eine Wagentür krachte zu. Und dann hetzte ein Mann durch den Regen.

»Ich werd verrückt. Der komische Heini aus der ›Zollschänke‹, der mit dem Schnurrbart!« rief Gustav verdutzt. Er hatte den Fremden sofort erkannt. Ihre Blicke folgten ihm, wie er in langen Sätzen über die Pfützen sprang. Er hielt direkt auf den Eingang zu, in dem sie standen. Da verdrückten sie sich ins Innere, denn ihnen lag nichts an seiner Gesellschaft. Er kam nicht zu ihnen in den modrigen Raum, wo die Ratten und Spinnen hausten. Dafür knarrten die Stufen der hölzernen Treppe.

»Er steigt nach oben«, raunte Gustav seinem Kumpel zu, »dort waren früher die Büros. Ich möchte wissen, was ihn hergetrieben hat.«

»Der Regen«, flüsterte Hanno zurück, »genau wie uns.«

»Quatsch! Im Auto säße er trocken.«

Sie schlichen zur Treppe. Eine Staubschicht bedeckte die ausgetretenen Stufen. Dazwischen dunkle, nasse Flecke. Schuhabdrücke.

»Wir sehen nach, was er treibt«, sagte Gustav voller Tatendrang.

»Warum denn?« sträubte sich Hanno. Beklommen hob er den Kopf und lauschte. Über ihnen knarrten die Dielen. Für niemanden sind das angenehme Geräusche. Und nicht jeder taugt zum Helden. Was mag der Schnurrbart dort oben herumspazieren, dachten sie beide. Das Knarren, Schritte näherten sich der Treppe, er kam zurück.

Hanno huschte als erster zur Seite, Gustav folgte ihm. Die Schritte kamen die Stufen herab, die unter ihnen ächzten. Und die dunklen Flecken im Staub wurden größer. Unter dem Arm trug der Fremde einen Karton. Mit grotesken Sprüngen überwand er wieder die Pfützen im Hof und gelangte zum Auto. Der Fiat wendete. Er fuhr dicht an ihnen vorüber. Dabei entdeckte Gustav die zweite Person neben dem Fahrer. Eine junge Frau. »Hast du gesehn? Eine tolle Puppe! Blond und verdammt hübsch. Viel zu schade für den Kerl.«

»Sieht fast so aus wie Sylvia«, sagte Hanno versonnen.

Die Kraft des Regens war gebrochen. Über den Kiefernwäldern im Westen wurde es hell.

»Los, komm – hinterher!«

Gustav hatte es eilig. Er jagte zum Motorrad. Hanno folgte bedächtig. Meinte es der Lange ernst damit?

»Willst du wirklich?« fragte er.

»Angst? Mensch, wir sind zwei gegen einen, wenn's schlimm wird.«

Gustavs forsche Haltung gab den Ausschlag. Hanno war einverstanden. Sie folgten dem hellgrauen Fiat. Die Fahrt ging in Richtung Waldsee. Bald schimmerte zwischen den Bäumen die weite Wasserfläche. Der Pkw drosselte das Tempo, bog vom Fahrweg ab und rollte vor einen der Bungalows. Auch die jungen

Männer brachten ihre Maschine zum Stehen. Sie beobachteten, wie der Fremde mit seiner Begleiterin ausstieg und im Bungalow verschwand. Er kam noch einmal heraus und holte den Karton aus dem Auto. Sie wagten es nicht, näher heranzugehen. Noch war es zu hell, und es bestand darum wenig Aussicht, unbemerkt zu bleiben.

Gustav, von Eifer und Neugier erfüllt, hätte allzugern erfahren, was es mit dem Karton auf sich hatte. Und überhaupt: Wer war der Mann, der sich stets an den Wochenenden hier aufhielt? Und wer war die junge Frau, die so sehr an Sylvia Hegewald erinnerte?

Auf der Fahrt in die Stadt überlegte Gustav, ob es nicht richtiger wäre, ihre Beobachtungen der Kripo mitzuteilen, als sie für sich zu behalten. Man konnte ja nicht wissen.

Sonntag, der 16. Juni.

Seit man die Hegewald gefunden hatte, tat Charly oder Günter Brettschneider, wie sein richtiger Name lautete, manches, was er besser nicht hätte tun sollen. Er begann übermäßig zu trinken.

So war er auch gegen 10 Uhr vormittags nach einer durchzechten Nacht noch nicht völlig nüchtern, als er in der Hofgarage den Trabant des Hausverwalters wusch.

Dort trafen ihn Leutnant Brennecke und Kriminalanwärter Ortmann an. Charly stand auf einem Schemel und schraubte eine Glühbirne in die Lampenfassung.

»Sie sind Herr Brettschneider?« fragte Brennecke.

»Was wollen Sie?« klang es unfreundlich zurück. Für ihn schienen die beiden Männer Luft zu sein. Der Leutnant verlor die Geduld. Er zog den Dienstausweis heraus und hielt ihm diesen vor. »Kriminalpolizei!«

Charly zeigte sich wenig beeindruckt. Er sah nur kurz auf.

»Also meinetwegen, hoffentlich dauert es nicht lange.«

Es dauerte länger, als ihm lieb war. Und sie waren in seine Junggesellenbude im dritten Stock des Wohnhauses hinaufgestiegen.

»Sie sind mit Fräulein Hegewald befreundet gewesen?«

»Klar. Aber lassen Sie mich zufrieden damit«, antwortete der junge Mann, »suchen Sie lieber den Kerl, der sie auf dem Gewissen hat.«

»Das tun wir auch. Sie sollen uns durch Ihre Aussagen dabei helfen« versuchte Brennecke ihn zu ermuntern. »Erinnern Sie sich an den einunddreißigsten Mai. Haben Sie gewußt, daß Fräulein Hegewald am Abend zu einer Geburtstagsfeier in der Bungalowkolonie eingeladen war?«

Charly Brettschneider hatte einen Bleistift zur Hand genommen und kritzelte auf den Rand einer Zeitung sinnlose Striche und Kreise. Verbarg sich dahinter eine Unsitte oder Nervosität?

»Sylvia hatte mir einen Tag zuvor davon erzählt.«

»Sie holten das Mädchen oft mit einem Wartburg Tourist von ihrer Arbeitsstelle ab. Gehört der Wagen Ihnen?« fragte Ortmann.

Charly lachte auf und erwiderte: »Ich kann mir nicht mal einen Trabbi leisten. Nee, der Tourist gehört meinem Chef.«

»Dem Fuhrunternehmer Kaps?«

»Wem sonst? Er gab ihn mir für Kleinfahrten in der Stadt. Wenn es sich machen ließ, fuhr ich Sylvia nachmittags nach Hause.«

Die Erklärung leuchtete ein.

»Geschah das auch am einunddreißigsten Mai?« schaltete sich Brennecke wieder ein.

Charly dachte nach. Es fiel ihm nicht leicht, nachzudenken, er benötigte Zeit dazu. Kein Wunder bei der Fahne, die ihm noch immer vorauswehte.

»An dem Tage ließ mich Kaps nicht an den Wartburg ran«, sagte er endlich.

»Wo verbrachten Sie den Abend des einunddreißigsten Mai?«

»Wieso ich?« entgegnete Charly hitzig. »Ich war in der ›Zollschänke‹.«

»Wie lange?«

»Bis zum Schluß. Und das geht bis früh um eins. Nun wissen Sie's genau. Wollen Sie noch hören, wo ich geschlafen habe. Dort auf meiner Koje hab ich gepennt bis Mittag.«

Er vertiefte sich wieder in seine Kritzelei.

»Ihr Chef fuhr an jenem Tag nach Prag. Ist Ihnen bekannt, wann er diese Fahrt antrat?« forschte Leutnant Brennecke.

»Keine Ahnung. Fragen Sie ihn doch selber«, erwiderte Charly dreist, ohne von dem Zeitungsrand aufzusehen.

»In welchen Beziehungen stand Kaps zu dem Mädchen?«

Charly sah auf und glotzte den Leutnant aus halbgeöffneten Augen an, als hätte er die Frage nicht verstanden.

»Herr Brettschneider, Ihre Aussage wird, wenn Sie es wünschen, vertraulich behandelt. Denken Sie daran, daß wir den Tod Ihrer Freundin aufzuklären haben.«

Die Spritze half. Charly kam aus der Reserve.

»Sie waren oft zusammen, in den teuersten Kneipen und auf Fernfahrten. Mit mir wollte sie nicht ein einziges Mal ausgehen. Ich konnte ihr auch keinen Bungalow bieten und keine Wochenendreisen nach Prag.«

Er hatte sich in Wut geredet. Aus seinen Worten klangen Eifersucht und unverhohlener Haß. Er knüllte die Zeitungsseite mit den Strichen und Kreisen auf dem Rand zusammen.

»Ihr Chef besitzt außer dem Wartburg Tourist noch einen Škoda. Welchen benutzte er für seine Reisen in die ČSSR?«

»Meist den Škoda. Es kam aber auch vor, daß er den anderen nahm.«

»Die Garage für den Wartburg befindet sich im Werkhof, wo auch die Lkw des Fuhrgeschäftes untergebracht sind. Wußten Sie, wo die Schlüssel zu den einzelnen Boxen hingen?«

»Natürlich. Jeder von uns Fahrern weiß das«, gab Charly zu. Er blickte mißtrauisch drein. Er fand keine Zeit, über den Sinn dieser Frage nachzudenken. Zu rasch folgte die nächste:

»Es war demnach möglich, daß sich einer Ihrer Kollegen oder Sie sich selbst den Wartburg ausborgen konnten«, schlußfolgerte Brennecke.

»Sind Sie noch zu retten?« lehnte sich Charly unbeherrscht auf. »Haben Sie nicht gehört, ich war die halbe Nacht in der ›Zollschänke‹!« Er war puterrot angelaufen. Der Jähzorn brach hervor.

»Das wird sich herausstellen«, bemerkte Brennecke gelassen, »außerdem war das nur ein Gedanke.«

Sie verließen die Junggesellenbude Brettschneiders. Der stierte ihnen feindselig nach. Es gelang ihm nicht, sofort den »Gedanken« des Leutnants zu ergründen.

Ahnungslos betrat Abteilungsmeister Hasselfeld am Sonntagnachmittag nach dem Besuch einer Sportveranstaltung seine Wohnung am Dresdener Platz.

Aus dem Wohnzimmersessel erhob sich ein kleiner, kahlköpfiger Mann. Hasselfeld kannte ihn nicht.

»Ich habe Ihnen Ihre Uhr gebracht.«

Auf dem Rauchtisch lag eine Glashütter* »Automatic«. Wahrhaftig, es war seine Uhr. Hasselfeld erkannte sie an dem defekten Armband. Er vermißte sie seit der Geburtstagsfeier bei Zielonka. »Sie gehört mir. Wenn Sie mir erklären könnten …«

Der Kahlköpfige konnte: Sein Sohn habe sie am 1. Juni gefunden und solange mit sich herumgeschleppt. Und gestern sei sein Schwager Zielonka bei ihm gewesen. Dem habe er sie gezeigt, und der habe gesagt: »Die gehört unserem Meister Hasselfeld, der hat sie verloren, damals auf dem Heimweg nach meiner Geburtstagsfeier.« So sei er also heute zu ihm gekommen, um sie ihm zurückzubringen.

»Wo hat Ihr Junge sie denn gefunden?« fragte Hasselfeld unsicher. Über die Sorgen, die in letzter Zeit auf ihn einstürmten, hatte er den Verlust der Armbanduhr fast vergessen.

»Auf dem Fußweg am Südufer des Waldsees«, entgegnete der Kahlköpfige gewichtig, »um ein Haar wäre er draufgetreten, sagte mir mein Sohn. Er fährt jeden Samstag hinaus, zum Angeln, müssen Sie wissen.«

Hasselfeld nickte zerstreut. Er zog die Brieftasche hervor und suchte nach einem Schein. Er opferte eine Zwanzigmarknote. »Stecken Sie ihm das in die Sparbüchse«, sagte er gönnerhaft.

Der Mann war gegangen. Hasselfeld aber fand keine Ruhe mehr an diesem Tag. Das Unheil nahm seinen Lauf.

Seine Frau trat ins Zimmer; langbeinig, vollschlank und schwarzhaarig. Dicht vor ihm blieb sie stehen und stemmte die Arme in die Hüften. Ihm schwante nichts Gutes. Nervös fuhr er sich durch das schüttere Braunhaar, das oberhalb der Stirn bereits bedenkliche »Geheimratsecken« aufwies.

»Ich denke, du hast die Uhr auf dem Heimweg verloren?« stellte sie ihn zur Rede.

»Das habe ich dir doch gesagt.«

»Und wie kommt es, daß man sie am Südufer des Sees findet? Kannst du mir das erklären?«

Er schwieg und sann nach einem Ausweg. Denn jetzt wurde ihm bewußt, wo und wobei ihm die Uhr abhanden gekommen war.

»Was hattest du spät in der Nacht am Südufer zu tun? Mir geht allmählich ein Licht auf, mein Lieber. Am Donnerstag fanden sie dort die Leiche deiner Sekretärin! Ihr wart doch zusammen bei dieser Feier. Wie erklärst du dir das?«

Ihre Stimme klang schrill. Jedes Wort war wie ein Hammerschlag, der auf ihn niedersauste.

»Was hast du damit zu schaffen?«

Ihre Augen funkelten wie Dolchspitzen.

»Was redest du nur für ein Zeug?« brachte er hervor.

»Antworte!«

»Denkst du allen Ernstes, ich hätte …« Er unterbrach sich erschrocken. Bilder stiegen vor ihm auf, undeutlich noch, bekamen Klarheit und Schärfe: die Feier bei Zielonka, Sylvia im fremden Bungalow, die Hilferufe im nächtlichen See und er selbst in seiner erbärmlichen Feigheit.

Er ließ sich in einen Sessel fallen. Dann begann er stockend zu erzählen, was er in jener Nacht erlebt hatte. Als er am Ende war, sah er flehend zu ihr auf.

»Das ist alles. Du mußt es mir glauben, Irene!«

»Ich muß überhaupt nichts«, entgegnete sie ungerührt, »und auch die Polizei wird dir's nicht abnehmen.«

»Die Polizei? Das ist doch Wahnsinn!« begehrte er auf. Aber schon spürte er die Angst, die an ihm hochkroch und ihm die Luft abschnürte.

»Sie wird sich für deine intimen Beziehungen zu diesem Flittchen sehr interessieren«, sagte sie und sah voller Verachtung auf ihren Mann und fragte sich, warum sie ihn nicht schon längst für immer verlassen hatte.

»Die waren doch längst vorbei«, verteidigte er sich.

»Das ändert nichts. Hier in dieser Wohnung hast du mit ihr … am hellichten Tag, während eurer Bürozeit, ungestört, denn ich war im Geschäft und die Kleine im Kindergarten«, hielt sie ihm entgegen, und ihre Stimme bebte vor Empörung. »Du dachtest, niemand merkt es. Aber das war ein Irrtum. Schließlich wohnen wir nicht allein im Haus.«

Hasselfeld scheute sich, seine Frau anzusehen. Er stützte die Arme auf die Knie und bedeckte das Gesicht mit den Händen.

»Aber das ist noch nicht alles«, setzte sie ihre Anklage fort, »sie wurde sogar schwanger durch dich!«

»Das ist nicht wahr, das ist eine Verleumdung!« schrie er dazwischen.

»Ich habe es schwarz auf weiß«, triumphierte sie kalt, »der Brief deiner sauberen Sekretärin ist ein Beweisstück und mein Trumpf!«

Hasselfeld schrak zusammen. Er war damals aus allen Wolken gefallen, als ihm Sylvia nach Leipzig, wo er einen Lehrgang besuchte, geschrieben hatte, daß sie von ihm ein Kind erwarte. Er verfluchte seine Leichtfertigkeit, diesen Brief mit in die Wohnung genommen zu haben. Verbrennen hätte er ihn sollen. Niemand würde jemals davon erfahren haben, denn das Mädchen war tot.

Er war aschfahl geworden und erwiderte nichts mehr. Wie eine Lawine sah er das Verderben auf sich zurollen. Und es gab keine Möglichkeit ihr auszuweichen.

Die Frau wandte sich brüsk von ihm ab und verließ mit ihrer Tochter noch am gleichen Tag das Haus. Für immer.

Sonntag abend.

Wohlig streckte sich Alfred Stübing auf der Couch aus. Es tat gut, einmal zu Hause zu sein und abzuschalten. In den letzten Tagen und Nächten war er nicht viel zur Ruhe gekommen. Das Telefon schrillte: Er hörte die Stimme seiner Frau. Da trat sie auch schon ins Zimmer.

»Herr Kaps möchte dich dringend sprechen.«

Weggewischt war die Hoffnung auf einen gemütlichen Abend. Das Gespräch mit Andreas Kaps war kurz. Der Fuhrunternehmer bat um eine dringende Unterredung. Er könnte in einer Viertelstunde da sein.

Stübing sah auf die Uhr. Immerhin bereits 20.15 Uhr. Dennoch sagte er zu.

Kaps fand sich pünktlich ein.

»Darf ich Sie in meinen Bungalow am Waldsee fahren?« fragte er, als ihm der Oberleutnant öffnete.

»Jetzt um diese Zeit?« fragte der befremdet zurück.

»Ich werde Ihnen alles erklären.«

Stübing war einverstanden. Was mochte den Mann bewogen haben, mit ihm am späten Abend in die Waldseekolonie zu fahren?

Kaps steuerte den Tourist aus dem Städtchen hinaus.

»Ich habe Ihnen gestern nicht die Wahrheit gesagt«, sagte er ohne Einleitung.

Das war es also, dachte Stübing neben ihm, er hat mich belogen. Das Eingeständnis überraschte ihn nicht sonderlich.

»Und Sie möchten sich heute revidieren«, gab er spöttisch zurück.

»Sie würden früher oder später doch dahinterkommen. Es ist besser, wenn Sie es von mir erfahren.«

Sie befuhren jetzt den Waldweg. Hier tasteten sich die Scheinwerfer bereits durch völlige Dunkelheit. Bald passierten sie die Abzweigung zum Tonteich und zur Ziegelei. Kurz dahinter, neben einer Lichtung, brachte Kaps das Fahrzeug zum Stehen. »An dieser Stelle begegneten mir am Abend des einunddreißigsten Mai Sylvia und ihr Begleiter.«

Er sagte es, als spreche er von der alltäglichsten Sache der Welt. Im Geschäftston, ohne innere Regung. Und Stübing dachte grimmig, er ist also damals doch hier draußen gewesen.

»Sie winkte mir zu, und ich hielt an«, redete Kaps weiter. »Sie ließ den jungen Mann stehen, rannte zu mir und stieg ein. Ich nahm an, daß sie meine Hilfe brauchte.«

»War es nicht doch eine geplante Begegnung?«

Stübing dachte nicht daran, ihm alles abzunehmen, nur weil er aus freien Stücken zur Aussage bereit war.

»Ich hatte keine Ahnung von der Geburtstagsfeier und schon lange die feste Absicht, mich von ihr zurückzuziehen. Aber sie fand immer eine Gelegenheit, mir zu begegnen.«

Sie setzten die Fahrt fort. Wieder dichter Kiefernbestand zu beiden Seiten des Weges.

»Was wollten Sie dann noch einmal in der Kolonie?« forschte Stübing.

»Mir war eingefallen, daß ich den Ersatzteilkatalog für den Škoda in Prag brauchte. Der lag im Bungalow. Also fuhr ich her, um ihn zu holen.«

Minuten später rissen die Lichtkegel des Wartburgs die ersten Blockhausbauten aus dem Schlaf. Die Waldseekolonie war erreicht. Der Wagen hielt zum zweiten Mal. Das Standlicht ließ die Umrisse einer komfortablen Waldvilla erkennen. Sie standen vor Kaps' Bungalow. Sie traten ein.

»Ich nahm Sylvia mit hierher«, erklärte Kaps, »und bot ihr an, nachdem ich den Ersatzteilkatalog an mich genommen hatte, sie mit zurück in die Stadt zu nehmen, wo ich sie bei ihrer Tante absetzen wollte. Als sie hörte, daß ich die Absicht hatte, nach Prag zu fahren, verlangte sie, daß ich sie mitnähme. Ich lehnte ab. Sie begann zu bitten. Als ich mich nicht umstimmen ließ, erklärte sie wütend, daß sie dann hier übernachten würde. Ich hatte nichts dagegen. Nachdem sie es sich dort auf der Liege bequem gemacht hatte, verließ ich den Bungalow. Mein Aufenthalt hier dauerte eine knappe Viertelstunde. Ich fuhr dann direkt in Richtung Grenzübergang. So, jetzt wissen Sie alles.«

»Und Sie erwarten, daß ich Ihnen das glaube?« fragte Stübing. »Aus welchem Grund haben Sie mir das gestern verschwiegen?«

»In Anwesenheit meiner Frau, bitte verstehen Sie mich doch, ich wollte es nicht auf die Spitze treiben.«

»Nein, Herr Kaps, das verstehe ich allerdings nicht. Und es fällt mir schwer, Ihnen Ihre jetzige Geschichte zu glauben.«

»Es ist die reine Wahrheit!« rief Kaps beschwörend.

Bevor sie aufbrachen, öffnete Kaps einen Wandschrank. Zum Vorschein kam eine Hausbar mit einer ganzen Batterie gefüllter Flaschen.

»Darf ich Ihnen etwas zum Trinken anbieten?«

Stübing lehnte ab, obwohl er jetzt einen Kognak vertragen hätte.

»Sie sind doch nicht mehr im Dienst«, versuchte es Kaps noch einmal.

»Ich bin immer im Dienst«, erklärte der Oberleutnant standhaft. Er nahm sich jedoch vor, das Gläschen daheim nachzuholen.

Montag, der 17. Juni.

Der Tag begann für die Genossen der K mit einem Paukenschlag. Aus dem VEB Stahlbau war angerufen worden. Man hatte dort den Umkleidespind der Hegewald geöffnet und darin Schriftstücke gefunden, die den Abteilungsmeister Hasselfeld schwer belasteten.

Oberleutnant Stübing und K-Anwärter Ortmann fuhren hin. Ein Schnellhefter wurde ihnen vorgelegt. Er enthielt Durchschläge von Rechnungen, die von Hasselfeld an Fremdbetriebe für Reparaturleistungen ausgestellt worden waren. Die Beträge gingen in die Zehntausende. Es war anzunehmen, daß der größte Teil in seine eigenen Taschen geflossen war. Der aufgedeckte Betrug würde Gegenstand gesonderter Ermittlungen sein.

Von vordergründiger Bedeutung war die Beantwortung folgender Fragen: Wie kam Sylvia Hegewald in den Besitz der Duplikate, und weshalb schloß sie diese in ihren Spind ein? War sie in die Betrügereien ihres Vorgesetzten verstrickt, oder versuchte sie ihn zu erpressen und mußte darum sterben?

Die Vernehmung Hasselfelds führte Oberleutnant Stübing an Ort und Stelle in dessen Büro durch.

»Ja, Herr Hasselfeld, eine dumme Geschichte, die Sie sich eingebrockt haben.«

Die Stimme des Oberleutnants klang sanft und mitfühlend. Er blätterte in dem Schnellhefter.

Abteilungsmeister Hasselfeld saß verstört auf seinem Stuhl. Das Gesicht blaß. Nervös zuckten die Mundwinkel. Er wußte, was ihm bevorstand. Die Lawine geriet in Bewegung. Noch klammerte er sich an die närrische Hoffnung, die Untersuchung werde in der Hauptsache seinen Unterschlagungen gelten.

»Nach diesen Durchschlägen haben Sie in der Wohnung Ihrer Sekretärin gesucht, nicht wahr?«

»Das stimmt«, gab Hasselfeld zu.

»Weshalb nahmen Sie an, daß Fräulein Hegewald sie an sich genommen hatte?«

»Weil sie wußte, wo ich sie aufbewahrte.«

»Demnach war sie eingeweiht?«

Hasselfeld nickte stumm. Die sanfte Stimme stärkte seine Hoffnung.

Stübings Fragen hatten Methode. Er tastete sich zunächst an den Mann heran. Der besaß ohne Zweifel einige Intelligenz und durfte nicht unterschätzt werden. Er wußte, daß er an der Geburtstagsparty Zielonkas teilgenommen hatte. War er hier auf die heiße Spur gestoßen?

»Ihre Mitarbeiterin ist tot. Wann und wo sahen Sie sie zum letzten Mal?«

Hasselfeld sah beunruhigt auf. Die Frage überrumpelte ihn. Und die Stimme des Kriminalisten war gar nicht mehr sanft, sondern metallisch, hart und streng.

»Im Bungalow bei Zielonka«, antwortete er zaghaft, »am einunddreißigsten Mai.«

»Und nachher haben Sie sie nicht wiedergesehn?«

Hasselfeld wurde es kalt und heiß unter dem durchdringenden Blick. Er weiß alles, dachte er, und das sicher von meiner Frau. Seine Hoffnung zerbröckelte.

»Ja, ich habe Sylvia noch einmal gesehen«, gestand er schließlich. Er hatte aufgegeben. Die Lawine rollte. Sie würde ihn zermalmen. Ihm fehlte die Kraft, ihr auszuweichen.

»Erzählen Sie alles, was damals in der Nacht geschehen ist!« forderte ihn Stübing auf.

Und Hasselfeld begann zu reden.

Eine halbe Stunde nach Sylvia Hegewald und Kubitza verließ auch er die Party bei Zielonka. Am Ende der Kolonie glaubte er plötzlich die Stimme des Mädchens zu hören. Er ging ihr nach. In einem der letzten Bungalows brannte Licht. Drinnen entdeckte er Sylvia zusammen mit dem Fuhrunternehmer Kaps. Da die Fenster offenstanden, hörte er, daß sie sich stritten. Es ging um irgendeine Autofahrt. Kurze Zeit darauf verließ Kaps allein den Bungalow und entfernte sich mit einem Pkw. Er ging näher heran und blickte durch das Fenster. Er sah seine Sekretärin auf einer Liege, neben sich eine Kognakflasche. Kurz entschlossen trat er ein und fragte sie, ob sie mit ihm zurück in die Stadt wolle. Sie lehnte ab und bot ihm statt dessen Kognak an. Schließlich sagte sie ihm, daß sie im Bungalow übernachten werde. Da es ihm nicht gelang, sie zum Mitkommen zu bewegen, brach er nach etwa einer Viertelstunde auf, um allein den Heimweg anzutreten.

Als er sich ein Stück entfernt hatte, gewahrte er hinter sich einen Pkw, der sich mit abgeblendeten Scheinwerfern näherte. In Höhe des Kapsschen Bungalows hielt er an, und er, Hasselfeld, beobachtete eine Person, die sich dem Häuschen zuwandte. Infolge der Dunkelheit konnte er sie nicht erkennen, nahm jedoch an, daß Fuhrunternehmer Kaps zurückgekehrt wäre. Daraufhin setzte er seinen Weg fort und verlor infolge der Finsternis und des genossenen Alkohols die Orientierung. So geriet er auf den südlichen Uferweg. Dann hörte er vor sich eine Frau um Hilfe rufen. Er erkannte an der Stimme seine Mitarbeiterin. Die Rufe wiederholten sich, und er rannte in die Richtung, aus der sie kamen. Dabei stürzte er über eine Wurzel und schlug lang hin. Er rappelte sich hoch und horchte in die Stille. Die Schreie waren längst verklungen. So kehrte er um und ging nach Hause.

»Und weshalb schwiegen Sie wochenlang?« fragte Stübing, als Hasselfeld mit seinem Bericht am Ende war.

»Sie kam nicht mehr zur Arbeit, und so glaubte ich, daß ihr an dem Abend etwas zugestoßen sein mußte. Außerdem verlor ich bei dem Sturz meine Uhr. Ich wäre in den Verdacht geraten ...« Er vollendete den Satz nicht, preßte die Lippen fest aufeinander, als wollte er gewaltsam die letzten Worte unterdrücken.

»In welchen Verdacht denn?«

»Sie hatte verlangt, daß ich ihr ein Schweigegeld zahle. Da hätte die Polizei annehmen können, daß ich, nun ja, daß ich sie beseitigt haben könnte.«

»Meinen Sie nicht, daß ich das auch jetzt noch annehmen muß?« Stübing war, während er dies sagte, aufgestanden. Er verschränkte die Arme auf dem Rücken und umkreiste mit langen Schritten den Stuhl, auf dem Meister Hasselfeld sich niederduckte. Die letzten Worte des Oberleutnants waren wie ein Peitschenknall gewesen, der ihn erschreckte. Eingeschüchtert erwartete er den nächsten. Doch der blieb aus. Stübing war hinter ihm stehengeblieben. Er sagte ruhig: »Wollen Sie mir nicht endlich die ganze Wahrheit sagen?«

Hasselfeld sah sich in die Enge getrieben. Zögernd begann er auch von seinen intimen Beziehungen zu seiner Sekretärin, von ihrem Brief, dem Streit mit seiner Frau und von dem Mann, der ihm die Uhr zurückbrachte, zu erzählen.

Zwei Stunden später.

Amtsleiter Major Haberhauffe hatte Oberleutnant Stübing zu sich gerufen. Das Untersuchungsergebnis des gerichtsmedizinischen Instituts war eingegangen.

»Die Genossen des Instituts haben eine einwandfreie Analyse hergestellt«, erklärte der Major. »Die Frage, ob das Mädchen bereits tot war, als sie in den See fiel, oder hineingeworfen wurde, ist unzweifelhaft beantwortet. Sylvia Hegewald lebte. Die Untersuchung der Lunge ergab eindeutig: Tod durch Ertrinken. Weiter konnte nachgewiesen werden, daß sie sich zu der Zeit, als der Tod eintrat, in einem starken Rausch befand, also betrunken war.«

»Haben die Gerichtsmediziner das noch nachweisen können?« fragte Stübing. Er dachte an die gefüllte Hausbar im Bungalow von Kaps. Da nach übereinstimmenden Zeugenaussagen das Mädchen die Feier in relativ nüchternem Zustand verlassen hatte, mußte sie anschließend getrunken haben.

»Ja, und zwar aus dem bis sechs Wochen nach Eintritt des Todes noch feststellbarem Blutalkohol. Schließlich wird dich noch interessieren, daß bei der Toten eine Schwangerschaft im dritten Monat festgestellt wurde.«

Stübing nickte. Das überraschte ihn weniger. Für die Vaterschaft kamen wohl nur Kaps oder Hasselfeld in Frage.

»Sie lebte also«, sprach er laut seine Gedanken aus, nachdem er selbst einen Blick in das Gutachten geworfen hatte. »Ist sie aber nun wirklich ohne fremdes Zutun ins Wasser gefallen oder nicht? Diese Frage bleibt nach wie vor offen.«

Er erkundigte sich noch, ob die Leiche freigegeben wurde.

»Sie wird morgen hierher übergeführt, und Mittwoch findet die Beerdigung statt.«

In seinem Dienstzimmer fand Oberleutnant Stübing Zeit, den Fall noch einmal gründlich zu durchdenken. Besaß er eine Chance, im Falle eines Verbrechens den Täter zu überführen? Es gab keine Zeugen. Klar und unanfechtbar wies das medizinische Gutachten nach: Todesursache durch Ertrinken. Ein Unfall also. Niemand würde, einen Vorwurf gegen ihn erheben, wenn er den Fall Hegewald abschloß und zu den Akten legte.

Stübing jedoch war nicht ein Mann, der aufgab. Ein Unfall. Zugegeben, aber er konnte durch jemand verursacht worden sein, der ein Interesse am Tode des Mädchens hatte. Die Aussagen von Kaps wurden durch die von Hasselfeld bestätigt. Aber nur bis zu dem Zeitpunkt, wo er die Hegewald allein gelassen hatte. Was geschah danach? Kehrte er zurück und log damit ein zweites Mal? Oder blieb Hasselfeld bei ihr bis zum Ende? Gab es einen Dritten?

Stübing dachte einen Moment an Schymanski und Charly Brettschneider. Sie besaßen ebenfalls kein sicheres Alibi. Doch beide schieden wohl aus, denn sie wußten nichts vom Aufenthalt der Hegewald im Bungalow von Andreas Kaps. Moment mal! Da gab es doch noch diesen Fremden. Von mehreren Seiten waren sie auf ihn aufmerksam gemacht worden. Seit längerem schon sollte er die Wochenenden in der Waldseekolonie verbracht haben. Also her mit dem Protokoll über die Vernehmung der Ehefrau des verstorbenen Drogisten Luck. Da war es. Und Stübing las mit der freudigen Erregung eines Weidmannes, der einem seltenen Wild begegnet. Im Frühjahr Verkauf des Bungalows an den Schwager Hartmut Luck, Zahntechniker, wohnhaft in B. Das Frappierende dabei: Dieser Bungalow stand genau zwischen denen von Kaps und Schymanski am Seeufer. Fünfundzwanzig Schritte von jedem getrennt. Hielt sich Luck nun am Abend des 31. Mai dort draußen auf? Wenn ja, dann mußte er etwas gesehen oder gehört haben.

Brennecke und Ortmann fanden ihren Chef in Gedanken vertieft zwischen einem Berg von Aktenmaterial. Das war das Ergebnis ihrer gemeinsamen Kleinarbeit der letzten Tage und Nächte. Viele Personen waren vernommen und jedem Hinweis aus der Bevölkerung nachgegangen worden,

»Was Neues?« fragte Stübing, ohne aufzusehen.

»Die Überprüfung der Fahrtenbücher im Fuhrpark war negativ. Die Fremdbetriebe holten die Apparaturen mit eigenen Fahrzeugen ab«, erstattete Brennecke Bericht, »dafür brachten wir etwas anderes in Erfahrung.«

Der lange Leutnant blätterte in seinem Notizblock.

»Der Fuhrparkleiter Schymanski wohnt wie bekannt in der Franz-Mehring-Straße sechzehn. Und bis zu ihrem Wegzug aufs Land haben auch die Hegewalds in diesem Haus gewohnt.«

»Das bedeutet, daß er Sylvia Hegewald seit langem kannte und auch ihre Stiefmutter ihm nicht unbekannt war«, stellte Stübing fest, und er wandte sich nun voll seinen Mitarbeitern zu. »Bei seiner zweiten Vernehmung gab er als Alibi für den Abend des einunddreißigsten Mai den Besuch einer Frau an. Warum aber hat er sich geweigert, uns ihren Namen zu nennen?«

»Seine Ehefrau lag zu dieser Zeit im Krankenhaus«, warf Ortmann ein, »vielleicht hatte er Angst, sie könnte davon erfahren.«

»Die Hegewalds leben jetzt in Hainwalde, einem Dorf in unserem Kreisgebiet«, sagte Stübing nach kurzem Nachdenken, und zu Brennecke gewandt: »Sie werden sie morgen aufsuchen und ermitteln, ob die Stiefmutter der Toten am Abend des letzten Maitages zu Hause war.«

Der Leutnant nahm den Auftrag gelassen zur Kenntnis. Er versprach sich nicht die Welt davon.

»Und Sie, Genosse Meister, werden morgen früh mit mir eine Spritztour nach B. unternehmen.«

Ortmann nickte. Er wußte, daß sie nicht lange unterwegs sein würden, denn bis in die benachbarte Kreisstadt waren es nur 28 Kilometer.

»Dort gibt es einen erstklassigen Zahntechniker, falls Sie mal ein Gebiß brauchen sollten«, fügte Stübing schmunzelnd hinzu.

Dienstag, der 18. Juni.

8.30 Uhr. Frühstückszeit. Hochbetrieb in der Imbißstube gegenüber dem Werkhof.

Die Gäste, überwiegend Kraftfahrer, tranken Kaffee, aßen Bockwurst, Spiegelei und strammen Max.

Durch die Tür trat Günter Brettschneider. Ächzend ließ er sich an einem Ecktisch neben Hanno und dem Dicken nieder.

»Sieh mal an, Charly ist auch schon da«, knurrte der Dicke unfreundlich. Er kaute mit vollen Backen an der zweiten Bockwurst.

»Wo ist Andreas?« fragte Charly und sah sich suchend um.

»Komme ihm lieber nicht unter die Augen«, warnte sein Kollege, »der hat heute morgen vielleicht getobt.«

Charly war von Kaps am Vortag nach Hause geschickt worden, weil er mit einer steifen Fahne zur Arbeit kam. »Nicht mal als Beifahrer bist du heute zu gebrauchen«, hatte er gewettert. »Gehe nachher zum Arzt«, erklärte er ihnen sein neuerliches Zuspätkommen.

»Was hast du denn für eine Krankheit?«

Der Dicke schielte ihn mißtrauisch von der Seite an. Er konnte es nicht ausstehen, wenn sich einer verstellte. Aber so sind die ledigen Kerle, dachte er, wenn die keine Lust haben, rennen sie zum Doktor. Der müßte ihnen was husten.

»Magenschmerzen«, entgegnete Charly und verzog das Gesicht.

»Siehst auch verdammt leidend aus«, höhnte der Dicke und brannte sich einen Stumpen an, »Andreas ist drüben in der Garage. Er wird seine Freude an dir haben.«

Charly trottete über die Straße und ging in den Werkhof. Hier unterhielten etliche Betriebe Garagen für ihre Lkw. Er fand Andreas Kaps am Anderthalbtonner hinter der hochgestellten Kühlerhaube.

»Tag, Andreas, ich komm dir Bescheid sagen, daß ich zum Arzt geh.«

Kaps antwortete nicht sofort. Er ging um den Wagen herum und kletterte auf den Fahrersitz. In kurzen Abständen heulte der Motor auf. Endlich kam er wieder heraus.

»Es wird Zeit, daß du dich blicken läßt«, knurrte er Charly an. Der Blick seiner großen Augen verhieß nichts Gutes.

»Mir ist nicht gut heute«, entschuldigte sich Charly.

»Das glaub' ich sofort. Bis spät in der Nacht in der Kneipe sitzen und hinterher den Kranken markieren.«

»Ich markiere nicht!« begehrte Charly auf.

»Dann hau' ab! In den nächsten Tagen kannst du dir die Papiere abholen«, rief Kaps erbost. Er ließ ihn stehen und ging in die Garage.

»Du kannst mich nicht einfach rausschmeißen.« Bei Charly regten sich Trotz und der Wunsch, dem Chef eins auszuwischen. Er folgte ihm.

»Am Sonntag war die Kripo bei mir. Sie wollten allerhand wissen. Zum Beispiel, wann du nach Prag gefahren bist, damals am Einunddreißigsten. Ich sagte ihnen, daß ich es nicht weiß. Aber ich kann ja hingehen und aussagen, mir wär's eingefallen, daß du erst spät in der Nacht oder überhaupt nicht gefahren bist.«

Langsam drehte sich Kaps um. In seinen Augen sprühte Zorn. »Du willst mir drohen, elender Dreckskerl?« fauchte er unbeherrscht.

Blitzschnell schlug er Charly mit der flachen Hand ins Gesicht. Der taumelte an die Wand. Eine Ohrfeige von solcher Güte war ihm noch niemals verabreicht worden. Die Wange brannte, als hätte sie Feuer gestreift.

»Und jetzt verschwinde, sonst brech ich dir die Knochen, dann brauchst du keinen Arzt mehr!«

Während sich Charly dem Ausgang zuwandte, hatte es sich Kaps anders überlegt. Er packte den jungen Mann am Ärmel und zog ihn zum Wartburg, der neben dem Lkw stand.

»Los, einsteigen!« kommandierte er.

»Du mußt doch spinnen«, rief Charly heftig und riß sich los.

Er hatte sich von der Überraschung und dem Schlag erholt. »Wo willst du denn hin mit mir?«

»Zur Polizei! Dort wird sich herausstellen, wer spinnt.«

Mit eisernem Griff hielt er Charlys Handgelenk umspannt und schob ihn unsanft zum Auto. Er zwang den sich Widerstrebenden zum Einsteigen.

»Aber Andreas, warum denn zur Polizei, warte doch«, bettelte Charly erschrocken, »hundertprozentig kann ich's ja nicht behaupten.«

»Was kannst du nicht behaupten?«

»Daß ich dich damals mit dem Wartburg gesehn hab.«

»Aha, auf einmal einen Rückzieher«, grollte Kaps, »hast wohl am Ende selber Schiß vor der Kripo? Ich denke, du warst an dem Tag bis Mitternacht in der ›Zollschänke‹?«

»Ich weiß nicht, wie ich dir's erklären soll«, gestand Charly kleinlaut.

Er schilderte ihm die Stationen jener Nacht vom 31. Mai zum 1. Juni, wie er sie durchlaufen und erlebt hatte: die »Zollschänke«, die er schon bald nach 20 Uhr verließ; der Kiosk, an dem er die Flasche Brennmeister kaufte; der staubige Waldweg, auf dem er umsonst auf die Rückkehr Sylvias von der Party wartete; der Wartburg Tourist, welcher nach 22 Uhr in Richtung Waldsee fuhr und den er für den Wagen seines Chefs hielt; die Mauern der alten Ziegelei, in die er sich dann verkroch, um seine Einsamkeit und die quälende Eifersucht mit dem Brennmeister zu ertränken, und in der er seinen Rausch ausschlief bis zum anderen Morgen.

Das muß ein anderer Wartburg gewesen sein, den er gesehen hat, dachte Kaps, um diese Zeit war ich längst unterwegs zum Grenzübergang.

Sein Zorn war verflogen. Er bedauerte es schon, daß er sich hatte hinreißen lassen, ihn zu schlagen.

»Und jetzt ab nach Hause«, sagte er barsch, »schlaf dich gründlich aus, damit du morgen früh pünktlich bist!«

»Kollege Luck arbeitet im Modellgußlabor«, verkündete die Schwester in der Anmeldung der stomatologischen Abteilung, »ich werde ihn herausrufen.«

Sie warteten. Es roch nach Äther und Jod. Kein angenehmer Geruch. Am hinteren Ende des Korridors wurde eine Tür geöffnet. Ein Mann im weißen Kittel trat auf den Gang. Hartmut Luck, der »Fremde«.

Sie machten sich bekannt. Erstaunen auf der einen, abschätzende Blicke auf der anderen Seite.

»Herr Luck, wir hätten gern einige Auskünfte von Ihnen.«

Sie gingen in den Garten. »Sie besitzen bei uns am Waldsee einen Bungalow?«

Luck bestätigte es. Seit einem viertel Jahr vom Bruder übernommen. Ob denn etwas passiert wäre damit? Er wurde beruhigt. Mit der Waldvilla war alles in bester Ordnung. Es ging ihnen um seine Besuche an den Wochenenden. Mit dem Wagen wäre das kein Problem. Er freute sich schon wieder auf das kommende. Die Gegend sei ruhig und erholsam, ein Idyll für Entspannungsuchende.

»Nur starb dort vor kurzem unter merkwürdigen Umständen ein junges Mädchen«, bemerkte der Oberleutnant dazu:

»Ich hab davon gehört. Traurig so etwas.«

Luck sagte es teilnahmsvoll. Aber wenn die Herren ihn in diesem Zusammenhang aufgesucht hätten, müßte er sie enttäuschen.

»Es geht uns konkret um das Wochenende vom einunddreißigsten Mai bis zum zweiten Juni.«

Hartmut Luck erinnerte sich. Ja, er sei an diesen Tagen dort gewesen, zusammen mit seiner Frau.

»Wir kamen am Freitag etwa gegen dreiundzwanzig Uhr an, wir hatten uns verspätet.«

Um diese Zeit war alles vorüber, ging es Stübing durch den Kopf. Sie kamen an einem Freilandterrarium vorbei. Es war ins Erdreich eingelassen und allseitig mit Glasscheiben abgedichtet. In ihm lebten heimische Kröten, Eidechsen und Schlangen. »Ich habe es in persönlicher Pflege«, erklärte Luck voller Stolz. »Sehen Sie dort die halbwüchsige Kreuzotter? Vorigen Samstag gelang es mir, sie in der Nähe des Waldsees zu fangen.«

»Wie haben Sie denn das Tier hierhertransprortiert?« fragte Ortmann interessiert.

»Ganz einfach, in einem Karton.«

Luck kam noch einmal auf ihre Ankunft in der Bungalowkolonie am 31. Mai zurück. Er erwähnte dabei eine Begegnung mit zwei Personen. Am Rande des Fahrweges parkte ein Wartburg ohne Standlicht. Ein Mann saß darin. Da Luck an eine Panne glaubte, hielt er an und ging an den fremden Wagen heran, um seine Hilfe anzubieten. Der Unbekannte lehnte ab. Er warte nur auf jemanden, sagte er.

Oberleutnant Stübing war hellwach geworden. »War das Auto ein Wartburg Tourist?« fragte er schnell.

Luck strich sich nachdenklich über seinen Schnurrbart, bevor er erwiderte: »Ich glaube, ja. Ich wußte nicht, daß Sie die Begebenheit für so wichtig halten.«

Stübing bat um eine Beschreibung des Mannes in dem Wartburg. Doch sie paßte nicht auf den Fuhrunternehmer Kaps, an den er sofort gedacht hatte, vielmehr könnte es Schymanski gewesen sein.

»Als ich wieder in meinem Wagen saß, kam eine Frau den Weg herauf, der zu den Bungalows am Seeufer führt. Auf sie hatte der Wartburgfahrer gewartet. Sie fuhren sogleich zusammen weg.«

»Würden Sie beide wiedererkennen?«

»Ich glaube, ja.«

Luck wunderte sich längst nicht mehr über das plötzliche Interesse der Kriminalisten an dem Paar. Er war sicher, daß es mit dem toten Mädchen zusammenhing. Auch seine Frau lernten sie noch kennen. Sie lief ihnen auf dem Korridor über den Weg. Eine attraktive Blonde in der weißen Kluft einer Zahnärztin.

Sie waren im Begriff, die Klinik zu verlassen, als Stübing noch einmal umkehrte. Daß er im Gespräch mit Luck nicht sofort daran gedacht hatte!

»Morgen um acht Uhr findet die Beerdigung der Toten statt. Ich möchte Sie bitten, daran teilzunehmen.«

Luck verstand nicht sofort. Was sollte er denn bei der Trauerfeier?

»Es ist möglich, daß der Mann oder die Frau, vielleicht auch beide, anwesend sind.«

»Jetzt verstehe ich«, entgegnete Luck, »selbstverständlich stehe ich zur Verfügung.«

»Glauben Sie wirklich, daß die beiden zur Beerdigung kommen?« fragte Ortmann seinen Chef während der Rückfahrt.

»Ich bin zwar kein Hellseher«, lautete Stübings einsilbige Antwort, »hoffe es aber.«

Im VPKA erwartete ihn der Bericht Leutnant Brenneckes über die Aussagen von Sylvia Hegewalds Stiefmutter.

»Die Frau hinterläßt keinen üblen Eindruck; Ende Dreißig, gepflegtes Äußere, angenehme Erscheinung, Buchhalterin in der Genossenschaft, geordnete Verhältnisse.«

Auf den ersten Blick mustergültig, dachte Stübing, mal sehen, wie es weitergeht.

»Sie hatte am einunddreißigsten Mai hier in der Stadt im Rat des Kreises zu tun, fuhr am Nachmittag mit dem Bus nach Hainwalde zurück. Den Abend will sie zu Hause verbracht haben.«

»Zeugen?«

»Keine. Der Mann kam Sonnabend früh aus der Nachtschicht. Mit der Familie Schymanski werden noch freundschaftliche Kontakte unterhalten.«

Das verwundert nicht, überlegte Stübing, sie wohnten ja fast noch ein Jahr nach dem Tod von Sylvias Mutter in einem Haus. »Ob eine Querverbindung zwischen Schymanski und der Stiefmutter besteht?«

»Von Hainwalde bis zu uns in die Stadt sind es lappige sechs Kilometer, ein Katzensprung«, sagte er und entwickelte sodann eine ebenso kühne wie verblüffende Theorie: »Sie fährt zu Schymanski, denn sie weiß, dessen Frau liegt im Krankenhaus. Die Gelegenheit ist günstig. In seiner Wohnung wollen sie der Kinder wegen nicht bleiben. Sie fahren im Wartburg Tourist des VEB Stahlbau hinaus zu seinem Bungalow. Dort treffen sie mit Sylvia zusammen, denn derjenige von Kaps liegt nicht mehr als vierzig Schritte entfernt. Das Mädchen überführt die Stiefmutter der Untreue gegenüber dem Vater. Es gibt eine Auseinandersetzung.«

»Großartig!« rief Brennecke begeistert aus. »Das wäre die Lösung.«

Mittwoch, der 19. Juni.

Es nieselte. Ein Wall aufgespannter Regenschirme. Darunter hundert und mehr Gesichter. Viele trugen Trauer- und Ergriffenheit zur Schau, andere waren neugierig und gleichgültig. Dahinter und seitlich in angemessenem Abstand weitere Regenschirme in Grüppchen verstreut. Vor ihnen das offene Grab. Frische Erde. Ein Hügel voller Kränze mit weißen Schleifen. Trauermusik. Danach die helle Stimme des Pfarrers. Sie sprach von einem jungen

Leben voller Hoffnung, das ohne Erfüllung blieb. Von einem tragischen Geschick und dem allzu frühen Tod, der es hinwegraffte.

Zwischen zwei Grabhügeln, abseits von der Menge, standen die Kriminalisten und Hartmut Luck. Ihre Blicke schweiften über die schweigende Wand der Regenschirme. Sie hefteten sich auf bekannte und fremde Gesichter. Sie waren alle gekommen,

Sylvia Hegewald die letzte Ehre zu erweisen. Der Vater mit ernster, undurchdringlicher Miene. Daneben die Stiefmutter, in stolzer, Beileid heischender Pose. Frau Krummholz, aufgelöst und von echtem Schmerz übermannt. Dahinter, eingekeilt zwischen Kollegen vom VEB Stahlbau, Abteilungsmeister Hasselfeld. Ihm war unbehaglich. Seine Augen hingen meist an den fliehenden Wolken. Seitlich davon Andreas Kaps. Der schneuzte sich etliche Male. Bei ihm seine Fahrer. Der Dicke, Hanno und Gustav sahen zu den Männern hinüber. Sie erkannten den Fremden und zerbrachen sich über seine Anwesenheit die Köpfe. Charly hingegen nahm von seiner Umwelt keine Notiz. Seine Gedanken galten Sylvia, der Geliebten, die er nie besessen hatte. Der Abschied von ihr tat ihm weh.

Luck berührte den Arm des Oberleutnants.

»Ich habe den Mann entdeckt«, raunte der ihm zu, »dort drüben links, neben dem Langen im braunen Anorak. Jetzt hebt er den Kopf.«

Schymanski! Stübing lächelte selbstzufrieden. Seine Theorie schien aufzugehen.

Der Wall der Regenschirme geriet in Bewegung. Er formierte sich zu einer Doppelreihe, die langsam das Grab umkreiste. Die Menschen warfen Blumen und Erde in die Grube. Auch Stübing und seine Begleiter gingen dichter heran und gerieten so in die Nähe von Ruth Hegewald, der Stiefmutter. Der Oberleutnant gab Luck ein verstohlenes Zeichen. Der schüttelte energisch den Kopf. Was bedeutet das? Stübings Theorie wankte. Wer und wo war die Frau, die zu Schymanski gehörte? Befand sie sich überhaupt unter den Trauergästen und Schaulustigen? Ihre letzte Hoffnung waren die Grüppchen im Hintergrund. Auch sie zerrannen.

»Ich werde mich draußen vor dem Eingang umsehen«, sagte Luck und verschwand durch das Tor. Er kam bald zurück.

»Kommen Sie!« forderte er Stübing auf. »Sie steht bei den parkenden Autos.«

Die Kriminalisten stürmten durch das Eingangstor.

»Sie steigt jetzt in einen Wartburg Tourist«, rief ihnen Luck aufgeregt zu. Dann standen sie auf der Straße. Der Wartburg hatte schon gewendet und rollte langsam an ihnen vorüber. Am Steuer Kaps, neben dem Fuhrunternehmer saß Hildegard Kaps, dessen Frau.

Sprachlos sah ihnen Stübing nach.

Eine Stunde später.

Im Dienstzimmer saßen dem Oberleutnant Schymanski und Frau Kaps gegenüber. Sie waren Herrn Luck gegenübergestellt worden. Seine Angaben hatten sich bestätigt.

»Es stimmt, wir waren an jenem Freitagabend in der Kolonie am Waldsee«, bekannte Schymanski, »Hildegard kam gegen einundzwanzig Uhr zu mir in die Wohnung. Sie bat mich, sie zum Bungalow zu fahren.«

»Ich wollte meinen Mann mit ihr überraschen«, ergänzte Frau Kaps.

»Weshalb gingen Sie gerade zu Herrn Schymanski?«

»Wir kennen uns seit unserer Jugend. Ich konnte ihm jederzeit meine Sorgen anvertrauen.«

»Sie fanden also Fräulein Hegewald im Bungalow vor. Was geschah zwischen ihnen?«

»Ich forderte sie auf, das Haus zu verlassen. Sie war betrunken, lachte und widersetzte sich und berief sich auf Andreas, der ihr erlaubt hätte, im Bungalow zu übernachten. Da warf ich sie kurzerhand hinaus.«

»Sie hörten später ihre Hilferufe«, wandte sich Stübing an beide, »was taten Sie darauf?«

»Nichts«, antwortete Schymanski, »am Ufer hatte ich im Mondschein einen Mann gesehen und dachte mir, daß er sich um sie kümmern würde.«

»Und weshalb haben Sie so lange geschwiegen?«

»Aus Angst vor Unannehmlichkeiten«, gestand er zögernd. Und Frau Kaps fügte hinzu: »Ich hoffte sogar, daß sie umkommen würde, denn ich haßte das Flittchen wie die Pest. Sie hat mir die Ehe zerstört!«

Nach ihnen führte man Kurt Hasselfeld herein.

»Sie sahen also im Mondlicht ihre Sekretärin und folgten ihr. So war es doch?«

»Ja, und ich rief einige Male, daß sie warten sollte.«

»Sie lügen!« sagte Stübing scharf. Er gab Ortmann einen Wink. Der schaltete das Tonband ein. Sofort gellten die Hilferufe durch das Zimmer. Die Stimme der Toten. Hasselfeld schrak heftig zusammen. Er verfärbte sich.

»Würden Sie gerufen haben, wäre auch Ihre Stimme auf dem Band zu hören. Nein, Hasselfeld, wir wissen es besser. Sylvia Hegewald hatte einen Rausch, sie glitt aus und stürzte ins Wasser. Als Sie die Stelle erreichten, schrie sie bereits verzweifelt um Hilfe. Und obwohl Sie ein guter Schwimmer sind, unternahmen Sie nichts zu ihrer Rettung.«

»Ich war wie gelähmt«, versuchte sich Hasselfeld zu rechtfertigen.

»Mit voller Absicht ließen Sie das Mädchen vor Ihren Augen ertrinken«, sagte Stübing kalt, »die Gelegenheit kam Ihnen wie gerufen. Sie fürchteten sie als Mitwisserin Ihrer Betrugsmanöver. Sie durch ein Verhältnis gefügig und abhängig zu machen war fehlgeschlagen. Sie beharrte auf ihren Forderungen und drohte sogar mit einer Schwangerschaft. Ihr Betrieb hat gegen Sie bereits Strafanzeige gestellt. Außerdem werden Sie wegen versagter Hilfeleistung zur Verantwortung gezogen.«

Hasselfeld war aschfahl geworden. Sein Schweigen war ein Geständnis.

HANS SIEBE

Der Dritte

Das zweite Haus in der Siedlung gehörte Max Bender. Es stand unter einem kahlen Birnbaum, und der Wind klatschte den Aprilregen an die Fensterladen. Durch die Ritzen drang blasser Lichtschein.

Anna Bender saß im Wohnzimmer unter der Stehlampe und besserte Wäsche aus. Hin und wieder schaute sie zum Fernsehgerät. Max Bender, Brigadier auf der nahe gelegenen Baustelle, hockte am Stubentisch und starrte auf das Tagebuch der Brigade.

Nur Willi Pohaske, Benders Arbeitskollege und Untermieter, sah aufmerksam auf den Bildschirm. Pohaske war ebenso kräftig gebaut wie sein Brigadier, aber er überragte ihn um Kopfeslänge.

Anna Bender sagte zu ihrem Untermieter: »Du verdirbst dir die Augen.« Pohaske schwieg und paffte ungerührt seinen Knösel, auch als Anna unüberhörbar hüstelte.

Auf dem Bildschirm lief »Die aktuelle Kamera«.

Max Bender starrte noch immer auf ein und dieselbe Seite im Tagebuch. Die Augen begannen ihm zu schmerzen, die Buchstaben tanzten durcheinander, aber er wußte auch so, was da stand: Bürgschaft für den Haftentlassenen Willi Pohaske! Bender schob den Bericht seit Tagen ebenso auf wie den Besuch beim Zahnarzt. Er ahnte, daß er ihn auch heute nicht schreiben würde. Es gab eben nichts Erfreuliches zu berichten. Pohaske fand keinen Kontakt zu den Kollegen. Er sprach kaum, und Fragen beantwortete er nur widerwillig. Nachmittags hätte es am Betonmischer fast eine Prügelei gegeben, wenn Bender nicht dazugekommen wäre.

Auf dem Bildschirm glitt ein Schiffsleib von der Warnow-Werft ins Wasser. Die Musik spielte einen Marsch, und die Werftarbeiter schwenkten die Mützen.

Da sagt Max Bender: »Leg doch die Näherei weg, Anna. Kannst du denn die Hände nie stillhalten?« Dadurch entgingen ihnen die Worte des Sprechers.

Als Anna etwas antworten wollte, winkte Bender ab. Der Bildschirm zeigte eine Brückenbaustelle und Baustellen interessierten Max Bender ebenso wie Sportreportagen.

An beiden Flußufern ragten hohe Holzverschalungen empor. Ein Kipper fuhr die aufgeschüttete Straßentrasse hinauf, hielt an und ließ den Kies von der Ladefläche rutschen. Auf der Brückenverschalung hämmerten Zimmerleute, und für Sekunden füllte das breitflächige Gesicht eines Mannes mit buschigen Augenbrauen die Bildfläche. Das gebrochene Nasenbein gab ihm das Aussehen eines Boxers.

Willi Pohaske stand auf, nahm den Knösel aus dem Mund und hielt ihn in der Hand, als wüßte er nichts mehr mit ihm anzufangen. Er stieß den Kopf vor, so daß er leicht gekrümmt dastand. Seine Haltung drückte Ratlosigkeit aus und Erstaunen, als könne er nicht fassen, was er da eben gesehen halte. Er knurrte etwas, was aber keiner verstehen konnte.

Benders sahen sich erstaunt an. Sonst saß Pohaske stumm da bis zum Programmende und brachte die Zähne kaum auseinander, um »Gute Nacht« zu sagen, ehe er in sein Giebelzimmer hinaufging.

Pohaske setzte sich nicht wieder. Er knurrte noch immer etwas vor sich hin und schlurfte zur Tür. Sie hörten ihn die Stiege hinaufpoltern.

»Was hat er?« fragte Anna Bender.

Der Brigadier zuckte die Schultern. Er ahnte, daß die Frau jetzt wieder über ihren Untermieter nörgeln würde.

Da sagte sie auch schon: »Nichts als Unruhe bringt er ins Haus. Und von der Qualmerei werden die Gardinen gelb. Scherereien macht er, weiter nichts. Und was hast du davon?«

»Rede keinen Unsinn. Anna. Schließlich bezahlt er das Zimmer.«

Bender merkte, daß er damit seine Frau nicht überzeugen konnte. Er ärgerte sich. Vielleicht hat sie auch recht, dachte er. Willi Pohaske in das Brigadekollektiv aufzunehmen war die eine Sache, ihn im Hause zu haben eine andere. Doch Max Bender hatte Staatsanwalt Reuter versprochen, sich um Willi Pohaske zu kümmern. Fünf Jahre Gefängnis waren eine lange Zeit, auch wenn der Strafvollzug human und modern geworden war. Das sagte sogar Pohaske.

»Was bumst er denn nun wieder da oben rum?« keifte Anna.

»Soll er barfuß laufen?« fragte Bender ärgerlich und meinte, sie solle nicht übertreiben.

Da kam Pohaske schon wieder die Treppe herunter und warf die Haustür krachend zu.

»Denke nicht, daß der dir etwas dankt.« Mit dieser Feststellung war für Anna das Thema Pohaske abgeschlossen, denn auf dem Bildschirm begann der Film.

Max Bender winkte resigniert ab, und er gestand zum ersten Mal vor sich selbst ein, daß er von Willi Pohaske enttäuscht war. Doch was Anna von Dank faselte, war Unsinn. Wer rechnete darauf? Er wollte Pohaske helfen und weiter nichts.

Pohaske stemmte sich gegen den Wind, der ihm den Regen ins Gesicht schlug. Die kühle Nässe linderte das Brennen auf der Haut. Dieses Brennen war jäh in ihm aufgestiegen, als er das Gesicht auf dem Bildschirm erkannt hatte. Es hatte sich in den fünf Jahren kaum verändert. Ob der andere ihn auch unverändert finden würde?

Willi Pohaske lief die Remmener Landstraße hinunter.

Die Dunkelheit war heute mit den tiefhängenden Wolken früher gekommen. Pohaske wich kaum den Regenpfützen aus; nur als ihn Autoscheinwerfer blendeten, trat er hinter einen dicken Kastanienbaum. Im grellen Licht glänzte die feuchte Baumrinde, als leuchte der Stamm von innen.

Je näher Pohaske dem Friedhof kam, um so schneller lief er.

Das Eisentor hing schief in den Angeln. Vor zehn Jahren war hier der letzte Remmener bestattet worden. Seitdem wurden die Toten auf den neuen Friedhof hinausgefahren. Selbst im Dunkeln spürte Pohaske die Verwahrlosung. Der Kies knirschte kaum unter den Füßen, er war seit Jahren versandet. Ein Hase sprang auf und floh hakenschlagend, doch Pohaske beachtete ihn nicht.

Waren wirklich erst vier Wochen vergangen, seit er davon geträumt hatte, geradeaus zu gehen, immer geradeaus, ohne an eine Mauer oder ein Gitter zu stoßen? Die Zellen standen zwar am Tage offen, und es gab helle Aufenthaltsräume, aber die Freiheit war das nicht. Er wollte endlich tun dürfen, was ihm paßte. Darum haßte er auch Anna Benders beobachtende Blicke. Max Bender war anders als seine Frau. Doch heute, nach dem Streit auf der Baustelle war auch er wütend gewesen.

Willi Pohaske lief zur hintersten Grabreihe und blieb vor einem efeubewachsenen Hügel stehen. Der Marmorstein am Kopfende symbolisierte ein aufgeschlagenes Buch. Pohaske sah im Dunkeln die goldenen Buchstaben schimmern.

Der Stein wog schwer, trotzdem hob ihn Pohaske mühelos auf. Aus der Vertiefung darunter langte er ein flaches, in Wachstuch gewickeltes Paket hervor, legte den Stein zurück und schob das Paket hastig unter die Jacke.

Auf dem Rückweg stolperte er manchmal, da er kaum auf den Weg achtete. Das kühle Wachstuch spürte er bis auf die Haut. Eigentlich sollte der Inhalt des Paketes zu einem anderen Zweck verwendet werden, doch damit war es vorbei. Jetzt sollte er einer gerechten Sache dienen. Oder war es etwa nicht gerecht, wenn er die Wahrheit erfahren wollte? Er mußte Antwort auf die Frage haben, die ihn in eintausendachthundertundacht Nächten gequält hatte.

Er ließ den Friedhof hinter sich und wollte nie mehr zurückkommen. Der Ort sollte aus seinem Gedächtnis gestrichen werden.

Der Regen versiegte, die Wolken rissen auseinander, und fahles Mondlicht fiel auf die Gärten. Hinter den Fensterladen in Benders Wohnung schimmerte noch Licht. Die Anna sitzt vielleicht über der Wäsche, dachte Pohaske, und Max wird sich ein Bier aus dem Kühlschrank geholt haben. Soll er es heute allein trinken!

Pohaske drückte leise die Gartentür auf, nebenan bellte der Hund, und Pohaske unterdrückte einen Fluch. Wachsame Hunde mochte er noch nie. Pohaske schlich zur Schuppentür, sie stand offen. Benzingeruch stieg ihm in die Nase. Undeutlich sah er die Umrisse der AWO*, auf der Max Bender zur Arbeit fuhr. Seit vier Wochen war Pohaskes Platz auf dem Soziussitz.

Er fand sich im Dunkeln zurecht, griff eine leere Flasche und füllte sie mit Benzin aus dem Kanister. Vorsichtig tastete er sich wieder aus dem Schuppen. Als er behutsam die Haustür öffnete, verbarg er Paket und Flasche unter der Jacke.

Er schlich nach oben und vermied die knarrenden Stufen. Nur die Zimmertür klappte, als er sie hinter sich schloß.

»Er ist zurück«, sagte Anna Bender. »Geh rauf und sieh nach ihm!«

Bender winkte ab. »Willi ist erwachsen und sein eigener Herr. Er soll sich wieder an die Freiheit gewöhnen.«

»Warum gerade bei uns?« fragte sie giftig und verstummte, als sie seinen Blick sah.

Pohaske verriegelte die Tür. Zum ersten Mal nach fünf Jahren empfand er Genugtuung darüber, daß er hinter einer verriegelten Tür saß. In den ersten Nächten in Benders Haus war er manchmal aufgewacht, zur Tür geschlichen und hatte probiert, ob sie verriegelt sei.

Willi Pohaske zog die Gardine zu und legte das flache Paket auf den Tisch. Aus den Wachstuchfalten krümelte feuchte Erde auf die gehäkelte Decke.

Das Zimmer, das Benders ihm vermietet hatten, war behaglich und unterschied sich angenehm von denen, die er früher bewohnt hatte. Doch jeder Gegenstand erinnerte an Benders Sohn Wolfgang, der Schiffsbau studierte und nur in den Semesterferien nach Hause kam. Für Pohaske blieb der Raum unpersönlich wie ein Hotelzimmer. Die Zeichnungen an den Wänden, die gebastelten Schiffe auf der Kommode gaben Pohaske das Gefühl, ein Eindringling zu sein, und obendrein behandelte ihn Anna Bender so, daß sich dieses Gefühl in ihm verstärken mußte.

Pohaske setzte sich, wickelte das Wachstuch auseinander, und ein in Ölpapier verpacktes Päckchen kam zum Vorschein. Pohaske riß das Ölpapier auseinander, und auf dem Tisch lagen eine eingefettete Pistole 08 und zwei Magazine Munition. Das Modell stammte noch aus der faschistischen Wehrmacht.

Willi Pohaske starrte auf die Waffe. Er hatte nie mehr auf den Remmener Friedhof gehen wollen. Von seinen Plänen, mühelos reich zu werden, war er nach den fünf Jahren geheilt. Verbrechen lohnten nicht. Was hätte er sich in diesen fünf verlorenen Jahren alles anschaffen können! Und nun lag da die Pistole.

Mechanisch reinigte er die Waffe. Daß war umständlich, denn das Fett war hart und krustig geworden, hatte das Metall aber vor Rost geschützt. Pohaske ließ den Verschluß schnappen und freute sich, als er funktionierte. Als er hörte, daß unten die Wohnzimmertür klappte, löschte er hastig das Licht.

Max Bender hatte die Angewohnheit, vor dem Schlafengehen noch einmal um das Haus zu laufen. Pohaske wartete, bis Bender seinen Rundgang beendet hatte. Er hörte die Haustür knarren, den Riegel einrasten und blieb noch ein paar Minuten im Dunkeln sitzen. Dann knipste er das Licht wieder an. Er goß Benzin in die Waschschüssel, legte die Teile der Pistole hinein und wusch sie mit einem Pinsel aus Wolfgang Benders Malkasten.

Als Max Bender um fünf Uhr an Pohaskes Tür klopfte, wunderte er sich, daß es nach Benzin roch. Willi antwortete auf sein Klopfen, kam aber nicht herunter. Nach einer Weile rief Bender noch einmal.

»Willi, was ist los mit dir? Du mußt noch frühstücken.«

Oben knarrte die Tür. »Fahr allein. Ich habe Rückenschmerzen und gehe zum Arzt.«

»Ich kann dich zur Poliklinik mitnehmen«, rief Bender.

»Ich gehe nicht zur Poliklinik«, antwortete Willi Pohaske und schlug die Tür zu.

Bender zuckte die Schultern. Dem scheint eine Laus über die Leber gelaufen zu sein, dachte er. Vielleicht hängt das mit dem Streit am Betonmischer zusammen.

Der Brigadier fuhr allein zur Baustelle. Er hatte ein ungutes Gefühl dabei und wußte nicht, warum.

Anna Bender ging um zehn Uhr zum Halbtagsdienst ins Remmener Postamt. Sie sagte später aus, Pohaske habe sich bis zehn Uhr nicht aus dem Zimmer gerührt.

Nach stundenlanger Bahnfahrt zwängte sich Willi Pohaske in einen Autobusveteranen. Die Fahrt über holperige Straßen schien kein Ende zu nehmen. Pohaske fühlte sich fremd hier, so wie vor vier Wochen, als er vordem eisernen Gefängnistor gestanden und Max Bender ihn abgeholt hatte. Den Koffer, der jetzt im Gepäcknetz lag, hatte er damals auch mit gehabt.

Die Menschen im Bus sprachen einen Dialekt, den Pohaske kaum verstand. Er bemühte sich auch nicht darum.

Ob man ihn schon vermißte? Bestimmt. Er hatte eine Aufenthaltsbeschränkung für Remmen und durfte ohne Genehmigung der Volkspolizei den Ort nicht verlassen.

Der Autobus hielt in den Dörfern und manchmal auf freier Strecke. Nur selten stieg jemand zu. Als sie nach einer halben Stunde Fahrt an einer Kreuzung hielten, wandte sich der Fahrer Pohaske zu.

»Jetzt müssen Sie aussteigen«, sagte er.

Pohaske verließ als einziger den Bus. Er wartete, bis die roten Schlußlichter verschwunden waren. Ein Wegweiser zeigte an, daß der nächste Ort zwei Kilometer entfernt war. Doch Pohaske wollte nicht in diesen Ort. Rechts von der Straße lag der Fluß, und dort leuchteten Dutzende von Lampen. Pohaske roch die Baustelle.

Er bückte sich, riß den Koffer hoch, und es bumste dumpf. Er nickte zufrieden. Im Pyjama eingewickelt lag die Nullacht.

Bruno Gefferts Gasthaus hieß »Zur Eiche«, obwohl die Landesschützen den Baum, der dem Gasthaus den Namen gab, schon vor zweiundzwanzig Jahren in der Gulaschkanone verheizt hatten. Es war keine Dorfschenke, Geffert lebte von den Sommergästen, die aus der Stadt kamen – und von den Bauarbeitern. Seit die Wohnwagen der Bauarbeiter aufgefahren waren, hatte sich Gefferts Umsatz verdoppelt. Doch damit würde es wieder vorbei sein, sobald sie die Brücke fertig hatten. Und dieser Brückenbau ging schneller, als Geffert lieb war.

Vor dreißig Jahren, als in Wampow die Schule gebaut wurde, war zum Beispiel noch niemand auf den verrückten Einfall gekommen, bei Scheinwerferlicht zu mauern. Geffert überschlug in Gedanken, was ihm durch die Nachtarbeit verlorenging. Man konnte ihm ansehen, daß das nicht wenig war.

Auch jetzt saßen nur sechs Bauarbeiter am Tisch und knobelten mit Streichhölzern.

Geffert ließ Bier in die Gläser laufen. Er tat es unzufrieden, denn er meinte, nur sechs Gläser zu füllen, das lohne nicht.

»Wo bleiben denn die Zimmerer?« rief er.

»Die hängen nach«, antwortete ihm einer. »Morgen wird Beton geschüttet, da müssen sie fertig sein.«

Der Bierschaum stand zu hoch. Seufzend ließ Bruno Geffert in jedes Glas einen winzigen Strahl nachlaufen. Er trug das Bier zum Tisch, ging zurück und setzte sich hinter den Tresen. Da kam der Fremde.

Der wird zur Bau-Union wollen, dachte Geffert. In den letzten Monaten hatte er einen sicheren Instinkt für Bauarbeiter entwickelt. Der Fremde mit dem Köfferchen war einer, und er trug nicht mehr als das Arbeitszeug bei sich.

»Sie wünschen?« fragte Geffert.

»Ein Bier«, sagte Willi Pohaske. Er setzte sich auf einen Stuhl nahe beim Schanktisch. Während der Wirt das Bier ins Glas laufen ließ, musterte Pohaske die Bauarbeiter. Dann wandte er sich wieder dem Gastwirt zu. »Ich brauche ein Zimmer.«

Der Wirt nickte und sah ihn taxierend an.

Pohaske fühlte sich zwar wie zerschlagen, wollte aber trotzdem zur Baustelle hinausgehen. Deutlich hatte er die Silhouette der Wohnwagenburg gesehen, und er dachte neidisch an die Kollegen, die darin wohnen durften. Er meinte, ein Wohnwagen wäre besser als Wolfgang Benders Burschenstübchen.

»Für länger?« fragte Bruno Geffert.

Pohaske sah ihn fragend an.

»Ob Sie das Zimmer längere Zeit brauchen, meine ich.«

Pohaske schüttelte den Kopf. »Nur heute nacht.«

Geffert nickte. Für eine Nacht konnten die abgestellten Stühle auf Zimmer neun bleiben. Er legte gähnend den Schlüssel auf den Tresen. Der scheint doch nicht zur Bau-Union zu wollen, dachte er. Wenn einer im Wohnwagen unterkommen kann, gibt er kein Übernachtungsgeld aus. Der Fremde traf auch keinerlei Anstalten, sich mit den Arbeitern bekannt zu machen.

Willi Pohaske trank das Bier, nahm den Schlüssel und trug den Koffer hinauf in das schmale Zimmer. Als er wieder herunterkam, lag der Meldeblock auf dem Tresen. Pohaske nickte.

»Nachher.«

Er musterte noch einmal die Bauarbeiter, die lautstark knobelten, und ging hinaus.

Bruno Geffert blickte seinem Logiergast nachdenklich hinterher. Er erschien ihm wenig umgänglich. Irgend etwas gefiel ihm nicht an diesem vierschrötigen Menschen.

Am Donnerstagmorgen fuhr Max Bender nach der Arbeitsbesprechung zum Volkspolizei-Kreisamt. Er wartete auf der Bank im Korridor, bis Oberleutnant Gehrke kam und ihm die Hand gab.

»Guten Morgen, Kollege Bender. Was ist los? Sorgen mit Pohaske?«

Oberleutnant Gehrke war nicht größer als Max Bender, aber er war erst dreißig. Wer es nicht wußte, schätzte ihn sogar noch jünger. Der Oberleutnant trug das Haar kurz geschnitten, ging sportlich gekleidet und gestikulierte lebhaft beim Sprechen.

Max Bender räusperte sich. »Pohaske ist weg!«

»Weg? Machen Sie Witze?«

Bender schüttelte stumm den Kopf.

»Seit wann?«

»Vermutlich seit gestern mittag.«

Der Oberleutnant faßte Bender am Arm und zog ihn in das Dienstzimmer. Gehrke setzte sich neben den Rauchtisch und bot Bender den zweiten Sessel an.

»Warum kommen Sie erst heute? Erzählen Sie.«

Bender nickte. Er hätte auf Anna hören sollen, meinte er. Sie wollte, daß er gestern abend schon zur Volkspolizei ginge, doch er hatte geglaubt, daß Pohaske wiederkäme. Als er heute morgen noch immer nicht zurückgekehrt war, wußte Bender, daß er eine Dummheit begangen hatte.

Als Oberleutnant Gehrke das Protokoll schrieb, fiel Bender der Benzingeruch in Pohaskes Zimmer ein und das Ölpapier im Ofen. Anna hatte es verbrennen wollen, hatte dann aber darauf verzichtet, aus Angst, das Haus könne in die Luft fliegen.

»Benzin?« fragte Gehrke. »Und Ölpapier?«

Der Oberleutnant telefonierte, und Bender hörte, daß nach Pohaske gefahndet werden sollte.

Gehrke legte den Hörer auf. »Kommen Sie, Kollege Bender, ich sehe mir das Zimmer an.«

Der Oberleutnant langte den Dederonmantel mit dem eingeknöpften Futter aus dem Schrank und zog ihn an. »Hat sich Pohaske vorgestern irgendwie anders benommen als sonst?«

Bender dachte an Pohaskes eigenartiges Verhalten am Dienstagabend und erzählte.

Der Oberleutnant hörte aufmerksam zu, setzte sich nun doch an den Schreibtisch und fragte: »Als ›Die aktuelle Kamera‹ gesendet wurde, benahm er sich so?«

»Ja. Sonst ging er nie vor Programmschluß nach oben. Irgendwas machte ihn wütend.«

»Was war es denn?«

»Die Brückenbaustelle in Mecklenburg«, sagte Bender. »Meine Frau meint ...« Er verstummte und sah Gehrke fragend an. Der nickte. »Was meint Ihre Frau?«

»Das hat was mit der Baustelle zu tun, daß er plötzlich so komisch war.«

Gehrke nickte gedankenversunken. »Stimmt«, sagte er schließlich, »das war in Mecklenburg. Ich habe es auch gesehen, nur den Namen des Orts weiß ich nicht mehr. Warten Sie, das haben wir gleich.«

So schnell, wie er wollte, ging es aber doch nicht, obwohl der Oberleutnant die interne Leitung benutzte. Endlich kam die erwartete Mitteilung vom Fernsehfunk. Der gesendete Beitrag betraf die Brückenbaustelle Wampow in Mecklenburg. Der Streifen war vor einer Woche gedreht worden und gehörte zu dem Thema »Straßen nach Rostock«.

»Wampow also«, sagte Gehrke zufrieden. »Kommen Sie, Kollege Bender, sehen wir uns Pohaskes Zimmer an.« Sie gingen zusammen hinunter und stiegen in den Dienstwagen.

Bender wußte, daß Gehrke vier verschiedene Anreden verwendete, Kollege oder Genosse und, wo beides nicht zutraf, das förmlichere Herr. Im Protokoll wiederum war von Bürgern die Rede. Bender fand das ziemlich kompliziert.

Auf der Fahrt sagte Gehrke: »Erzählen Sie von Pohaske, Kollege Bender. Wie fügt er sich in das Kollektiv ein?«

»Das habe ich ja schon gesagt«, antwortete der Brigadier zögernd, aber es fiel ihm dennoch einiges ein, was mit Pohaskes Verschwinden zu tun haben konnte.

»Pohaske bleibt also Einzelgänger«, faßte Gehrke Benders Bericht zusammen. Der Brigadier nickte.

Sie waren inzwischen in der Siedlung angekommen, hielten vor Benders Haus, stiegen aus und begaben sich zuerst in Pohaskes Zimmer.

Es war unverändert, Anna Bender hatte nur die krümelige Erde vom Tisch gefegt. Es roch auch noch nach Benzin.

Der Oberleutnant blieb auf der Türschwelle stehen und sah sich um. Sein Blick glitt von der Indianerhaube an der Wand, mit Pfeil und Bogen darunter, zum Bücherbrett und zu der Kommode mit den Schiffsmodellen, vom Einbaum bis zum Atom-U-Boot.

Gehrke lächelte. »Ich wollte mal Kapitän werden, wissen Sie, aber ... Na ja... Warum riecht es hier so nach Benzin?« Bender wußte es nicht, und Gehrke kam selbst darauf. Er öffnete die Ofenklappe und holte Wachstuch und Ölpapier heraus.

Max Bender war froh, daß Anna nicht zu Hause war. Ihr wäre es peinlich gewesen.

Das Ölpapier roch sehr stark. Gehrke sagte: »Er hat es nicht riskiert, das anzustecken. Bestimmt wäre der Ofen auseinandergeflogen.«

Bender wurde es trocken im Hals. Er schüttelte verständnislos den Kopf. Der Oberleutnant breitete das Wachstuch auseinander. Krümelige Erde fiel heraus. Aufmerksam besah er das Ölpapier. Es strotzte vor Fett. Er breitete den Bogen auseinander und stieß einen Pfiff aus. Schweigend zeigte er auf das Papier.

Max Bender sah nur knitterige Falten.

Gehrke zeichnete mit dem Finger einen Umriß nach. Nun sah es Bender auch. Es war der Umriß einer Pistole.

Der Oberleutnant untersuchte das Zimmer. Er fand hinter dem Schrank fettige Lappen, den Pinsel und die Benzinflasche. Schließlich setzte er sich an den Tisch und nahm eine Zigarette aus der Schachtel.

Bender sagte ängstlich: »Vorsicht, gehen wir lieber runter.«

Gehrke nickte, und im Wohnzimmer sagte er: »Auf dem Bildschirm sah man die Brückenbaustelle, und der Sprecher nannte den Ort, nicht wahr?«

»Ich verstand den Namen nicht, ich hatte mich gerade mit meiner Frau unterhalten.«

»Pohaske scheint ihn verstanden zu haben, und irgend etwas auf der Baustelle hat ihn erregt. Er stand auf, verließ das Haus und kam nach einer Stunde wieder.«

»So war es«, sagte Max Bender.

»Vermutlich hat er in dieser Stunde die Pistole aus dein Versteck geholt. Aber was will Pohaske mit der Pistole? Hat er auf der Brückenbaustelle jemand erkannt und will ihn mit der Pistole bedrohen? Wußte Pohaske denn, wo Wampow liegt? Woher konnte er es erfahren? Hat er nach einer Karte der DDR gefragt?«

»Das nicht, aber ...«

»Aber?«

»Oben liegen Wolfgangs Schulsachen.«

»Der Atlas also.«

Sie gingen noch einmal hinauf. Der Atlas lag im Kommodenfach, und Gehrke schlug die Karte des Bezirkes Neubrandenburg auf. Als er sie schräg gegen das Licht hielt, fand er den Ort Wampow mit dem Fingernagel markiert, ebenso die Kreisstadt Diedenhof.

Max Bender sah den Oberleutnant sorgenvoll an. Für ihn gab es keinen Zweifel mehr, Pohaske wollte ein neues Verbrechen begehen. »Was machen wir nun?« fragte er.

»Telefonieren«, sagte Gehrke, »aber sofort. Pohaske ist bewaffnet. Hoffentlich ist es noch nicht zu spät.«

Eine Stunde später war Oberleutnant Gehrke bereits mit dem Dienstwagen unterwegs. Am Nachmittag traf er in Diedenhof ein und wurde an Hauptmann Schrader verwiesen.

Der große, breitschultrige Offizier in Zivil sprang hinter dem Schreibtisch auf und kam ihm mit ausgestreckter Hand entgegen.

»Mensch, Horst Gehrke, ist das zu fassen?«

Der Oberleutnant lachte. »Helmut Schrader. Meine Güte, eine Ewigkeit ist das her, daß wir zusammen auf Hiddensee waren.«

Schrader klopfte dem kleineren Oberleutnant auf die Schulter. »So lange zwar nicht, aber im Juni sind es zwei Jahre. Wie geht es deiner Frau? Denkt ihr noch an uns? Ihr seid dran mit schreiben.«

Gehrke nickte schuldbewußt. »Stimmt. Weißt du, man schiebt es auf und ...«

»Du brauchst dich nicht zu entschuldigen, Horst. Bei mir kam der Lehrgang dazwischen. Na, Hilde wird staunen. Du bleibst doch heute abend?«

Gehrke zuckte die Schultern und sagte: »Wir werden sehen.«

Schrader führte ihn zum Besuchersessel. »Unser Wiedersehen müssen wir feiern, Horst. Weißt du noch, wie wir nach Vitte marschiert sind, weil deine Frau durchaus Zitronenbrause trinken wollte? Wie geht es Gerda?«

Horst Gehrke griente. »Gut. Das mit der Zitronenbrause hatte seinen Grund, wie du weißt.«

Sie lachten.

»Richtig. Der Junge muß schon eineinhalb Jahre alt sein. Jedenfalls kriegten wir keine Brause und marschierten morgens um drei mit Gesang nach Hause ... Und nun haben wir sogar dienstlich miteinander zu tun«, fuhr der Hauptmann fort. »Um zur

Sache zu kommen, dieser Pohaske könnte mit einem Logiergast identisch sein, der gestern in Wampow ein Zimmer gemietet hat und seitdem verschwunden ist. Übrigens finde ich es ungewöhnlich, daß du wegen dieses Pohaske durch die halbe Republik fährst. Oder wußtest du, daß ich hier bin?«

Gehrke schüttelte den Kopf. »Der Alte hat es nur genehmigt, weil ein Brigadier und ich die Bürgschaft für Pohaske übernommen haben. Er ist zur Bewährung aus der Strafhaft entlassen worden. Kann ich mir die Hände waschen? Ich hatte unterwegs eine Panne. Keilriemen gerissen.«

»Klar, Horst, da drüben hinter dem Vorhang. Wir fahren dann gleich nach Wampow. Hast du ein Bild mit?«

»Ja, hier.«

Hauptmann Schrader nahm mit spitzen Fingern die Fotografie und sah auf den kantigen Schädel und die schmalen Lippen.

»Wie ein Sonntagsschüler sieht er nicht aus. Was hatte er auf dem Kerbholz?«

»Schwerer Raubüberfall mit Waffengewalt«, antwortete Gehrke und spülte den Seifenschaum von den Händen.

Im Wohnwagen war es warm, es roch nach kienigem Holz. Die Abfälle waren dicht neben dem hitzespuckenden Ofen gestapelt, und dem Brandschutzverantwortlichen wären graue Haare gewachsen, wenn er das gesehen hätte.

Gert Hauke wog ein knorriges Scheit in der Hand, öffnete die Ofenklappe und warf es in die Flammen. Dabei beobachtete er seinen Kollegen, der das Wäschefach des Spindes ausräumte und den Inhalt in seinen Campingbeutel stopfte.

»Wird schon nicht so schlimm sein«, sagte Gert Hauke, »daß du Hals über Kopf fahren mußt.«

»Es geht ihr nicht gut, hat sie geschrieben. Von einem Wehwehchen macht sie nichts her. Ich habe Überstunden im Sack, und die Verschalung steht. Die Nachtschicht kann Beton schütten.«

»Du mußt es ja wissen«, sagte Hauke.

Heinz Pinnow, der Brigadier, packte schweigend weiter. Er fragte: »Hast du 'ne Pulle Öl organisiert?«

Gert Hauke schüttelte abweisend den Kopf. »Mensch, auf die paar Pfennige fürs Öl kommt es beim Tanken doch nicht an.«

Heinz Pinnow oder Boxer, wie sie ihn nannten, murmelte ärgerlich: »Beklecker dir bloß nicht den Frack.«

Gert Hauke guckte aus dem Fenster. Von den übrigen fünf Wohnwagen sah er nur zwei. Im Wagen vier spielten sie Skat. Er hatte ebenfalls spielen wollen, mit Boxer und Latte. Wo Latte nur blieb?

Pinnow war mit Packen fertig und sah verächtlich auf Hauke. »Ich glaube, du hättest nicht mal ein paar Liter Sprit für meinen Roller übrig, wenn dein Kipper mit Benzin liefe, was? Ein feiner Kollege bist du.«

Ehe Gert Hauke antworten konnte, knackten die Stufen, und die Tür wurde aufgestoßen. Latte mußte sich bücken, wenn er hereinkam. Manchmal vergaß er es und stieß sich den Kopf. Diesmal bückte er sich tief und vergaß die Tür zu schließen.

Hauke rief: »Mensch Latte, mach zu!«

Latte überragte den Zimmererbrigadier um zwei Kopflängen und den Kipperfahrer Hauke um noch eine. Er blieb zwischen den Spinden im Gang stehen, der so schmal war, daß er ihn ausfüllte.

Der Wohnwagen war für vier Männer eingerichtet, doch das Bett über Lattes Schlafstätte und der dazugehörige Schrank waren frei. Solange es ging, wollten sie zu dritt bleiben. Das war bequemer.

Der Boxer verschnürte den Campingbeutel und musterte Latte von der Seite. »Was ist los? Hat Geffert dich beim Eierklauen erwischt?«

Latte zog ein beleidigtes Gesicht. Boxer sollte still sein, er und Gert aßen mit von den Eiern, die Gefferts Hennen in das Nest legten, das Latte ihnen in dem zerfallenen Schuppen zurechtgemacht hatte. Latte hatte sogar zwanzig Pfennig für ein Nestei geopfert. Er schluckte, und der Adamsapfel rutschte, ihm auf und ab. Latte griff in die Hosentasche, holte einen Gegenstand heraus und knallte ihn auf den Tisch.

Hauke und Pinnow zuckten zusammen. Es war eine Pistole. Kalt und drohend lag sie auf dem Tisch. Die Öffnung zeigte auf Boxer. Der streckte die Hand aus und drehte die Mündung zum Fenster. Er zog seine buschigen Augenbrauen zusammen und sah finster und fragend auf Latte.

Gert Hauke sprang auf und griff nach der Waffe. Latte, von

dem die wenigsten wußten, daß er Ernst Mutz hieß, stieß ihn zurück. »Laß das, wegen der Fingerabdrücke.«

Der Boxer atmete tief durch. »Spinnst du? Wo hast du sie her?«

Ehe Latte ihn hindern konnte, nahm er die Pistole in die Hand und musterte sie.

»Vorsicht, die ist geladen«, sagte Latte.

Gert Hauke trat einen Schritt zurück und sah gespannt auf Mutz. »Wo hast du sie her?«

Latte ließ sich auf den Stuhl fallen. »Gefunden. Sie lag neben der Verschalung.«

Gert schluckte. »Die mußt du bei der VP abliefern.«

Boxer holte die Lederkombination aus dein Schrank und fing an, sich anzuziehen. Latte vergaß einen Augenblick die Pistole.

»Wo willst du denn hin?«

Als Pinnow schwieg, sagte Gert Hauke: »Nach Hause, seine Frau ist krank.«

Latte grinste. »Die Krankheit kenne ich. Meine muß bis Sonnabend warten.« Im gleichen Atemzug fügte er hinzu: »Ich schmeiße sie ins Wasser, dann haben wir keine Scherereien mit dem Ding.« Sein Blick hing wieder an der Pistole.

Der Boxer streifte die Lederkappe über den Kopf und sagte: »Eine Nullacht. So'n Ding hatten sie mir als Flakhelfer in die Hand gedrückt.«

»Ins Wasser schmeißen? Bist du noch zu retten?« fragte Gert Hauke. »Die mußt du bei der Volkspolizei abgeben.«

»Sei nicht albern. Was meinst du, Boxer?«

Der rückte die Motorradbrille zurecht und warf den Campingbeutel über die Schulter. »Scherereien gibt es. Die wollen genau wissen, was, wann, wie und wo? Na ja, kann man sich ja vorstellen. Warum hast du sie überhaupt mitgebracht und nicht gleich in den Bach geschmissen?«

Latte kratzte sich den Kopf und sah wütend auf die Waffe.

»Also, macht's gut«, sagte Finnow. »Wenn Enseleit nach dem Schichtbuch fragt, das liegt im Lohnbüro.« Er nickte Gert Hauke zu, klopfte Latte auf die Schulter und polterte hinaus.

Im Gasthaus »Zur Eiche« saßen zwei Männer am Fenstertisch. Sie tranken Kaffee statt Bier, und das brachte dem Wirt nichts ein. Deshalb hielt Geffert nichts von diesen Gästen. Er setzte sich aber zu ihnen, als sie ihn darum baten, und als er saß, legten sie eine Fotografie vor ihn auf den Tisch.

»Volkspolizei, Herr Geffert«, sagte der Ältere und zeigte den Dienstausweis. »Sehen Sie sich das Bild an. Kennen Sie den Mann?«

Geffert sah auf den ersten Blick, daß es der Gast von Nummer neun war. »Der hat gestern abend ein Zimmer gemietet und ist nicht wiedergekommen. Heute morgen kam unser ABV vorbei, da habe ich ihm das gesagt.«

»Sie irren sich nicht?« fragte Schrader und sah Geffert prüfend an.

»Wenn ich es sage«, antwortete der Gastwirt. »Der Koffer steht noch oben in Zimmer neun. Da sind nur ein Pyjama und Rasierzeug drin.« Er wand sich verlegen. »Sonst sehe ich nicht im Gepäck der Gäste nach, aber wenn einer verschwindet ...«

»Schon gut.« Schrader winkte ab.

Sie gingen in das Zimmer hinauf. Die abgestellten Stühle machten den Raum noch enger. Am Fußende des unberührten Bettes stand der Koffer. Gehrke legte ihn auf das Bett und hob den Deckel. Schwacher Benzingeruch stieg ihm in die Nase. Der Oberleutnant nahm den Pyjama heraus, und der Geruch wurde stärker. Er breitete das Kleidungsstück aus und entdeckte fettige Flecke.

»Pohaske hatte die Pistole darin eingewickelt«, murmelte er.

»Wir müssen Ihre Aussage protokollieren, Herr Geffert«, sagte Schrader, und der Gastwirt nickte eifrig.

Sie gingen in die Gaststube hinunter. Gehrke nahm den Koffer mit. Geffert erbot sich, frischen Kaffee zu brühen, doch die Kriminalisten lehnten ab. Sie hatten es plötzlich eilig, Gefferts Aussage zu Protokoll zu bringen.

Der Gastwirt sah, daß jedes Wort aufgeschrieben wurde, und er sagte, der Gast habe ihm gleich nicht gefallen, und nun habe er die Schererei mit ihm.

Pinnow, der Zimmererbrigadier, kam herein und verlangte von Geffert eine Schachtel Zigaretten. Der Wirt war ungehalten über die Störung.

»Wo willst du hin?« fragte er, als er sah, daß Pinnow die Lederkombination trug.

Der Boxer ignorierte die Frage, bezahlte die Zigaretten und warf einen neugierigen Blick auf die Männer im Fenster. Als Pinnow draußen war, kam Geffert watschelnd an den Tisch zurück.

»Wer war das?« fragte Schrader und sah aus dem Fenster. Pinnow trat den Roller an und fuhr wog.

»Der Boxer«, sagte Geffert, »Zimmererbrigadier Pinnow von der Baustelle.«

Die Zeit verging, und der Gastwirt fand mit seinem Bericht kein Ende. Es dauerte noch lange, ehe Gehrke die Genehmigungsklausel unter das Protokoll schreiben konnte.

Schrader verstand Horsts Eifer nicht. Pohaske konnte nach dem Abstecher hierher längst wieder in Remmen sein. Der Hauptmann erinnerte sich, wie eifrig Horst Gehrke vor zwei Jahren von simplen Ermittlungssachen gesprochen hatte, die von ihm mit beträchtlichem Energieaufwand geklärt worden waren. Damals hätte er nicht gedacht, daß er Horsts Arbeitsweise einmal persönlich kennenlernen würde.

Geffert unterschrieb mit steilen Buchstaben das Protokoll. Draußen tuckerte ein Moped. Schrader hob den Kopf und sah hinaus. »Da kommt Wenzel«, sagte er.

»Schon wieder?« fragt Geffert erstaunt.

»Hauptwachtmeister Wenzel ist unser Abschnittsbevollmächtigter in Wampow«, sagte Schrader zu Oberleutnant Gehrke. Der Hauptwachtmeister kam herein und legte grüßend die Hand an die Dienstmütze. Er sah unschlüssig auf Geffert, der neben Schrader saß. Den anderen Mann kannte Wenzel nicht, er wollte aber kein einziges Bier mehr trinken, wenn der nicht Offizier der VP war. Vorgesetzte, auch in Zivil, roch Wenzel gegen den Wind. Sogar, wenn sie so sympathisch wirkten wie dieser Fremde.

Der Hauptmann sah Wenzel fragend an. Seine Wangen schienen nicht nur vom Fahrtwind gerötet zu sein. Wahrscheinlich brachte Wenzel eine Neuigkeit.

Der Hauptmann sagte zu Geffert: »Lassen Sie uns bitte allein.«

Der Gastwirt verzog gekränkt das Gesicht und watschelte nach hinten.

»Was gibt es, Genosse Hauptwachtmeister?« fragte Schrader.

Wenzel sah dem Gastwirt nach, schob die Ledertasche, die an einem Riemen über der Schulter hing, nach vorn und öffnete sie.

Schweigend holte er einen eingewickelten Gegenstand heraus, legte ihn auf den Tisch und schlug das Zeitungspapier auseinander.

»Die wurde auf der Baustelle gefunden. Ich hatte eben da zu tun.« Der Hauptwachtmeister sprach so gleichmütig, als wären gefundene Pistolen, noch dazu geladene, etwas Alltägliches.

»Eine Nullacht«, sagte Schrader und sah Gehrke fragend an.

»Es könnte Pohaskes Pistole sein«, sagte der.

Schrader blickte auf Wenzel. »Woher wußten Sie, daß wir hier sind?«

»Der Dienstwagen steht doch draußen.«

»Ach so. Woher haben Sie das Ding? Wer hat sie gefunden?«

»Latte.«

»Latte?«

Wenzel griente. »Er wird so genannt. Ernst Mutz heißt er. Einer von den Zimmerleuten. Ein großer, schlaksiger Mensch.«

Gehrke faßte mit dem Taschentuch nach der Waffe, aber Wenzel meinte, darauf gäbe es sowieso keine Fingerspuren mehr zu sichern. »Ist es – eine Tatwaffe?« fragte er.

Schrader und Gehrke sahen sich an, und der Hauptmann sagte: »Hoffentlich nicht.«

Gehrke roch an der Waffe. »Es ist daraus geschossen worden.«

Schrader schnupperte ebenfalls. »Du hast recht.« Er ließ das Magazin herausschnappen. Sechs Patronen befanden sich darin, die siebente war in den Lauf gedrückt worden.

»Ein Schuß fehlt«, sagte Gehrke, »sofern das Magazin voll gewesen ist.«

Schrader nickte. Er zog die Patrone aus dem Lauf, wog sie auf der Hand und fragte Wenzel: »Wo ist dieser ...«

»Ernst Mutz? Im Wohnwagen. Er ist nicht gerade begeistert davon, daß ein Protokoll aufgenommen werden muß.«

Als die Kriminalisten gingen, eilte Bruno Geffert herbei und hielt ihnen die Tür auf.

Der ABV fuhr mit dem Moped voran. Hauptmann Schrader folgte mit dem Dienstwagen. Gehrke war froh, daß sein Wartburg inzwischen in der VP-Werkstatt durchgesehen wunde. Der gerissene Keilriemen war nicht der einzige Kummer gewesen, die Zündung hatte auch Mucken gehabt.

Gehrke erinnerten die Wohnwagen, die er schon von weitem sah, an einen Wanderzirkus. Nur das Zelt fehlte. Schrader erzählte, daß die Straße, die bald über die neue Brücke führen werde, die alte Chausseestrecke beträchtlich verkürze.

Der Hauptwachtmeister hielt neben dem ersten Wohnwagen und bockte das Moped auf. Schrader hielt daneben. Die Wagentür ging auf, und Mutz sah heraus.

Sie lehnten es ab hineinzugehen. Mutz sollte sie gleich zur Fundstelle führen. Der schlaksige Mensch kratzte sich den Kopf; nickte und lief voraus, an der aufgeschütteten Straßentrasse entlang. Je näher sie dem Fluß und der hölzernen Verschalung kamen, um so höher stieg neben ihnen der gelbe Kies empor.

Schrader und Gehrke hatten Mühe, Schritt zu halten, auch Wenzel keuchte hinterher. Der Kipper brummte im ersten Gang den Kieshang hinauf. Sie hörten ihn halten, dann summte die Kipperhydraulik.

Der Himmel bezog sich. Das war im April nicht ungewöhnlich. Ein Windstoß fegte über die zartgrünen Wiesen und bog die jungen Pappeln am Fluß, als neigten sie sich durstig zum Wasser hinunter.

Die Verschalung ragte neben ihnen bis zur Höhe eines dreistöckigen Hauses auf. Latte blieb stehen und stieß mit dem Fuß an einen Stein. »Hier lag sie.«

Schrader fragte: »Haben Sie hier gearbeitet?«

»Nein. Wieso?«

»Wie kamen Sie hierher? Es sieht aus, als wäre die Verschalung hier längst fertig.«

Latte nickte verblüfft. »Stimmt. Ich hatte oben auf der Schüttrampe zu tun.« Er blickte nach oben.

Schrader und Gehrke sahen hinauf, Wenzel ebenfalls. Die Rampe war nicht zu sehen.

»Man sieht die Rampe von hier aus nicht. Mir fiel der Zollstock hinunter. Ich bin nach unten geklettert, und da lag die Knarre.«

»Gehen wir rauf«, sagte Schrader.

Gehrke holte aus der Brusttasche des grauen Sportsakkos Pohaskes Bild. »Kennen Sie den Mann?«

Mutz sah lange darauf und schüttelte endlich den Kopf. »Nie gesehen.«

Sie liefen die Straßentrasse hinauf, die bis an die Schüttrampe heranreichte.

Von der Verschalung bot sich ein weiter Blick über die Flußwiesen.

Schrader zeigte auf die schmalen, gemauerten Teiche und fragte: »Fischzucht?«

Latte nickte betont gleichgültig und sagte leichthin: »Forellen.« Dabei kräuselte er angewidert die Nase.

Schrader drehte sich um und sah über den Gasthof »Zur Eiche« hinweg nach Wampow. Dort endete vorerst die neue Straße.

Es dämmerte, und auf der Baustelle flammten die Lampen auf, obwohl es noch längst nicht dunkel war.

Oberleutnant Gehrke stand halsbrecherisch nahe an der Schüttrampe und sah auf den Grund des Brückenfundamentes hinunter. Von dort wuchsen die geflochtenen Rundeisen herauf. Gehrke trat zwei Schritt zur Seite und sah außen an der Verschalung hinab.

Schrader kam zu ihm. »Was ist los, Horst?«

»Dem Zimmerer ist nach außen der Zollstock runtergefallen, ebenso könnte es mit der Nullacht gewesen sein, nicht wahr?«

Schrader nickte. »Möglich. Was schließt du daraus?«

»Noch nichts, aber sich mal runter.« Schrader folgte Gehrke die zwei Schritte zurück an die Schüttrampe. Der Grund des Brückenfundamentes war glatt planiert und mit Feldsteinen bedeckt. Zwischen der Verschalung steckten die Rundeisen wie riesige Spargel.

»Brauchen Sie mich noch?« fragte Mutz.

»Nein, Sie können gehen«, sagte Schrader. »Was gibt es denn da unter zu sehen?« fragte er Gehrke.

»Der Grund ist gleichmäßig eben, nicht wahr?«

»Ziemlich, ja.«

»Bis auf den Steinhaufen unter uns.«

Schrader sah senkrecht hinab. Langsam hob er den Blick. Seine Augen wurden schmal. »Du meinst ... Mensch, Horst, die Steine sehen so, so ...«

»... aufgeschichtet aus, nicht wahr?«

Schrader wandte sich an Wenzel. »Sie bleiben hier und lassen niemand heran, klar?« Der ABV nickte.

Zehn Meter entfernt führten die Leitern auf den Grund hinunter.

»Komm, Horst.«

Der Abstieg war beschwerlich und taugte nur für Schwindelfreie. Sie kletterten über schwankende Bohlen hinweg immer tiefer, bis sie endlich auf dem Grund des Brückenfundamentes standen. Hier unten war es dämmeriger als auf der Brückenverschalung.

»Dort drüben«, sagte Gehrke. Sie gingen zu den aufgeschichteten Steinen. Als sie nach oben blickten, sahen sie senkrecht über sich Wenzel stehen. Seine gedrungene Gestalt hob sich deutlich gegen den Abendhimmel ab.

Gehrke bückte sich und fing an, die Steine wegzuräumen. Schrader half ihm dabei. Die Steine faßten sich kalt und glitschig an, sie waren unterschiedlich groß. Zehn Stück räumten sie weg und fanden nichts. Zwölf, vierzehn – nichts.

Gehrke atmete auf. »Manchmal sieht man Gespenster, Helmut. Mir kam der Gedanke, der Hügel sähe aus wie ein Grabhügel. Dabei sind es ...« Gehrke verstummte, verharrte in der gebeugten Haltung und rief leise: »Helmut, hier!«

»Stoff«, sagte Schrader gepreßt.

Gehrke rollte einen großen Stein fort, da ragte eine Hand heraus. Eine starre, gekrümmte Hand. Der derbe braune Stoff gehörte zum Jackenärmel.

»Pohaske«, sagte Gehrke leise. Schweigend räumten sie die letzten Steine fort, und da lag der seltsam verrenkte Tote. Gehrke sagte: »Es ist Pohaske.«

Schrader legte die Hände wie einen Trichter an den Mund und rief: »Genosse Wenzel, drehen sie die Lampe herunter.«

Wenzel tat es, und der Tote lag im hellen Licht.

Pohaske lag so da, wie er von oben heruntergestürzt sein müßte, der zerschmetterte Hinterkopf ließ keinen Zweifel an der Todesursache. Doch Schrader meinte: »Aus der Pistole ist aber geschossen worden.«

Schweigend wandten sie sich ab.

Als sie die Leitern hinaufstiegen, sagte Gehrke: »Stell dir vor, Helmut, ein paar Stunden noch, und Pohaskes Leiche wäre für die nächsten hundert Jahre im Fundament verschwunden.

Die MUK der Bezirkshauptstadt befragte die Bauarbeiter bis in die Nacht hinein, aber keiner hatte Pohaske gekannt, niemand war ihm begegnet.

Außer der tödlichen Schädelfraktur wies der Leichnam Verletzungen auf, die vom Sturz von der Schüttrampe herrührten. Eine Schußverletzung stellte der Arzt nicht fest.

Um ein Uhr nachts fuhren die Wagen der MUK von der Baustelle ab, und der Fundort wurde freigegeben. Die Betonschüttung wurde jedoch auf den nächsten Tag verschoben.

Hauptmann Schrader mußte ermitteln, wer Pohaskes Leiche mit Steinen bedeckt hatte.

Schrader und Gehrke fuhren schweigend nach Diedenhof. Der Oberleutnant hielt seine Aktentasche mit Pohaskes Nachlaß auf dem Schoß: das Taschenmesser, das Taschentuch, den Kamm, die Geldbörse mit zweihundertsechzig Mark und achtzig Pfennig sowie den provisorischen Personalausweis, der nur im Kreisgebiet Remmen galt, und das Pistolenmagazin mit acht Schuß Munition.

Hilde Schrader wunderte sich nicht, daß ihr Mann erst in der Nacht vom Dienst nach Hause kam. Das passierte oft. Sie erschrak nur darüber, daß er einen Logiergast mitbrachte. Dann erkannte sie Horst Gehrke, und die erste Frage galt Gerda und dem Kind.

Sie saßen bis drei Uhr beieinander. Hilde hatte den Tisch gastlich hergerichtet. Sie wußte auch noch, daß Horst gern Salzmandeln aß. Doch es kam keine Heiterkeit auf. Der tote Pohaske überschattete das Zusammensein, daran änderte selbst der Kognak nichts. Hilde ging zuerst schlafen, und Helmut und Horst sprachen noch einmal über den Toten.

»Vielleicht wurde Pohaske von der Schüttrampe heruntergestoßen?« fragte Gehrke. »Dann hat er wohl seinen Mörder schon am Dienstagabend auf dem Bildschirm gesehen. Ich fahre mit Benders zum Fernsehfunk.«

Schrader nickte. »Richtig, Horst. Ich veranlasse alles telefonisch. Du fährst gleich von hier aus nach Berlin, das liegt ja auf halbem Weg nach Remmen.«

Gehrke fühlte sich wie zerschlagen und zog sich gähnend zurück. Der Gedanke, daß Pohaske tot war, bedrückte ihn. Er hatte ihn lebend nach Remmen holen wollen. Ehe er einschlief, dachte er an Bender. Was würde der Brigadier zu Pohaskes Tod sagen?

Oberleutnant Gehrke kam am Freitagvormittag im Fernsehfunk Adlershof* an. Benders warteten bereits in der »Wanne«, wie der gläserne Kasinotrakt von den Fernsehleuten genannt wurde.

Sie saßen steif am Tisch, Anna Bender rührte in ihrem Mokka, und Max Bender trank Importbier. Als Gehrke kam, sahen sie ihm erleichtert entgegen.

Benders wußten schon, daß Pohaske tot war. Der Brigadier sah bekümmert aus, und Anna Bender wirkte bedrückt. »Daß er umkommen mußte, nee, das habe ich ihm nicht gewünscht«, sagte sie.

Zuerst wurde Max Bender in den Kinoraum mit den zwei Dutzend Klappsitzen gerufen. Anna wartete im Vorraum zwischen den Blumenampeln.

Bender erkannte den Bildstreifen und hörte diesmal auch den Sprecher. Der schmale Fluß wirkte auf der Leinwand imposanter als auf dem dreiundfünfziger Bildschirm. Der Kipper fuhr wieder die Straßentrasse hinauf, hielt an und ließ den Kies von der Ladefläche rutschen.

Auf der Brückenverschalung hämmerten die Zimmerer. Einer balancierte über einen Balken. Das sah grotesk aus. Er glich einem Strichmännchen, so lang und dünn war er. Dann füllte ein breitflächiges Gesicht die Leinwand. Bender erkannte die buschigen Augenbrauen wieder und das gebrochene Nasenbein.

»Halt!« rief er. Die Leinwand wurde dunkel, und das Licht ging an.

»Hier war Willi Pohaske aufgestanden.«

»Danke, Kollege Bender«, sagte Gehrke und begleitete ihn hinaus. Anna Bender wurde hereingeführt. Nachdem der Film zurückgespult war, lief er noch einmal.

»Jetzt!« rief Anna Bender, und es wurde hell. Sie blinzelte und wiederholte: »Hier war er aufgestanden und hat auf den Bildschirm gestarrt.« Ihre Wangen waren vor Erregung gerötet. Gehrke nickte.

Die Stoppuhr zeigte bei Anna Bender eins Komma zwei Sekunden weniger an.

Der Oberleutnant fuhr Benders mit dem Dienstwagen zum

Bahnhof, und der Brigadier fragte: »Kommen Sie nicht mit zurück nach Remmen?«

Gehrke schüttelte den Kopf. »Nein, Kollege Bender, heute noch nicht.« Er verschwieg, daß er dem Volkspolizei-Kreisamt Diedenhof zugeteilt worden war, um Hauptmann Schrader zu unterstützen. Er verschwieg auch, daß er das Gesicht mit den buschigen Augenbrauen und dem angebrochenen Nasenrücken kannte. Es gehörte dem Zimmererbrigadier, der im Wampower Gasthaus Zigaretten gekauft hatte und mit dem Roller weggefahren war. Gehrke erinnerte sich, daß er nachts bei den Vernehmungen durch die MUK gefehlt hatte.

Oberleutnant Gehrke betrat die Strafvollzugsanstalt Pausing nicht zum ersten Mal. Trotzdem wirkte es immer wieder beklemmend auf ihn, wenn sich das Tor mit dumpfem Laut hinter ihm schloß.

Der Wachthabende schrieb ihn in das Besucherbuch ein. Gehrke kannte den Weg, wurde aber von einem Wachtmeister begleitet, da es so vorgeschrieben war.

Die Sprechzelle lag im Hause eins b. Im Korridor empfing Gehrke der unverwechselbare Geruch von Desinfektionsmittel, Waschseife und einer Spur Männerschweiß.

Der Oberleutnant betrat die Sprechzelle und musterte den Mann in der blaugrauen Anstaltskleidung, den er auf Anfang Fünfzig schätzte. Der Strafgefangene Klawin stand mit der Mütze in der Hand neben dem Tisch.

Oberleutnant Gehrke hörte den Riegel schnappen und wußte, daß der Wachtmeister erst nach dem Klopfen wieder öffnen würde. Gehrke fühlte, daß Klawin ihn musterte.

»Setzen wir uns«, sagte der Oberleutnant, rückte den Stuhl zurecht und nahm Platz. Der andere setzte sich schweigend auf den Schemel. Er hatte einen pfiffigen Gesichtsausdruck und einen wachsamen Blick.

»Ich komme von der Volkspolizei und brauche eine Auskunft von ihnen, Herr Klawin.«

Der Gefangene zog die Augenbrauen erstaunt hoch. Gehrke biß sich auf die Lippen. Er hatte vergessen, daß hier keine seiner Standardanreden üblich war. Klawin fühlte sich auch kaum geschmeichelt, der Ausdruck der Wachsamkeit vertiefte sich auf seinem Gesicht. Gehrke holte die Zigarettenschachtel aus der Tasche und hielt sie Klawin hin. Der beugte sich vor und nahm mit geübtem Griff drei Zigaretten heraus. »Eene für nachher, wenn Sie gestatten?«

Oberleutnant Gehrke winkte nachsichtig ab. »Sie lagen zwei Jahre mit Willi Pohaske in einer Zelle, nicht wahr?«

Klawin nickte gleichgültig, und an die Stelle der Wachsamkeit trat spürbare Erleichterung. Wußte der Kuckuck, an welche unbeglichene Rechnung er gedacht hatte! Klawin ließ sich Feuer geben, rauchte genießerisch und lehnte sich zurück, als säßen sie im Café am Markt und nicht in der Zelle mit den grüngetünchten Wänden und dem vergitterten Fenster unter der kalkweißen Decke.

»Mit dem Willi, ja. Hat der wieder 'n Ding gedreht?«

Der Oberleutnant schüttelte den Kopf und fragte: »Wie lange haben Sie noch, Klawin?«

Er seufzte. »Een Jahr. Die dreie davor hab ick uff eener Backe abgesessen, aber det letzte schmeckt mir gar nich mehr. Ick werde nämlich erwartet.« Klawin rauchte und genoß es, erzählen zu können.

»Soso, Sie werden erwartet?«

»Tja, von die Produktionsgenossenschaft* ›Hans Sachs‹, von die Schuhmacher. Ick habe hier nämlich schustern gelernt, und die wollen bürgen* für mich, verstehn Sie?«

Gehrke nickte und dachte an Pohaske, für den Bender und er gebürgt hatten. »Weshalb wurden Sie verurteilt, Klawin?«

»Wegen die Grundstücke.«

»Grundstücke?«

»Ick habe damit gehandelt, nich offiziell, bloß so. Von Buchhaltung verstehe ick nischt, und da kam det vor, det ick sie zweeoder dreimal verscheuert habe. Mir ging det bloß um die Provision.« Klawin verzog wehmütig das Gesicht. »Wenn ick raus bin, komme ick nich mehr wieder, verlassen Sie sich druff.« Er schwieg.

»Wissen Sie, warum Pohaske einsaß?« Als er es gesagt hatte, ärgerte sich Gehrke. »Einsaß« klang trocken und amtlich. Doch Klawin störte es nicht, er sah Gehrke ablehnend an.

»Klar, aber von so was halte ick nischt. Det war 'n dickes Ding, mit Puste und so. Den Wachmann hatten sie auch umgehaun. Ick weeß nich, mir war der Pohaske 'n bißchen unheimlich. Ick war froh, als er entlassen wurde.«

»Hat Pohaske von der Straftat gesprochen?«

Klawin atmete tief den Rauch ein. Sein Gesicht wurde verschlossen. »Hat er, aber Lampen macht Paule Klawin nich. Auch nich für 'ne Nato-Lulle.« Vorsichtig knickte er die Glut ab und klemmte den Zigarettenrest in das Schweißband seiner Mütze. »Nee. Lampen mache ick nich!« wiederholte er.

»Pohaske ist tot.«

Klawin erschrak. »Tot? So jung, wie der war?«

»Pohaske ist auf einer Baustelle, auf der er nichts zu suchen hatte, tödlich abgestürzt. Vermutlich hat jemand nachgeholfen.«

Oberleutnant Gehrke erzählte und fing mit der »Aktuellen Kamera« vom Dienstagabend an. Er sprach von Wampow und staunte, als Klawin sagte, er habe die Baustelle gesehen.

Klawin holte gedankenvoll die halbe Zigarette heraus, und Gehrke gab ihm Feuer. »So is det nich, det wir hinterm Mond leben. Wer sich anständig benimmt, darf in die Röhre kieken.« Er schwieg und dachte nach. Der Oberleutnant ließ ihm Zeit. Endlich räusperte sich Klawin. »Det war der Dritte.«

»Der Dritte?«

»Det is nie rausgekommen. Pohaske hat det Ding mit seinem Bruder Alfons gedreht, aber da war noch einer, der hat det Beiwagenmotorrad gefahrn. Willi hat die Moneten im Freibad versteckt. Gar nicht dämlich, im Winter geht schließlich keiner ins Freibad. Als Willi die Sore holen wollte, haben sie ihn hochgenommen.«

»So war das also. Pohaske hat nie davon gesprochen.«

»Willi hat immer gegrübelt, wer die Lampen gemacht hat. Er war schon ganz verrückt. Jeden Tag hat er davon gesponn'n. Wenn er rauskommt, kauft er sich den Dritten, hat er gesagt. Dann muß der Farbe bekenn'n. War er's nich, is gut, sonst geht er in'n Knast, damit er weiß, wie det is.«

»Wo war Pohaskes Bruder geblieben?«

»Alfons war die Nacht noch nach'n Westen getürmt, wo sie beide hergekommen sind. Jetzt sitzt er lebenslänglich. Hat 'nen Kassierer von der Sparkasse umgelegt.«

»Sie haben uns geholfen, Klawin«, sagte Gehrke und stand auf.

Der Gefangene erhob sich ebenfalls. »Det war ja kein Lampen machen. Wenn Pohaske mit Gewalt umgekommen is, soll derjenichte, der es getan hat, det büßen.«

Gehrke gab Klawin die Hand und drehte sich an der Zellentür noch einmal um. »Hat Pohaske erzählt, daß er eine Pistole versteckt hatte?«

Klawin schluckte. »'ne Puste? Nee!«

Der Oberleutnant klopfte an die Tür, von draußen näherten sich Schritte, und das Schlüsselbund klirrte. Halten Sie die Ohren steif, Klawin, wenn Sie wieder draußen sind.«

»Mach ick.«

Die Zellentür ging auf, und Gehrke trat hinaus. Er lief über den weiten Hof zum Torgebäude. Die Kastanienbäume, die so alt waren wie das Gemäuer, hatten dicke, braune Blattknospen angesetzt. Gehrke atmete tief die laue Luft ein.

Am Montag war der Oberleutnant in Remmen in der Sache Pohaske unterwegs. Zuerst sprach er mit Max Bender und dessen Frau. Es kam aber nichts Nettes dabei heraus. Danach verbrachte er längere Zeit im Gerichtsarchiv, und es schien ihm endlos zu dauern, bis ihm die Prozeßakten ausgehändigt wurden.

Gehrke fuhr auch zur Baufirma Rüchert KG, wo Pohaske vor seiner Inhaftierung gearbeitet hatte, und ließ sich die alten Lohnlisten heraussuchen. Am Dienstagmorgen erst traf er wieder im Volkspolizei-Kreisamt Diedenhof ein.

Schrader erwartete ihn schon ungeduldig. »Die MUK in der Bezirkshauptstadt sitzt mir auf den Fersen. Sie haben angefragt, ob ich Unterstützung brauche.«

Gehrke setzte sich Schrader gegenüber an den Schreibtisch. Das war unbequem, und manchmal kollidierten ihre Füße unter dem Tisch. Auf dem Schreibtisch lagen zwölf Fotografien achtzehn mal vierundzwanzig, und Gehrke beugte sich darüber. Jedes Bild zeigte ein Gesicht.

»Diese zwölf Kollegen waren in der ›Aktuellen Kamera‹ zu sehen«, sagte Schrader.

Gehrke legte sechs Bilder zur Seite. »Die sind wertlos, man erkennt die Gesichter nicht.«

Schrader nickte. »Stimmt. Sie waren auch für Pohaske unkenntlich. Bleiben sechs.« Der Hauptmann erhob sich und lief im

Zimmer hin und her. »Aber das stimmt auch nicht, Horst. Doch berichte erst mal, was du erreicht hast.«

Gehrke nickte und bestellte die privaten Grüße von seiner Frau. Dann erzählte er, was er von Paul Klawin erfahren hatte.

Schrader hörte aufmerksam zu und sagte: »Ein Original, dieser Klawin, eins von der aussterbenden Sorte. Diesen Typ Ganove mit dem verschrobenen Ehrenkodex gibt es nur noch in wenigen Exemplaren.«

»Du wirst es nicht glauben, Helmut, ich hatte das Gefühl, daß es Klawin diesmal mit der Besserung ernst meint.«

»Hoffen wir es für ihn«, sagte Schrader. Gehrke berichtete von seinen weiteren Ermittlungen.

»Du hast die Prozeßakten mitgebracht? Und die Lohnlisten von der Rückert KG?« fragte der Hauptmann.

Gehrke nickte, und Schrader sagte: »Wir haben inzwischen auch nicht geschlafen. Von den sechs Fotografien, auf denen die Gesichter deutlich zu erkennen sind, können wir drei beiseite legen. Es sind die Fotos von Betonbauern, die im Gasthaus ›Zur Eiche‹ gesessen haben. Sie sahen Pohaske kommen und weggehen. Auch Pohaske hat sie gesehen und keinerlei Reaktion gezeigt. Unter diesen drei kann derjenige nicht sein, den Pohaske auf dem Bildschirm erkannte und den er hier in Wampow gesucht hat.«

Er legte die Bilder beiseite, und Gehrke sah auf die restlichen drei, die noch auf dem Tisch lagen.

Schrader sagte: »Die Namen stehen hinten drauf.«

Horst Gehrke erkannte das breitflächige Gesicht, die dichten Augenbrauen und das gebrochene Nasenbein. Er drehte das Bild um und las halblaut »Heinz Pinnow«.

Der Oberleutnant sah Schrader nachdenklich an. »Pinnows Gesicht erschien auf dem Bildschirm, und Pohaske stand auf. Pohaskes Brigadier und seine Kollegen sagen, daß er eine lange Leitung hatte. Ich glaube, die Reaktion galt nicht Pinnow. Übrigens haben auch Herr und Frau Bender nicht genau an der gleichen Stelle halt gerufen, als ihnen der Film noch einmal vorgespielt wurde und sie uns zeigen sollten, wann Pohaske aufsprang. Frau Bender reagierte um einiges schneller als ihr Mann.«

Gehrke besah das nächste Bild. Das hagere Gesicht, das darauf abgebildet war, kannte er ebenfalls. Auf der Rückseite stand der Name Ernst Mutz.

Horst Gehrke nahm das dritte Bild in die Hand und wußte, daß er diesen Mann, den es zeigte, noch nicht gesehen hatte. Er war etwa Ende Zwanzig und besaß ein sympathisches, offenes Gesicht. Die blonden Haare standen ihm widerborstig hoch. Gehrke drehte das Bild um und las »Gert Hauke«.

»Kipperfahrer«, sagte Schrader, setzte sich und trommelte mit den Fingern auf den Schreibtisch. »Die drei hausen im selben Wohnwagen. Glaubst du, daß einer von ihnen der Dritte ist, von dem Klawin erzählt hat?«

Oberleutnant Gehrke lehnte sich zurück, warf Gert Haukes Bild auf den Schreibtisch und nahm eines der beiden anderen auf. Er sagte langsam: »Der Name Mutz steht auf der Lohnliste der Firma Rückert KG, die vor sechs Jahren das Kraftfutterwerk in Remmen gebaut hat. Dort wurde damals das Lohngeld geraubt. Die Brüder Pohaske waren bei der Firma als Hilfsarbeiter eingestellt. Vermutlich gehörte der Dritte auch zur Belegschaft. Wir müssen jetzt die Lohnlisten und die Personalien vergleichen. Sicherlich hast du die Personalien.«

Schrader nickte und sagte nachsichtig: »Du mußt nicht denken, daß wir inzwischen untätig waren. Aber es wird Mutz kaum nachzuweisen sein, daß er möglicherweise der Dritte war. Hier ist übrigens noch etwas, was dich interessieren wird.«

Hauptmann Schrader zog die Schreibtischschublade auf, nahm eine Schachtel heraus, öffnete sie und gab sie Gehrke.

Der sah verblüfft auf ein Stückchen Metall. »Die Kugel?«

Schrader nickte. »Ja, aus der Nullacht. Dein Hinweis, die Waffe könnte wie der Zollstock von der Verschalung gefallen sein, ließ mir keine Ruhe. Ich habe am Sonnabend noch einmal die Fundstelle abgesucht. Die Kugel steckte im Holz der Verschalung. Der Schuß muß sich gelöst haben, als die Pistole am Boden aufschlug.«

»Das ist interessant. Trotzdem wird es schwer sein, dem Dritten die damalige Straftat nachzuweisen. Willi Pohaske ist tot, und sein Bruder Alfons hat bisher geschwiegen. Versuchen wir, den Dritten in die Enge zu treiben, Helmut. Ich möchte dir eine Taktik vorschlagen.«

Schrader streckte die Füße von sich, sah Gehrke gespannt an und sagte: »Laß hören.«

Abends war es kühl. Der Wind pfiff um den Wohnwagen und blies durch jeden Spalt. Pinnow saß nahe beim Ofen und warf manchmal ein Holzscheit hinein. Die Lampe über dem rohen Holztisch war mit roter Seide bespannt und mit schwarzen Fransen garniert. Sie wirkte fremd in dem nüchternen Raum. Niemand wußte, wo Latte sie aufgetrieben hatte, eines Tages war sie dagewesen.

Sie saßen am Tisch und spielten Karten.

»Siebenundfünfzig«, sagte Latte, »der König von hinten, das reicht. Meine Fresse, ihr spielt wie Nachtwächter.«

Boxer zählte die Karten und sah ärgerlich zu Gert Hauke hinüber. Der starrte abwesend in die Lampe. »Du bist ’ne Niete. Latte schmeißt du die Pfunde ’rin und mir die Luschen.«

»Wer gibt?« fragte Latte.

»Heute vor einer Woche haben sie den Toten gefunden«, sagte Hauke.

»Nee, morgen«, wiedersprach Boxer. »Heute ist Mittwoch, da hatten wir vorige Woche Forellen geschmort.«

»Leise«, sagte Latte und verzog schmerzlich das Gesicht, obwohl es ihn nichts anging. Doch die Forellen brachten ihn auf Gefferts Hühner, denen er heimlich die Eier abnahm. »Im Schuppen sind Ratten. Die Mistviecher schleppen uns die Eier weg.«

»Gemeinheit«, entrüstete sich Boxer, dann sagte er zu Hauke: »Du gibst!«

»Ich?«

»Mensch, was ist mit dir los? Du läufst mit’m Brett vorm Kopf durch die Botanik.«

»Ich dachte eben daran, daß der Tote jetzt unter dem Beton läge, wenn die Polizei nicht gekommen wäre.«

»Stimmt, eins fuffzich tief. Nun mach hin, soll sich mal einer totgemischt haben«, sagte Boxer.

Gert Hauke verteilte die Karten. »Daß du darüber Witze machst?«

»Sollen wir heulen?« fragte Latte. »Davon wird der nicht der lebendig. Was hatte den hier zu suchen?«

»Du bist schuld«, sagte Boxer zu Latte und nahm lustlos die Karten auf. »Hättest du die Pistole nicht abgeliefert, wäre der Knaatsch nicht gewesen.«

»Ich wollte sie ja wegschmeißen«, sagte Latte, »aber als ich hinter dir rausging, lief ich dem ABV in die Arme. Das sollte eben so sein, verstehst du?«

»Nee«, sagte Boxer, »aber Gert hat sich verschmissen. Gib doch noch mal. Verdammt, wo ich ’nen Grand aus der Hand habe. Mist. Was ist bloß mit dir los?«

»Was ist los?« äffte Latte nach. »Das ist ’ne Seuche. Jeder geht jedem aus dem Weg. Wer hat die Klamotten auf den Toten gehäuft? Warum sollte er im Beton verschwinden? Ist ein Mörder unter uns? Wer war wann wo? Hinweise nimmt die Volkspolizei entgegen, auf Wunsch streng vertraulich. Warum glotzt ihr so? Wollt ihr wissen, wo ich war? Eier klauen!«

Boxer und Gert sahen sich an. Was war mit Latte los? Soviel redete der sonst in einer Woche nicht.

»Wo warst du?« fragte er Hauke.

Der Kipperfahrer antwortete unsicher: »Ich bin Spätschicht gefahren, das weißt du doch.«

»Na eben, dann warst du nicht weit weg von der Schüttrampe, nicht wahr?«

Gert Hauke sprang plötzlich auf. »Was willst du denn damit sagen?«

Boxer drückte ihn auf den Stuhl zurück. »Seid ihr verrückt? Wollen wir uns gegenseitig anscheißen?«

Latte schob die Karten weg, und Boxer warf seine dazu. »Reden wir darüber, ehe die Polizei darauf kommt.«

Latte sah ihn von den Seite an. »Worüber?«

Boxer erwiderte den Blick. »Ich habe was gesehen.«

Lattes Adamsapfel markierte sich deutlich und fuhr auf und ab. Er sah zu Gert Hauke hinüber, der keinen Blick von Boxer ließ, und wiederholte: »Hast du gehört, Boxer hat was gesehen.« Es sollte spöttisch klingen, tat es aber nicht. »Und das fällt dir erst nach einer Woche ein?«

Boxer kniff die Augen zusammen. »Idiot. Soll ich den VP auf die Nase binden, daß ich bei den Forellen war, als geschossen wurde?«

Hauke brachte das Gesicht aus dem rötlichen Lichtschein. »Als geschossen wurde?« wiederholte er.

Latte fragte: »Warst du denn bei den Forellen?«

»Haben wir welche gegessen oder nicht?« fragte Boxer recht wütend.

»Schrei nicht so«, sagte Latte, »der ABV spitzt längst darauf, rauszukriegen, wer der Genossenschaft beim Fischen hilft.«

»Was hast du gesehen?« fragte Hauke.

Ehe Boxer antworten konnte, knisterte draußen am Mast der große Lautsprecher. Deutlich drang die Stimme herein: »Achtung. Achtung! Eine Durchsage: Alle Kollegen treffen sich heute um zwanzig Uhr im Gasthaus ›Zur Eiche‹. Ich wiederhole ...«

»Was bedeutet das?« fragte Boxer, doch weder Hauke noch Mutz antworteten darauf.

Der Saal war nicht groß, und wer hereinkam, sah erstaunt auf die Filmleinwand.

Oberleutnant Gehrke saß an einem Tisch und blätterte in Akten. Die Uhr an seinem Handgelenk zeigte zehn Minuten nach zwanzig Uhr. Etwa drei Dutzend Bauarbeiter waren gekommen. Trotzdem sah Gehrke unzufrieden auf Schrader, und der zuckte die Schultern.

Die Saaltür ging noch einmal auf, drei Männer kamen herein und blieben neben der Tür stehen. Sie sahen sich suchend um. Schrader zeigte ihnen Plätze nahe der Leinwand.

Helmut Schrader und Horst Gehrke wechselten einen zufriedenen Blick. Sie konnten anfangen, denn der Dritte war gekommen.

Gehrke klopfte mit dem Bleistift auf den Tisch, und es wurde still. »Kollegen«, sagte er, »heute vor einer Woche kam auf dieser Baustelle ein Mann ums Leben.«

Der Oberleutnant sah, daß alle Blicke gespannt auf ihn gerichtet waren. Er berichtete, daß Pohaske aus der Strafhaft entlassen worden war und daß er vermutlich vor einer Woche hier in Wampow einen Kumpan von seiner letzten Straftat gesucht hatte.

»Die Straftat beging Pohaske vor fünfeinhalb Jahren, im November, in Remmen. Tatort war die Baustelle Kraftfutterwerk.« Gehrke blätterte in den Prozeßakten.

»Ich lese aus der Aussage des Betriebsschutzmannes Haustein: ›Ich wartete im Lohnbüro auf den Buchhalter, der die Kassette mit den vierzigtausend Mark Lohngeldern im Tresor einschließen sollte.

Draußen tuckerte ein Motorrad, und plötzlich stürzten zwei Männer herein. Sie trugen Schals vor den Gesichtern. Der Größere, richtete eine Pistole auf mich und rief: ›Hände hoch! Stehen bleiben, sonst knallt's!‹

Der Kleinere riß die Kassette an sich. Ich sprang ihn an, und in dem Handgemenge rutschte ihm der Schal vom Gesicht. Es war Alfons Pohaske, ein Hilfsarbeiter unserer Firma. Da bekam ich einen Schlag auf den Kopf und verlor das Bewußtsein.

Ich lag vier Monate im Krankenhaus und werde nicht mehr arbeitsfähig. Unterschrift: Albert Haustein, Betriebschutzmann.‹«

Gehrke sah in die Gesichter, fast alle zeigten Abscheu.

»Kollegen, zwei Zeugen sagten damals aus, auf der Beiwagenmaschine hätte ein dritter Täter gesessen. Andere Zeugen sahen aber nur zwei Täter wegfahren. Seit einigen Tagen wissen wir, daß es einen dritten gab.

Alfons Pohaske floh nach Westdeutschland und tauchte dort unter. Willi Pohaske, der heute vor einer Woche hier ums Leben kam, fuhr nach der Tat mit dem Dritten zum Freibad. Sie versteckten die Kassette in der Umkleidekabine zwölf. Pohaske wollte zwei Tage später die Beute holen und wurde festgenommen.

Am Dienstag voriger Woche sah Pohaske in der ›Aktuellen Kamera‹ diese Baustelle. Am Mittwoch kam er hierher. Warum? Er hatte den Dritten gesehen.«

Unter den Betonarbeitern und Zimmerern entstand Unruhe, die sich nur langsam legte.

»Sie sehen jetzt den Film«, sagte Gehrke. »Nennen Sie jeden Kollegen, den sie erkennen, laut beim Namen.«

Das Licht erlosch, und der Vorführapparat summte.

Die Kamera schwenkte über die Baustelle, und nacheinander wurden sechs Namen berufen. Zuletzt klang es einstimmig: »Pinnow!«

Die Leinwand wurde dunkel, und im Saal ging das Licht an. »Ich bitte diejenigen aufzustehen, die namentlich genannt wurden«, sagte Gehrke.

Zögernd folgten sechs Arbeiter der Aufforderung. Erleichtert setzten sich die drei Betonbauer wieder hin, die bei Geffert geknobelt hatten. Nur Pinnow, Hauke und Mutz standen noch. Hauptmann Schrader trat zu ihnen. »Wer war Pohaskes Komplize?«

Die drei schwiegen. Da sagte Schrader: »Setzen Sie sich.«

Boxer blieb stehen und rief wütend: »Was wollen Sie? Ich habe nichts damit zu tun. Vor fünfeinhalb Jahren? Im November? Da habe ich am Dresdener Zwinger gebaut. Ich war noch nie in Remmen oder wie das Kaff heißt.«

Oberleutnant Gehrke sagte: »Kollege Pinnow scheidet aus. Wir vermuteten, daß der Dritte zur Belegschaft der Firma Rückert gehörte – wie die Brüder Pohaske. Tatsächlich befand sich auf der Lohnliste vor fünfeinhalb Jahren der gleiche Name wie auf der jetzigen Lohnliste der Bau-Union: Ernst Mutz!«

Der fuhr von seinem Platz hoch und sah noch größer aus als sonst. Der Adamsapfel fuhr heftig auf und ab. Sein Gesicht schwoll rot an. »Gemeinheit ist das! Bis vor drei Jahren war ich in Remmen. Das stimmt. Wenn Sie danach gefragt hätten, hätte ich es ihnen gesagt. Ich habe auch Pohaske auf dem Bild erkannt. Ich wollte bloß nichts mit dem zu tun haben.«

Schrader trat zu Mutz. »Sie bestreiten, an dem Lohngeldraub beteiligt gewesen zu sein?«

»Einen Dreck war ich!«

»Hatten Sie Pohaske vorige Woche gesehen, als er hier ankam?«

»Nein, verdammt.«

»Dann bleiben nur noch Sie, Gert Hauke!«

Der Kippernfahrer blieb sitzen und sah zu Boden. »Ich habe nichts damit zu tun.«

Die Arbeiter umdrängten die drei, die nebeneinandersaßen und nun betont voneinander abrückten.

Oberleutnant Gehrke sagte: »Wir haben uns nicht damit zufriedengegeben, daß Ernst Mutz zur Tatzeit bei der Rückert KG beschäftigt gewesen war. Wir haben weitere Beweise gesucht und die Prozeßakten ausgewertet. Ich lese aus der Vernehmung des Angeklagten Willi Pohaske.

Vorsitzender: ›Vor einem Jahr kamen Sie und Ihr Bruder Alfons aus Hannover herüber. Warum?‹

Pohaske: ›Wir wurden gesucht.‹

Vorsitzender: ›Wollte Ihr Bruder wieder nach Hannover zurück?‹

Pohaske: ›Ich glaube.‹

Vorsitzender: ›Wieso glaubten Sie es?‹

Pohaske: ›Alfons hat seine Braut ’rübergeschickt.‹

Vorsitzender: ›Wie heißt seine Braut?‹

Pohaske: ›Ich weiß nicht.‹«

Oberleutnant Gehrke machte eine Pause, und sie dehnte sich endlos. Dann räusperte er sich und sagte: »Der Vorsitzende sagte zu Pohaske: ›Wir wissen es auch so. Sie heißt Anita Hauke!‹«

Im Saal war es still. Gert Hauke stand auf und sagte leise: »Ich war der Dritte!«

Endlich machte sich die Erregung der Bauarbeiter in empörten Rufen Luft. Es dauerte lange, ehe Hauke sprechen konnte und zu verstehen war.

»Auf dem Kohlenplatz in Remmen habe ich als Kraftfahrer gearbeitet. Alfons Pohaske ging mit meiner Schwester. Zwei-, dreimal habe ich Zement weggefahren, den Willi und Alfons gestohlen hatten.

An einem Novemberabend sollte ich Willis Beiwagenmaschine fahren. Sie wollten einen ›dicken Fisch‹ an Land holen. Erst als Willi mit der Kassette herausstürzte, wußte ich, auf was ich mich da eingelassen hatte. Alfons lief weg, und die Zeugen widersprachen sich, ob wir zwei oder drei gewesen waren. Ich mußte zum Freibad fahren. Willi ging allein rein, aber ich schlich ihm nach und sah, daß er die Kassette in die Kabine zwölf brachte.

In der Nacht bin ich hingegangen, habe sie 'rausgeholt und in Kabine neun versteckt. Dann rief ich die Volkspolizei an und sagte, wo die Beute sei. Bloß ... Pohaske wollte ich nicht verraten.«

»Und selbst straflos ausgehen«, ergänzte Gehrke, als Hauke schwieg. »Was Sie sagen, stimmt, die VP erhielt in der Nacht den anonymen Hinweis, und am dritten Tag ging Pohaske in die Falle.«

»Ich habe nie wieder etwas Gesetzwidriges getan«, sagte Hauke leise.

»Und am Mittwochabend? Heute vor einer Woche?« fragte Schrader.

Hauke saß nun allein da, Pinnow und Mutz waren zwischen die anderen getreten.

»Es war furchtbar. Ich fuhr die Trasse hoch, hielt oben an und stieg aus. Da stand Willi Pohaske auf der Verschalung. Er gab mir durch Zeichen zu verstehen, daß ich stehenbleiben sollte. Aber ich wollte mit dem nichts mehr zu tun haben und ging weiter. Er rief leise meinen Namen und sagte, daß er mich unbedingt sprechen müsse. Ich ging noch ein paar Schritte, blieb dann stehen und sah zurück. Willi Pohaske hielt eine Pistole in der Hand. Plötzlich duckte er sich und sprang. Es waren nur zwei Meter von der Verschalung zur Schüttrampe, aber Willi rutschte aus. Die Pistole fiel ihm aus der Hand. Unten krachte ein Schuß, und Pohaske rutschte die Schüttrampe runter. Ich stand wie erstarrt.«

Hauke schwieg, und der Schweiß rann ihm übers Gesicht.

Hauptmann Schrader sagte ungerührt: »Lügen Sie nicht. Sie waren mit Pohaske in Streit geraten und haben ihn hinuntergestoßen.«

Hauke sah ihn entsetzt an. »Nein, nein, ich habe ...«

»Er sagt die Wahrheit«, unterbrach Pinnow den Kipperfahrer. »Ich war unten am Fluß und habe von dort aus gesehen, daß jemand von der Verschalung rübersprang. Die Schüttrampe konnte ich nicht sehen, aber nach dem Sprung krachte ein Schuß.«

»Sie waren am Fluß? Wo da?« fragte Schrader.

Pinnow schluckte und sah wütend auf Hauke. »Bei den Forellen.«

Unter den Kollegen entstand verhaltene Heiterkeit.

Schrader fragte Hauke: »Haben Sie die Leiche mit Steinen bedeckt?«

Der Kipperfahrer nickte. »Ich hatte Angst. Wenn man ihn nicht findet, habe ich Ruhe, auch vor der alten Geschichte, dachte ich.«

Schrader fuhr schweigend nach Diedenhof zurück. Hinter ihm saßen Horst Gehrke und Hauke. Kurz vor dem Ziel brach Hauke das Schweigen. »Werde ich hart bestraft?«

»Wohl kaum«, sagte Schrader. »Sie haben damals geholfen, den Fall zu klären, und in den Jahren danach haben Sie sich gut gehalten. Was ist aus Ihrer Schwester geworden?«

»Die hat sich bald von Alfons getrennt. Sie ist mit einem anständigen Mann verheiratet.« Er schwieg, dann fragte er ungläubig: »Wußten Sie wirklich, daß ich der Dritte war?«

Gehrke antwortete schlicht: »Ja. Pinnow war zur Tatzeit in Dresden gewesen, und Mutz hätte nie die Pistole abgeliefert, wenn er der Dritte gewesen wäre.«

HARIETTE PLATH

Das tote Mädchen

Der Mittwoch hatte gut angefangen. Im Rapport stand, daß die Kriminalpolizei in Lichtenberg einen lang gesuchten Einbrecher festnehmen konnte. Er hatte eine Reihe von Wohnungseinbrüchen begangen. Diesmal aber war er bei einem simplen Mopeddiebstahl von einer Streife ertappt worden. Man fand Diebeswerkzeug bei ihm, und die Wohnungsdurchsuchung förderte gestohlene Gegenstände ans Tageslicht. Da konnten ihm mit einem Schlag zwölf ungeklärte Straftaten nachgewiesen werden. Zwei davon hatte ich zu bearbeiten: Leider war nicht mir der Erfolg zuzuschreiben. Ich freute mich trotzdem.

Mäuschen sah mir meine Freude an. Sie hantierte mit dem Kocher, wollte Kaffee machen. Für sich, für mich und den einen oder anderen Genossen, der wie ich in diesem Amt täglich Fälle bearbeitete. Eigentumsdelikte, Sachbeschädigungen, Körperverletzungen, hin und wieder Sexualdelikte oder andere gegen Leben und Gesundheit gerichtete Straftaten, darunter auch sogenannte Leichensachen. Für einen Außenstehenden sicherlich ein fürchterliches Wort: Wir nannten jene Fälle so, bei denen Menschen eines unnatürlichen Todes starben und die Todesursache noch nicht einwandfrei geklärt ist. Bei einem Unfall konnte die fahrlässige Schuld Dritter vorliegen. Ein Selbstmord konnte vorgetäuscht, der Tod durch dritte Hand herbeigeführt worden sein.

Mäuschen fragte mich einmal, warum sagt ihr eigentlich immer »Tod durch dritte Hand« oder »durch Dritte«, warum nicht Zweite? Ich versuchte ihr das zu erklären: Ein Mensch hat nur zwei Hände, und wenn er keines natürlichen Todes stirbt, Unfall oder Selbstmord ausgeschlossen werden müssen, kann der Tod nur durch »dritte Hand« oder durch »Dritte« verursacht worden sein. Denn nicht immer steht gleich fest, ob es einen oder mehrere Täter gibt. Ich war mir allerdings nicht sicher, wieweit meine Erklärung mit den rechtstheoretischen Auffassungen übereinstimmte.

Mir schmeckte der Kaffee ausgezeichnet. Ich dankte Mäuschen dafür und beschäftigte mich noch einmal mit der Vernehmung vom Freitag. Das Geständnis eines Jungen, achtzehn Jahre alt, der seiner Großmutter das gesamte Spargeld gestohlen hatte. Nachdem sie erfuhr, daß ihr Enkelsohn der Täter war, hätte sie am liebsten die Anzeige zurückgezogen. Doch der Junge hatte auch noch zahlreiche andere Diebstähle begangen, und so mußte die Sache dem Staatsanwalt vorgelegt werden. Ich wollte heute den Schlußbericht scheiben.

Plötzlich kam Backi ins Zimmer gestürmt. Er hatte nicht einmal angeklopft. »Eine Leichensache, Chefin«, rief er mir zu. »Sie haben doch diese Woche Leichendienst.« Backi goß sich eine Tasse Kaffee ein. Eigentlich hieß er Bachmann, Leutnant der K Achim Bachmann. Irgendwer hatte ihm einmal diesen Spitznamen gegeben. Sicherlich wegen seines runden, vollen Gesichts. Das strenge »Genosse Leutnant Sowieso« oder »Genossin Hauptmann Soundso« wurde nur angewandt, wenn wir »Kundschaft« im Zimmer hatten oder wenn ein Vorgesetzter anwesend war. Ansonsten nannten mich meine Mitarbeiter nur »Chefin«. Es war weniger ein Spitzname denn eine Bezeichnung, die sowohl unser freundschaftliches Verhältnis zueinander als auch die Achtung meiner Mitarbeiter mir gegenüber ausdrückte. Ich fühlte mich zugegebenermaßen geschmeichelt. An meinen Dienstgrad war ich gewohnt. Jeder andere Genosse unserer Dienststelle und meine Vorgesetzten sprachen mich ohnehin nur damit an.

»Also, was ist, wo ist es?« fragte ich und packte meinen Schreibblock in die Tasche.

»Neumannstraße dreizehn, Neubau, achte Etage, Funkstreifenwagen am Ort, ODH* hat mich soeben verständigt«, antwortete Backi im Telegrammstil. »Gas«, setzte er hinzu, »junge Frau, Rosemarie Detlof.«

Mäuschen schaute mich an.

»Mach bitte den Schlußbericht fertig«, bat ich sie.

Sie brauchte nur noch die Beweismittel aufzuführen und besaß genug Routine, die ihr Selbständigkeit in solchen Dingen erlaubte. Sie war eine ausgezeichnete Sekretärin.

Der Funkstreifenwagen stand vor der Tür des Hauses Neumannstraße dreizehn. Oben, im achten Stock, traf ich VP-Meister Schubert an, Leiter der Funkstreifenwagenbesatzung. Er ließ mich eintreten. Die Genossen hatten die Tür bereits gewaltsam geöffnet. Wir waren allein in der Wohnung. Ich schaute mich um.

»Tür war verschlossen?«

»Verschlossen.«

»Schlüssel?«

»Nicht zu finden.«

Eigenartig.

Ich stand im Korridor und begann dort sofort mit der lang geübten, mir eigenen und immer wieder von mir angewandten Methode der Tatortbesichtigung. Ich begann zu fotografieren, und zwar mit den Augen. Alles, was sich mir optisch darbot, begann ich mir einzuprägen. Ich schaute mich also um: Frisierkommode, Garderobenhaken, daran ein Mantel, eine Jacke, eine Schürze, daneben ein Schlüsselbrett, ein Kammkasten. Nirgendwo waren Wohnungsschlüssel abgelegt. Und die Wohnungstür war verschlossen!

Würde es sich um Selbstmord handeln, müßte sich die Frau selber eingeschlossen haben. Merkwürdig, wo hatte sie dann die Schlüssel gelassen? Aus dem Fenster geworfen? Wenn ja, warum? Die fehlenden Wohnungsschlüssel waren ein Fakt, über den es nachzudenken galt. Ich betrat das erste Zimmer: fast leer.

»Sie ist erst eingezogen, sagt der Nachbar.« Schubert wies auf die Kisten inmitten des Raumes. »Vor acht Tagen, noch nicht einmal ausgepackt.«

»Was weiß der Nachbar noch?«

»Nichts. Er ist Rentner, hat mittags seinen Hund runterführen wollen, da bemerkte er den Gasgeruch. Hat gleich die Feuerwehr verständigt, aber leider zu spät. Der Arzt war auch schon hier. Der Totenschein liegt drinnen auf dem Tisch.« Schubert wies mit der Hand zum Nebenzimmer.

Die Fenster des Zimmers waren weit geöffnet. Sie gaben die Sicht auf eine Kleingartenanlage frei. Alles war grün. Wärme und Sonne waren zu spüren, Vogelgezwitscher zu hören. Und hier in der Kühle der Wohnung lag eine junge Frau. Tot.

Lag auf der Couch, mit dem Gesicht zum Fenster, zum Licht. Wären die Augen der jungen Frau geöffnet, und wäre sie am Leben, würde sie in den blauen Himmel schauen.

Ich stand vor ihr, etwas beklommen, wie immer beim Tod eines Menschen, mit dem ich beruflich konfrontiert wurde. Diesmal war ich jedoch betroffen. Die Jugend dieser Frau rührte mich. Ein sehr hübsches Mädchen. Das Gesicht gebräunt, die Haut glatt, noch gespannt. Dunkle, fast schwarze Haare, schulterlang, lokker herabfallend. Unter der Bräune der Haut zeigte sich schon die Fahlheit des Todes.

Das Mädchen lag fast unbekleidet. Es trug nur einen Büstenhalter und ein Höschen. Die Hände waren über den Leib gelegt. An den aufliegenden Körperpartien wie Rücken und Waden zeigten sich stark ausgebildete Totenflecke in der für CO-Vergiftungen typischen rötlichen Farbe, eigenartigerweise aber auch an der mir zugewandten rechten Körperseite. Hier waren sie schwächer, als wären sie schon zurückgegangen. Das Mädchen mußte, schon tot, in eine andere Lage gebracht worden sein. Ich würde später den Gerichtsmediziner konsultieren.

Als ich den Blick Schuberts hinter mir spürte, zog ich behutsam, als könne ich sie wecken, die Schlafdecke über ihren Körper. Das Gesicht ließ ich frei. Es sah friedlich aus. Die Augen waren nicht geschlossen, aber auch nicht offen. Immer waren die Augen von Toten einen Spalt geöffnet, als wollten, sie noch ein wenig von dem erspähen, was um sie herum vor sich ging. Ich berührte die Lider und drückte sie zu.

»Wo ist der Ausweis«, fragte ich Schubert leise. Er übergab ihn mir.

»Lag kein Abschiedsbrief auf dem Tisch?«

»Nein, nichts. Ich habe mit Oberwachtmeister Hermann alles durchgesehen, hier auf den Möbeln und in den Schubfächern.«

Ich war wütend, aber froh, mich abreagieren zu können.

Warum gingen sie an die Schränke, bevor die Kriminalpolizei am Ort war. Als ich loslegen wollte, sagte Schubert, als hätte er meine Gedanken geahnt: »Der Nachbar Hempel war dabei.«

»Das ist es nicht. Meine Arbeit möchte ich gern allein tun«, entgegnete ich recht barsch. Schubert reichte mir den Totenschein. Todesursache: Kohlenoxidvergiftung. Vermutlicher Todeseintritt: zwischen neun und elf des heutigen Tages. Ich schaute auf die Uhr. Es war eins. Die Küche war schon eingerichtet. »Wie haben Sie die Gashähne vorgefunden?«

»Beide Hähne vom Gasherd waren nicht einmal halb aufgedreht. Das Gas muß ziemlich lange ausgeströmt sein, ehe die Wirkung eintrat«, antwortete Schubert. »Der Gasfritze war hier, hat die Leitung geprüft. Schadhafte Stellen sind nicht gefunden worden. Den Haupthahn hat er abgedreht und dort oben noch eine Zuleitung.«

»Wurde hier etwas verändert?«

»Nein, es ist alles so geblieben, wie ich es mit den Genossen der Feuerwehr vorgefunden habe. Ich weiß doch, wie ich mich verhalten muß«, setzte er mit vorwurfsvollem Unterton hinzu. Auf dem Herd stand ein leerer Teekessel, neben der Kochfläche war alles trocken. Kein Wasser war verdampft oder übergelaufen. Ich stand vor einem Rätsel. Die Umstände in der Küche deuteten nicht darauf hin, daß es sich um einen Unfall handelte. Selbstmord? Aber warum kein Abschiedsbrief? In den meisten solcher Fälle wurde einer hinterlassen. Mord? Die Wohnungsschlüssel waren nicht zu finden. Und jemand hatte die Tote in eine andere Lage gebracht. Ich wurde unruhig. Doch rechtzeitig erinnerte ich mich verschiedener anderer Fälle, in denen einige Umstände recht mysteriös erschienen, sich später aber aufklärten. Vielleicht würde die Obduktion mehr ans Tageslicht bringen.

»Hat sie Verwandte?« fragte ich Schubert.

»Der Nachbar weiß nichts über sie, nur wo sie, arbeitet. Im VEB Robotur, als Mechanikerin. Besucher sind hier nicht bemerkt worden.«

»Schauen wir noch einmal in die Schubfächer. Ich brauche von ihr Schriftmaterial.«

Das war eine Vorsichtsmaßnahme, aber es konnte ja sein, daß sich woanders ein Abschiedsbrief anfand oder jemand von der Verwandtschaft noch Post von ihr bekam, die Aufschluß über ihren Tod gab.

Wir holten wieder Nachbar Hempel. Obwohl es keine Wohnungsdurchsuchung war, sollte er dabeisein, wenn wir uns ein wenig umsahen.

Hempel setzte sich auf einen der Sessel, mit dem Rücken zur Toten. Manchmal wagte er einen schüchternen Blick hinter sich.

Ich fand einige Briefe. Sie kamen aus einem kleinen Ort in der Nähe von Wernigerode. Der Anrede und Unterschrift konnte ich entnehmen, daß es sich bei der Schreiberin um die Mutter der Toten handelte.

Ein Brief trug eine andere Handschrift. Er lag versteckt zwischen Schulungsunterlagen. Die Anrede lautete: »Mein geliebtes

Röschen.« Die Unterschrift: »Dein Freddy.« Der Brief war zwei Jahre alt. Ein Umschlag war nicht bei. Ich nahm ihn an mich. Dann fand ich von Rosemarie Detlof einige Hausarbeiten, die sie als Fachschülerin zum Erwerb ihres Facharbeiterbriefes mit zierlichen steilen Buchstaben geschrieben und zensiert zurückerhalten hatte. Es waren gute Zensuren. Das war Schriftmaterial, wie ich es brauchte.

Als ich in die fremden Schränke sah, Einblick nahm in die private Welt der toten jungen Frau, wurde mir wieder bewußt, daß meinem Beruf eine besondere Pflicht anhaftete: Ich mußte in das Intimleben eines Fremden eindringen, seine emotionalen Bindungen zu anderen bloßlegen, mußte vorstoßen zu verborgenen Leidenschaften und streng Behütetes aufdecken. Dabei bot sich mir die Möglichkeit, seelische Konflikte dieses Menschen zu erkennen, die nahestehenden Personen oft verborgen blieben. Indem ich seine Probleme im nachhinein durchlebte, an ihnen teilhaben mußte, gelang es mir, Klarheit zu gewinnen, warum sein Leben so endete. Da wurde Vergangenheit zur Gegenwart.

Mich beschlich erneut diese Beklommenheit, ich fand meine Handhabungen pietätlos und peinlich dem gegenüber, der gleich mir im Raum anwesend war: diesem Mädchen, das unbeweglich und ohne Pulsschlag dalag. Ich fühlte mich beobachtet. Aber das waren nur Sekunden, eine blitzartige Regung, sofort wieder bezwungen.

Zunächst mußte ich mehr über die Tote wissen. Wie war sie, lebensbejahend oder depressiv? Mit wem war sie befreundet, wer konnte Auskunft über sie geben? Wie lebte, wie arbeitete sie und welche Neigungen und Eigenschaften prägten ihren Charakter?

Aus Hempel war nichts weiter herauszuholen. Beim Einzug Fräulein Detlofs in die neue Wohnung hatte er geholfen.

»Was war Fräulein Detlof für ein Mensch«, fragte ich ihn.

»Ein nettes Mädel, sehr ruhig fand ich. Ein bißchen zu ruhig.«

»Hat es mit Ihnen über persönliche Dinge gesprochen?«

»Nein. Als ich sie fragte, ob sie denn keine Eltern oder Geschwister habe, die ihr beim Umzug helfen könnten, hat sie erzählt, daß sie nur die Mutter hat. Sie ist gehbehindert und wohnt im Harz. Übrigens haben einige Kollegen ihrer Brigade beim Umzug geholfen.«

»Können Sie sich an diese Leute erinnern, an Namen, Aussehen und so weiter?«

»Ja, schon. Eine ältere Kollegin, so eine dicke, war dabei. Sie redeten sie auch alle mit ›Dicke‹ an. Dann zwei junge Burschen, einer ein bißchen älter, einer ein bißchen jünger als Fräulein Rosemarie.«

»Hatten Sie den Eindruck, daß sie mit einem der beiden jungen Männer befreundet war?«

»Nein, das glaube ich nicht. Fräulein Rosemarie war sehr zurückhaltend. Sie ging nicht auf alle Späße ein.«

»Wie sprach sie diese jungen Männern an?«

»Das weiß ich nicht mehr. Oder warten Sie mal. Einer hieß Tommy oder Ronny. Nein, Ronny war es, und der andere?« Hempel überlegte. Er kam nicht darauf. »Aber der andere war ein hübscher Bengel. Wissen Sie, so ein Typ, auf den junge Mädchen fliegen. Groß, schlank, schwarze Haare. Der Ronny sah dagegen ein wenig mickrig aus.«

Jetzt muß ich mich entscheiden: Die Fakten sprachen gegen Selbstmord. Die MUK verständigen oder nicht? Einen Fehler konnte ich mir nicht leisten. Aber eine halbe Sache abgeben?

»Kommen Sie«, forderte ich Meister Schubert auf. Die Entscheidung war gefallen. Wir verließen gemeinsam die Wohnung. Ich mußte zügig arbeiten. »Leichensachen sind Sofortsachen.«

Mir gegenüber saß die Meisterin. Etwa fünfzig Jahre alt, offenes, breites Gesicht, rundliche Figur. Die »Dicke«, vermutete ich. Frau Neumann war aufgeschlossen, nicht ohne Neugier. Wir saßen im Meisterbüro, einem verglasten Kasten in einer Ecke der Werkhalle. Gelegentlich warf einer der Arbeitenden einen verstohlenen Blick zu uns herüber. Ich kam mir vor wie in einem Aquarium.

»Wo ist Kollegin Detlof heute?«

»Die hat doch nich etwa wat ausjefressen«, kam die Gegenfrage.

»Nein«, antwortete ich. »Warum, sollte sie?«

»Ach, nur so 'ne Redewendung, wissen Se. Hätte mir och sehr jewundert. Bei Rosemarie ist nischt unreellet drin. Aber heute morjen war se wech. Ick versteh det nich, verstehn Se. Weil Se doch sonst so 'ne pünktliche Kollejin is. Und det Eijenartje: Denn hat se och jemand entschuldicht, so jejen halb zwölfe kam een Anruf beis Lohnbüro. Warten Se ma – Ronny, komm ma bitte her«, rief sie.

Es war ein schmales, spillriges Bürschen mit breiter Nase, etwas grobem Mund, braunen, wuschligen Haaren, wirkte nicht unsympathisch.

»Sach ma, wer hat heute eijentlich Rosemarie mits Telefon entschuldicht und wann war'n det jenau«, fragte sie ihn.

Ronny blickte mich an und nestelte an seinem Jackenknopf.

»Ein Mann hat angerufen, sagt die Bauern vom Lohnbüro. Weiß nich, wie der heißt. Angeblich isse krank, die Rosi. War so gegen halb zwölf. Die Bauern sollte uns gleich Bescheid sagen. Weil du gerade nich da warst, bin ich ans Telefon jegangen. Det ist alles.«

»Kannst jehen, danke.« Er ging, sah sich noch einmal um, fragend.

Frau Neumann warf einen Blick auf die Uhr in der Werkhalle. Es war bereits vierzehn Uhr dreißig. »Du meine Jüte, schon so spät.«

Ich antwortete nicht. Es hatte jemand angerufen. Wer bloß?

»Was is los, sagen Se's doch. Is dem Mädel wat passiert? Unters Auto jekomm?« vernahm ich ihre Stimme.

»Sagen Sie, wer könnte dieser Mann gewesen sein, der Rosi entschuldigt hat?«

Sie schüttelte den Kopf. »Ick hab keene Ahnung. Jlauben Se mir, staune ja selber. Warum interessiert Se denn det?« Ihr Ton war drängender geworden.

»Weil Fräulein Detlof ...«, begann ich, »weil Fräulein Detlof tot ist.«

Frau Neumann starrte mich ungläubig an. Ihr Mund öffnete sich. »Tot ist«, wiederholte sie. »Aber es hat se doch jemand entschuldicht«, flüsterte sie mehr zu sich selbst.

»Ja, Frau Neumann, das ist schon eigenartig. Aber Näheres kann ich Ihnen im Moment auch noch nicht sagen. Bitte, haben Sie Verständnis dafür. Aber erzählen Sie mir alles, was Sie über Rosemarie Detlof wissen, vor allem, in welcher Verfassung sie gestern war.«

Frau Neumann schluckte. »Det arme Kind.« Tränen standen ihr in den Augen.

»Rosemarie ist seit vier Jahrn hier im Betrieb. Se hat hier jelernt, Feinmechanikerin. Die Arbeit machte dem Mädel Spaß, hat richtig ranjeklotzt. Sehr fleißig, sehr ehrgeizig. Sehen Se ma, den Facharbeiterbrief hat se ja mit bestem Erjebnis vor zwei Jahrn jemacht. – Meine Jüte, und nu isse jestorben. So jung ... War et vielleicht een anderer Unfall?«

Als ich nicht antwortete, erzählte sie weiter.

»Se haben Rosemarie jesehen? Hübschet Mädel, nith? Und intellijent. Aber sehr ruhich und stille, verstehn Se. Hätte viele Freunde haben können, hier aus'm Betrieb. Aber se wollte wohl nich. Det arme Mädel. War nich so eene, die gleich auf jeden fliecht, wat anfängt, fallenläßt und sich wat Neuet sucht: Rosemarie wußte immer, wat se wollte. Se hatte 'nen Standpunkt, 'ne eijene Meinung, die se ooch zu vertreten wußte. Nur sehr alleene war se eijentlich immer. Ick meine, daß se kaum engeren Kontakt zu Kollejen hatte. Höchstens zu der Anneliese Pfeiffer.«

»Und wie standen die Kollegen zu ihr?«

»Det war ein jutes, aber keen enges Verhältnis. Kameradschaftlich, versteht sich. 'n paar halfen ihr ooch beim Umzuch.«

»Und Ronny, wie stand sie zu dem?«

»Nich anders als zu die übrijen. Aber der Junge verehrte se. Ick jlaube, se machte sich nischt draus. Aber eenmal war se mit ihm int Kino, hat se mir selbst erzählt. War wohl mehr so aus Mitleid.«

»Hatte sie noch andere Verehrer, hier aus diesem Betrieb?«

Frau Neumann überlegte. »Alexander, der Schöne, war ooch hinter se her. Nich so schüchtern und plump wie Ronny, überlejener, souveräner. Aber da spielte sich nischt ab. Und soweit ick Alexandern kenne, kann der ooch schnell beleidicht sein. Er weeß seine Schönheit zu schätzen.«

»Aber beim Umzug, da hat er doch mitgeholfen?«

»Ja, hilfsbereit is er.«

»Und andere Männer, gab es die in ihrem Leben?«

»Ick jloobe nich. Se sprach mit mir nich über solche Dinge ... Aber ick denke, man hätte ihr det Jlücklichsein anjemerkt, wenn da wat jewesen wäre. Und so richtich jlücklich schien se mir eijentlich nie. Se war'n bißchen schwermütig.«

»Wissen Sie vielleicht etwas über ihre familiären Verhältnisse?«

Frau Neumann erzählte mir, was ich bereits von Hempel wußte.

»Wie se eijentlich nach Berlin jekommen ist, weeß ick nich«, fuhr sie dann fort. »Rosi hat et sehr bedrückt, daß se sich nich so um Muttern kümmern konnte, wie se wollte – die arme Frau, nu steht se alleene da.«

»Gibt es keine anderen Verwandten?«

»Nein, soweit ick weeß, nich. Weder Jeschwister noch andere Verwandte. Auch keene näheren Bekanntschaften in Berlin. Se wollte Muttern nach Berlin holen. Deshalb hat se ja ooch die Zweizimmerwohnung jekriecht. Allet war schon jeregelt. Se hat sehr an ihrer Mutter jehangen.«

»Wer könnte mir hier aus dem Werk mehr über Rosi sagen?«

»Fragen Se am besten Anneliese Pfeiffer. Det is die einzije, die wat sagen könnte. Soll ick se rufen lassen?«

»Sagen Sie mir nur, wo ich sie finde. Aber Sie haben mir immer noch nicht meine Frage beantwortet, Frau Neumann: In welcher Verfassung war Rosi gestern?«

Frau Neumann überlegte. Ihr war gestern nichts Besonderes an ihr aufgefallen.

»Sorgen Sie doch bitte dafür, daß die Kollegen der Brigade bei Arbeitsschluß nicht gleich nach Hause laufen. Ich würde mich gern noch mit ihnen unterhalten«, bat ich Frau Neumann.

In Halle drei fand ich Anneliese Pfeiffer.

Sie war nicht nur ein körperlich kräftiges Mädchen, sondern auch in ihrem Auftreten sehr robust, etwa zwanzig Jahre alt. Ungeschickt stolperte sie in das Meisterbüro. Wir waren allein. Als ich ihr den Tod Rosis beibrachte, konnte sie sich kaum beruhigen.

»Und gestern abend sagte sie noch, daß sie ganz groß ausgehen will«, brachte Anneliese dann heraus.

»So, und war sie es?«

»Ich weiß nicht genau. Heute morgen haben wir uns nicht mehr gesehen.«

»Wo wollte sie denn hingehen?«

»Zuerst ins Theater, ich glaube ins Deutsche Theater, und dann in ein Weinrestaurant.«

»Wissen Sie, mit wem sie ausgehen wollte?«

Anneliese druckste herum.

»Das Restaurant hat sie nicht genannt«, sagte sie, statt meine Frage zu beantworten. »Wie ist das denn eigentlich passiert?«

»Das sage ich Ihnen später. Sie würden Rosemarie einen guten Dienst erweisen, wenn Sie mir alles erzählen, was Sie über ihr Leben wissen.«

»Ich möchte Rosi nichts nachreden. Sie müssen das verstehen. Rosi war ein prima Kumpel.«

Wieder fing sie an zu weinen.

»Das brauchen Sie auch nicht. Kommen Sie, gehen wir auf den Hof, da können wir ein bißchen hin und her laufen.«

Draußen auf dem Betriebsgelände war die Luft ein wenig besser als in der Halle, obwohl auch hier angefüllt mit Geruch von Eisen, Teer und Karbid. Sie verdrängten aber den Gasgeruch, den ich immer noch zu spüren glaubte.

»Also gut, sie hatte einen Freund«, sagte Anneliese. Einen Freund, überlegte ich. Demnach war sie doch nicht so kontaktlos, wie bisher angenommen wurde.

»Wer ist dieser Freund? Wissen Sie, wo er arbeitet oder wohnt?«

Sie antwortete nicht. Ich fühlte, daß ihr Rosemarie sehr nahegestanden haben muß.

»Hören Sie, Fräulein Pfeiffer«, sagte ich und faßte sie unter. »Rosemarie hat entweder Selbstmord begangen, oder jemand hat sie umgebracht. Wie denken Sie darüber?«

»Was?« Anneliese war schockiert.

»Rosemarie sich das Leben genommen? Nein, das glaube ich nicht. – Still war sie ja immer und dann ein bißchen, wie soll ich sagen, verschroben. Ich meine, sie liebte so was wie Theater, ernste Musik, Bücher, und manchmal hat sie mir sogar Gedichte vorgelesen. Ich habe das nicht alles verstanden, aber mir hat es gefallen, und da habe ich ihr auch gern zugehört. Am Leben hat sie bestimmt gehangen.«

»Woraus schließen Sie das?«

»Ach, das spürt man doch! Wissen Sie, manchmal sind wir durch den Park gelaufen. Rosemarie war so begeistert von allem. Von den Blumen, den Vögeln, dem Wasser, eben von allem, was Natur ist. Manches Mal sind wir auch zusammen ins Grüne gefahren. Rosi ging gern in Wäldern spazieren, Laubwäldern, wo es schattig und kühl ist. Dort hat sie am meisten gesponnen.« Anneliese hielt inne. »Ich meine, dort hat sie eben von all den Geschichten geschwärmt, die auf der Bühne gespielt werden. Altmodische Geschichten aus dem Mittelalter mit Rittern, Burgdamen, Grafen und so. Aber wie gesagt, ich versteh ja nix davon. Die Vergangenheit ist mir schnuppe.«

Ich mußte lächeln. Ein unkompliziertes Mädchen.

»Rosi hat mir auch viel von ihrer Mutter und ihrer Kindheit erzählt. Da muß so ein riesengroßer Lindenbaum vor ihrem Haus gestanden haben. Von dem hat sie sehr oft gesprochen. Unter dem hat sie gespielt, mit ihrer Mutter darunter gesessen und sich Märchen ausgedacht. Die hat ihr auch immer Märchen erzählt. Sie ist in jedem Urlaub zu ihr gefahren.« Anneliese schwieg einen Moment. »Wenn sie von zu Hause kam, war sie allerdings immer ein bißchen traurig, weil sie ihre Mutter allein lassen mußte. Aber vor zwei Jahren, da hat sie gestrahlt. Ich hab sie kaum wiedererkannt. Sie war an der See. Mann, war die braungebrannt, war auch ganz anders als sonst. Sie hatte manchmal so einen ...« – Anneliese suchte nach dem richtigen Wort – »verklärten Blick«, ergänzte sie dann. Sie war in Gedanken versunken.

»Sprechen Sie ruhig weiter«, forderte ich sie auf.

»Sie hat mir nach einer Weile den Grund gesagt. Ein Mann steckte dahinter. Sie hat ihn in Berlin kennengelernt. In der zweiten Urlaubswoche kam er Rosi an der Ostsee besuchen, und dann sind sie zusammen zurückgekommen. Ich glaube, sie kannten sich schon eine ganze Weile. Und – vielleicht ein Jahr später war sie wie verwandelt. Der Kerl war noch mal für'n paar Tage mit bei ihrer Mutter, aber dann sprach Rosi nur noch wenig von dem ›Mann ihres Lebens‹, so nannte sie ihn immer. Wenn ich etwas Näheres wissen wollte, schwieg sie hartnäckig.«

»Sie wissen wirklich nichts weiter über diesen Mann?«

»Nein, leider. Ich habe ihn nur einmal flüchtig von weitem gesehen. Ich war irgendwie enttäuscht.«

»Warum?«

»Der Mann sah nach nichts aus, nicht besonders schick, nicht jung. Kein toller Mann, wenn Sie verstehen, was ich damit meine: Fünfundvierzig Jahre alt, schätze ich. Sah so verheiratet aus. Er war es auch. Später hat sie es mir erzählt!«

»Was haben Sie davon gehalten?«

»Na ja, sagen wir mal so: Erst hab ich gar nicht kapiert, warum sie gerade mit 'nem Verheirateten geht. Das hab ich sie auch gefragt. Na, Sie sollten mal gesehen haben, was sie da für Augen machte. Ihr kullerten sofort die Tränen. Da hab ich nichts mehr gesagt. Sie hat mir leid getan. Übrigens hat sie ihn auch nie offiziell mitgebracht, zu Brigadefeiern und so. Nicht nur vor den Kollegen, – sogar vor mir versteckte sie ihn.«

»Würden Sie diesen Mann wiedererkennen?«

»Erkennen ja, ich denke schon. Sein langes, bißchen blasses Gesicht vergesse ich nicht. Hat mich gewundert, wo er doch damals gerade von der Ostsee kam. Er ist groß, schlank. Hier im Betrieb arbeitet er bestimmt nicht. Da hätte ich ihn schon gesehen. Sie erzählte mal was von Studio-Technik oder so ähnlich. Hat was mit dem Fernsehen zu tun. Fährt mit einem Technikwagen durch die Gegend. Ist Leiter einer Arbeitsgruppe.«

»Noch eine Frage: Wie war Rosis gestrige Verfassung?«

»Meinen Sie vor dem Theaterbesuch oder danach?«

»Wie denn, Sie haben sie gestern nach dem Ausgehen noch gesehen?«

»Nein, gesehen nicht. Sie rief mich zu Hause an. Mein Vater hat ein Diensttelefon. Er arbeitet bei der Reichsbahn.«

»Ja, und?«

»Wir haben nur wenige Worte gewechselt. Sie sagte nur: ›Das war ein trauriges Stück. Am Ende haben sich die beiden nicht gekriegt.‹ Ihrer Stimme nach zu urteilen, war sie sehr bedrückt. Mir ist schon früher an ihr aufgefallen, daß sie nach Theaterbesuchen immer irgendwelche Stimmungen hatte. Mal war sie fröhlich, mal war sie niedergeschlagen und wollte am liebsten mit niemandem sprechen.«

»Und gestern nachmittag, als sie das Werk verließ?«

Anneliese dachte nach. »Wenn ich mir das richtig überlege? Da war was.«

Ich war gespannt.

»Das war, als wir uns verabschiedeten«, meinte sie dann. »Sie tat, als wollte sie erst nächste Woche wieder zur Arbeit kommen. Sie drückte meine Hand wie sonst was und sah mich so komisch an. Ich kann das gar nicht beschreiben. Habe ja auch nicht weiter darüber nachgedacht. Nur jetzt, wo sie tot ist ...«

Wir schwiegen. Also ahnte Rosi, was ihr bevorstand? »Was

war denn nach dem Theaterbesuch. Sie wollte doch groß ausgehen. Hat sie darüber nichts erzählt?«

»Ach so, ja, danach habe ich sie auch gefragt. Sie hat aber nix darauf geantwortet. Ich glaube, darüber wollte sie wieder einmal nicht sprechen. Als ich noch ein bißchen herumbohrte, sagte sie nur: ›Es ist nicht alles Gold, was glänzt‹, und nach einer Weile: ›Ich hab Angst, Anneliese.‹ Als ich sie fragte, wovor sie denn Angst habe, hat sie nur gesagt: ›Ach, nichts, es ist nichts weiter. Es wird schon wieder alles gut werden.‹«

Was konnte Rosemarie damit gemeint haben? Vielleicht würde mir die Brigade weiterhelfen können. Aber zunächst wollte ich die Gelegenheit nutzen, noch mehr über Rosemarie und deren Mutter zu erfahren.

»Eine Frage noch, Anneliese: Sagen Sie bitte, was wissen Sie außerdem über Rosemarie und ihre Mutter?«

»Nicht viel, glaub ich. Vielleicht noch das: Rosis Mutter ist sehr kirchlich eingestellt, ich meine, so richtig fromm, geht viel in die Kirche. Na, und Rosi hat wohl ein bißchen davon abgekriegt. Trotzdem, ein prima Kumpel.« Anneliese hatte wieder dieses Würgen im Halse.

»Erzählen Sie weiter«, forderte ich sie schnell auf. Anneliese erzählte mir noch einige Begebenheiten, Erlebnisse mit Rosi, die aber nichts Neues mehr erbrachten, keine Hinweise auf weitere Bezugspersonen enthielten. Ich bedankte mich bei ihr.

Im Umkleideraum saßen sie beisammen. Von Rosemarie Detlofs Tod waren sie schon durch Frau Neumann informiert worden. Im Raum war es still. Sie blickten erwartungsvoll auf mich, erhofften von mir Erklärungen. Der Reihe nach sah ich sie an. Frau Neumann, links von mir. Neben ihr Anneliese, dann eine ältere Kollegin – wie sich herausstellte, war sie es, die man »Dikke« rief –, dann Ronny hinten rechts am Tisch, davor ein älterer Kollege und vorn, mir rechts am nächsten sitzend, Alexander, der Schöne. Alexander war wirklich ein hübscher Junge. Groß, gut gewachsen, dunkles volles Haar, dunkelblaue Augen mit langen Wimpern. Eine frische Gesichtsfarbe, ein geschwungener Mund, ein festes Kinn. Er saß selbstbewußt und aufgerichtet am Tisch, eine Hand lag auf der Tischplatte, dicht neben einer Streichholzschachtel, die andere auf seinem Oberschenkel.

»Mir geht es darum, ein Motiv für Selbstmord oder Mord zu

finden. Können Sie mir dabei helfen?« Ich schaute in die Runde, versuchte alle Anwesenden in mein Blickfeld zu bekommen. Nichts rührte sich, keiner antwortete. Anneliese weinte still vor sich hin. Ronny hatte rote Augen, Alexander starrte auf seine Hand, die auf dem Tisch lag und nun mit der Streichholzschachtel spielte. Die Dicke räusperte sich zuerst. »Also so ist das«, sagte sie. »Selbstmord oder Mord.« Sie schwieg eine Weile. »Ich kann Ihnen weder zu dem einen noch zu dem anderen ein Motiv sagen. Beides kann ich nicht glauben.« Der ältere Kollege pflichtete ihr bei.

»Kennt jemand von Ihnen Rosemaries Freund«, fragte ich unvermittelt und beobachtete die an der rechten Tischseite sitzenden beiden jungen Männer. Ronny schreckte hoch, bekam einen roten Kopf. Die nüchtern ausgesprochene Tatsache von der Existenz eines Freundes schien ihn aus der Fassung zu bringen. Alexander starrte mich an, sah plötzlich weg und schluckte.

»Sie hatte einen Freund? Das ist das Neueste, was ich höre«, sagte die Dicke. »Nie was von gehört, oder?« Sie wandte sich an die anderen. »Die war doch immer allein«, fügte sie hinzu. Man gab ihr recht, nur Alexander regte sich nicht.

»Kennt jemand einen Freddy?« Wieder Schweigen. Nur Anneliese nickte. Also offenbar der Vorname des Freundes, der ihr vorhin nicht eingefallen war.

»Kann mir noch jemand einen Hinweis geben?«

Das war nicht der Fall. Ich bat Ronny, am nächsten Tag zu mir auf die Dienststelle zu kommen. Auch Alexander bestellte ich, zu einem späteren Zeitpunkt. Dann ging ich.

Draußen war es angenehm warm. Ich genoß die frische Parkluft intensiver als sonst. Vielleicht, weil ich gerade aus einem metallverarbeitenden Betrieb kam. Den Dienstwagen hatte ich längst weggeschickt. Was konnte ich heute abend noch auf der Dienststelle erledigen? Nichts. Backi würde das Notwendige einleiten und ermitteln. Ich setzte mich auf eine Parkbank und dachte an Rosemarie. Sie lag jetzt nicht mehr in ihrer Wohnung. Morgen im Laufe des Tages würde ich das Ergebnis der Obduktion erfahren. Als ich aufblickte, hatte ich unbeabsichtigt den Haupteingang von »Robotur« im Auge. Durch ihn verließen Grüppchen von Arbeiterinnen und Arbeitern das Werk. Auch Rosis Brigade kam, nicht geschlossen, jeder für sich, manchmal auch zwei miteinander. Alexander verabschiedete sich von Ronny und bog in die Fleischmannstraße ein. Soweit ich mich erinnerte, hätte er, um nach Hause zu kommen, mit der S-Bahn fahren müssen, und der Bahnhof lag in entgegengesetzter Richtung. Die Adressen aller Kollegen der Brigade hatte ich mir wohlweislich von Frau Neumann im Betrieb geben lassen.

Ich entschloß mich, ihm zu folgen, mußte mich aber beeilen, denn er hatte ziemlichen Vorsprung. Sich seinen Blicken zu entziehen, war nicht schwierig. Die Straßen waren zu dieser Zeit sehr belebt. Er lief in eine Seitenstraße hinein und blieb vor einem vierstöckigen Haus stehen, blickte nach oben zu den Fenstern und ging dann ins Haus. Ich konnte ihm nicht weiter folgen, ohne Gefahr zu laufen, von ihm gesehen zu werden. Es war gut, daß ich in etwa dreißig Meter Entfernung an der Straßenecke hinter einer Litfaßsäule stehengeblieben war, denn Alexander verließ im nächsten Moment schon wieder das Haus. Welche Absicht hatte ihn dorthin getrieben, und weshalb wurde sie wieder von ihm verworfen? Danach schlug er den Weg zum Bahnhof ein und fuhr wahrscheinlich nach Hause.

Ich betrat dieses Haus und betrachtete mir die Namen an den Briefkästen. Manche sauber auf weiße Kärtchen mit Schreibmaschine geschrieben, andere mit dicker, großer, farbiger Schrift in der alten deutschen Schreibweise direkt auf die Briefkästen gemalt. Ich notierte mir alle Namen. Welcher war für Alexander interessant? Wohnt hier Rosemaries Freund? Unter den Vornamen, soweit vorhanden, fand ich aber keinen Fred oder Alfred.

Am nächsten Tag würde ich die Meldekartei durchsehen lassen. Manchmal war die Arbeitsstelle vermerkt. Vielleicht traf jemand von den Bewohnern des Hauses vom Alter und Beruf her auf diesen Freund zu?

Ronny saß mir geraume Zeit gegenüber. Seine Augen hatten jene Traurigkeit noch nicht verloren, die gestern schon dem groben Gesicht einen Hauch von Schönheit verliehen hatte. Stille Wehmut ging von ihm aus. War er es, mit dem Rosemarie vorgestern abend ausgegangen war und der sie zum letzten Mal lebend gesehen hatte? Alles, was er mit brüchiger Stimme sagte, deutete nicht darauf hin. Seine Worte klangen glaubhaft. Ich spürte: Er hatte Rosemarie geliebt. War ungelenk, doch zaghaft in ihr Leben getreten. Vielleicht müßte ich besser sagen, sie trat in sein Leben, und er hatte auf seine Art versucht, ihr seine Liebe zu beweisen. Das entnahm ich den Zwischentönen seiner Worte. Da wußte er von ihren Sorgen um die Mutter, ahnte ein Geheimnis um einen Mann, das sie hütete. – Nein, er war es gewiß nicht, der mit ihr aus war. Er wollte sie so gegen acht Uhr abends besuchen, sagte er mir, aber sie war nicht zu Hause. »Sie hat jedenfalls nicht geöffnet. Ich habe auch kein Licht gesehen.«

»Und weshalb sind Sie zu ihr gegangen?«

»Sie war so merkwürdig vorgestern nachmittag. Ich kann es nicht erklären. Wie von einer inneren großen Freude erfaßt, die ich selten an ihr bemerkt habe. So erwartungsvoll, als würde sich an diesem Abend noch etwas Besonderes ereignen. Andererseits schien sie mir aber voller Angst. – Wissen Sie, so eine wechselnde Stimmung zwischen Freude und Kummer. Da habe ich mir Sorgen gemacht und wollte mal sehen, was los ist.«

Den Rest des Abends wäre er zu Hause gewesen. Die Eltern könnten das bestätigen. Sein Verhalten und Auftreten mir gegenüber festigten meine Überzeugung, daß er mit dem Tod Rosemarie Detlofs nicht in Verbindung zu bringen war. Am gestrigen Vormittag arbeitete er im Betrieb genau wie Alexander.

Dieser gab sich anders. Im Gegensatz zu Ronny trat er mir männlicher gegenüber. Sein Verhalten war von der Überzeugung geprägt, auf jede Frau anziehend zu wirken. Aufregung war ihm nicht anzumerken. Unauffällig musterte ich seine sportliche Figur, sein ebenmäßiges Gesicht. Ich hoffte, er merkte es nicht. Eng saßen ihm Jeans und Jacke, diese geöffnet wie auch die drei oberen Knöpfe seines hellblauen Hemdes, das den Blick auf eine gebräunte, ein wenig behaarte Brust freigab. Die dunklen, kräftigen Hände hatte er heute ruhig auf seine gespreizten Oberschenkel gelegt. Ich mußte mir eingestehen: Wäre ich zehn Jahre jünger, könnte ich mich in ihn verlieben. Wie gestern saß er aufrecht und selbstbewußt vor mir. Seine klaren blauen Augen waren auf mich gerichtet. Er hörte mir aufmerksam zu und antwortete ohne Emotionen. War er so kalt, wie er sich gab, und mit viel weniger innerer Anteilnahme als Ronny am Geschick Rosis interessiert, oder wollte er keine Gefühle zeigen? Ich mußte ihn aus der Reserve locken und versuchte es auf die trockene, direkte Art.

»Waren Sie mit Rosemarie näher befreundet?«

»Was verstehen Sie darunter?«

»Haben Sie mit ihr geschlafen?«

Alexander wurde rot. »Nein«, antwortete er.

»Wollten Sie?«

Meine Fragen waren ihm unangenehm. Weshalb? Weil eine Frau sie ihm stellte, oder weil er doch nicht so teilnahmslos und überlegen war?

»Ich weiß nicht, was Sie mit dieser Frage bezwecken. Ich möchte Sie Ihnen trotzdem beantworten. Aber nicht in einem Satz.«

»Bitte.«

»Ich habe bald gemerkt, daß Rosemarie nicht so eine ist, die gleich mit jedem geht. Das hat mir gefallen. Bei anderen hatte ich es leichter«, fügte er leise hinzu. »Ich glaube schon, daß ich mehr von ihr wollte. Aber eines war mir klar: Sie gehörte zu denen, die aufs Ganze gehen, sich nicht mit Halbheiten abgeben. Fest binden will ich mich in meinem Alter jedoch noch nicht.«

»Enttäuschte es Sie sehr, daß sie einem anderen den Vorzug gab?«

Alexander blickte einen Moment nach unten, als schämte er sich, vor mir eine Niederlage eingestehen zu müssen.

»Ja«, antwortete er dann ruhig. »Ein bißchen schon. Aber für mich war das gut so. Es war gut so«, wiederholte er, »weil ich glaube, daß sie für mich zu schade gewesen wäre.«

Er schwieg. Ich ließ ihm Zeit.

»Ich mochte sie gern, begriff sie, respektierte sie, aber dann ... dann hängt sie sich an einen solchen Fatzke, so einen miesen Spießer. Erkennt nicht, was mit dem los ist, läßt sich einwickeln von diesem, diesem ...« Er suchte nach Worten und fügte kaum hörbar hinzu: »Vergißt, wer ihre wirklichen Freunde sind.«

»Und wer ist dieser Fatzke, dieser Mann, dem sie Ihrer Meinung nach auf den Leim gegangen ist?«

»Ich weiß nicht, wie er heißt, kenne nur ein Haus, von dem ich annehme, daß er dort wohnt. Bin ihm einmal nachgegangen. Er ging doch nur zu ihr, nicht sie zu ihm, also verheiratet, dachte ich mir. Gestern abend hätte ich ihm am liebsten was erzählt. Habe mir das aber überlegt. Ich wußte ja auch nicht, an welcher Wohnungstür ich klingeln sollte.«

»Was wollten Sie ihm denn erzählen?«

»Hat er etwa nichts mit ihrem Tod zu tun?«

Ich antwortete nicht. War alles echt, was Alexander sagte?

»Haben Sie einen plausiblen Grund, diesen Mann so zu hassen?«

»Ich weiß nicht, ob ich ihn hasse, aber finden Sie es richtig, wenn ein verheirateter Mann einem Mädchen, das viel jünger ist als er, das gut aussieht und ein bißchen weltfremd ist, den Kopf verdreht und sich dann nicht entscheiden kann?«

»Vielleicht war schon eine Entscheidung gefallen? Sie können sich doch denken, so etwas geht nicht von heute auf morgen.«

»Es geht aber auch nicht über zwei Jahre. Ein Mann muß doch irgendwann wissen, was er will.«

»Hat sie jemals mit Ihnen darüber gesprochen?«

»Ja und nein, nicht so offen. Ich weiß, sie litt darunter, daß er nicht frei war. Als ich sie einmal fragte, wie lange sie sich das noch mit ansehen will, hat sie gesagt: ›So schnell gebe ich die Hoffnung nicht auf.‹ Und ich hatte den Eindruck, daß er sie ab und zu seelisch aufmöbelte. Wer weiß, was er ihr alles versprach. Dann muß er sie aber immer wieder enttäuscht haben. Und deshalb habe ich eine solche Wut auf den Kerl, können Sie das nicht verstehen? Vielleicht hat er sie sogar umgebracht?«

»Wenn alles so ist, wie Sie erzählen, kann ich Sie schon verstehen«, entgegnete ich, ohne auf seine letzte Frage einzugehen. »Aber sagen Sie mir, wo waren Sie vorgestern abend?«

»Zum Training. Ich spiele Fußball. Danach saß ich noch mit Freunden zusammen.«

Ich ließ mir Namen und Anschriften nennen.

»Welchen Eindruck hatten Sie vorgestern von Rosemarie?«

»Wir haben uns nur wenig gesehen, weil sie mit der Pfeiffer in Halle drei arbeitete. Nach Feierabend habe ich noch auf sie gewartet, aber sie ist schon vor mir aus dem Betrieb gegangen, mußte es diesmal sehr eilig gehabt haben, denn im allgemeinen gehört sie nicht zu den Überpünktlichen, was den Feierabend anbetrifft.«

Ich bedankte mich und verabschiedete Alexander.

Der Obduktionsbefund war da. Backi brachte ihn mir. Der Bericht bestätigte meine Vermutung: Außer Kohlenoxidvergiftung gab es keine andere Todesursache. Verletzungen irgendwelcher

Art wurden nicht festgestellt. Doch ein Detail im Obduktionsbericht ließ mich aufhorchen, warf neues Licht auf die Sache: Rosemarie Detlof war im dritten Monat schwanger gewesen! Das hätte vor Jahren vielleicht noch ein Grund für einen Selbstmord sein können, aber heute doch nicht mehr. Eine unerwünschte Schwangerschaft war doch kein Problem für eine Frau in unserem Staat. Aber sie konnte unter Umständen den Erzeuger in Schwierigkeiten bringen, zum Beispiel dann, wenn sie ihn zwang, sich zu entscheiden, wenn dieser Mann zu jenen Menschen gehörte, die unentschlossen sind, wichtige Entscheidungen immer von anderen erwarten oder diesen der Bequemlichkeit halber aus dem Wege gehen.

Konnte das ein Grund für diesen Mann sein, das Mädchen umzubringen? Nämlich wenn sie das Kind unbedingt haben wollte? Ein Umstand mehr, der für Tod durch dritte Hand sprach. Hinzu kam ein weiteres Ergebnis der gerichtsmedizinischen Untersuchung. Es bestätigte meine Annahme: Die Tote hatte zuerst auf der Seite gelegen, und dann hatte sie jemand auf den Rücken gedreht. Wer veränderte die Lage der Toten und warum?

Noch immer konnte ich mich nicht entschließen, die MUK zu verständigen. Der Fall war außergewöhnlich.

Rechtfertigte das mein weiteres Vorgehen? Ach was, ich würde schon eine Erklärung dafür finden. Ich selbst mußte noch mehr Licht in die Sache bringen. Welche Gründe gab es für den Tod des Mädchens, ob gewollt oder nicht gewollt? Wer trug die Schuld daran? Eine Möglichkeit weiterzukommen, bot mir gewiß das Gespräch mit Rosis Mutter. Sie war bereits verständigt.

Eine kleine zierliche Frau, durch einen Körperfehler behindert, saß vor mir. Immer wieder griff sie zum Taschentuch, wischte sich die Augen, weinte, konnte nicht fassen, daß das einzige, was sie auf der Welt hatte, nicht mehr am Leben war.

Schnell faßte sie Vertrauen zu mir. Es schien ihr angenehm, einer Frau gegenüberzusitzen, sie schüttete mir ihr Herz aus. »Ich hätte mich mehr um sie kümmern müssen. Mein kleines Mädchen, allein in dieser großen Stadt, was hatte sie schon?« Mit Tränen in den Augen sah sie mich verzweifelt an. Ich blätterte hastig in den Akten, um meine Erregung zu verbergen.

»Glauben Sie mir, Rosi war ein gutes Kind – und aufrichtig. Sie hat alles für mich getan, alles!« Sie schluchzte.

»Mein kleines Mädchen«, wiederholte sie immer wieder, »warum mußte sie sterben?«

»Glauben Sie, daß Ihre Tochter freiwillig aus dem Leben geschieden ist?«

Erschrocken fuhr sie auf. »Nein, niemals, sie würde mich nicht allein auf der Welt zurücklassen. Das kann ich nicht glauben.«

»Dann hat jemand sie Ihrer Meinung nach ...?« Ich beendete den Satz nicht.

»Ach, ich weiß nicht. Vielleicht war es doch ein Unglücksfall, es muß ein Unglücksfall gewesen sein.«

»Frau Detlof, es spricht nichts dafür. Wir müssen mehr über Rosemarie wissen, über ihren Bekanntenkreis.«

Frau Detlof begann zu erzählen. Sie holte weit aus, sprach erst von sich, dann von Rosi.

»Meine Jugend war schön, ja ...« Versonnen sah sie aus dem Fenster, den Blick in die Ferne gerichtet. »Ich habe nicht darunter gelitten, das müssen Sie nicht glauben.« Sie bedeutete mit ihrem Blick, daß sie ihren Hüftfehler für unerheblich ansah.

»Er liebte mich auch so.« Ich unterbrach sie nicht, ließ ihren Gedanken freien Lauf.

»Damals wohnte ich noch in Borsfeld – es war ein kleines Dorf – bei einem Bauern. Meine Eltern waren nach dem Krieg in Landsberg geblieben. Ich hab beim Bürgermeister gearbeitet. Georg kam gerade aus der Gefangenschaft, wußte nicht, wohin. Ein hochanständiger junger Mann.«

Ich nickte, wie zur Bestätigung, nichts anderes erwartet zu haben.

»Was wollen Sie. Ich war jung, und er war jung. Da passierte es eben.«

Wieder nickte ich und verfolgte aufmerksam ihren Ausflug in die Vergangenheit.

»Seine Eltern waren mit einer Heirat nicht einverstanden. Ich hab diese Leute nie kennengelernt. – Der liebe Herrgott hat wohl alles so gewollt. Und ich habe seine Prüfung bestanden.« Sie schwieg.

»Georg war's auch sehr schwer ums Herz, als wir uns trennen mußten. Seine Frau war verschollen, er mußte sie doch suchen«, entschuldigte sie ihn.

Ich war überrascht. So war das also. Er war nicht mehr frei, hatte ihr Zimmer nur als Zwischenstation benutzt, und dann kam Rosi.

»Ihr sollte es nicht so gehen, Rosi verdiente Glück«, rief sie in völlig verändertem Tonfall, dessen Härte den ganzen Hader mit ihrem Schicksal ausdrückte.

»Es war nicht leicht, das können Sie mir glauben.« Mit heftigem Kopfnicken unterstrich sie ihre Worte. »Meine Eltern, meine Geschwister, was denken Sie, sogar die Tanten, alle schimpften sie auf Georg. Der konnte doch gar nichts dafür. Der hat mich doch geliebt. Was sollte er denn machen, wenn die Eltern absolut nicht wollten? Du sollst Vater und Mutter ehren, nicht wahr? Stimmt doch?« Wieder nickte ich und begriff: Frau Detlof vermochte Wunsch und Wirklichkeit nicht voneinander zu trennen.

»Und ich habe recht behalten«, sagte sie stolz. »Rosi ist ein braves, intelligentes Kind geworden. Sie hat mich über alles geliebt. Wir sind ja dann auch aus Borsfeld weggezogen. Die neue Wohnung am Rande unseres Dorfes war viel schöner – und der große Lindenbaum vor unserer Tür ... Alles war so schön.«

Ihren weiteren Worten konnte ich entnehmen, daß sie wieder als Schreiberin und später als Übersetzerin arbeitete. Ihre Übersetzungen lieferte sie einem Verlag in der nahen Kreisstadt. Sie hatte ehrgeizig, wie sie sich selbst einschätzte, gelernt, viel gelernt. Fremde Sprachen, die sie in ihren Träumen in fremde Länder führten. Von ihnen erzählte sie ihrer Tochter, die ihr begeistert zuhörte.

»Ja, da konnte ich mitreden. Meine Kollegen in der Stadt staunten, was ich alles wußte. Da machte mir keiner so leicht etwas vor.«

Sie hatte das kürzere Bein ausgestreckt, das andere angewinkelt. Mit steifem Arm drückte sie ihre Hand wie zur Bekräftigung mehrmals heftig auf den Oberschenkel des ausgestreckten Beines.

»Schön war es in unserem Dorf. Aber das Leben heutzutage ist anders. Rosi wollte heraus aus dem Dorf, hinein in die Stadt, einen praktischen Beruf erlernen. Was gab's da schon bei uns, Industrie überhaupt nicht. So ist sie eben weggegangen von mir, vom Dorf, nach Berlin. Eine Schulfreundin hat sie dazu überredet. Was sollte ich machen? Ich wollte ja, daß sie etwas Besseres wird. Vielleicht Lehrerin, Kinderärztin ... Aber sie hatte sich in den Kopf gesetzt, etwas Technisches, Handwerkliches, zu erlernen. ›Na bitte‹, hab' ich da gesagt, ›vielleicht kannst du sogar deinen Ingenieur machen.‹ Und das wollte sie auch.«

»Wer ist Freddy, Frau Detlof?« fragte ich, um auf das Thema zu kommen. Meine Frage brachte sie in die Wirklichkeit zurück, konfrontierte sie wieder mit dem, was sie immer noch nicht glauben wollte: mit dem Tod ihrer Tochter.

»Woher wissen Sie von Alfred?«

»Ich habe einen Brief von ihm gefunden«, gestand ich ihr.

Frau Detlof senkte den Kopf. »Alfred Neuenfeld. Er machte damals einen guten Eindruck auf mich.«

»Wie begann das seinerzeit?«

»Rosi war verändert. Das hab ich ihr angemerkt. Es war vor mehr als zwei Jahren. Sie blieb nicht ihren ganzen Urlaub bei mir. Einen Teil davon verbrachte sie an der See. Mir ist es sehr schwergefallen, sie für diese Zeit auch noch zu entbehren. Natürlich war mir klar, daß sie eines Tages einen Mann kennenlernen wird, der sie glücklich macht. Schließlich erzählte sie mir nach dem Urlaub von ihm.«

»Und was?«

»Ein sehr solider Mann, nicht so ganz jung und keiner von denen, die wenig Bildung haben, wissen Sie. Sie sagte: ›Mammi, der ist gut zu mir, der weiß was, von dem kann ich viel lernen.‹ Und sie hatte recht. Ich habe ihn ja selber kennengelernt. Er interessierte sich für Kunst und Literatur, nicht nur für die im eigenen Land, nein, auch für die fremder Länder. Nebenbei bemerkt, er war auch beruflich mit der Kunst verbunden. Er kam viel herum und wollte Rosi die Welt zeigen.«

»Und Ihr persönlicher Eindruck?«

»Sehr wohlerzogen. Er brachte mir immer Blumen oder kleine Geschenke mit.« Sie betonte das Wort »immer«.

»Und sonst?«

»Na ja, wissen Sie, der erste Eindruck war wirklich gut. Er hat uns auch Fotos aus anderen Ländern mitgebracht. Schließlich wollte er mich sogar mal auf eine Reise mitnehmen. Bestimmt hat er damals ernste Absichten gehabt.«

»Und dann?«

»Es waren wohl leere Versprechungen«, fuhr sie resigniert fort. »Später ist er nur noch selten nach Langenfeld gekommen, wohl mehr auf Drängen Rosemaries. Er ging mir aus dem Wege. Vielleicht befürchtete er Fragen. Ich hab' aber nicht gefragt, ihn nicht. Rosemarie sollte mir's sagen. ›Ach, laß mal, Mammi‹, hat sie geantwortet, ›mach du dir nur keine Sorgen.‹« Wieder standen Frau Detlof Tränen in den Augen.

»Ich habe aber dann gemerkt, worin des Pudels Kern lag. Der Mann war verheiratet. Seine Frau ist eine Xanthippe, das hat mir Rosi gesagt, und so etwas gibt es ja. Sie wollte sich nicht scheiden lassen: Aber eins kann ich bis heute nicht verstehen: Warum hat der Mann nicht kurzen Prozeß gemacht? Die Welt von heute soll doch so modern sein. Hätte er da nicht einen Weg gefunden?«

»Hat Ihre Tochter mit Ihnen über dies Problem gesprochen?«

»Doch, doch. Sie hatte keine Geheimnisse vor mir«, beteuerte Frau Detlof. »Ich konnte ihr aber nicht helfen. Ich habe ihr geraten, auf eine Entscheidung zu drängen.«

»Was können Sie mir sonst noch über Herrn Neuenfeld sagen?«

Frau Detlof erzählte, was sie von ihrer Tochter über ihn wußte und was sie sich selbst zusammenreimte.

»Er arbeitete beim Fernsehen. Ob jetzt noch, weiß ich nicht. Dort hat er viel Prämien bekommen für seine gute Arbeit. Ein sehr tüchtiger Mensch. Ja, und seine Kollegen hielten wohl auch viel von ihm.«

»Hat Rosi denn welche kennengelernt?«

Einen Moment sah mich Frau Detlof fragend an. »Ich weiß nicht recht. Na, sehen Sie mal, er konnte doch nicht so, wie er wollte. Mit der Frau!«

»Was hat Rosi von ihr erzählt?«

»Ich sagte Ihnen doch schon, so ein Weibsbild, faul.«

»Das hat Rosi Ihnen erzählt?«

»Aber nein, nicht so. Nur von dem Hause und dem Auto und was sie alles mit in die Ehe gebracht hat. Na ja, und dann ist sie doch so um die fünfundzwanzig Jahre älter als Rosi.«

Aha. Also alles in allem hatte Neuenfeld ein gemütliches Zuhause. Dort eine Frau, einige Jahre älter als er, die sich nicht mit dem Gedanken abfinden wollte, daß ihr Mann sie verlassen könnte. Auf der anderen Seite ein junges, frisches Mädchen und dessen Mutter. Beide leicht zu beeindrucken, Träumerinnen, jede auf ihre Weise: Das hatte er offenbar schnell herausgefunden. Er begeisterte sie für sich. Ein Mann mit großer Ausstrahlungskraft. Sie hielten ihn für solide, ehrlich, tüchtig. Und seine Frau eine Xanthippe? Zu einem Zeitpunkt, wo mir Frau Detlof abgeklärter schien, wollte ich noch diese eine Frage stellen.

»Ich muß Sie noch etwas fragen, Frau Detlof.«

»Ja?« Mein Tonfall hatte sie aufhorchen lassen.

»Sagen Sie bitte, hat Ihnen Rosi etwas von ihrer Schwangerschaft gesagt?«

Diese Reaktion hatte ich allerdings nicht erwartet. Meine Frage warf Frau Detlof um. Mäuschen lief nach einem Glas Wasser.

Das Gespräch mit ihr hatte mir Klarheit darüber verschafft, daß Rosmarie ein sensibles, phantasievolles Geschöpf war, in vieler Hinsicht psychisch von ihrer Mutter geformt, nicht ohne Schwermut, aber immer voller Hoffnung auf ein nach ihren Vorstellungen erfülltes Leben. Und darin spielte Alfred Neuenfeld seit zwei Jahren eine dominierende Rolle.

Ich führte Frau Detlof aus dem Zimmer. Sie wollte einige Tage in Berlin bleiben. Mäuschen half ihr, eine Unterkunft zu finden.

Backi hatte die Arbeitsstelle Alfred Neuenfelds ermittelt. Neuenfeld war Mitarbeiter der Deutschen Post im Range eines Postrates und arbeitete als stellvertretender Abteilungsleiter beim Fernsehen in der Studio-Technik. Er reiste beruflich oft ins Ausland. Wie sich herausstellte, war er für einige Tage nach Warschau. Günstig für mich, um mit seiner Frau zu sprechen. Auch interessierte mich, wie er sich in seinem Tätigkeitsbereich gab, mit seinen Kollegen auskam, was seine Mitarbeiter über ihn dachten, und vor allem, worin seine Anziehungskraft lag. Soviel hatten die Rückfragen Backis bereits ergeben: Theoretisch könnte Neuenfeld Rosis Mörder sein. Er hatte an ihrem Todestag die Möglichkeit, sie ohne Wissen anderer aufzusuchen; denn an diesem Donnerstag kam – er erst gegen fünfzehn Uhr zum Dienst. Wahrscheinlich war Neuenfeld auch ihr Begleiter am Abend vor ihrem Tod, sofern sie überhaupt von jemandem begleitet wurde. War er der geheimnisvolle Besucher, der das tote Mädchen in eine andere Lage brachte? Besaß er die fehlenden Wohnungsschlüssel?

»Soso, um meinen Stellvertreter geht es also«, meinte Dr. Roland, der Abteilungsleiter. Er sog an seiner Zigarre. »Alfred Neuenfeld ist seit zwei Jahren mein Stellvertreter. Neuenfeld hat langjährige berufliche Erfahrungen, besonders auf unserem speziellen Arbeitsgebiet besitzt er hohes fachliches Können. Auch seine Einsatzbereitschaft ist zu loben. Aber persönlich ...« Dr. Roland hob bedauernd die Schultern. »Wir haben nicht familiär verkehrt. Da müßten Sie meinen Mitarbeiter, Kollegen Breitenburg, fragen.«

»Wie schätzen Sie ihn denn ein? Ich meine, nicht nur beruflich.«

»Hm. Also seine Arbeit macht er gut. Daran ist nichts zu tippen. Natürlich hat er auch Schwächen. Beispielsweise entscheidet er nicht gerne.«

»Und weiter?«

»Nun, eine Eigenart von ihm ist, Dinge, die niemand beachtet, zu entdecken, so interessant zu machen, daß andere ins Staunen geraten, sich dafür begeistern.«

»Also übertreibt er?«

»Nein, das will ich nicht sagen. Er hat eben Spaß daran, zu entdecken und zu erzählen, da muß man einfach auf ihn aufmerksam werden.«

»Und sein Verhältnis zu den Mitarbeiterinnen?«

»Nicht schlecht. Kennen Sie ihn persönlich?«

»Nein, noch nicht.«

»Nun, er ist kein besonders gut aussehender Mann, aber Frauen gegenüber entwickelt er großen Charme. Das nimmt sie für ihn ein. Fragen Sie mal unsere Frauen. Und er ist sehr hilfsbereit. Übernimmt beispielsweise Reparaturarbeiten an elektrischen Geräten, malt Küchen, tapeziert Stuben.«

»Und wie steht er zu seiner eigenen Frau?«

»Kann ich nicht beurteilen. Ich weiß nur, daß seine Frau ein paar Jahre älter ist als er. Eine recht herbe Frau. Am besten, Sie fragen auch hierzu Kollegen Breitenburg. Wenn Sie natürlich mit Ihrer Frage darauf hinauswollen, ob Neuenfeld mal einen Seitensprung macht, dann würde ich sagen: Zuzutrauen ist es ihm schon, wenn damit nicht die Pflicht zu einer Entscheidung verbunden ist.«

»Können Sie konkret werden?«

»Tut mir leid, nein. Im vorigen Jahr kam mir nur zu Ohren, daß Frau Neuenfeld gelegentlich hier anrief und sich nach dem Aufenthalt ihres Mannes erkundigte, weil er nachts nicht nach

Hause gekommen war. Ich habe dieser Sache keine Bedeutung beigemessen.«

Während unseres Gesprächs kam einige Male eine Mitarbeiterin Dr. Rolands ins Zimmer, hatte, dies und jenes schnell vorzulegen oder etwas aus den Schränken seines Arbeitszimmers zu holen. Bei dem Namen Neuenfeld glaubte ich zu spüren, wie sie im Schritt verhielt.

»Wer ist diese Kollegin?« fragte ich, als sie das Zimmer wieder verlassen hatte.

»Das ist Helga Riethmüller, unsere technische Zeichnerin. Eine zuverlässige Mitarbeiterin, dreiunddreißig Jahre alt.«

Bei dem Namen »Riethmüller« stutzte ich.

»Wissen Sie zufällig, wo sie wohnt?« Ich mußte an das Haus denken, in das Alexander vor einigen Tagen ging. Ich zog meine Aufzeichnungen aus der Tasche.

»Sie wohnt in der Rhinstraße, die Hausnummer weiß ich nicht«, sagte Dr. Roland nach einigem Überlegen.

Rhinstraße, natürlich. Das war die Straße. Hierher also hatte Alexander seinerzeit Alfred Neuenfeld verfolgt. Mit wenig Vorstellungskraft konnte ich mir etwas zusammenreimen.

Ich suchte den Kollegen Breitenburg in seinem Arbeitszimmer auf. Breitenburg – ein fünfundfünfzigjähriger untersetzter Mann – begegnete mir offensichtlich mit Mißtrauen. Der weibliche Hauptmann schien ihm nicht zu schmecken. Jedenfalls zeigte er kein besonderes Entgegenkommen. Das ärgerte mich. Jetzt, wo ich nahe daran war, Neuenfeld noch besser kennenzulernen, wollte ich auch nicht vor diesem querelen Mann haltmachen.

»Hören Sie, lieber Herr Breitenburg. Es geht hier nicht um einen Karnickeldiebstahl, sondern um die Aufklärung eines unnatürlichen Todesfalles. Ich hoffe, Sie haben genug Phantasie, um sich darunter etwas vorstellen zu können. Ich erwarte von Ihnen offene und ehrliche Antworten und denke, daß Sie auch den Mund anderen gegenüber halten können. Ist das klar?« Meine Worte hatten gesessen. Breitenburg bot mir Platz an und setzte sich selbst auch. Es bedurfte nur weniger Fragen, um ins Gespräch zu kommen.

»Meine Frau und Frau Neuenfeld sind befreundet. Haben sich vor Jahren bei einem Betriebsvergnügen kennengelernt, und nun glucken sie dauernd beisammen.« Mit Nachdruck fügte er gleich hinzu: »Aber das eine sage ich Ihnen, junge Frau, für dieses Weibergewäsch habe ich nicht fiel übrig. Die Hälfte davon ist Unsinn.«

Du meine Güte, hatte er eine Meinung von Frauen. »Und die andere Hälfte?« fragte ich.

»Hm. Alfred Neuenfeld ist nicht gerade mein Freund, aber arbeiten kann er: Fällt auch nie aus der Rolle. Nicht einmal, wenn ich ihn provoziere.« Jetzt war sogar ein leichtes Schmunzeln um Breitenburgs Mund zu entdecken. Der alte Fuchs schien sich selbst ganz gut zu kennen.

»Wegen unserer Frauen besuchen wir uns hin und wieder, gehen mal zusammen angeln und fachsimpeln.«

»Er soll sehr hilfsbereit sein, sagt Ihr Chef, besonders Frauen gegenüber.«

»Ja, das stimmt. Aber ganz selbstlos ist das nicht. Da gebe ich der Vera Neuenfeld recht. Sehen Sie sich doch die Frauen an: alleinstehend und keine über vierzig.«

»Ach, so ist das.«

»Ja, seine Weibergeschichten passen mir auch nicht.«

»Welche meinen Sie?«

Breitenburg zögerte. »Mit Helga Riethmüller zum Beispiel. Das ist schon eine Weile her, na schön. Da will ich nicht einmal soviel gegen sagen. Die ist alt genug, will auch nicht mehr als 'ne Liebelei. Aber die andere.« Er stockte.

»Welche andere?«

»Ich kenne ihren Namen nicht. Ein junges Mädchen aus ›Robotur‹. Er hat mir von ihr erzählt. Die wäre eine, wegen der er zum ersten Mal über den Sinn seiner Ehe nachgedacht habe. Wenn er zwei Leben hätte, würde er eines mit seiner Frau verbringen und das zweite mit diesem Mädchen.«

Also war Neuenfeld doch nicht so temperamentlos, wie anfangs von Breitenburg beschrieben.

»Warum hat er Ihnen das erzählt?«

»Das weiß ich auch nicht. Vielleicht, weil ich seine Frau kenne und er glaubt, ich müßte daher seine Amouren verstehen.«

»Welchen Eindruck macht denn seine Frau?«

»Ich kann nicht sagen, daß sie schlecht ist. Aber mir als Mann nicht besonders sympathisch. Sehr herb, trocken und rechthaberisch. Durchaus nicht dumm, nein, durchaus nicht. Vera merkt, daß er immer neue Schliche sucht, um sie zu hintergehen. Sie findet sich natürlich nicht damit ab, und weil sie klug ist, hat sie laufend neue Ideen, um ihn an sich zu binden. Das muß damals schon bei der Heirat mit dem Haus und dem Grundstück begonnen haben. Beides hat sie von ihren Eltern geerbt. Sie versucht, ihm allerlei Hobbys aufzuschwatzen oder welche bei ihm zu entdecken, und dann wird eben angeschafft, dieses und jenes. Zum Beispiel ein Motorboot, dann das Auto, später interessierte sie ihn für Tennis. Und sportlich ist sie ja, da macht sie alles mit. Sogar das Angeln. Das ist wirklich ein Hobby von ihm. Beweist ihm durch stundenlanges Im-Wasser-Stehen am Uferrand, wieviel Spaß ihr die Sache macht, auch wenn sie dabei kalte Füße bekommt und sich langweilt.«

»Haben Sie das junge Mädchen persönlich kennengelernt?«

»Kennengelernt ist zuviel gesagt. Einmal hat sie am Betriebsausgang gestanden. Sehr hübsch, dunkelhaarig. Machte einen schüchternen Eindruck. Er zeigte sie mir schon von weitem. Wollte Furore mit ihr machen. Na, und angeben konnte man mit diesem Mädchen schon. Wollte mir altem Knaben wohl zeigen, was er noch für ein Kerl ist und welche Chancen er noch hat. Ich sagte nur zu ihm: ›Das könnte ja deine Tochter sein.‹ – ›Na und?‹ hat er geantwortet. – Später, besonders in letzter Zeit, schien er mir bedrückt, wollte aber nicht mit der Sprache heraus. Ich habe ihm meine Hilfe angeboten. ›Dabei kannst du mir nicht helfen‹, meinte er nur. Ich ahnte, daß er diesmal ernsthaft in Schwierigkeiten steckte. ›Dann entscheide dich doch endlich‹, forderte ich ihn auf. ›Würdest du so ohne weiteres alles aufgeben, was du hast?‹ fragte er mich da. ›Na, und an das Mädchen denkst du wohl gar nicht. Erst Flausen in den Kopf setzen, und wenn's drauf ankommt, kneifen‹, hab ich ihm entgegengehalten.«

Breitenburg überlegte. »Kürzlich sagte er mir: ›Nun hat sie auch noch diese Wohnung bekommen. Sie denkt doch, ich ziehe zu ihr.‹ – ›Na bitte‹, habe ich zu ihm gesagt, ›was willst du noch mehr. Eine junge Frau ist da, eine neue Wohnung auch.‹ Er hat nicht gleich geantwortet, sah mich auf meine Worte unsicher an und kam endlich damit heraus: ›Würdest du in meinem Alter noch Vater werden wollen? Ich jedenfalls nicht.‹ Da war ich baff, das können Sie mir glauben. Neuenfeld hat mir das angesehen.

›Da staunste, was?‹ fragte er mich. ›Und sie will das Kind unbedingt haben.‹«

»Wann war das genau?« unterbrach ich Breitenburg.

»Warten Sie, das ist vor acht Tagen gewesen.«

»Also gestern vor einer Woche, an einem Montag?« Ich dachte nach. Vorigen Mittwoch war Rosi gestorben. Seit Donnerstag früh war Neuenfeld in Warschau. Heute hatten wir Dienstag, und Neuenfeld wurde übermorgen zurückerwartet. Ich mußte mich beeilen.

»Haben Sie etwas dagegen, wenn ich mal mit Ihrer Frau spreche?«

Breitenburg schaute mich fragend an. »Wenn Sie sich etwas davon versprechen«, antwortete er.

Allzuviel hielt der ja wirklich nicht von Frauen, nicht einmal von seiner eigenen.

»Aber meine Frau redet ein bißchen viel, nehmen Sie ihr das nicht übel. Sie hat nicht viel Unterhaltung. Arbeitet am Band, sechs Stunden am Tag. – Morgen vormittag ist sie zu Hause.«

Ein bißchen Verständnis für die Redseligkeit seiner Frau schien er ja doch aufzubringen. Einen Augenblick schwiegen wir.

»Nun verraten Sie mir aber, um wen geht es, etwa um dieses junge Mädchen?« Gespannt sah er mich an.

»Ja, es geht um dieses junge Mädchen. Es ist tot, und die Umstände ihres Todes müssen geklärt werden«, antwortete ich.

Breitenburg holte durch die Nase tief Luft, zog dabei das Wasser hoch und schnaufte vernehmlich. Eine Verlegenheitspause entstand.

»Viel Erfolg bei der Klärung. Wenn Sie noch Fragen haben, abends bin ich immer ab neunzehn Uhr zu Hause.«

Er reichte mir die Hand. Ich bedankte mich für das Angebot und verabschiedete mich. Da fiel mir plötzlich die Riethmüller wieder ein.

»Sagen Sie, hat er zu Frau Riethmüller immer noch nähere Beziehungen?«

»Sicher bin ich mir da nicht. Manchmal wird er wohl die Gelegenheit noch wahrnehmen. Ich schließe das aus ihren vertraulichen Gesprächen, die sie miteinander führen, wenn sie sich unbeobachtet fühlen.«

»Ist das nicht ein bißchen eigenartig?« fragte ich. »Einerseits möchte er ein Leben für seine Frau und eins für Rosemarie Detlof haben, und nun noch diese Riethmüller? Wie reimen Sie sich das zusammen?«

»Die Riethmüller ist so ein Typ, die sich unentbehrlich machen kann, die ›unverstandenen Männern‹ helfen will. Und Alfred zwingt ja nichts, mit ihr zu brechen.«

»Glauben Sie etwa, daß sie auch von den Beziehungen Neuenfelds zu dem jungen Mädchen wußte?«

»Das halte ich für möglich.«

Ich versuchte, heute noch mit dieser Frau ins Gespräch zu kommen. Etwas anderes konnte ich ohnehin nicht mehr erledigen. Morgen wollte ich Frau Breitenburg und Frau Neuenfeld aufsuchen. Dann wären alle annähernd wichtigen Personen befragt, die Licht in den Fall bringen konnten. Also auf zur Riethmüller.

Die Wohnung war klein. Was aus diesen rund dreißig Quadratmetern Wohnfläche zu machen war, ist gemacht worden. Ein gemütliches warmes Nest. Die eigenwillige Innenausstattung schuf eine Atmosphäre in der man sich sofort wohl fühlte.

Es fiel nicht schwer, sich vorzustellen, wie Alfred Neuenfeld sich auf den kuschligen Sitz- und Liegeplätzen rekelte.

Die Riethmüller schien gar nicht so abweisend, wie ich befürchtete. Hellhörig, wie sie war, hatte sie sehr wohl den Grund meines Besuches bei Ihrem Chef mitbekommen.

»Wissen Sie, ich habe zweimal Pech gehabt mit meinen Männern«, erklärte sie mir, als sie uns Wein einschenkte. »Der eine hatte nur seinen Beruf im Kopf, kein Interesse für meine Angelegenheiten. Er brauchte nur eine gute Hausfrau. Der andere nutzte meine Gefühle hemmungslos aus, um seine eigenen Wege zu gehen, die leider viele Frauen kreuzten. Mein ständiges Verzeihen war von ihm einkalkuliert. Bis ich die Nase voll hatte. Bei Alfred Neuenfeld ist das anders. Er will nichts von mir außer ein wenig Zuneigung und Verständnis für berufliche und private Probleme. Ich will nichts von ihm außer ein bißchen Liebe und Aufmerksamkeit. Beides bringt er mit. Und ich schätze an ihm, daß er auch mir zuhören kann. Alles andere interessiert mich nicht.«

»Auch nicht, wenn außer seiner Frau noch jemand da ist, dem er sich verpflichtet fühlt?«

»Ach, darauf spielen Sie an. Ja, er hat mir davon erzählt, und ich glaube, die Sache ist jetzt ausgestanden.«

»Was hat er Ihnen erzählt, und was soll ausgestanden sein?«

»Vor einem halben Jahr gab er zu, daß er vor längerer Zeit eine Dummheit begangen hätte. Er lernte ein junges Mädchen kennen und verführte es. Es sollte keine lange Affäre werden, aber das Mädchen war sehr anhänglich. Ich habe ihm geraten, keine Hoffnungen zu nähren und dem Mädchen klaren Wein einzuschenken. Das hat er dann auch getan. Vor etwa zwei Monaten sagte er mir, daß er mit dem Mädchen endgültig Schluß gemacht hätte. Ich habe keinen Grund, daran zu zweifeln. Er hat mir immer alles erzählt.«

So, hat er das, fragte ich mich im stillen. Überschätzte Frau Riethmüller da nicht die Offenheit Neuenfelds ihr gegenüber?

Helga Riethmüller sah mich an. »Sagen Sie, Sie glauben doch nicht etwa, daß Alfred Neuenfeld mit dem Tod des Mädchens in Zusammenhang zu bringen ist?«

»Ich überlasse es Ihnen, Schlüsse zu ziehen.« Unvermittelt fragte ich: »Wußten Sie auch von der Schwangerschaft dieses Mädchens?«

Frau Riethmüller sah mich entgeistert an.

»Was erzählen Sie da?« Ihre Reaktion ließ keinen Zweifel aufkommen. Nichts hatte Alfred Neuenfeld davon gesagt.

Warum eigentlich nicht?

Auf dem Nachhauseweg resümierte ich: Neuenfeld brauchte wohl eine solche Frau wie Helga Riethmüller, unkompliziert, ohne Ansprüche. Die Zuneigung zu seiner Frau war erloschen, und Rosemarie war zu jung für ihn und voller Forderungen.

Breitenburgs wohnten im nördlichen Stadtbezirk. Frau Breitenburg erwartete mich. Der Kaffee stand schon auf dem Tisch in der offenen Loggia. Die Sonne hatte eben die Geranien auf dem Balkonrand erreicht, nicht lange, und wir saßen im schönsten Sonnenschein. Bestimmt hatte Breitenburg ihr eingeschärft: »Und rede nicht soviel, Elfriede!« Ich würde es merken.

»Langen Sie zu, junge Frau!« Sie wies mit der Hand einladend auf einen Berg Kuchen. Lebhaft war diese rundliche und freundliche Frau. Sie schien bereit, mir weiterzuhelfen. Doch bevor ich gezielt fragen konnte, plauderte sie auch schon drauflos.

Von ihrem Mann und dessen Arbeit, von seinen Kollegen und seinem Leiter, auf den sie große Stücke hielt. Dann schilderte sie mir in aller Ausführlichkeit, wie sie das Ehepaar Neuenfeld kennenlernte. Mir blieb nichts anderes übrig, als Frau Breitenburg zu unterbrechen, denn ich mußte auf den Kern der Sache kommen: auf das Problem der Ehe Neuenfeld. »Hören Sie, Frau Breitenburg ...« Ehe ich weitersprechen konnte, begann sie unvermittelt davon zureden, als hätte sie meine Gedanken erraten.

»Wissen Sie, Vera scheint nach außen hin sehr überheblich, manchem gegenüber herablassend. Sie ist nicht dumm und möchte das auch jedem beweisen. Ich glaube, dahinter versteckt sie nur ihre Unzufriedenheit. Denn sie ist nicht zufrieden mit ihrem Leben. Sehen Sie mal: Von ihren Eltern ist sie verwöhnt worden. Nach dem Abitur arbeitete sie ein bißchen im Geschäft des Vaters, dann heiratete sie. Seitdem gab's nichts außer Mann, Haus und Garten. Das Haus und den Garten hat sie noch, aber den Mann? Sie will eben nicht alleine sein. Da hadert sie mit jedem, der ihr irgend etwas von dem wegnehmen könnte, was Alfred Neuenfeld ihr noch an Zuneigung zu bieten hat. Verständlich. Daß sie mich duldet, na ja, einen Menschen braucht jeder, mit dem er ein offenes Wort reden kann. Sie spricht sich natürlich nur dann aus, wenn ihr das Wasser bis zum Halse steht; denn es kostet diese stolze Frau Überwindung. Ich mache ihr auf meine Art Mut. Nicht so, daß sie es als Hilfe empfindet. Sie will nicht gern jemandem Dank schulden.«

»Sie sagten, Alfred Neuenfelds Zuneigung seiner Frau gegenüber sei nicht mehr groß. Können Sie mir das näher erklären?«

»Das hat die Vera behauptet. Aber etwas Genaues hat sie nicht gesagt. Ich selbst muß Ihnen ehrlich gestehen: Mir ist der Alfred gar nicht so unsymphathisch. Er bringt mir immer Blumen mit, macht mir über meine selbstgeschneiderten Kleider Komplimente. Na ja, aber ...«

»Was, aber?«

»Etwas war ja wohl dran an dem Gerede der Vera. Mein Mann, der es schon lange wußte, kam erst gestern mit der Sprache heraus. Hat mir von Alfreds Verhältnis erzählt und von dem Tod des Mädchens. Es tut mir leid um diese junge Frau. Sicherlich hat sie ernste Absichten gehabt ... Nun braucht Vera keine Angst mehr zu haben, daß ihre Ehe auseinandergeht.«

»Hatte sie darum Angst?«

»Ja, bestimmt. Besonders in den letzten Wochen merkte ich das. Vorher war sie sich Alfreds immer sicher. Sie war überzeugt davon, daß er ihr trotz seiner Seitensprünge immer wieder aus der Hand fressen würde. Sie glaubte ihn mit allerlei Dingen binden zu können. Und das gelang ihr auch. Diesmal muß sie gemerkt haben, daß mehr dahintersteckte. Nicht nur eine Affäre zu seiner eigenen Selbstbestätigung, sondern eine tiefere Zuneigung, die er nicht ihr, sondern einer anderen Frau entgegenbrachte.«

»Was wollte sie denn dagegen unternehmen?«

»Sie wollte ihn mürbe machen, die Entscheidung hinauszögern. Sie kennt ihren Mann. Der nimmt Hindernisse nicht gern in Kauf. Vera ist zu allem fähig, nur um ihren Mann zu halten.«

Ich stutzte. Mir kam ein Gedanke, der bisher in meinen Überlegungen noch keine Rolle spielte. Aber das war sicherlich absurd. Trotzdem fragte ich: »Auch zu einem Mord?«

»Um Gottes willen. Sie nehmen doch nicht etwa an ...?« Frau Breitenburg hielt einen Moment inne, um gleich wieder fortzufahren: »Ich rede und rede, rede so viel, um andere damit noch ans Messer zu liefern. Paul hat doch recht, ich sollte mehr überlegen beim Reden. – Sie suchen also einen Mörder?« Sie schluckte und fuhr sich mit den Händen durchs Haar.

»Nein, nein, Frau Breitenburg, beruhigen Sie sich. Ganz so ist es nicht. Sie liefern hier auch niemanden ans Messer. Wir wissen nicht einmal, ob ein Mord vorliegt. Aber wenn einer vorliegt ...« Ich machte absichtlich eine Pause, um ihre Reaktion abzuwarten. Sie goß unsicher die Kaffeetassen wieder voll.

»Bei allem, was die Neuenfelds nicht gerade liebenswert macht, kann ich nicht glauben, daß einer von ihnen fähig wäre, jemand kaltblütig umzubringen. Nein, bestimmt nicht.«

»Manche Handlungen geschehen nicht kaltblütig, sondern im Affekt. In einer Situation, in der jemand plötzlich keinen Ausweg mehr sieht, nicht mehr klar denken kann, von anderen gereizt wird. Er will sich aus dieser Situation befreien und handelt spontan, ohne Überlegung.«

Frau Breitenburg sah mich groß an. Ich merkte, wie sie meine Worte verarbeitete.

»Ja«, sagte sie dann und holte tief Luft. »Da möchte ich wohl für keinen von beiden die Hand ins Feuer legen.«

»Für keinen von beiden«, sagte sie. Und sie kannte das Ehepaar seit Jahren.

Aber eins war mir nicht klar, falls es einen Täter gab (der Obduktionsbefund enthielt nichts, was auf eine tätliche Auseinandersetzung schließen ließ), auf welche Weise sollte Rosemarie veranlaßt worden sein, das Gas gegen ihren Willen einzuatmen?

Ich bedankte mich bei Frau Breitenburg. Bei ihrem Mitteilungsbedürfnis war nicht auszuschließen, daß sie Vera Neuenfeld telefonisch von meinem Besuch erzählte. Das wollte ich vermeiden. Deshalb bat ich sie eindringlich, Frau Neuenfeld nicht anzurufen. Frau Breitenburg versprach es.

Die Hirtenstraße befand sich in Glienicke. Das kurze Stück Weg zum Haus der Neuenfelds legte ich zu Fuß zurück. Das Haus mit dem Giebeldach machte äußerlich einen soliden Eindruck. Unten einige Räumlichkeiten, oben, den Fenstern nach zu urteilen, auch noch zwei Zimmer. Relativ groß und gepflegt war das Grundstück. Der Weg bis zum Eingang des Hauses betoniert – wie auch der Weg, der zur Garage hin abbog. Ich klingelte. Aus der Verandatür trat sie heraus. Groß, schlank, hager. Sie trug lange Hosen, einen Pulli und darüber eine Gartenschürze. In der Hand hielt sie eine kleine Schaufel. Als ich mich ausgewiesen hatte, gab sie mir die Hand, nannte ihren Namen und brachte ihre Verwunderung darüber zum Ausdruck, daß die Kriminalpolizei hier in diesem ruhigen Nest zu tun habe. Dann führte sie mich in eins der Wohnzimmer und entschuldigte sich für einen Moment. Sie habe gerade Zimmerpflanzen umgetopft und wolle sich die Hände waschen. Inzwischen sah ich mich ein wenig um. Auf den großen, schweren Möbeln war nirgends ein Stäubchen zu entdecken.

Nachdem sie wieder das Zimmer betreten hatte, fragte sie freundlich: »Ist etwas passiert, geht es um einen meiner Nachbarn?«

»Nein, Frau Neuenfeld, es geht mehr um eine persönliche Sache.«

»Soo? Ich kann mir nicht denken, was die Kriminalpolizei mit mir zu besprechen hätte.«

Ich schwieg.

»Oder ist etwas mit meinem Mann passiert?« fragte sie besorgt. Sie hatte sich mir gegenüber in einen Sessel gesetzt und zündete sich eine Zigarette an. Noch immer wartete sie auf meine Antwort.

»Es geht um den Tod von Rosemarie Detlof.«

Kühl und sachlich hatte ich diesen Satz ausgesprochen. Der Ton meiner Worte blieb in der Luft hängen wie die Rauchwolke aus Frau Neuenfelds Zigarette. Ich hatte sie bei meinen Worten nicht aus den Augen gelassen. Obwohl sie sich bemühte, keinerlei Reaktionen zu zeigen, hatten sich ihre Nasenflügel aufgebläht, und ein unguter Zug zog sich um ihren Mund. In ihren Augen blitzte für den Bruchteil von Sekunden Genugtuung auf. Dann blies sie den im Mund angesammelten Zigarettenrauch langsam mit vorgeschobenen Lippen heraus. Gesicht und Augen nahmen wieder einen gleichgültigen Ausdruck an.

»Ich kenne das Mädchen nicht.«

Sie sagte. »Mädchen«. Ich hatte ihr nur den Namen, nicht das Alter der Frau genannt.

»Frau Neuenfeld, machen wir uns doch nichts vor. Ich meine ganz konkret die Freundin Ihres Mannes. Sie kannten sie!«

Vera Neuenfeld war aufgestanden und lief im Zimmer umher, ohne etwas zu sagen. Mit der flachen Hand schlug sie wiederholt gegen ein Möbelstück, so, als wollte sie damit ausrufen: Sie ist tot, sie ist tot, sie ist tot! Sie setzte sich wieder und bat um Entschuldigung.

»Sie können mir helfen, ihren plötzlichen Tod zu klären.«

Vera Neuenfeld starrte mich sekundenlang aufmerksam an. Ich erriet ihre Gedanken. »Frau Neuenfeld, die Umstände ihres Todes sind recht merkwürdig.«

»Aha«, sagte sie. »Wann ist sie denn gestorben?«

»Am Mittwoch, Mittwoch voriger Woche.«

»Vorigen Mittwoch«, wiederholte sie langsam, als hole sie diesen Tag in ihr Gedächtnis zurück.

»Wie lange wußten Sie von dem Verhältnis zwischen Ihrem Mann und Rosemarie Detlof?«

»Wußten, was heißt wußten!« rief sie ungehalten aus.

»Frau Neuenfeld, wenn Sie Ihrem Mann etwas Gutes tun wollen, hilft nur äußerste Offenheit. Und schließlich frage ich nicht aus persönlicher Neugier. Das dürfte Ihnen wohl klar sein.«

»Also schön, wenn Sie meinen.« Sie versuchte, ihre innere Erregung zu verbergen.

»Natürlich hatte ich erst keine Ahnung, merkte es dann aber bald und habe ihm das vorgehalten. Er gab es auch zu, allerdings viel später, als ...« Sie verstummte.

»Als?«

»... als es früher bei solchen Geschichten der Fall war. Und diesmal wollte er auch Schluß machen damit. Er machte aber nicht Schluß. Immer wieder drängte ich ihn. Und dann kam doch dieses junge Ding zu ihm mit der Behauptung, daß es ein Kind von ihm bekommt. Für mich war klar, daß das eine Lüge ist. Mit dieser Story versuchen es doch alle.«

»Und wenn doch mehr hinter dieser Beziehung steckte als sonst? Außerdem kannten Sie das Mädchen nicht näher. Warum sollte nicht stimmen, was es sagte.«

Sie war erneut aufgestanden und lief auf und ab.

»Ja, ja, verdammt, vielleicht haben Sie recht. Vielleicht war von seiner Seite diesmal mehr dahinter. Aber das eine versichere ich Ihnen: Scheiden lasse ich mich nie, nie, nie!« Ruhiger setzte sie hinzu: »Es ist mein Mann, mit dem ich zweiundzwanzig Jahre verheiratet bin, und ich lasse ihn mir von niemandem wegnehmen.« Im selben Moment schien ihr die Bedeutung dieser Worte bewußt zu werden, denn ihr Gesicht entspannte sich. Sie nahm wieder Platz. Die Gefahr war ja nun vorbei, aber änderte das etwas an dem Verhältnis zu ihrem Mann?

»Hat Ihr Mann denn die Scheidung gewollt?«

»Der gewollt – daß ich nicht lache. Mein Mann hat noch nie genau gewußt, was er wollte. Wenn ich ihn wegen einer solchen Sache zur Rede stellte, war er immer kleinlaut, hat mir Abbitte geleistet, geweint. Aber diesmal?«

Das »aber diesmal« kam hilflos. »Diesmal meinen Sie, war es anders?«

»Vielleicht. Er wollte nicht gleich aufgeben. Das kannte ich überhaupt nicht an ihm. Aber ich wollte auch nicht aufgeben, schon gar nicht wegen einer Jüngeren. Die hätte immer noch einen passenden Mann gefunden. Habe ich nicht recht?« Sie wartete keine Antwort ab und redete sich wieder in Rage.

»Und da habe ich es darauf angelegt. Ich habe ihn gefragt, ob er denn wohl keinen Verstand mehr hat, will er diesem Mädchen etwa glauben? Und wenn es stimmen würde mit dem Kind, will er sich mit fünfundvierzig noch mit der Verantwortung um ein

Kind belasten? Jetzt, wo er alles hat, seine Ruhe, seine Hobbys?« Sie schwieg einen Moment und sah mich eindringlich an. Etwas ruhiger fuhr sie fort: »Ich erinnerte ihn auch an die schönen Reisen, die wir gemeinsam machten, an schöne Erlebnisse, fragte ihn, ob er denn alles das aufgeben möchte, was er sich geschaffen hat.«

Ich konnte mir nicht verkneifen zu bemerken: »Und sind Sie davon überzeugt, daß Ihr Mann nicht nur aus Bequemlichkeit bei Ihnen bleibt?«

Damit hatte ich wohl einen wunden Punkt getroffen. »Hören Sie, Sie müssen das verstehen. Ich meine ... sicherlich habe ich mich schäbig verhalten, aber ich kann nicht mehr auf ihn verzichten. Jetzt mit fünfzig noch einmal von vorn anfangen, das kann keiner von mir verlangen. Ich habe in diesem Alter keine Chance mehr, neu zu beginnen.« Ihr schossen die Tränen in die Augen. Sie sprang auf und lief aus dem Zimmer.

Sie tat mir leid. Diese Frau hatte Angst vor der Einsamkeit.

Sie kam zurück und legte mir ein paar Wohnungsschlüssel auf den Tisch. »Hier haben Sie. Es sind die von der ... der Rosemarie. Er hat sie bei sich gehabt. Ich habe sie gefunden.«

Die Tatsache, daß Rosemarie Detlofs Wohnungsschlüssel vor mir lagen, verwirrte mich. Dafür gab es eigentlich nur eine Erklärung: Neuenfeld war als letzter in der Wohnung gewesen, bevor Rosemarie von der Feuerwehr tot aufgefunden wurde. Er mußte es auch gewesen sein, der die Tote in eine andere Lage brachte. Führte er ihren Tod herbei? Hat er ihn miterlebt und nichts dagegen unternommen?

»Das scheint Sie gar nicht zu interessieren?« vernahm ich die Stimme Vera Neuenfelds.

»Hören Sie, wo war Ihr Mann Dienstag abend vor einer Woche, und wann hat er Mittwoch früh die Wohnung verlassen. Antworten Sie, schnell!«

Ich durfte ihr keine Zeit zum Überlegen lassen. »Dienstag abend war er zu Hause, das weiß ich ganz genau, weil wir Streit miteinander hatten. Mittwoch früh ist er wie immer aus dem Haus gegangen.«

Ich stutzte. An diesem Tag kam er erst gegen fünfzehn Uhr zur Arbeitsstelle, und am nächsten Morgen flog er nach Warschau.

»Weshalb haben Sie sich gestritten?«

»Erstens kam er später als üblich, und dann wollte er noch einmal weg. Angeblich zu Paul Breitenburg wegen einer Reparatur an dessen Bootshaus. Mir war klar: Er wollte nur zu diesem Mädel. Deshalb weiß ich ganz genau, daß er hier war und auch hierblieb«, setzt sie bitter hinzu.

Stimmte es, was sie sagte? Konnte nicht auch sie das Haus verlassen und die Wohnungsschlüssel benutzt haben?

»Wann sahen Sie Fräulein Rosemarie zum letzten Mal?« fragte ich unvermittelt.

»Ich?« Vera Neuenfeld zeigte Befremden. »Was habe ich denn mit der Sache zu tun?«

»Antworten Sie!«

»Montag abend voriger Woche war sie hier. Ich fand das – reichlich dreist von ihr. Sie wollte mit mir über alles reden. Ich habe sie abgewiesen.« Sie sah mich unsicher an, als wollte sie mich um Verständnis bitten.

Wenn Rosemarie diesen Schritt gewagt hatte, mußte für dieses sensible Mädchen sehr viel auf dem Spiel gestanden haben. Mit Sicherheit war das ein Zeitpunkt, wo sie in der Entscheidung Neuenfelds keinen Aufschub mehr duldete. In dieser Verfassung wurde sie dann von seiner Frau aus dem Hause gewiesen und sicherlich in keiner Weise von Alfred Neuenfeld unterstützt. – Was mußte sie durchgemacht haben? Eines stand fest: Morgen früh mußte Neuenfeld vom Flugplatz abgeholt werden. Er durfte gar nicht erst nach Hause.

Ich hatte es eilig. Da fiel Vera Neuenfeld noch eine Frage ein. »Was ist mit dem Mädchen eigentlich passiert? Ich meine, woran ist sie gestorben?«

»Vielleicht hat jemand sie umgebracht.« Im gleichen Augenblick wußte ich, daß es falsch war, so zu reagieren.

Bis zum anderen Morgen war es noch lange hin. Ich ließ mir die Sache durch den Kopf gehen: Warum hatte mir die Neuenfeld die Wohnungsschlüssel von Rosemarie gegeben? Wollte sie ihren Mann damit belasten? Das stände im Widerspruch zu ihrer Angst, ihn zu verlieren. Vielleicht geschah es aus der Erregung heraus, in die sie sich hineingesteigert hatte. Und wo war Neuenfeld am Mittwochvormittag?

Ich rief Dr. Roland an. Er erklärte mir, daß die Reise nach Warschau schon lange auf dem Programm stand, Neuenfeld aber ein paarmal den Termin hinausgeschoben hatte. Dann meldete er sich Mittwoch früh von unterwegs. Er wäre entschlossen, am nächsten Tag zu fahren und müsse vorher noch einige Fragen über den Abflug klären und Absprachen mit Kollegen führen, die in einem anderen Objekt sitzen.

Also konnte Neuenfeld am Mittwochvormittag bei Rosmarie gewesen sein. Er war vermutlich auch jener geheimnisvolle Anrufer im Lohnbüro, der Rosemarie entschuldigte.

Es konnte nicht mehr lange dauern, bis mir der Mann gegenüberstand, den ich durch viele Gespräche bereits kannte. Ich wußte von seinem Charakter und seiner Art zu leben. Aber ich kannte ihn nicht gut genug, um einschätzen zu können, welcher Art seine Schuld an dem Tod des Mädchens war: eine moralische, eine fahrlässige oder eine vorsätzliche. War er eines Mordes fähig?

Die Maschine war gegen neun Uhr eingetroffen. Mäuschen hatte bereits stillschweigend den Kaffee hergerichtet. Auch für Alfred Neuenfeld.

Ohne Begründungen zu erwarten, war er Backis Aufforderung nachgekommen, ihm zur Klärung eines Sachverhalts in die VP-Dienststelle zu folgen. Groß, jünger aussehend, mit leichtgerötetem Gesicht, stand er vor mir. Das dunkelblonde Haar, nicht mehr sehr voll, ein wenig gewellt, trug er nach hinten gekämmt. Er war gut rasiert, sah gepflegt aus. Die Kombination aus Jacke und Hose schien maßgeschneidert. Ich war enttäuscht. Was war an ihm aufregend für eine Frau? Ich konnte nichts entdecken. Ein Durchschnittstyp mit einer eher schlaffen als straffen Haltung. Sein Wesen, seine Art mußten gewinnend sein.

Ich bot ihm Platz an. Im ersten Moment war er irritiert, wie manch einer, der sich einem weiblichen Hauptmann gegenübersah. Dann setzte er sich und bot mir eilfertig Feuer an, als ich zu einer Zigarette griff.

Mäuschen saß still in ihrer Ecke hinter dem Schreibtisch und beschäftigte sich mit irgendwelchen Karteikarten. In Wahrheit hörte sie aufmerksam zu, notierte manches. Sie war mein gutes Gedächtnis, half, falls sich mir Lücken beim späteren Protokollschreiben auftaten. Sollte es notwendig sein, würde sie das Zimmer verlassen. Sie hatte ein feines Gefühl dafür, wann sie störte, wenn sich mir jemand allein anvertrauen wollte.

»In welchem Verhältnis stehen Sie zu Rosemarie Detlof?«

Meine erste Frage ließ sofort die Röte und Freundlichkeit aus seinem Gesicht verschwinden. Sie machten einer Ängstlichkeit und Blässe Platz.

»Ich kenne sie seit zwei Jahren, wir waren befreundet«, antwortete er mit einer halben Verbeugung zu mir herüber und einem Blick, der zu fragen schien: Genügt Ihnen das?

Mir fiel auf, daß er die erste Hälfte des Satzes in der Gegenwart, die zweite in der Vergangenheit gesprochen hatte.

»Was verstehen Sie unter befreundet?«

Er sah einen Moment lang auf seine gepflegten Hände, die er ineinandergekrallt zwischen seinen Knien hielt. Dann blickte er auf, griff zur Kaffeetasse, trank und holte tief Luft.

»Wir waren intim befreundet.« Wieder sprach er in der Vergangenheit. Ich machte ihn nicht darauf aufmerksam, noch nicht. »Erzählen Sie mir über diese Freundschaft.«

Alfred Neuenfeld sprach. Mit keinem Wort warf er die Frage auf, was denn überhaupt der Grund seiner Vernehmung sei. Seine Formulierungen in der Vergangenheit hatten längst bewiesen, daß er von dem Tod des Mädchens wußte.

Als er Rosemarie kennenlernte, war sie auf dem Wege zu ihrer Mutter nach Langenfeld und schleppte zwei Koffer ins Abteil. Er half ihr beim Tragen und Verstauen des Gepäcks. Neuenfeld war selbst unterwegs zu einer Reportage in Halberstadt. Die Fahrt war lang, und man kam ins Gespräch.

»Ich erzählte ihr von meiner Arbeit, und sie war fasziniert.« Darin habe er ihr noch beim Umsteigen geholfen, ihr schöne Tage bei ihrer Mutter gewünscht und sie gefragt, ob sie sich nicht wiedersehen könnten. Später sei aus der zufälligen Bekanntschaft eine tiefe Zuneigung entstanden. Umständlich erzählte er allerlei Einzelheiten ihrer Begegnungen und beteuerte dabei, daß er stets großes Verständnis für Rosemaries Schwärmereien aufbrachte.

»Und wie stellen Sie sich die Beziehung weiter vor?« unterbrach ich ihn.

Er zögerte. »Nicht, gar nicht. Ich meine, so etwas kann doch nicht ewig gehen.«

Er hatte sich für diese Variante entschieden, ein wenig spät. Nun war es ja wohl ohnehin nicht anders möglich.

»Und wo bleibt Ihre tiefe Zuneigung?«

Er sah intensiv auf seine Schuhspitzen.

»Sie machen sich eine Neunzehnjährige zur Geliebten, ein Mädchen, von dem Sie wissen, daß es ihm nicht nur um eine Liebelei geht, und nutzen dessen Jugend und Unerfahrenheit ...«

Er fiel mir ins Wort: »Sie hätte mir mehr Zeit lassen sollen ... Ich hätte schon einen Ausweg gefunden.« Eindringlich sah er mich an.

»Haben Sie ihn nicht schon gefunden?«

»Nein, nein, was glauben Sie ...«

»Wußten Sie von Rosemaries Schwangerschaft? Antworten Sie!«

Ich war aufgestanden und an ihn herangetreten.

»Ja«, sagte er kaum hörbar.

»Na und, was nun weiter?«

»Sie hätte es sich wegbringen lassen können.«

»Wegbringen lassen? Wollte sie das?«

»Ich weiß nicht.«

»Sie lügen. Was heißt ›hätte‹ und ›war‹? Hören Sie: Sie haben nicht Ihre Frau vor sich. Wann haben Sie Rosemarie das letzte Mal vor Ihrer Reise nach Warschau gesehen?«

Er schwieg.

»Nun bitte, raus mit der Sprache: Oder haben Sie mir etwas zu verheimlichen?«

»Sie war bei uns zu Hause, wollte mit meiner Frau sprechen. Montag voriger Woche. Es kam zu keinem Gespräch. Meine Frau ließ sich nicht darauf ein.« Hastig waren diese Sätze gekommen.

»Und Sie, was haben Sie gemacht? Sie verhielten sich mucksmäuschenstill, nicht wahr, um nicht die liebe Gattin noch mehr zu verärgern – stimmt's?« Ich konnte mir diesen Ton nicht verkneifen. »Es interessierte Sie überhaupt nicht, in welcher Verfassung das Mädel war. Es war Ihnen egal. Nur weg sollte sie gehen, aus Ihrem behüteten Leben an der Seite Ihrer sorgenden Gattin. Denn Sie waren doch gar nicht gewillt, Ihr bequemes Zuhause aufzugeben. Rosi sollte verschwinden, nicht wahr? Und schließlich hatten Sie ja auch noch Helga Riethmüller. Rosemarie störte schon, wurde langsam zur Plage.«

Plötzlich verlor er die Nerven. »Nein, nein«, schrie er mir entgegen und schlug die Hände vor das Gesicht. »Sie schätzen das falsch ein, bestimmt. Ich habe Rosi tatsächlich geliebt.«

Endlich hatte ich ihn soweit.

Mäuschen verließ leise das Zimmer.

»So. Sie haben sie geliebt, und jetzt lieben Sie sie nicht mehr, weil sie tot ist. Nicht wahr?«

Er wollte aufstehen. Ich drückte ihn wieder auf den Stuhl.

»Also, wann haben Sie sie das letzte Mal gesehen?«

»Mittwoch, vorigen Mittwoch war es. Aber ich schwöre Ihnen, sie war schon tot. Sie war schon tot.«

»Sie haben sie auf dem Gewissen, deshalb haben Sie' geschwiegen.«

Bewußt warf ich ihm eine Schuld, keinen Mord vor. Ihm stiegen die Tränen in die Augen.

»Hören Sie auf, das hätten Sie früher machen sollen. Wenn Sie über sich selbst nachgedacht hätten. Loswerden wollten Sie sie. Und das ist Ihnen auch gelungen.«

»Aber nein, nicht doch. Ich wollte nicht, daß sie sich das Leben nimmt ... Als ich kam, war die Wohnung mit Gas angefüllt. Ich fand sie auf der Couch. Tot. Bin gleich in die Küche gerannt, habe die Gashähne abgedreht und bin wieder 'raus aus der Wohnung. Ich war wie vor den Kopf geschlagen.

»Langsam, langsam. Wie kamen Sie überhaupt 'rein?«

»Rosemarie hat mir am Tage zuvor die Schlüssel gegeben. Wir hatten uns nach Feierabend nur kurz gesehen und verabredeten uns für den Theaterbesuch. Ich versprach ihr, danach noch mit ihr auszugehen, damit wir uns aussprechen können. Ich wollte mich für mein Verhalten am Montagabend entschuldigen. Dann bin ich auch zur verabredeten Stelle gekommen.« Er machte eine Pause und druckste herum.

»Erzählen Sie weiter.«

»Na ja, ich habe ihr aber dort gesagt, daß ich nicht mitkommen kann. Sie sollte allein ins Theater gehen. Ich müßte noch einmal nach Hause: Sie sollte später unbedingt auf mich warten. Auch wenn es sehr spät wird. Da hat sie mir die Wohnungsschlüssel gegeben, damit ich nicht klingeln muß, wenn ich komme.«

»Und warum sind Sie nicht mit ihr ausgegangen?« Er wußte nichts zu antworten.

»Ich werde es Ihnen sagen: Weil Sie noch mehr Krach mit Ihrer Frau befürchteten. Aber wie dem Mädel in dieser Verfassung zumute war, daran haben Sie nicht gedacht. Und nun erklären Sie mir mal, wie Rosemarie selbst ins Haus gekommen ist!«

Mit Mühe brachte er heraus: »Einen Wohnungsschlüssel hatte sie noch bei ihrem Nachbar Hempel. Er sollte am Tage die Handwerker hineinlassen. Es war ja noch allerhand in der Wohnung zu tun.«

Ich war sauer. Hempel, der Dussel. Warum hatte er uns das nicht gesagt? – Ich konnte mir sein Verhalten nur so erklären: Er befürchtete, mit dem unnatürlichen Tod Rosemaries in Verbindung gebracht zu werden.

»Sie sind natürlich auch nicht am späten Abend hingegangen, sondern Sie haben das verzweifelte Mädchen allein gelassen, obwohl Sie wußten, daß es Sie dringend brauchte. Erst am Mittwochvormittag suchten Sie Rosemarie auf. Warum?«

»Am Mittwoch hatte ich Zeit, weil ich sowieso unterwegs war.«

»Mehr noch, Sie brauchten auch Ihrer rachewütigen Frau keine Erklärungen abzugeben. – Und woher wußten Sie, daß Rosemarie zu Hause war?«

»Wir trafen uns sonst immer früh, in der S-Bahn. Diesmal war sie nicht drin. Das hat mich beunruhigt.«

»Das hat Sie beunruhigt. Und als Sie sie tot in der Wohnung fanden, gingen Sie beruhigt fort. So einfach ist das. Sie haben nicht die Gashähne abgedreht, nicht die Fenster weit aufgerissen, nicht einen Arzt oder die Volkspolizei geholt!«

»Sie war tot, glauben Sie mir, Sie lag lang ausgestreckt auf der Couch, niemand konnte mehr helfen, ich auch nicht. Die Gashähne habe ich vielleicht in der Eile nicht ganz zugedreht. An die Fenster habe ich gar nicht gedacht. Ich wollte nur raus aus der Wohnung ... Ich hatte Rosi berührt, gerüttelt. Sie war schon kalt.«

»Und warum haben Sie sie eingeschlossen?«

»Reine Kopflosigkeit, glauben Sie mir.«

»Sie lügen. Sie lag nicht ausgestreckt auf der Couch, als Sie kamen.«

Er starrte mich entsetzt an und heulte. Ein Mime, der es jedem recht machen wollte, aber nicht konnte. Feige und selbstsüchtig.

»Wollen Sie sich nicht zu meinem Vorwurf äußern?« Ich klopfte mit dem Bleistift ungeduldig auf den Schreibtisch. Da griff er hastig in seine Innentasche und holte ein Blatt Papier heraus. Seine Hand zitterte.

»Hier, ein Brief von Röschen an, mich. Er lag auf dem Tisch. Ich habe ihn an mich genommen. Verzeihen Sie mir.« Er reichte mir den Brief herüber.

Ich verbarg mein Erstaunen. Soviel Zeit war also, um ihn zu lesen und einzustecken.

Ich las den Brief und war erschüttert. Unfaßbar. Was hatte dieses Mädchen durchgemacht.

Obwohl sie die Gashähne bereits aufgedreht hatte, zeigte der erste Teil des Briefes noch ihre feste Überzeugung, daß Neuenfeld diesmal sein Versprechen halten und sie nicht enttäuschen werde.

Endlich wollte sie sich Gewißheit darüber verschaffen, wie er sich das Leben weiter vorstellte: mit ihr oder ohne sie.

Etwas weiter hieß es: »Du wirst doch kommen, denn Du hast es fest versprochen. Wenn Du nicht kommst, werde ich sterben, mit dem Kind. – Ich kann nicht mehr so ziellos weiterleben.«

Hier folgte ein größerer Absatz. Sie hatte die Gedanken an den Tod sofort wieder vertreiben wollen.

»Hören Sie gut zu«, forderte ich Neuenfeld auf, der nach unten stierte:

»Ich will einfach nicht glauben, daß Du fähig bist, mich mit dem Kind allein zu lassen. Aber es ist schon drei Uhr. Was soll ich machen? Nein, ich kann nicht mehr zurück. Mein Leben ohne Dich wäre sinnlos. Daran ändert auch das Kind nichts.«

Neuenfeld schneuzte sich.

Der Brief wechselte über zur Schuldsuche bei sich. Sie hätte ihn nicht lieben dürfen, denn sie habe ja gewußt, daß er verheiratet war.

Den Brief hatte Rosemarie in vollem Bewußtsein geschrieben, solange die Einwirkung des Gases es zuließ. Sie hatte am Anfang des Briefes die genaue Urzeit eingetragen, zu welcher sie die Gashähne öffnete. Nach jedem größeren Absatz vermerkte sie erneut die Uhrzeit und beschrieb ihre körperliche und geistige Verfassung. Jedes Wort, jeder Satz ließen das große Warten auf Neuenfeld ahnen, ließen die Hoffnung spüren, daß er noch kommen würde. Sie erinnerte ihn daran, daß er sich schon oft des Nachts von Zuhause fortgeschlichen hatte. Aber er kam nicht.

Im Grunde wollte sie nicht sterben. Dennoch drehte sie die Gashähne auf. Es war der schwerste und letzte Schritt in ihrem Leben. Ihr Risiko hieß Tod. Im letzten Abschnitt des Briefes wurde ihre Hoffnung auf Neuenfeld schwächer und die Todesahnung stärker. Sie bat ihre über alles geliebte »Mammi«, nicht zu verzweifeln. Die Buchstaben, anfangs klein und steil geschrieben, wie in ihren Aufsätzen, wurden größer und krakeliger.

»Du bist nicht gekommen. Wie spät ist es? Ich kann die Uhr nicht mehr richtig erkennen: Es singt in meinen Ohren. O Gott, ich habe nicht mehr viel Zeit. Freddy, warum bist Du nicht gekommen? Ich wollte doch noch weiterleben. Jetzt kann ich nicht mehr.«

»Hören Sie doch auf«, schrie Neuenfeld und krümmte sich zusammen.

Ich las weiter. Er hatte nur von dem Körper dieses Mädchens Besitz ergriffen, von ihrer Seele jedoch nichts verstanden. War ihm klar, wie sehr Rosemarie sich von ihm abhängig gemacht hatte, in einem solchen Grade, der für Geist und Handeln eines Mädchens dieser Mentalität eine Gefahr mit sich brachte: die Gefahr, bis an den Rand der Verzweiflung getrieben zu werden, besonders dann, wenn stets Hoffnung immer wieder vernichtet wird und schließlich keinen Nährboden mehr findet.

Mir wurden Eigenschaften an diesem Mädchen deutlich, die ich vorher nicht mit dieser Klarheit erkannte. Rosemarie neigte zu einem Überschwang an Gefühlen, war eine romantische Träumerin, vielleicht sogar mit einem Hang zum Mystischen. So kam sicherlich auch jener Satz zustande, den Neuenfeld noch einmal hören sollte: »Du hast mich immer Röschen genannt. Ich möchte auch in Deiner Erinnerung immer so genannt werden und in Deiner Gedankenwelt bleiben. Sollte ich sterben, wäre mein letzter Wunsch, daß Du mir dunkelrote Rosen auf mein Grab legst. Bitte komme zu meiner Beerdigung. Meine Seele wird es spüren, und ich danke Dir schon heute dafür. Ich weiß, daß Du kommst, einmal mußt Du ja kommen.«

Ich konnte mich nur mühsam beherrschen. Am meisten beschäftigte mich, daß man Alfred Neuenfeld nicht mit strafrechtlichen Mitteln belangen konnte.

Die Schrift nahm an Kraft und Deutlichkeit ab. Nur mit Mühe konnte ich noch den Rest des Briefes lesen. Die letzten beiden

Zeilen endeten in einem unleserlichen Gekritzel, das mit einem langen, schwachen Strich nach unten auslief. Es war nicht mehr zu entziffern.

Die Qual des Mädchens hatte über sieben Stunden angehalten. Den Brief hatte Rosemarie um ein Uhr nachts begonnen. Die letzte, noch lesbare Zeiteintragung war sieben Uhr fünfzehn.

Langsam ließ ich den Brief auf den Tisch sinken. Es war still im Raum.

ANMERKUNGEN

Abschnittsbevollmächtigter, ABV Volkspolizist, der für die polizeilichen Aufgaben in einzelnen Straßen oder Wohngebieten zuständig war, vergleichbar dem Kontaktbereichsbeamten

Adlershof Standort des DDR-Fernsehens, »Deutscher Fernsehfunk«, ab 1972 »Fernsehen der DDR«

Aljechin Alexander Alexandrowitsch Aljechin (1892–1946), russischer Schachweltmeister und der erste Schachweltmeister, der nach dem Verlust des Titels diesen zurückerobern konnte

Autosuper Autoradio von Philips, 1948 erstmals hergestellt

AWO Motorrad aus den Awtowelo-Werken Eisenach, Vorläufer von SIMSON Suhl

AZKW Amt für Zoll und Kontrolle des Warenverkehrs, gegründet 1952, Vorläufer der Zollverwaltung der DDR, die 1962 geschaffen wurde

Barkas Kleintransporter und Kleinbusse aus Hainichen

Brigade Arbeitskräfte in einer Wirtschaftseinheit, Leiter war der Brigadier

bürgen Arbeitskollektive übernahmen Bürgschaften für Haftentlassene, was der besseren Wiedereingliederung diente

Dederon DDR-Handelsname von Polyamidfasern

Dimitroffstraße Von 1950 bis 1995 Name der Danziger Straße, Berlin-Prenzlauer Berg. Benannt nach Georgi Dimitroff (1882–1949), bulgarischer Politiker und Widerstandskämpfer gegen das NS-Regime

Deutsche Reichsbahn, DR Staatsbahn der Deutschen Demokratischen Republik

Elternaktiv Gewählte Vertretung von Eltern einer Klasse

EMW Fahrzeug aus den Eisenacher Motorenwerken, produzierte ab 1956 den Wartburg

Exquisit-Läden 1962 eröffnete Ladenkette für Textilien im gehobenen Preissegment

FDJ Freie Deutsche Jugend, sozialistische Jugendorganisation, 1946 gegründet, in der BRD seit 1951 als verfassungsfeindlich verboten

Glashütte Stadt in Sachsen, bekannt für ihre Uhrenproduktion

HO Handelsorganisation, 1948 als staatliches Unternehmen des Einzelhandels gegründet und neben dem Konsum die vorherrschende Form im Einzelhandel

Jahrestag unserer Republik Gründung der DDR am 7. Oktober 1949 auf dem Gebiet der sowjetischen Besatzungszone

Kaderabteilung Struktureinheit in einem Betrieb, vergleichbar einer Personalabteilung

Konsum umgangssprachlich für ein Lebensmittelgeschäft, eigentlich Läden der Konsumgenossenschaft

Krad vor allem im militärischen Umfeld benutztes Kurzwort, das aus Kraftrad entstanden ist, also Motorrad

Kreismeldekartei Das Meldewesen unterstand in der DDR der Volkspolizei

Luxemburgplatz Von 1947 bis 1969 Name des heutigen Rosa-Luxemburg-Platzes in Berlin-Mitte

Lysol Desinfektionsmittel für Gegenstände, Haut und Flächen, das vor allem in Kliniken und Krankenhäusern verwendet wurde

Mont Klamott Bezeichnung für einen Trümmerberg in Berlin-Friedrichshain

MUK Mord- und Unfalluntersuchungskommission, später nur Morduntersuchungskommission

MZ Motorrad aus dem Motorradwerk Zschopau

Obus Oberleitungsbus, elektrisch angetriebenes öffentliches Verkehrsmittel

ODH Operativer Diensthabender

PA Personalausweis

Produktionsgenossenschaft verbreitete Form des genossenschaftlichen Zusammenschlusses von Handwerkern und Gewerbetreibenden

Rodopi bulgarische Zigarettenmarke

Schiedskommission Schieds- und Konfliktkommissionen waren eine Art »Gesellschaftliche Gerichte«, die in den Wohngebieten und Betrieben in öffentlicher Sitzung einfache zivilrechtliche Streitigkeiten, Verfehlungen, Ordnungswidrigkeiten und leichte Vergehen berieten und beurteilten

Silastik Elastisches Kunstfasergewebe

Schnelle Medizinische Hilfe (SMH) Bezeichnung für das Notfallhilfesystem

Smaragd Tonbandgerät aus dem VEB Meßgerätewerk Zwönitz

Sternchen Transistorradio Sternchen war das erste in der DDR hergestellte Rundfunkgerät, dessen Funktion vollständig auf der damals neuartigen Transistor-Technik beruhte, ab 1959 im VEB Sternradio Sonneberg hergestellt

Stockholmer Appell Aufruf des Ständigen Komitees des Weltfriedenskongresses von 1950, Atomwaffen zu bannen. Hintergrund war das beginnende atomare Wettrüsten

VEB Volkseigener Betrieb

Volkspolizei, VP Deutsche Volkspolizei, meist nur Volkspolizei (VP), wurde im Juni 1945 in der Sowjetischen Besatzungszone zunächst als Länderpolizei gegründet. Sie unterstand dem Minister des Innern der DDR und war in Bezirksbehörden in allen Bezirksstädten und die VP-Kreisämter in den Kreisstädten gegliedert und bestand aus Schutzpolizei, Verkehrspolizei, Wasserschutzpolizei, Kriminalpolizei und Transportpolizei. Außerdem unterstand ihr das Paß- und Meldewesen. Um ihre militärische Gliederung als »bewaffnetes Organ« zu unterstreichen, trugen die Angehörigen der VP militärische Dienstgradbezeichnungen, z. B. Leutnant oder Hauptmann der VP.

VPKA Volkspolizeikreisamt

Weiße Mäuse umgangssprachlich für Verkehrspolizisten (wegen der weißen Wettermäntel, Koppelzeug und Manschetten).